CW01185097

Cheng Guo
Cynismus bei Nietzsche

Monographien und Texte zur Nietzsche-Forschung

Herausgegeben von
Christian J. Emden
Helmut Heit
Vanessa Lemm
Claus Zittel

Begründet von
Mazzino Montinari, Wolfgang Müller-Lauter, Heinz Wenzel

Advisory Board:
Günter Abel, R. Lanier Anderson, Keith Ansell-Pearson, Sarah Rebecca Bamford,
Christian Benne, Jessica Berry, Marco Brusotti, João Constâncio, Daniel Conway,
Carlo Gentili, Oswaldo Giacoia Junior, Wolfram Groddeck, Anthony Jensen,
Scarlett Marton, John Richardson, Martin Saar, Herman Siemens,
Andreas Urs Sommer, Werner Stegmaier, Sigridur Thorgeirsdottir,
Paul van Tongeren, Aldo Venturelli, Isabelle Wienand, Patrick Wotling

Band 77

Cheng Guo

Cynismus bei Nietzsche

Eine systematische Auslegung seiner Umwertung aller Werte

DE GRUYTER

ISBN 978-3-11-075134-5
e-ISBN (PDF) 978-3-11-075141-3
e-ISBN (EPUB) 978-3-11-075151-2
ISSN 1862-1260

Library of Congress Control Number: 2022930082

Bibliografische Information der Deutschen Nationalbibliothek
Die Deutsche Nationalbibliothek verzeichnet diese Publikation in der Deutschen Nationalbibliografie; detaillierte bibliografische Daten sind im Internet über http://dnb.dnb.de abrufbar.

© 2022 Walter de Gruyter GmbH, Berlin/Boston
Satz: bsix information exchange GmbH, Braunschweig
Druck und Bindung: CPI books GmbH, Leck

www.degruyter.com

Vorwort

Die vorliegende Arbeit ist eine leicht überarbeitete Fassung meiner Dissertation, die im Wintersemester 2020/21 von der Philosophischen Fakultät der Rheinischen Friedrich-Wilhelms-Universität Bonn angenommen wurde. Der Erfolg dieser Arbeit wäre ohne eine Reihe von Personen und Institutionen nicht möglich gewesen, deren bereitwillige und großzügige Unterstützung mich in den letzten Jahren begleitet hat. Ihnen möchte ich an dieser Stelle meinen aufrichtigen Dank aussprechen.

Meinem Doktorvater, Herrn Prof. Dr. Markus Gabriel, danke ich für die unzählige philosophische Anregungen, die in dieses Buch eingegangen sind. Meinem Zweitgutachter, Herrn Prof. Dr. Christoph Horn, danke ich für seine andauernde Unterstützung und für die vielen philosophischen Hinweise. Mein Dank gilt zudem dem Vorsitzenden der Prüfungskommission, Herrn PD Dr. Jens Rometsch, der mir auch bei der Erledigung der Formalitäten während meiner Promotion viel geholfen hat.

Darüber hinaus danke ich herzlich Herrn Prof. Dr. Michael Forster, ohne dessen Einladung mir die Teilnahme an dem Nietzsche-Kongress 2016 in Naumburg/Saale nicht möglich gewesen wäre, Herrn Prof. Dr. Helmut Heit und Herrn Dr. Enrico Müller für ihren ausführlichen Kommentar zum ersten Kapitel meiner Dissertation. Frau Prof. Dr. Vanessa Lemm danke ich auch für ihre hilfreichen Hinweise.

Für die vielen wertvollen Diskussionen während der Promotion und für die Durchsicht des Manuskripts gilt mein Dank Daiwei Li, Claas Lüttgens, Zoë Bohlmann und insbesondere Kuangrong Wang, die mich mit Rat und Tat unterstützt und mir neue Perspektiven auf den Deutschen Idealismus eröffnet hat.

Schließlich sei den Institutionen gedankt, die zur Entstehung dieser Arbeit beigetragen haben. Dazu gehört an erster Stelle das *China Scholarship Council* (CSC), das mir ein Promotionsstipendium gewährt hat, wofür ich mich hiermit herzlich bedanken möchte. Sodann gilt mein Dank dem *DAAD*, der mir ein Masterkurzstipendium zur Vorbereitung auf die Promotion gewährt hat, und dem *Dezernat Internationales der Uni Bonn*, das mir ein Abschlussstipendium gewährt hat. Außerdem sei der Herausgeberin und den Herausgebern der *Monographien und Texte zur Nietzsche-Forschung* für die Aufnahme meiner Dissertation in diese Reihe gedankt.

Zhejiang University, School of Philosophy
Hangzhou, im März 2022

Inhaltsverzeichnis

Vorwort —— V

Siglenverzeichnis —— XI

Einleitung —— 1
1 Cynismus bei Nietzsche: Zwischen Kynismus und Zynismus oder über beide hinaus? —— 1
2 Stand der Forschung —— 15
3 Abriss der folgenden Arbeit —— 21

Teil I: Nietzsches Rezeption des Cynismus im Zeitraum seiner Basler Professur

1 Nietzsches Studien zum Cynismus: Quellen und Überblick —— 33
1.1 Diogenes Laertius als Hauptquelle und die Anekdote als alternative Beschreibungsweise der Geschichte der Philosophie —— 33
1.2 Andere Quellen antiker Autoren —— 36
1.3 Diderot als eine Quelle des modernen Zynismus —— 40

2 Nietzsche über den Cynismus —— 43
2.1 Zur Literatur und individuellen Form: Einheit und Buntscheckigkeit, Typus und Karikatur —— 43
2.2 Die cynische Gefahr der Übersättigung der Historie: Der moderne Zynismus und die Bedeutsamkeit des Genies —— 51
2.3 Das kritische Tier: Die cynische Kultur im Kontext der Stoa und des Epikureers —— 62
2.4 Der Cynismus im Kontext von Arbeit und Sklaverei —— 67

3 Nietzsches Bezugnahmen auf einzelne cynische Denker —— 73
3.1 Antisthenes: Königlichkeit als eine Vornehmheit —— 73
3.2 Menippos: Satura Menippea —— 74
3.3 Diogenes von Sinope als ein Vorbild und Vorläufer —— 78
3.3.1 Die Laternen-Anekdote oder die Laterne als Mittel zum Herausfinden des Genius —— 78
3.3.2 Philosophie und Leben —— 82
3.3.3 Die Genügsamkeit —— 86
3.3.4 Falschmünzerei —— 88

Teil II: Nietzsches kynisches Philosophieren: Umwertung aller Werte

4 Das Kynische in Nietzsches Philosophie —— 97

5 Natur als Ausgangspunkt der Umwertung aller Werte: Die Entmenschung der Natur und die Vernatürlichung des Menschen —— 100

6 Die Natur des Menschen: Leib und Überfülle —— 108
6.1 Die Natur des Menschen als das Leibliche —— 108
6.2 Der Leib als „grosse Vernunft": Nietzsches Kritik an Vernunft, Wahrheit und Wissenschaft —— 114
6.3 Die Menschen im Überfluss der Natur: Nietzsches Kritik an Darwin —— 125

7 Das Leben als der Wille zur Macht und die Rangordnung im Leben —— 130

8 Die Welt als der Wille zur Macht und die Menschen in der Welt —— 139
8.1 Die Welt als der Wille zur Macht —— 139
8.2 Die Menschen als Machtquanten in der Welt —— 144
8.2.1 Die Ungleichheit und die Rangordnung unter den Menschen —— 144
8.2.2 Der Wille zur Macht als Entstehungsgrund des Rechts und der sozialen Gerechtigkeit —— 153

9 Nietzsches Kritik an der christlichen Moral im Hinblick auf die Physiologie der Schwachen —— 160
9.1 Das asketische Ideal als Lebensverneinung der Krankhaften —— 160
9.2 Das Christentum als Widerspruch zum gesunden Leben —— 166

10 Die Annullierung der wahren und scheinbaren Welt und das Verschwinden des Absoluten in der Perspektivität der Welt —— 174
10.1 Die wahre Welt aus décadence: Nietzsches Kritik an Sokratismus und Idealismus —— 174
10.2 Die Perspektivität der Welt und das Verschwinden des Absoluten —— 178

Teil III: **Der Verfall des Kynismus in den Zynismus und die Überwindung im Übermenschen**

11 Der Tod Gottes aus dem Mund des tollen Menschen: Zarathustra und der Kyniker Diogenes —— 187

12 Die Redlichkeit und der Verfall des Kynismus in Zynismus: Die zynischen Figuren von Zarathustra —— 194

13 Zynismus als negativ extremster Nihilismus im Bewusstsein der ewigen Wiederkunft und dessen Überwindung im Übermenschen —— 207

14 Die Herren-Moral als Raubtiernatur mit Vornehmheit: Cynismus als Synthese von Kynismus und Zynismus —— 224

15 Der „Cyniker" in *Ecce homo*: Eine cynische Selbstentlarvung —— 234

Schlussbemerkungen —— 243

Literaturverzeichnis —— 245

Register —— 261

Siglenverzeichnis

Siglen der zitierten Nietzsche-Ausgaben

Die Zitierungen erfolgen nach der Kritischen Studienausgabe der Werke (KSA) und Briefe (KSB) mit Ausnahme der Texte, die nur in der Kritischen Gesamtausgabe der Werke (KGW) und Briefe (KGB) enthalten sind.

KGB:	Kritische Gesamtausgabe. Briefwechsel, hrsg. von Giorgio Colli und Mazzino Montinari, Berlin/New York: 1975 ff.
KGW:	Kritische Gesamtausgabe. Werke, hrsg. von Giorgio Colli und Mazzino Montinari, Berlin/New York: 1967 ff.
KSA:	Sämtliche Werke. Kritische Studienausgabe in 15 Bänden, hrsg. von Giorgio Colli und Mazzino Montinari, München/Berlin/New York: 1999.
KSB:	Sämtliche Briefe. Kritische Studienausgabe in 8 Bänden, hrsg. von Giorgio Colli und Mazzino Montinari, München/Berlin/New York: 1986.

Siglen der zitierten Werke Nietzsches

AC	Der Antichrist (1888)
CV	Fünf Vorreden zu fünf ungeschriebenen Büchern (1872)
DS	David Strauss der Bekenner und der Schriftsteller (UB I, 1873)
EH	Ecce homo (1888/89)
FW	Die fröhliche Wissenschaft (1882)
GD	Götzen-Dämmerung (1889)
GM	Zur Genealogie der Moral (1887)
GS	Der griechische Staat (1872)
GT	Die Geburt der Tragödie (1872)
HL	Vom Nutzen und Nachtheil der Historie für das Leben (UB II, 1874)
JGB	Jenseits von Gut und Böse (1886)
M	Morgenröthe (1881)
MA	Menschliches, Allzumenschliches
MA I	Erster Band (1878)
MA II	Zweiter Band (1879)
Nachlass	Nachgelassene Fragmente
NW	Nietzsche contra Wagner (1894)
PHG	Philosophie im tragischen Zeitalter der Griechen (1873)
SE	Schopenhauer als Erzieher (UB III, 1874)
ST	Sokrates und die Tragödie (1870)
UB	Unzeitgemässe Betrachtungen
VM	Vermischte Meinung und Sprüche (MA II, 1879)
WA	Der Fall Wagner (1888)
WB	Richard Wagner in Bayreuth (UB IV, 1878)
WL	Ueber Wahrheit und Lüge im aussermoralischen Sinne (1873)
WS	Der Wanderer und sein Schatten (MA II, 1880)
Za	Also sprach Zarathustra (1883–1885)

Einleitung

1 Cynismus bei Nietzsche: Zwischen Kynismus und Zynismus oder über beide hinaus?

Zwar besitzen Kynismus und Zynismus dieselbe etymologische Wurzel des griechischen Wortes *kynismós*, das die Lebensanschauung und -form der antiken Kyniker, vor allem des Diogenes von Sinope, kennzeichnet und das vom Wort *kyon* (Hund) abgeleitet ist,[1] aber sie sind in der Moderne seit längerer Zeit in ihren Bedeutungen weit auseinandergedriftet. Freilich ist der hündische Gestus dem Kyniker und dem Zyniker dahin gehend noch gemeinsam, dass sie sich beißend, provokant, spöttisch und unverschämt gegenüber ihrer Umgebung verhalten. Aber nun rückt die Gemeinsamkeit in den Hintergrund, denn die Differenz des modernen Zynikers vom antiken Protokyniker ist so gewaltig, dass man sie nicht mehr in einer gemeinsamen Rubrik führen kann.

Aus diesem Grund sind viele Versuche zum Unterscheiden und Vergleichen zwischen Kynismus und Zynismus unternommen worden. Beim Kynismus handelt es sich im Allgemeinen um eine antike philosophische Bewegung mit einer bestimmten Lebensform, während der moderne Zynismus meistens abwertender Ausdruck ist und sogar im Gegensatz zu jenem steht.[2] Es ist allerdings auch nicht einfach, das innere Verhältnis zwischen beiden herauszukristallisieren, weil sich ein breites Spektrum von Aspekten und Auseinandersetzungen in diesem Thema eröffnet. Dabei kommt es hauptsächlich darauf an, welche Haltung der Forscher zu dem antiken Kynismus und den Protokynikern einnimmt. Wird der antike Kynismus vor allem als negativ und destruktiv charakterisiert, dann ist der moderne berüchtigte Zynismus ohne Zweifel sein echter Erbe.[3]

---

1 Vgl. Horn 2008; Horn 2013, S. 68.
2 Vgl. zur Darstellung einiger modernen Unterscheidungen zwischen Kynismus und Zynismus Niehues-Pröbsting 1988, S. 12–19. Niehues-Pröbsting nennt dabei z. B. Paul Tillich, der Kynismus als „eine unschöpferische existentialistische Haltung" (S. 14) und Zynismus „als ein Phänomen der Negation, das sich allein von seinen Verneinungen und von seinem Mangel aus bestimmen läßt" (S. 15), begreift, Iring Fetscher, für den der Kynismus „ein gewisser Idealismus der Persönlichkeit, der Zynismus dagegen [eine] animalische Selbstbehauptung" (S. 15) bzw. eine zeitgenössische Krankheit ist, Klaus Heinrich, der zwar Kynismus und Zynismus für „Formen der Selbstbehauptung" hält, aber jenen „als Reaktion nämlich auf den Zerfallsprozeß der Polis" von diesem als „intellektueller Selbstbehauptung angesichts einer ‚allgemeinen Sinnlosigkeit'" (S. 16) unterscheidet, dagegen auch Otto Flake, der versucht, den Zynismus positiv als „die Grundlage einer Philosophie von höchstem Rang" (S. 13) zu definieren. Außerdem vgl. Navia 1996, S. 1–7. Desmond 2008 hält den antiken Kynismus für eine Art Optimismus, der „ultimately very different from, even opposite to, its modern namesake" (S. 4) bzw. Zynismus ist.
3 Vgl. Navia 1996, S. 5: „In general, it seems that the deciding factor in the controversy is a function of the degree to which one is willing to emphasize the *negative* and *destructive* elements inherent in

Der Grund für die verschiedenen Haltungen zum Kynismus und Zynismus liegt wohl darin, dass fast alle Werke der antiken Protokyniker verloren gegangen sind. Die Quintessenz des Kynismus ist nicht mehr klar zu erkennen. Zwar sind mehr oder weniger Biografien, Reden und Berichte der antiken Kyniker überliefert, aber sie stimmen nicht völlig miteinander überein. Die wirklichen Kyniker und der ursprüngliche Kynismus sind durch den Schleier verschiedener Überlieferungen verhüllt. Redet man vom Kynismus, muss man sich auf die Sekundärliteratur beziehen und sich darauf beruhend eine Vorstellung von ihm machen. Der Kynismus steht stets in der subjektiven Konstruktion der überlieferten Anekdoten. Seine Geschichte kann auch als die der Konstruktion und Rekonstruktion der Kyniker verstanden werden.[4] Eben darin besteht die Faszination des Kynismus für die Menschen, die sich entweder mit ihm wissenschaftlich beschäftigen oder seine Denkweise, praktische Haltung und Lebensform praktizieren. Weil keine authentische Vorstellung von ihm existiert, orientieren sich seine Anhänger normalerweise nur an einem einzelnen kynischen Standpunkt, nämlich an dem, den sie für wichtig halten. Auch wenn die Zyniker als Anhänger der antiken Kyniker gelten, verhalten sie sich dennoch von diesen verschieden. Außerdem existiert keine Person in der Moderne, die sich selbst als einen Anhänger der Kyniker sowohl in Denkweise und Schreibstil als auch in Lebensform bezeichnet. Die modernen Zyniker äußern sich vor allem in den Literaturen und den philosophischen Kritiken. Insofern kann man auch keine eindeutige Definition des modernen Zynismus vornehmen bzw. formulieren.

Aufgrund dessen ist es hilfreich, sich einen kurzen Überblick über die Geschichte der Rekonstruktion des Kynismus zu verschaffen, um den Zusammenhang zwischen Kynismus und Zynismus zu ergründen und sich dem folgend zu behandelnden Thema zuwenden zu können.

Die erste Rekonstruktion des Kynismus ist der Name dieser Strömung, für den in der Antike bereits zwei unterschiedliche Erklärungen existieren. Obwohl Diogenes Laertius, dessen Buch *Leben und Meinungen berühmter Philosophen* als Hauptquelle des Kynismus dient, Antisthenes als den ersten Kyniker und Begründer des Kynismus bezeichnet und von dem Gymnasium *Kynosarges*, in dem dieser den philosophischen Unterricht erteilt, oder von dessen Beinamen *Haplokyon* (schlichtweg Hund) den Namen des Kynismus ableitet,[5] gilt Diogenes von Sinope wegen seines Beinamens oder seiner Selbstbezeichnung *Kyon* (Hund)[6] auch als der Begründer. Beide Er-

---

the classical Cynics, while overlooking or at least minimizing their *positive* and *constructive* contributions."

4 Insofern gibt es immer Kontroverse in der Kynismus-Forschung. Vgl. zu den unterschiedlichen und gegensätzlichen Perspektiven in moderner Forschung nach Kynismus Billerbeck 1991.
5 Diogenes Laertius 2015, VI 13, S. 284: „Seinen Unterricht erteilte er [Antisthenes] in dem Kynosarges, einem Gymnasium nicht weit vor dem Tor, wovon nach einigen die Schule auch ihren Namen bekommen haben soll. Er selbst aber wurde Haplokyon (schlechtweg Hund) genannt."
6 Diogenes Laertius VI 60, S. 308: „Als Alexander einst bei einem Zusammentreffen zu ihm sagte: ‚Ich bin Alexander, der große König,' sagte er: ‚Und ich bin Diogenes der Hund.'"

klärungen bilden Streitpunkte der Rekonstruktionen des Namens dieser Bewegung. Die Annahme, dass Diogenes der eigentliche Begründer des Kynismus sei, gewinnt immer mehr die Oberhand.[7] Die Antwort auf die Frage, wer als der Begründer gelten soll, hängt in der Tat von der Quellenuntersuchung und der Interpretationsweise des jeweiligen Forschers ab.[8] Zudem ist nicht unwahrscheinlich, dass beide Varianten nicht plausibel sind.[9] Aber laut der traditionellen Vorstellung vom Kynismus kann man sowohl Diogenes als auch Antisthenes zu den wichtigsten Prototypen zählen.

Es liegt auf der Hand, dass der am häufigsten genannte Kyniker Diogenes ist, von dem man die wesentlichen Eigenschaften des Kynismus ableiten kann. Damit ist eine Konstruktion des Kynismus mithilfe der Anekdoten des Diogenes bereits ausreichend, auf dessen Wichtigkeit für den Kynismus Heinrich Niehues-Pröbsting so verwiesen hat:

> Die Rede von dem Protokyniker Diogenes kann nach dem Vorangehenden nicht in einem exakt historischen Sinn gemeint sein; sie besagt vielmehr, daß Diogenes am reinsten den Geist des Kynismus, den Prototyp des Kynikers präsentiert, an dem literarische Fiktionalität und Stilisierung von historischer Realität nicht mehr zu unterscheiden sind; ich möchte Diogenes als einen sehr wirkungsvollen, aber historisch selbst nicht faßbaren Impuls hinter der kynischen Literatur begreifen [...].[10]

Niehues-Pröbsting nimmt mithilfe der Überprüfung der antiken Literatur eine umfassende Rekonstruktion der Figur Diogenes und somit des antiken Kynismus vor, mit der die Entwicklung und die Rezeptionen des Kynismus leicht zu erkennen sind.

---

[7] Dudley 1937, S. xi, zeigt: „Antisthenes had no direct contact with the Cynics, who never formed a school of philosophy at all, being intolerant of organization and impatient of theory." Aber Rahn 1960 überzeugt sich noch davon, dass Ragnar Höistad in seinem Buch *Cynic Hero and Cynic King* Dudleys Versuch widerlegt habe (S. 280, Anm. 1). Goulet-Cazé 2016 tendiert auch dazu, „wieder zu Antisthenes als dem Begründer des Kynismus zurückzukehren" (S. 18). Aber Largier 1997, S. 1, hält dagegen Diogenes für den Begründer des Kynismus. Und Döring 2006 sieht die „Herleitung des Namens ‚Kyniker' von Diogenes ‚dem Hund'" als „sachlich sicher einzig richtig[]" und den Beinamen des Antisthenes als „nachträgliche Konstruktion". „Bestätigt wird dadurch, dass Aristoteles, wenn er ohne Namensnennung von ‚dem Hund' spricht, offenkundig Diogenes nennt und dass die Anhänger des Antisthenes bei ihm nicht Kyniker, sondern Antistheneer (Antistheneioi) heißen." (S. 9)
[8] Desmond 2008 hält z. B. diese Frage für „probably undecidable" (S. 13). Vgl. Navia 1996, S. 20: „Whether it was Antisthenes or Diogenes, whether the Cynosarges played or did not play a role in the affair, whether Diogenes arrived in Athens before or after the death of Antisthenes – these are questions about which we are allowed to hold only informed *opinions*. To claim more or to speak with finality on such matters indicates a willingness to transcend the restrictions imposed by the poverty of the sources."
[9] Vgl. Niehues-Pröbsting 1988, S. 30: „Heraus ergibt sich, daß ‚Hund' ursprünglich nicht eine schulspezifizierende Bezeichnung gewesen sein kann, sondern womöglich generell auf besonders bissige Satiriker bezogen wurde."
[10] Niehues-Pröbsting 1988, S. 37.

Unter dem Protokyniker Diogenes ist weniger eine historische Person als vielmehr eine literarische Gestalt zu verstehen. Es handelt sich beim Kynismus um ein Phänomen, das in sich die satirisch-moralistische Literatur und die philosophische Lebensform vereinigt. Um das Wesen der Figur Diogenes zu entschlüsseln, bedient sich Niehues-Pröbsting des Wortes *Sokrates mainomenos* (der verrückte Sokrates) als Ansatz zu seiner Konstruktion. Im Vergleich mit dem platonischen Sokrates arbeitet er vier wesentliche Eigenschaften des Diogenes und somit des Kynismus heraus:

1) Von dem Orakel des Diogenes bzw. der Münzmetaphorik *paracharattein to nomisma* ist die sophistische Herkunft der Figur Diogenes abzuleiten, denn der Kyniker hebt den Vorrang der *physis* vor dem *nomos* hervor, sofern das Orakel in seinem positiven Sinn als Umprägung der Sitten bzw. Umwertung der moralischen Werte zu verstehen ist. Insofern verläuft in Diogenes eine Geschichte parallel zum Leben des Sokrates. Während dieser, durch den Beruf seiner Mutter inspiriert, seine Philosophie als Hebammenkunst bezeichnet und von Apollon durch ein Orakel dazu angetrieben wird, führt jener, durch den Beruf des Vaters als Bankier motiviert, seine Philosophie als Umprägung der Münze durch, die auch durch das Orakel aufgetragen wird. Deshalb ist Diogenes „zugleich ein Philosoph vom Typ des Sophisten wie vom Typ des Sokrates, beides in extremer Ausformung"[11]. Der negative Sinn des Orakels ist insofern nicht zu verleugnen, als Diogenes eine illegale Falschmünzerei begangen hat. Damit verkörpern Diogenes und der Kynismus sowohl gedankliche als auch praktische Revolte gegen die Gesetze und Ordnung. Er stellt die Natur dem Gesetz gegenüber und verübt Verbrechen gegen die Polis. Der Protokyniker vereinigt in sich Positivität und Negativität. Positiv ist, dass er mithilfe der Natur eine Umprägung der Sitten anstrebt, negativ ist, dass er die menschliche Natur als Animalität bis zum Äußersten treibt.

2) Diogenes steht „in der Überbietung des Sokrates und [in] der Opposition zum platonischen Sokrates"[12]. Obwohl er ebenso wie Sokrates auch Orakel befragt und seine philosophische Tätigkeit für eine göttliche Berufung hält, übt er mit sophistischer Aufklärung scharfe Kritik an religiösen Gebräuchen, Überzeugungen und Aberglauben. Er glaubt keineswegs an ein jenseitiges Leben. Bei ihm und Sokrates werden sowohl die Partizipation als auch die Distanzierung in der Polis deutlich. Zwar konfrontieren sich beide mit dem Volk, aber Diogenes verachtet die Menschen und das Volk. Nach einer Anekdote sucht er mit einer angezündeten Laterne am helllichten Tag einen Menschen, d. h., er hält die Menschen und das Volk, die ihm begegnen, nicht für echte Menschen, sondern nur für Pöbel.[13] Auch gegenüber den Mächtigen verhält er sich nicht nur wie Sokrates zurückhaltend, sondern auch ab-

---

11 Niehues-Pröbsting 1988, S. 79.
12 Niehues-Pröbsting 1988, S. 97.
13 Vgl. Diogenes Laertius VI 41: „Er zündete bei Tage ein Licht und sagte: ‚Ich suche einen Menschen.'" (S. 298) Außerdem VI 40: „Als er das Bad verließ, fragte ihn einer, ob viele Menschen im Bade wären. ‚Nein!' lautete die Antwort. Nun aber, ob viele Pöbel darin wäre. ‚Ja,' lautet die Antwort." (S. 298)

lehnend, verachtend und provokant, wie die Begegnung zwischen Alexander dem Großen und ihm verdeutlicht.[14] Insofern kennzeichnet sich der Kynismus in der Souveränität des Philosophen gegenüber der Macht. Im Hinblick auf die Lebensform stimmt Diogenes mit Sokrates überein, indem er auch gegen die persönliche Eitelkeit, Unsachlichkeit, Empfindlichkeit der Sophisten polemisiert. Sokrates bedient sich dabei entlarvender Ironie, während Diogenes beißende Provokation verwendet. Zudem führt Diogenes ein bescheideneres Leben als Sokrates und verspottet die Eitelkeit Platons.[15] Im Gegensatz zum platonischen Sokrates lehnt er die Welt der Ideen ab,[16] legt eher Wert auf die Tugend als auf die Erkenntnis von der Idee des Guten. Der Kynismus orientiert sich allein an dem realen und tugendhaften Leben.

3) Hinsichtlich der Autarkie und Selbsterhaltung der Seele fungiert für den platonischen Sokrates die physische Existenz nicht als absoluter Zweck des Lebens, denn in seiner moralischen Idee handelt es sich beim Leben bloß um ein „Durchgangsstadium für die Seele auf ihrem Weg zum Heil"[17]. Dagegen erweist sich das Leben des Diogenes als amoralisch, obwohl er ebenfalls nur einen geringen Wert auf die physische Existenz legt und das Prinzip des bloßen Überlebens propagiert. Die Philosophie ist deshalb für beide eine praktische Lebensform, weil es bei ihr um das gelebte Exemplar der Ethik gehen soll. Aber Diogenes geht noch weiter als Sokrates, indem er das Leben auf die animalische Selbsterhaltung reduziert und indem er die Unsterblichkeit der Seele nach dem leiblichen Tod leugnet. Die kynische Autarkie als Reduktion auf das Animalische ist das Wesen der Figur des Diogenes und des antiken Kynismus. Aber in der Selbstgenügsamkeit ist die bloß strenge Askese deshalb kein Ziel, weil der Kyniker außer der Selbsterhaltung noch der Selbstbehauptung im allgemeinen Niedergang der Poliswelt der Griechen bedarf. Daher erregt es kein Befremden, dass Diogenes sich selbst als Weltbürger bezeichnet[18] und dass der Kynismus für den Kosmopolitismus plädiert. Die animalische Existenz verweigert nicht den physischen Genuss und die Befriedigung der Begierden. In diesem Zusammenhang kommt die kynische geschlechtliche Schamlosigkeit zum Ausdruck, da die Sexualität zur Natur des Menschen gehört. So wird wieder der Gegensatz zwischen Natur und Sitte deutlich. Durch die Reduktion der Sexualität auf einen physiologischen Vorgang, der aller schamhaften Rücksichten entkleidet ist, wollte der Kyniker

---

14 Diogenes Laertius VI 38: „Als er [Diogenes] im Kraneion sich sonnte, trat Alexander an ihn heran und sagte: ‚Fordere, was du wünschst,' worauf er antwortete: ‚Geh mir aus der Sonne.'" (S. 298–299) Diese Anekdote wird in drei Varianten erzählt, welche die verschiedenen oder sogar gegensätzlichen Charakterzüge des Diogenes veranschaulichen können. Vgl. Niehues-Pröbsting 1988, S. 112–122.
15 Vgl. Diogenes Laertius VI 22, VI 37, VI 26.
16 Vgl. Diogenes Laertius VI 25, VI 53.
17 Niehues-Pröbsting 1988, S. 172.
18 Diogenes Laertius VI 63, S. 309: „Gefragt nach seinem Heimatsort, antwortet er: ‚Ich bin ein Weltbürger.'" Vgl. Moles 1996.

„die radikalste Form der Unabhängigkeit"[19] erreichen. Damit führt Diogenes oft in der Öffentlichkeit die geschlechtliche Selbstbefriedigung durch,[20] die in der Konsequenz der kynischen Autarkie liegt. Aber gerade die animalische Schamlosigkeit als negative Seite des Kynismus steht im engen Zusammenhang mit dem modernen Zynismus.

4) Letztlich geht es um die Gestalt in der Literatur, vor allem in der Komödie. Sokrates existiert nach Niehues-Pröbstings Untersuchung oft als Komödienfigur in der frühesten literarischen Darstellung und in Platons Dialogen. Dabei dient ihm die Ironie zur Entlarvung der Dummheit der Gesprächspartner. Auch die Kyniker besitzen eine eigenartige Literaturgattung als *spoudogeloion*, eine Mischung aus Ernstem und Lächerlichem, die in der Figur Diogenes zu finden ist.[21]

> In einer solchen, der Komödie vielfach verwandten Literatur wird man sich die Diogenes-Gestalt vorstellen müssen, wie Sokrates als ein Beispiel und Sprachrohr moralischer Gedanken, einer Moral allerdings, die in gänzlich unidealistischer Weise die Autarkie des einzelnen, basierend auf einem einfachen Leben, propagierte und dabei sowohl gegen die vermeintlichen Dummheiten und Vorurteile der Menge wie gegen den Dünkel der etablierten philosophischen Schulen zu Felde zog; vor allem aber als ein Medium für Witz, Spott, Parodie und Obszönitäten, worin wahrscheinlich die eigentliche Moral oftmals unterging. So übernimmt die Diogenes-Gestalt gleichsam Funktionen der alten Komödie.[22]

Das Lachen und der Witz sind nicht nur die wesentlichen Merkmale kynischer Literatur, sondern dienen auch als eine besonders wichtige Form kynischer Selbstbehauptung und Distanzierung, da der Kyniker sich durch sein Lachen gegen den Gegner und die Gefahr Sicherheit und Überlegenheit verschafft. In der Parrhesie, die Diogenes als das Schönste unter den Menschen hochschätzt,[23] sollte der Kynismus die alte Komödie beerben. Mit einem Lachen fällt es leicht, die Wahrheit zu sagen.

In summa sind dem antiken Kynismus, bei dem es sich eher um eine Bewegung als um eine Schule handelt, folgende kennzeichnende Charakterzüge zuzuschreiben: Natur als Grundprinzip gegen die Sitten, Gesetze und Moral, extrem sophistische entlarvende Aufklärung, Partizipation und Distanzierung in der Polis mit Hinweis auf die „göttliche" Berufung, Verachtung des Volkes als Pöbel, Konfrontation

---

19 Niehues-Pröbsting 1988, S. 195.
20 Vgl. Diogenes Laertius VI 46, S. 300: „Als er einst auf dem Markte Onanie trieb, sagte er: ‚Könnte man doch den Bauch auch ebenso reiben, um den Hunger los zu werden.'" Und VI 69, S. 313: „Er pflegte alles in voller Öffentlichkeit zu tun, sowohl was die Demeter betrifft, wie auch die Aphrodite. Darauf bezieht sich folgende Schlußfolgerung: Wenn es nichts Absonderliches ist zu frühstücken, so ist es auch auf dem Markte nicht absonderlich; nun ist aber das Frühstücken nichts Absonderliches; folglich ist es auch nicht absonderlich auf dem Markte. Und da er häufig öffentlich Onanie trieb, sagte er: ‚Könnte man doch so durch Reiben des Bauches sich auch den Hunger vertreiben.'"
21 Vgl. Diogenes Laertius VI 24, VI 34, VI 41, VI 48, VI 51.
22 Niehues-Pröbsting 1988, S. 217.
23 Diogenes Laertius VI 69, S. 312: „Gefragt, was unter Menschen das Schönste sei, antwortet er: ‚Das freie Wort.'"

mit der Macht, Polemik gegen die sophistischen Eigenschaften, animalische defensive Selbstbehauptung, psychologische Reduktion der Seele auf die Animalität, Bedürfnislosigkeit zum Zweck der Selbsterhaltung und Autarkie, das Leben mit Tugend als Bedingung für das Glück, Kosmopolitismus als Unabhängigkeit von dem eigenen Geburtsort, Atheismus, sexuelle Schamlosigkeit, Parrhesie, bissige Provokation mit oder ohne pädagogische Absicht[24], Lachen als aggressive Selbstbehauptung, Komödienfigur, eigenartige Gattung der Literatur (z. B. die spätere Menippeische Satire).

Diese Wesenszüge bilden den konzeptionellen Rahmen aus, in dem fast alle Rezeptionen des Kynismus verbleiben. Aus ihnen wählen die meisten Rezipienten und die angeblichen Kyniker einige aus, die sie für wichtig und wesentlich halten und an denen sie ihr Leben in der Wirklichkeit und Öffentlichkeit orientieren. In der Spätantike existieren zwei Richtungen der kynischen Rezeption und Entwicklung. Der Kynismus beschränkt sich jeweils entweder auf die Ethik oder auf die Literatur.

Der moralische Kynismus zeigt sich vor allem in der stoischen Diatribe[25] von Epiktet. Im Gegensatz zu den sektenhaften kynischen Wanderpredigern, welche sich nicht anders als Schmarotzer und unverschämte Bettler verhalten, hebt Epiktet die Freiheit und Frömmigkeit als Wesen des echten Kynikers hervor. Die angebliche Frömmigkeit des Kynikers gewinnt später die Sympathie von Kaiser Julian, der seine zeitgenössischen „ordinären Kyniker"[26] den alten wahren Kyniker gegenüberstellt und heftig kritisiert. In der Kaiserzeit[27] ist die asketische Praxis des Kynismus mit Ausnahme der sexuellen Schamlosigkeit vom Christentum aufgenommen worden und hat durch den christlichen Glauben eine neue Bedeutung erlangt.[28]

Die literarische Richtung ist bedeutsamer als die ethische, denn sie spielt bei der Entwicklung des modernen Zynismus eine große Rolle. Als Drehscheibe gilt Lukian,

---

24 Vgl. Sluiter 2005. Nach Sluiter ist der Skandal philosophischer Anwendung von Leib durch „Diogenes' domestication (a fate he shares with most dogs) and his incorporation into the pedagogical practice of the Greeks" (S. 163) unschädlich gemacht worden, d. h., dass Diogenes die Provokation als „scandalised shock" (S. 155) benutzt, um didaktische Wirkung auf sein Publikum auszuüben.
25 Zum Still der kynisch-stoischen Diatribe vgl. Bultmann 1984.
26 Döring 1997, S. 386. Nach Döring idealisierte und lobte Kaiser Julian Diogenes, insofern er „sich als neuer Diogenes verstand" (S. 396). In Bezug auf Kaiser Julians Rede betont auch Rahn 1960 die religiöse Frömmigkeit der Kyniker, die aber nur einseitig idealisiert worden ist. Vgl. auch Billerbeck 1996.
27 Zu anderen Rezeptionen des Kynismus, wie bei Dion, Maximos, und zu den prominenten Kynikern in der Kaiserzeit vgl. Döring 2006, S. 53–100; Griffin 1996; Brancacci 2018.
28 Vgl. Goulet-Cazé 2016, S. 241: „Die kynische Lebensweise mit ihrer Strenge und ihrem Anspruch erschien sicherlich den Christen, die sich um die Radikalität und die Entsagung der Welt bemühten, als das erfolgreichste Modell von Weisheit und Heldentum, das der Hellenismus hervorgebracht hatte. Sie übernahmen die Lebensweise und die Aufmachung, gaben diesen aber gleichzeitig durch ihren Glauben eine neue Bedeutung." Aber die Hypothese, dass es einen kynischen Jesus gibt, bietet nach Goulet-Cazé „keinerlei offenkundige Beweise literarischer oder archäologischer Art" (S. 239). Zu Kynismus im Christentum vgl. auch Matton 1996.

bei dem die kynische Satire ihren Höhepunkt erreicht. Vom Kynismus übernimmt er die komödiantischen Züge und wendet sich gegen die zeitgenössischen kynischen Sektierer. Aber gerade bei ihm sind viele negative Züge zu verzeichnen, die sachlich auch den modernen Zynismus kennzeichnen: skeptische Rationalität, unverschämte Provokation, verletzender Spott, mangelnde Ehrfurcht vor erhabenen Werten, sowie moralischer, religiöser und metaphysischer Nihilismus. Die zynische Demaskierung bzw. die psychologische Reduktion des Vornehmen auf das animalische Niedrige findet sich auch in sehr starker Weise in seiner Satire, indem mit derbem Witz, beißendem Spott und Skepsis „ein tragischer und damit moralisch-ernster Gegenstand bewußt banalisiert oder in eine komische Perspektive gerückt wird".[29] Der extrem rationalistische entlarvende Kyniker fungiert also nicht nur als ein lachendes Tier, sondern erweist sich auch als lächerlich. Insofern kommt schon bei Lukian der moderne Zyniker zum Vorschein.

Im Mittelalter und der frühen Neuzeit hat man vor allem Interesse an dem Kyniker Diogenes, der sich nun durch drei Gesichter auszeichnet: Er erscheint als „freier Asket und humanistischer Intellektueller", als „eulenspiegelnder Narr" und als Erzieher in Narrheit, „der in die Nähe des Heiligen rückt und von dem niemand weiß, ob sein Irresein Spiel oder Wahrheit, Geistlosigkeit oder Prophetie ist", denn er wollte durch „seine Distanznahme zur Welt und ihren Nomen"[30] darauf hinweisen und lehren, dass die Seele den Körper beherrschen soll. In der Renaissance ist der Kynismus sowohl in der praktischen Philosophie als auch in der Literatur wirksam. Danach, konkret im späten 16. und frühen 17. Jahrhundert, diskutiert man immer häufiger über die Schamlosigkeit und das freie Wort des Kynikers.[31] Im 18. Jahrhundert zieht Diogenes die französischen Aufklärer und Moralisten an, unter denen Diderot deshalb als der Bedeutsamste bezeichnet wird,[32] weil man in seinem philosophisch-satirischen Dialog *Rameaus Neffe* das Exemplar des modernen Zynikers finden kann. Der Neffe, der zwar sich Diogenes nahefühlt, führt aber ein amoralisches würdeloses parasitäres Leben, ist bloß an der animalischen Bedürfnisbefriedigung interessiert und entlarvt als ein illusionsloser Realist in satirischer Weise die Gesellschaft. Seine Amoral glaubt nicht mehr an die Tugend, sondern predigt nur noch das Laster, nachdem seine Glückserwartungen, die früher mehr als animalisch schamlose Genüsse bedeuteten, sich nicht erfüllt und ihn somit desillusioniert haben. Aber seine extreme Amoralität besteht auch darin, dass er sich als Parasit der Gesellschaft, die er verachtet und entlarvend spottet, bereitwillig unterwirft. Insofern stellt der Erzähler des Dialogs seinen verehrten tugendhaften, aber idealisierten Diogenes dem ver-

---

29 Niehues-Pröbsting 1988, S. 243–244.
30 Largier 1997, S. 373.
31 Zur Repräsentation der Figur Diogenes in der französischen Renaissance vgl. Roberts 2006, hier S. 274.
32 Zu den Rezeptionen von Diogenes in der französischen und deutschen Aufklärung, wie bei Pierre Bayle, Wieland, Rousseau, Diderot und Sade, vgl. Niehues-Pröbsting 1992; Shea 2010, vor allem S. 23–127.

ächtlichen Neffen gegenüber, welcher sein Unglück sein Leben lang lachend genießen will. Dies führt unvermeidlich zu der einflussreichsten Vorstellung vom Antagonismus zwischen antikem Kyniker und modernem Zyniker.[33] Aus dem Neffen ist die Quintessenz des Zynismus zu erschließen, wie Niehues-Pröbsting sie herausgearbeitet hat:

> Der Zynismus Rameaus ist die Selbstbehauptung gegenüber der Gefährdung, die aus einem Glücksbedürfnis entsteht, das mehr verlangt als die Befriedigung der physischen Triebe. Er reduziert Moral, die das Glück sichern soll, auf animalische Selbstbehauptung und verzichtet dadurch auf Glück. Rameau erklärt sein Einverständnis mit dem Unglück, das er lachend ertragen will, und erst das macht ihn vollends zum Zyniker: das Lachen als Moralersatz im Verein mit animalischer Selbstbehauptung.[34]

Für Niehues-Pröbsting steht fest, dass der moderne Zynismus das Tugendhafte, die Glücksanstrengung des antiken Kynismus ganz beiseitegelassen hat. Er gerät in den Bereich der tierhaften Befriedigung und der schamlosen satirischen Entlarvung der Gesellschaft, seines Unglücks und seiner selbst; er führt alles Vornehme auf das animalisch Niedrige zurück. Die Grenzen zwischen Gut und Böse sind in ihm vollkommen verschwunden, wobei man mehr oder minder von ‚Jenseits von Gut und Böse' reden kann. In der Sinnlosigkeit des Lebens kommt offenkundig der Nihilismus zum Ausdruck.[35]

Aber zieht man die negativen Seiten des antiken Kynismus in Betracht, dann darf der Zynismus nicht einfach als Gegensatz des Kynismus bezeichnet werden. Unter dem Zynismus ist vielmehr der Verfall oder die misslungene Karikatur des Kynismus zu verstehen. In ihm sind alle positiven und konstruktiven Charakterzüge des Kynismus verloren gegangen und werden allein die negativen und destruktiven Eigenschaften beibehalten.

In diesem Zusammenhang wird deren Einseitigkeit deutlich, die sich in den letzten Jahren mit heftiger Kritik am modernen Zynismus äußerten und aber sich dem antiken, jedoch verklärten Kynismus zuwenden. Nicht vergessen werden dürfen Peter Sloterdijk und Michel Foucault, die im Kontext der Aufklärung und durch ihre Rekonstruktionen wieder dem antiken Kynismus als alternativem Modell für zeitgenössische Philosophie Glauben schenken wollen.[36]

Nach Sloterdijk resultiert aus der gescheiterten Aufklärung der Vernunft in der Postmoderne als Folge ein Zynismus, der als neues Unbehagen in der Kultur universal diffus ist.[37] Die Kritik der instrumentellen Vernunft führt für ihn zur Kritik der

---

33 Vgl. Shea 2010, S. 197: „By the late eighteenth century, as Diderot's novel makes manifest, Cynicism had come to signify two antagonistic philosophical and ethical positions. Diderot ascribes the two rival types of Cynicism to the parasitic nephew (the cynic in our modern, everyday sense of the term) and to the independent philosopher (the D'Alembert, or Wieland, or Diderot of the day)."
34 Niehues-Pröbsting 1988, S. 50.
35 Vgl. Höffe 2008. Dabei bezeichnet Höffe den Zynismus als ethischen Nihilismus.
36 Vgl. Shea 2010, S. 136.

zynischen Vernunft. Neben Lüge, Irrtum, Ideologie stuft er den Zynismus als vierte Form des falschen Bewusstseins ein. Insofern ergibt sich die erste Definition des Zynismus als „das *aufgeklärte falsche Bewußtsein*", d. h. „das modernisierte unglückliche Bewußtsein, an dem Aufklärung zugleich erfolgreich und vergeblich gearbeitet hat"[38]. Es präsentiert das Scheitern der Aufklärungsanstrengung. Die zweite Definition verweist deutlich auf die Spannung und den Gegensatz zwischen Zynismus und Kynismus. Der Kynismus gilt nun als „der Drang von Individuen, gegen die Verdrehungen und Halbvernünftigkeiten ihrer Gesellschaften sich selbst als vollvernünftig-lebendige Wesen zu erhalten", als das „Dasein im Widerstand, im Gelächter, in der Verweigerung, in der Berufung auf die ganze Natur und das volle Leben" und „als plebejischer ‚Individualismus'", der „pantomimisch, gerissen und schlagfertig" beginnt. Im Gegensatz dazu repräsentiert der Zynismus „die Replik der Herrschenden und der herrschenden Kultur auf die kynische Provokation; sie sehen durchaus, was Wahres daran ist, fahren aber mit der Unterdrückung fort."[39] Der Kynismus ist als der Widerstand „von unten" zu bezeichnen, während der Zynismus als die Repression „von oben" gegen diesen Widerstand gilt. Mit der Macht verwandelt sich der Zynismus in den Herrenzynismus und in *„eine Frechheit, die die Seite gewechselt hat"*[40]. Den dritten Begriff des Zynismus zählt Sloterdijk zu „einer Phänomenologie polemischer Bewußtseinsformen":

> Die Polemik dreht sich allemal um die richtige Erfassung der Wahrheit als „nackter" Wahrheit. Das zynische Denken nämlich kann nur erscheinen, wo von den Dingen zwei Ansichten möglich geworden sind, eine offizielle und eine inoffizielle, eine verhüllte und eine nackte, eine aus der Sicht der Helden und eine aus der Sicht der Kammerdiener. In einer Kultur, in der man regelmäßig belogen wird, will man nicht bloß die Wahrheit wissen, sondern die *nackte* Wahrheit. Wo nicht sein kann, was nicht sein darf, muß man herausbringen, wie die „nackten" Tatsachen aussehen, egal, was die Moral dazu sagen wird. In gewisser Weise sind „herrschen" und „lügen" Synonyme. Herrscherwahrheit und Dienerwahrheit lauten verschieden.[41]

Dagegen nimmt Sloterdijk Partei für den Kynismus, dessen negative Seite er sogar positiv umdeutet,[42] um mit seiner kynischen Anthropologie, mit Heiterkeit, Lachen

---

[37] Im Anschluss an Peter Sloterdijk untersucht Weber 1998 den „Zusammenhang von zynischer Interaktion und deren handlungsleitende, -motivierende oder -verhindernde Dimension". Im Hinblick auf die „Realitätsbewältigung" sollten beim Zyniker sich die „Enttäuschungserfahrungen, das Abgestumpftsein an den Widerständen der erlebten Realität" zeigen. (S. 8)
[38] Sloterdijk 2007, S. 37.
[39] Sloterdijk 2007, S. 400.
[40] Sloterdijk 2007, S. 222. Aber nach der Definition des Zynismus, der die Macht hat, kann der Neffe gar nicht als Zyniker gelten. Vgl. dazu Niehues-Pröbsting 1987, S. 76: „[D]er Neffe ist kein Herrenzyniker, ganz im Gegenteil"; Niehues-Pröbsting 1992, S. 730–732.
[41] Sloterdijk 2007, S. 401.
[42] Die Schamlosigkeit des Diogenes hält er z. B. nicht für negativ, sondern für politisch tierhaftes Durchbrechen „der Politik der Schamhaftigkeit" (Sloterdijk 2007, S. 317).

und Satire den modernen Zynismus zu überwinden und um mit dem echten kynischen Leben weiter das Projekt der Aufklärung zu verwirklichen.

Obwohl Foucault nicht vom modernen Zynismus als Gegensatz des Kynismus redet, idealisiert er auch den antiken Kynismus, um einen neuen Ausweg aus dem Scheitern der Aufklärung in der Postmoderne zu finden. In der aufklärerischen Kritik wurde für ihn die Selbstsorge übersehen. Ihm kommt es darauf an, „dass die Philosophie sich als Arbeit an sich selbst in die Öffentlichkeit wagt und entweder ein anderes Leben oder eine andere Welt in Aussicht stellt", was „allerdings nicht im Dienste von Utopien oder politischen Programmen" steht.[43] Er will die andere Richtung der Philosophie bzw. die Lebenskunst wiederbeleben. Dabei hebt er vor allem die Parrhesie als wesentlichen Charakterzug des antiken Kynikers hervor, der sich, Sokrates nachfolgend, allein um seine eigene Existenzweise kümmert und das Wahrsprechen mit der wahren Lebenspraxis in sich vereinigt.[44] Aber was ist wahr? Von dem griechischen Wort *alethes* leitet Foucault vier Bedeutungen des Wahren ab: Das Wahre gilt als „das Unverborgene", das Unverschleierte, als das Reine, also „das, was keinen Zusatz und keine Ergänzung enthält, was keine Vermischung mit etwas anderem als ihm selbst erleidet", als das Geradlinige, das Unmittelbare, als das Unveränderliche und das Unvergängliche.

> Diese unverborgene Wahrheit, diese unvermischte Wahrheit, diese geradlinige Wahrheit kann sich durch die Tatsache, daß sie ohne Windung, ohne Schleier, ohne Beimischung, ohne Krümmung oder Störung ist (sie ist ganz gerade), in ihrer unveränderlichen und unvergänglichen Identität aufrechterhalten.[45]

Folglich existieren vier Formen des Wahrsprechens, dass dabei „nichts verheimlicht wird", dass sich „weder das Falsche noch die Meinung noch der Schein mit dem Wahren vermischen", dass es eine „mit den Regeln und dem Gesetz" übereinstimmende und geradlinige Rede gibt, dass die Rede immer „dieselbe bleibt".[46] Danach gilt das wahre Leben als „ein nicht verheimlichtes Leben", als ein „Leben ohne Beimischung", als „ein geradliniges Leben" und als ein Leben ohne Veränderung, aber mit Freiheit und Unabhängigkeit.[47] Der echte Kyniker führt nach Foucault nicht nur das wahre Leben, sondern verfügt auch als Hund über vier fundamentale Eigenschaften: Schamlosigkeit, Gleichgültigkeit, Urteilsvermögen und Wachsamkeit. Darüber hinaus treibt der Kyniker das wahre Leben und das Wahrsprechen auf die äußerste Spitze und entlarvt sein Leben in aller Öffentlichkeit. Durch Provokation und Kritik an der Gesellschaft sorgt er dafür, dass man sich über ihn ärgert und somit um

---

43 Gabriel 2012, S. 41.
44 Zum politischen Zug der Parrhesie bei Foucault vgl. Forti 2014; Lemm 2014, S. 222: „The Cynic form of life overcomes this division between political life and philosophical life by showing the commonality between both forms of life, thus undoing their mutual immunization."
45 Foucault 2012, S. 288.
46 Foucault 2012, S. 288.
47 Foucault 2012, S. 290–296.

sich selbst kümmert. In dieser verklärten Lebensart sieht Foucault die eigenartige Berufung des Kynikers zum Kämpfer, Wachhund, Arzt und Erzieher für die Menschheit, d. h., dass der Kyniker den Menschen auf Gut und Böse hinweist. Beim Kyniker handelt es sich im metaphorischen Sinne um einen gebrochenen Spiegel, in dem man sich und sein gebrochenes Selbst deutlich sieht, mit dessen Hilfe man über sein eigenes Leben reflektieren kann.

> Der Kyniker wendet sich an alle Menschen. Allen diesen Menschen zeigt er, daß sie ein anderes Leben als das führen, das sie eigentlich sollten. Und dadurch taucht zwangsläufig eine ganz andere Welt auf, die jedenfalls im Horizont der kynischen Praxis sein und deren Ziel ausmachen muß.[48]

Offenkundig verfolgt Foucault die Absicht, mit der Rekonstruktion des antiken Kynismus die praktische Alternative der Philosophie als gelebte Ethik zum Blühen zu bringen. Für ihn sowie für Sloterdijk übt das praktische, ethische Leben mehr Einfluss auf die Veränderung der Welt aus, verbreitet mehr Hoffnung als die bloße systematische Erkenntnis, denn das Versprechen der Aufklärung schwebt nach zwei Jahrhunderten noch immer in der Luft, aber ob ein von ihnen mehr oder weniger idealisierter Kynismus den Plan zur Rettung der Aufklärung tatsächlich verwirklichen kann, bleibt unklar.

Der Versuch, die Philosophie mit dem Leben zu vereinigen, wird auch bei Nietzsche unternommen, der eine Experimentalphilosophie ins Werk setzen will. Bemerkenswert ist die Tatsache, dass Nietzsche mit seiner Kritik an der alten Aufklärung eine neue konzipiert, die sogar als Gegenaufklärung gelten kann, da sie den grundlegenden Begriff der Vernunft von seinem heiligen Platz vertrieben hat. Er stellt mit seiner Umwertung aller Werte die Natur der Vernunft oder dem alten Nomos gegenüber, genauso wie Diogenes. Sowohl seine Philosophie als auch sein Schreibstil stimmen in gewissem Umfang mit dem Kynismus überein. Damit kann man nicht umhin, die Frage zu stellen, ob Nietzsche ein Kyniker ist. Aber die Frage ist nicht leicht zu beantworten, obwohl Nietzsche sich selbst als „Cyniker"[49] bezeichnet und obwohl er in seiner Autobiografie *Ecce homo* mit dem welthistorischen „Cynismus"[50] sein Leben beschreibt.

Die erste Schwierigkeit, Nietzsche unter die Kyniker oder Zyniker einzureihen, besteht darin, dass er nur „Cynismus", „Cyniker", „cynisch" verwendet. Bei ihm

---

48 Foucault 2012, S. 406.
49 Vgl. FW 368, S. 616. Die Überschrift des Aphorismus ist „Der Cyniker redet". Dabei redet Nietzsche als ein Kyniker von seinen leiblichen Einwänden gegen die Musik Wagners. In *Der Fall Wagner* provoziert er noch: „Man muss Cyniker sein, um hier nicht verführt zu werden, man muss beissen können, um hier nicht anzubeten. Wohlan, alter Verführer! Der Cyniker warnt dich – cave canem..." (KSA 6, S. 43–44)
50 Vgl. Brief an Georg Brandes vom 20. November 1888, KSB 8, Nr. 1151, S. 482: „Ich habe jetzt mit einem Cynismus, der welthistorisch werden wird, mich selbst erzählt. Das Buch heißt ‚Ecce homo' und ist ein Attentat ohne die geringste Rücksicht auf den Gekreuzigten [...]."

existiert kein erheblicher Unterschied zwischen Kynismus und Zynismus, sei es philosophisch oder bloß in der Schreibweise, obwohl die Unterscheidung in seiner Zeit schon bekannt ist. Die Schreibweise „Kynismus" wird bei seinem philosophischen Lehrer Schopenhauer bereits verwendet.[51] Mit Diderots Dialog *Rameaus Neffe* bzw. dem Begriff Zynismus ist er auch gut vertraut. Zwar ist sich Nietzsche dieser Trennung bewusst, aber er gebraucht ausschließlich das Wort „Cynismus" für beide Schreibweisen. Er meint damit nicht nur die antiken Kyniker, sondern auch die Zyniker im modernen Sinn. Dies macht es zunächst nicht leicht, Nietzsches Rezeption von Kynismus und Zynismus zu differenzieren.

Eine mögliche Lösung dafür besteht darin, dass man je nach dem Kontext, in dem das Wort Cynismus verwendet wird, seine genaue Bedeutung als Kynismus oder Zynismus feststellt. Dabei stößt man jedoch auf die zweite Schwierigkeit, nämlich die, dass bei Nietzsche Kynismus und Zynismus sich zugleich sowohl durch positive als auch pejorative Züge auszeichnen. Zum Beispiel im Hinblick auf den Tod der griechischen Tragödie wirft Nietzsche in *Die Geburt der Tragödie* den kynischen Schriftstellern samt Platon in heftiger Weise vor:

> Wenn die Tragödie alle früheren Kunstgattungen in sich aufgesaugt hatte, so darf dasselbe wiederum in einem excentrischen Sinne vom platonischen Dialoge gelten, der, durch Mischung aller vorhandenen Stile und Formen erzeugt, zwischen Erzählung, Lyrik, Drama, zwischen Prosa und Poesie in der Mitte schwebt und damit auch das strenge ältere Gesetz der einheitlichen sprachlichen Form durchbrochen hat; auf welchem Wege die cynischen Schriftsteller noch weiter gegangen sind, die in der grössten Buntscheckigkeit des Stils, im Hin- und Herschwanken zwischen prosaischen und metrischen Formen auch das litterarische Bild des „rasenden Sokrates", den sie im Leben darzustellen pflegten, erreicht haben.[52]

Obwohl er die satura Menippea als décadence des Stils denunziert, wollte er auch eine solche schreiben.[53] Außer der Selbstbezeichnung als Cyniker lebt er persönlich noch kynisch,[54] um von seiner Krankheit zu genesen. Seine Haltung zum Zynismus ist ebenfalls undeutlich, denn er schreibt einerseits in *David Strauss der Bekenner und der Schriftsteller* dem Bildungsphilister den Cynismus im abwertenden Sinn,

---

[51] Vgl. Kulawik 1992, S. 125.
[52] GT 14, KSA 1, S. 93.
[53] Vgl. GD, Was ich den Alten verdanke 2, KSA 6, S. 155: „Plato wirft, wie mir scheint, alle Formen des Stils durcheinander, er ist damit erster décadent des Stils: er hat etwas Ähnliches auf dem Gewissen, wie die Cyniker, die die satura Menippea erfanden." Und Nachlass 1886/87, KSA 12, 5 [93], S. 224: „Dionysos philosophos. / Eine / Satura Menippea. / Von / Friedrich Nietzsche."
[54] Vgl. MA II, Vorrede 5, KSA 2, S. 375: „Thatsächlich ein Minimum von Leben, eine Loskettung von allen gröberen Begehrlichkeiten, eine Unabhängigkeit inmitten aller Art äusserer Ungunst, sammt dem Stolze, leben zu können unter dieser Ungunst; etwas Cynismus vielleicht, etwas ‚Tonne', aber ebenso gewiss viel Grillen-Glück, Grillen-Munterkeit, viel Stille, Licht, feinere Thorheit, verborgenes Schwärmen – das Alles ergab zuletzt eine grosse geistige Erstarkung, eine wachsende Lust und Fülle der Gesundheit."

nämlich den Zynismus, zu.⁵⁵ Andererseits verbindet er das Prädikat „cynisch" mit dem Wort „groß" in seinen Notizen: „Große Dinge verlangen, daß man von ihnen schweigt oder groß redet: groß, das heißt mit Unschuld, – cynisch."⁵⁶

Eine ausführliche Darstellung von Nietzsches verschiedenen Rezeptionen von Kynismus und Zynismus ist je nach Kontext zwar möglich, aber wohl nicht nötig. Denn die bloße Rezeption reicht nicht aus, seine Philosophie mit Kynismus und Zynismus zu vergleichen oder ihn als Kyniker oder Zyniker zu charakterisieren. Es wäre vielmehr sinnvoller, nach dem philosophischen Sachverhalt des Cynismus bei ihm zu suchen. Seine Rezeption von Kynismus und Zynismus ist freilich unentbehrlich. Deshalb ist es nicht notwendig, dass man seine gesamte Rezeption des Kynismus und Zynismus in Betracht zieht. Sein kynisches Philosophieren, das etwa in der Umwertung aller Werte deutlich wird, sein Immoralismus und seine Hervorhebung der Natur verweisen mehr auf den inneren Zusammenhang mit dem Kynismus und teilweise mit dem Zynismus.

Nun gelangen wir zu unserem Thema, und zwar, inwiefern Nietzsche für den „Cynismus" plädiert und ob er ein „Cyniker" ist, wie er selbst glaubt. Feststellen lässt sich, dass er weder Kyniker noch Zyniker ist. Denn er zeichnet sich persönlich nur einigermaßen durch die Züge des Kynikers, aber keineswegs durch die des Zynikers aus. In seiner Philosophie kann man auch erkennen, dass sowohl Kynismus als auch Zynismus zum Ausdruck kommen. Wenn man seine Selbstbezeichnung als Cyniker ernst nimmt, dann muss ein Cyniker als solcher ein neuartiger oder eigenartiger sein. Dasselbe gilt für seinen Cynismus.⁵⁷ Insofern stellen sich die folgenden Fragen: Ist dieser Cyniker zwischen Kyniker und Zyniker positioniert? Und schwankt sein Cynismus zwischen Kynismus und Zynismus?

Aber es ist nicht die Absicht der vorliegenden Arbeit, Nietzsches Cynismus bloß als eine Mischung aus Kynismus und Zynismus zu verstehen. Vielmehr zielt sie darauf ab, im Cynismus bei Nietzsche das Hinausgehen über beide zu verdeutlichen. Aus dem kurzen Überblick über die Rezeptionsgeschichte von Kynismus und Zynismus ist wohl eine Dialektik der Geschichte des Kynismus abzuleiten. Der Kynismus hat trotz seiner negativen Seite noch viele positive. Die Protokyniker sind für die Öffentlichkeit im Allgemeinen eher verehrungswürdig als pejorativ. Der Kynismus ist

---

55 Vgl. UB I, DS 2, KSA 1, S. 173: „Die Stärke des Bildungsphilisters kommt an's Licht, wenn er seine Schwachheit eingesteht: und je mehr und je cynischer er eingesteht, um so deutlicher verräth sich, wie wichtig er sich nimmt und wie überlegen er sich fühlt. Es ist die Periode der cynischen Philisterbekenntnisse. Wie Friedrich Vischer mit einem Worte, so hat David Strauss mit einem Buche Bekenntnisse gemacht: und cynisch ist jenes Wort und dieses Bekenntnissbuch." Und S. 175: „In der That, verzagt und verschämt sind unsere Philister nicht mehr, wohl aber zuversichtlich bis zum Cynismus."
56 Nachlass 1888, KSA 13, 18[12], S. 535.
57 Niehues-Pröbsting 2005 macht mit dem Fazit deutlich: „Entweder ist der Cynismus von *Ecce homo* nicht der im landläufigen Sinne, oder, sollte der Begriff so gemeint sein, gilt er nicht dem Selbst." (S. 172)

die These. Aber bei den modernen Zynikern sind auf keinen Fall positive Charakterzüge zu erkennen. So erweist sich der Zynismus als décadence des Kynismus. Er kann als dessen Widerspruch im weiteren Sinn des Wortes gelten. Der Zynismus ist dann als die Antithese zu verstehen. In der jüngeren Zeit kritisiert man den Zynismus heftig durch die Neubelebung des Kynismus insbesondere im Kontext der Aufklärung. Der Versuch der Aufhebung des Zynismus bzw. der Überwindung des Verfalls steigert den Sinn und die Bedeutsamkeit des Kynismus. Nun bildet der neue Cynismus die Synthese.

Dieser dialektische Leitfaden eröffnet also eine Perspektive, einen neuen Einblick in den Cynismus bei Nietzsche. Sein Cynismus wäre als ein dialektischer Weg zu begreifen, der vom Kynismus ausgeht und mit radikaler Entwicklung unvermeidlich zum Verfall in den Zynismus führt, aber am Ende durch die Überwindung der décadence über beide in einer Sublimierung resultiert. Auch der Cyniker Nietzsche hat letztlich eine neue Gestalt erhalten, in der er seinen Gegensatz in sich überwunden hat. Deswegen unternimmt die vorliegende Arbeit den Versuch, durch eine dialektische Struktur des Cynismus die Philosophie und Lebenspraxis Nietzsches zu verstehen und zu interpretieren.[58]

2 Stand der Forschung

Schon in seiner Lebenszeit wird Nietzsche abwertend als „Neo-Cyniker"[59] bzw. Neo-Kyniker bezeichnet. Der zeitgenössische Philosoph und Soziologe Ludwig Stein leitet aus Nietzsches Begriffen der Umwertung aller Werte, der Sklavenmoral, der „blonden Bestie", aus dem Vergleich zwischen Nietzsche und Kynikern und aus der falschen Annahme, dass Nietzsche über die antiken Kyniker eine Dissertation verfasst habe, einen „Neo-Cynismus" als Gefahr ab. Ebenso wie Diogenes ein rasender Sokrates ist, hält er Nietzsche für verrückt. Außer dem Neokynismus sieht er in Nietzsche noch die „Neosophistik"[60]. Gegen beide Attribute führt er eine heftige, jedoch ungenaue und wenig wissenschaftliche Polemik. Für ihn ist Nietzsche ein Mo-

---

[58] Die dialektische Struktur ist nicht im hegelschen Sinne, sondern im weiteren Sinne des Wortes gemeint. Obwohl Nietzsche die Dialektik von Hegel heftig kritisiert, kann man auch ‚dialektische' Züge in seiner Philosophie finden. Die drei Wandlungen des Geistes in Za lässt sich als eine dialektische Struktur verstehen. Das Kamel, das die schweren alten Werte gehorsam trägt, gilt als die These. Der Löwe, der die alten Werten nicht mehr respektiert und sich nur Freiheit schafft, gilt als die Antithese. Aber nur das Kind kann neue Werte schaffen und so gilt die letzte Wandlung des Geistes als die Synthese. Dier 2001 sieht zudem in Nietzsches Wiederkunftslehre eine innere dialektische Bewegung. Nach Stegmaier 2012a, S. 29, hat das Wort „groß" beim späten Nietzsche auch einen dialektischen Sinn. Roberto Esposito hält Nietzsches Biopolitik für „inscribed in the dialectic of immunity and community". (Zitiert nach Lemm 2017, S. 51. Zur Darstellung von Biopolitik bei Esposito vgl. Lemm 2013a)
[59] Stein 1893, S. 2.
[60] Zitiert nach Niehues-Pröbsting 1988, S. 312.

ralkritiker und Kulturverächter, der durch die kynische und sophistische Schule geprägt wird. Nietzsches unsystematische Lehre besitze damit keine Originalität. Nach ihm fungiert Nietzsche außerdem als ein hedonistischer Kyniker. Da die Umwertung aller Werte ihm als ein kynisches Umkehren erscheint, durch das alles Edle außer Kraft gesetzt worden ist, besteht die Gefahr von Nietzsches Gedanken allerdings eher im Kynismus als in Hedonismus.[61]

Zwar erregt Ludwig Stein mit seiner aus völlig oberflächlichem Verständnis und Missverständnis resultierenden Bezeichnung Neo-Kyniker die heftige Kontroverse, ob Nietzsches Philosophie wirklich Kynismus ist,[62] aber der Cynismus bei Nietzsche wird dabei nicht thematisiert. In den meisten Forschungen nach dem Kynismus im 20. Jahrhundert werden Nietzsche und sein Verhältnis zum Kynismus lediglich kurz erwähnt. Die meisten unter ihnen werden durch die Forschungen von Heinrich Niehues-Pröbsting, Peter Sloterdijk und Michel Foucault inspiriert. Sie untersuchen nur den allgemeinen Zusammenhang zwischen Kynismus und Nietzsche in Bezug auf die Philosophie als Lebenskunst, den literarischen Stil, die Aufklärung und die Metapher der Umwertung. Aus dem Begriff der Aufklärung von Foucault heraus erkennt Niklaus Largier bei Nietzsche eine kynische Aufklärung nicht als Doktrin, sondern als kritisches Ethos praktischer Freiheit und Autonomie. Für ihn liegt die Reflexion von Nietzsche und Foucault in Bezug auf den kynischen Denker darin begründet, „daß Philosophie nicht als Theorie über das Leben, sondern als Weisheit des Lebens in der Welt gilt, die sich in jeder Situation neu zu erproben hat"[63]. Das Leben und die Weisheit der richtigen Lebensform stehen tatsächlich im Mittelpunkt der Gedanken von Nietzsche. Aber Largier missversteht den kynischen Narren bzw. den tollen Menschen in *Die fröhliche Wissenschaft*, der den Tod Gottes verkündet, als heiligen Toren, erkennt darin vermeintlich „nichts anderes als eine radikale negative Theologie, die nicht bloß intellektuell, sondern gleichzeitig körperlich gefaßt ist"[64]. Für Alexander Engelbrecht ist Nietzsche wie Rousseau nichts anderes als ein Neo-Kyniker[65], was aber nicht plausibel ist, denn Nietzsche gibt zu verstehen, dass er sich deutlich von Rousseau unterscheidet. Zumindest unproblematisch ist die Annahme von Hugh Roberts, dass Nietzsche ebenso wie Lukian und Diderot durch den

---

61 Vgl. zur ausführlichen Darstellung von Steins Gedanken und seiner Kritik an Nietzsche Marti 1987. Zur Problematik seiner Kritik vgl. Niehues-Pröbsting 1988, S. 310–313.
62 Georg Simmel verneint z. B. strikt Steins Behauptung. Georg Brandes ist aber vorsichtiger und will im Cynismus den positiven Zug sehen. Dagegen subsumiert Hermann Diels Nietzsche noch unter die Kyniker und die Sophisten. Vgl. dazu Niehues-Pröbsting 1988, S. 338–340.
63 Largier 1997, S. 364.
64 Largier 1997, S. 380. Bei dem tollen Menschen ist keineswegs von einer Theologie die Rede. Obwohl er noch Gott suchen will, ist dieser Gott nicht im Sinne der Theologie, sondern des Übermenschen zu verstehen, der als ein irdisches Ideal mit dem jenseitigen Gott nichts zu tun hat.
65 Engelbrecht 2010, S. 68: „Als Neo-Kyniker lassen sich etwa Rousseau, gefolgt von Nietzsche und zuletzt Adorno angeben."

antiken Kynismus inspiriert worden ist.⁶⁶ Im Hinblick auf die antiken Kyniker sollte Nietzsche nach Marie-Odile Goulet-Cazé „später stark von Diogenes beeinflusst werden, ‚dem Possenreißer ohne Scham', dem ‚wissenschaftlichen Satyr', von dem er seine *Umwertung aller Werthe* übernommen hatte"⁶⁷. Goulet-Cazé weist noch treffend darauf hin, dass die Umwertung eine Umkehrung der üblichen respektierten Werte impliziert und dass die neuen Werten „der Konzeption entsprechen, welche sich der Kyniker vom Menschen und vom Leben macht, wie er es ‚naturalisieren' möchte"⁶⁸. Darüber hinaus hält William Desmond Nietzsche für einen Erben des Kynismus und bezeichnet ihn als „quasi-Cynic"⁶⁹. Nietzsches Nähe zu den Kynikern besteht nach ihm darin, dass beide einen dekadenten Schreibstil verwenden, dass der gute Europäer bei Nietzsche ähnlich wie der Weltbürger bei Diogenes zu verstehen ist, dass beide die Massen verachten, dass die Askese in beider Leben eine wichtige Rolle dabei spielt, hart zu werden, dass beide antiplatonisch eingestellt sind, dass beide für Autarkie, Parrhesie und Schamlosigkeit plädieren, dass beide die Umwertung der Werte anstreben, dass die Amoralität des Kynikers auch jenseits von Gut und Böse verortet sein kann und dass Nietzsche und Diogenes noch als Aufklärer fungieren. Außerdem ist der tolle Mensch insofern eine Reminiszenz an Diogenes, als „madman" parallel zu „mad Socrates"⁷⁰ steht. Aber Nietzsche legt dabei eigentlich mehr Wert auf die Laterne,⁷¹ die vom tollen Menschen, wie von Diogenes, am hellen Vormittag angezündet wird.

Die obigen Forschungen neigen dazu, den Cynismus bei Nietzsche als Kynismus zu qualifizieren, indem sie Nietzsche bloß mit den Kynikern vergleichen. Dagegen sind die Züge des Zynismus bei Nietzsche fast übersehen worden. Mit der umfassenden Forschung nach dem Cynismus auch im Sinne von Zynismus bei Nietzsche hat sich Heinrich Niehues-Pröbsting zuerst beschäftigt. Er weist darauf hin, dass Nietzsches „welthistorischer Cynismus" in *Ecce homo* sich durch eine eigene Art auszeichnet. Zwar lehnt er ab, Nietzsche einfach dem Neo-Kynismus zuzuschreiben, aber er zeigt noch die tiefe Bedeutsamkeit des Kynismus in Nietzsches Cynismus auf: „Sein Cynismus ist einerseits kein bloß historisierender Neo-Kynismus; andererseits ist darin sehr viel mehr an Kynismus enthalten als in dem modernen Begriff des Zynismus."⁷² Danach unterscheidet er insgesamt vier Aspekte in Nietzsches Cynismus: „den Stil und den programmatischen Gedanken, die Polemik und schließlich

---

66 Roberts 2006, S. 4: „Writers as diverse as Lucian, Diderot and Nietzsche, as well as Erasmus, Rabelais and Montaigne, have all been inspired by ancient Cynicism."
67 Goulet-Cazé 2016, S. 12.
68 Goulet-Cazé 2016, S. 41. Dabei ist zu bemerken, dass die Umwertung der Werte mehr als eine Umkehrung ist.
69 Desmond 2008, S. 229.
70 Desmond 2008, S. 233.
71 Vgl. Nachlass 1883, KSA 10, 12[1], S. 388: „Bevor man ‚den Menschen sucht', muß man die Laterne gefunden haben."
72 Niehues-Pröbsting 2005, S. 173.

die Selbstdarstellung"[73]. Darunter sind die drei Aspekte mit Ausnahme des programmatischen Gedankens von ihm vollständig erforscht worden. Den kynischen literarischen Stil übernimmt Nietzsche durch eine Mischung aus Prosa und Poesie, Ernst und Scherz in seinen Werken, obwohl er den literarischen Kynismus als Symptom der décadence verurteilt und als Eingriff der Sklaven in die Literatur verachtet. Außerdem kommen die kynischen Figuren, der Satyr, der Narr, der Hanswurst, der Possenreißer, oft in seinen Büchern vor. Den größten Teil seiner Forschung richtet Niehues-Pröbsting auf den Aspekt des Stils. Dabei ist zu erwähnen, dass er Nietzsches Vorliebe für die Anekdote als philosophiegeschichtliches Medium ausgearbeitet hat.[74] Nietzsche wollte durch drei Anekdoten das vorbildhafte Leben eines Philosophen erfassen. Darin zeigt sich sein antisystematisches Denken. Denn die Anekdote dient ihm als „Mittel der Erkenntnis, der Aufklärung" und als Werkzeug „der Entlarvung philosophischer und religiöser Lehrsätze, moralischer Wertsetzungen und Überzeugungen", wobei Niehues-Pröbsting Nietzsches Anwendung des Kynismus und des kynischen Vorbildes, welches den „kurzen Weg zur Tugend" geht, auch für einen „kurze[n] Weg' moralistischer und moralkritischer Erkenntnis"[75] hält. Insofern fungiert der Kynismus als Ausgangspunkt in Nietzsches entlarvender Aufklärung bzw. Umwertung der Werte. Die dabei benutzte Methode ist die physio-psychologische Reduktion des Menschen auf die tierhafte Natur. Außerdem kann man in Nietzsches Polemik gegen die Moral, das Christentum und gegen seine Gegner und in seiner Selbstdarstellung auch den Zynismus als äußerst aggressiven, verachtenden Spott und als Schamverletzung eruieren. Persönlich versuchte Nietzsche, „den Zynismus gegen die Moral zu forcieren", der „als Selbstbehauptung gegen die eigene ‚moralité larmoyante'"[76] gilt. Den Zusammenhang zwischen dem Zynismus und dem Inneren bzw. der moralischen Schizophrenie von Nietzsche hat Niehues-Pröbsting zuerst entdeckt. Aber er hat den Zynismus als eine Art Nihilismus und das kynisch

---

[73] Niehues-Pröbsting 2005, S. 182.
[74] Niehues-Pröbsting 1983. Nietzsche verwendet auch die kynischen Anekdoten in seinen Werken, z. B. das Gespräch zwischen Wanderer und dessen Schatten als Anspielung auf Alexander den Großen und Diogenes, den tollen Menschen als Anspielung auf Diogenes.
[75] Niehues-Pröbsting 1980, S. 112.
[76] Niehues-Pröbsting 1988, S. 337. Es geht dabei um einen Brief von Nietzsche und um die Szene vor seiner geistigen Umnachtung. In dem Brief an Reinhart von Seydlitz vom 13. Mai 1888 schildert er eine Fantasie: „Gestern dachte ich mir ein Bild aus von einer moralité larmoyante, mit Diderot zu reden. Winterlandschaft. Ein alter Fuhrmann, der mit dem Ausdruck des brutalsten Cynismus, härter noch als der Winter ringsherum, sein Wasser an seinem eignen Pferde abschlägt. Das Pferd, die arme geschundne Creatur, blickt sich um, dankbar, s e h r dankbar –" (KSB 8, Nr. 1034, S. 314). Diese Fiktion erlebt er kaum ein dreiviertel Jahr später als Realität. Am 3. Januar 1889 sieht er in Turin einen Kutscher, der sein altes Pferd misshandelt, und fällt dann der „geschundenen Kreatur" weinend um den Hals. Insofern scheint der Brief Niehues-Pröbsting deshalb erschütternd, weil er die „Szene aus dem geistigen Zusammenbruch vorausdeutet und in diesem Zusammenhang das Gewaltsame, Überfordernde der Anstrengung offenbart; Nietzsche brachte sich dadurch in eine Art moralischer Schizophrenie" (Niehues-Pröbsting 1988, S. 337).

programmatische Denken bei Nietzsche nicht weiter ausgeführt. Er verweist zwar auf den Cynismus der décadence und der Stärke, der die décadence überwunden hat, stellt aber noch nicht die innere Logik von Kynismus über Zynismus als décadence bis zu Cynismus als Überwindung der décadence bei Nietzsche dar.

Im Anschluss an Niehues-Pröbsting untersucht Daniel Scott Mayfield auch nur das Verhältnis zwischen Kynismus und Nietzsche, aber vor allem in Bezug auf dessen nachgelassene Fragmente zwischen 1884 und 1889. Dabei hält er Nietzsches Jenseits von Moral für eine Variante des Kynismus. Der Immoralismus steht im Mittelpunkt seiner Forschung. Unter „artful immorality" subsumiert er außer Nietzsche noch die Autoren Machiavelli, Gracián und Diderot. Er überprüft in seinem Nietzsche-Kapitel zuerst erneut den Zusammenhang zwischen Nietzsches Skeptizismus, Nihilismus und dem Kynismus. Durch die Analyse von „cynical thrusts: morality as unnatural, as immoral, as hypocrisy, the endorsement of ‚evil'"[77] stellt er dann Nietzsches kynische Grundhaltung als radikale Affirmation der Physis, der Natur und des Leibes dar. Am Ende deutet er treffend hin, dass Nietzsche einen neuen Nomos vorbereitet, der über den Kynismus und die Moral weit hinausgeht. Aber die zynischen Züge bei Nietzsche werden nur in geringem Maße herausgearbeitet.

Im Gegenüber zu den obigen Forschungen begreift Peter Sloterdijk in seinem Buch *Kritik der zynischen Vernunft* Nietzsches Selbstbezeichnung „Cynismus" vor allem als Zynismus und hebt damit ihre Bedeutsamkeit hervor.

> Nietzsches entscheidende Selbstbezeichnung, oft übersehen, ist die eines „Cynikers"; damit wurde er, neben Marx, zum folgenreichsten Denker des Jahrhunderts. In Nietzsches „Cynismus" präsentiert sich ein modifiziertes Verhältnis zum „die Wahrheit sagen": es ist eines von Strategie und Taktik, Verdacht und Enthemmung, Pragmatik und Instrumentalismus – dies alles im Griff eines zuerst und zuletzt an sich selbst denkenden politischen Ichs, das innerlich laviert und äußerlich panzert.[78]

Offenkundig ist der „Cyniker" Nietzsche nach Sloterdijks Darstellung keineswegs in die Nähe von Diogenes zu rücken. Sloterdijks Kritik an Nietzsche geht hauptsächlich von seinem engeren Verständnis hinsichtlich des Willens zur Macht aus, den er nicht als eine metaphysische Formel, sondern nur als eine sozialpolitische Machtanstrengung versteht. Damit stellt er Nietzsche dem Diogenes gegenüber, wenn auch die Umwertung aller Werte mit der Umprägung der Münze verwandt ist. Beim Kyniker zeigt sich ausdrücklich der Unwille zur Macht, während bei der Umwertung der Wille zur politischen Macht betont werde, der den Willen zum Wissen unterhöhle und als hektische Verkündung von Egoismus die Schamlosigkeit ins Prinzipielle erhebe. So habe Nietzsche „das Lager" gewechselt und „den Mächtigen eine Enthemmungsphilosophie"[79] geliefert. Sloterdijks Definition vom Zynismus zufolge kann

---
77 Mayfield 2015, S. 16. Zur ausführlichen Darstellung vgl. S. 341–444.
78 Sloterdijk 2007, S. 10–12.
79 Sloterdijk 2007, S. 317, Anm.

Nietzsche in dieser Hinsicht ohne Zweifel als Herrenzyniker tituliert werden. Auch zynisch sei sein Immoralismus, den Sloterdijk aber als Amoralismus missversteht. Denn Nietzsches Jenseits von Gut und Böse besagt nicht, wie Sloterdijk meint: „Das Böse wird zum sogenannten Böse: sobald es nämlich als Mittel zum Guten gedacht wird; das Gute wird zum sogenannten Guten: sobald es als etwas Störendes (Jesus als Störer), Zerstörendes im Sinne der Institutionen erscheint."[80] Im Gegenteil vertritt Nietzsche eine vornehme Herrenmoral mit dem Gegensatz von „gut" und „schlecht". Sie zielt eher auf das Individuum als auf die Institutionen ab, geschweige denn, dass sie die herrschenden konservativen Institutionen gegen das sich befreiende Individuum verteidigt. Trotz seiner oberflächlichen Deutung und Missdeutung[81] bietet Sloterdijk die Alternative an, aus dem modernen Zynismus heraus Nietzsches Philosophie und Leben zu verstehen.

Von der Seite der Nietzscheforschung her hat Nietzsches Verhältnis zum Kynismus und Zynismus nur eine geringe Aufmerksamkeit erregt. Es kommt nicht einmal in Betracht derer, die die animalische Natur als eine Grundlage von Nietzsches Philosophie erkennen. In Vanessa Lemms *Nietzsche's Animal Philosophy* wird der Kynismus z. B. überhaupt nicht erwähnt.[82] Die meisten Forscher verweisen bloß beiläufig dann auf die Verwandtschaft zwischen Nietzsche und Kynismus, wenn sie seine Philosophie als Lebenskunst, seinen satirischen literarischen Stil, die etymologische Herkunft der Umwertung aller Werte behandeln. Im Hinblick auf die Philosophie als Heilkunst für das Leben äußert Wilhelm Schmidt: „Die Elemente dieser Lebenskunst erinnern häufig an den antiken Kynismus (die kulturkritische Haltung, das freimütige Wort) [...]."[83] In seiner Deutung von *Ecce homo* sieht Christian Benne auch ein, dass „die Hanswurst- und Possenreißerthematik beim späten Nietzsche ebenfalls eng mit dem Zynismus bzw. Kynismus verbunden ist", und betont, dass man Nietzsche nicht „kurzsichtig allein mit der Maske des Zynikers" identifizieren dürfe, aber seine Deutung geht „in der weiteren literarischen Konstellation"[84] auf. Nicholas D. More schenkt in seiner Auslegung von *Ecce homo* als Satire vorwiegend dem kynischen Stil Nietzsches seine Aufmerksamkeit, obwohl er unter dem philosophischen Aspekt annimmt: „Nietzsche evokes the ancient Cynic's skepticism, independence

---

80 Sloterdijk 2007, S. 356.
81 Die Missdeutung ist auch an anderen Stellen festzustellen. Als Kynismus versteht Sloterdijk den Cynismus in dem Satz Nietzsches: „Es giebt durchaus keine stolzere und zugleich raffinirtere Art von Büchern: – sie erreichen hier und da das Höchste, was auf Erden erreicht werden kann, den Cynismus; man muss sie sich ebenso mit den zartesten Fingern wie mit den tapfersten Fäusten erobern." (EH, Warum ich so gute Bücher schreibe 3, KSA 6, S. 302) Vgl. Sloterdijk 1986, S. 126. Und in *Über die Verbesserung der guten Nachricht. Nietzsches fünftes „Evangelium"* nimmt Sloterdijk an, dass Nietzsche mit dem Kynismus von Diogenes „die Umwertung aller Peinlichkeiten" betreibe. (Zitiert nach Stegmaier 2008, S. 63, Anm. 2)
82 Lemm 2009 zeigt: „the animal [...] stands at the center of Nietzsche's renewal of the practice and meaning of philosophy itself" (S. 1).
83 Schmid 1992, S. 59.
84 Benne 2005, S. 223–224.

of thought, and indifference to social ideals, and favors personal *areté* and self-control."[85] Außerdem diskutiert Andreas Urs Sommer in seinem Kommentar zu *Der Antichrist* auch die etymologische Wurzel der Umwertung aller Werte, jedoch kaum über das kynische Philosophieren von Nietzsche.[86]

Darüber hinaus sind noch drei Aufsätze aus der Nietzscheforschung zu nennen, obgleich sie nur den Kynismus bei Nietzsche thematisieren. In Nietzsches Notizen entdeckt Anthony K. Jensen ein neues Dokument über den Einfluss des Kynismus auf das Leben des Philosophen. Es geht dabei um Nietzsches Rezeption der ersten Nacht des Diogenes.[87] Nach Jensen wird Nietzsche dadurch zu seiner philosophischen Berufung getrieben, die durch „the hard life of *askesis*"[88] und die naturgemäße Simplizität gekennzeichnet ist, um die Freiheit von Alltagsleben zu erlangen. Auf die Frage, ob Nietzsches Cynismus Kynismus oder Zynismus ist, antwortet R. Bracht Branham mit Kynismus. Er beschränkt seine Argumentation aber nur auf Nietzsches Aneignung der Askese, der Moralkritik, der schamlosen Redlichkeit und des „Seriocomic"-Stils im Wahrsprechen des Kynikers.[89] Bernd Kulawik hat dagegen ein Jahrzehnt früher in seiner sachlichen Untersuchung schon herausgearbeitet, dass Nietzsches Cynismus „nie ein ‚gereinigter' ist, sondern immer eben auch eine boshafte, ‚zynische' Seite hat" und seine Philosophie noch „über Inhalt und Anspruch eines bloßen Kynismus" hinausgeht.[90] Damit ist das Ziel der vorliegenden Arbeit darauf ausgerichtet, den Cynismus bei Nietzsche als eine höhere Sublimierung von Kynismus und Zynismus zu begreifen.

3 Abriss der folgenden Arbeit

Den Cynismus bei Nietzsche mit einer dialektischen Struktur zu untersuchen, bedeutet, dass man dessen Philosophie auf eine systematische Weise verstehen will, ein Vorgehen, das von dem Vorwurf nicht verschont werden kann, den Nietzsche selbst erhoben hat: „Ich misstraue allen Systematikern und gehe ihnen aus dem Weg. Der Wille zum System ist ein Mangel an Rechtschaffenheit."[91] Obwohl diese exoterische Kritik nicht Hegel, sondern den zeitgenössischen Geist betrifft, dass nämlich „die Gestalt der Wahrheit allein das wissenschaftliche System derselben sein könne"[92],

---

85 More 2014, S. 105.
86 Vgl. Sommer 2000, S. 153–156.
87 Vgl. Nachlass 1873/74, KSA 7, 31[10], S. 742.
88 Jensen 2004, S. 190.
89 Vgl. Branham 2004, S. 180: „Therefore, both his end – the supplanting of traditional morality – and his means, the shameless honesty and serio-comic stance of the buffoon who speaks truths, are deliberately and self-consciously Cynic – with a capital ‚C'."
90 Kulawik 1992, S. 140.
91 GD, Sprüche und Pfeile 26, KSA 6, S. 63.
92 Vgl. Borsche 1992, S. 51.

kann sie den systematischen Ansatz zu Nietzsches Gedanken abschrecken. Unleugbar ist, dass der späte Nietzsche auch „auf eine durchaus systematische Weise" „eine Systemvermeidungsphilosophie"[93] betreibt, wie Henning Ottmann nachweist. Außerdem zählt die Rechtschaffenheit allein zum moralischen Urteil, „über dessen Kriterien keine Auskunft gegeben wird"[94]. Es scheint dabei ein Paradoxon zu sein, dass ein Philosoph, der selbst für den Immoralismus plädiert, ausgerechnet mit scharfer moralischer Waffe gegen seine Gegner kämpft. Wie kann man von einer Rechtschaffenheit bei Nietzsche reden, der sich selbst oft hinter Masken versteckt, der sich geschickt der Rhetorik bedient, der seinen Leser durch den Mund Zarathustras verwirrt?

Um eine Mangelhaftigkeit der Untersuchung zum Thema Cynismus bei Nietzsche zu verhindern, beginnt die vorliegende Arbeit mit einer philologischen Studie über die Rezeption des Cynismus im Zeitraum Nietzsches Basler Professur, obwohl sie hauptsächlich auf eine systematische Darstellung seiner Philosophie abzielt, indem sie eine dialektische Struktur des Cynismus als Leitlinie voraussetzt. Weil Nietzsche in seiner Basler Zeit als Altphilologe tätig ist, scheint ein philologisches Kapitel zu seinem Verhältnis zum Cynismus in dieser Zeit zudem gerechtfertigt zu sein. Danach wird die systematische Darstellung seiner Philosophie der ganzen 1880er Jahre vorgenommen. Dabei lässt sich noch erklären, dass die vorliegende Arbeit Nietzsches geistiges Leben in zwei Phasen mit jeweils einem Jahrzehnt unterteilt. Die erste Phase betrifft seine Basler Zeit (1869–1879) als akademischer Philologe und die zweite die Zeit der Wanderung (1879–1889) als freier Philosoph. Seine Philosophie in der zweiten Phase wird als ein ganzes Programm der Umwertung aller Werte behandelt. Dabei dienen seine gesamten Werke, Briefe, seine philologischen Arbeiten und Vorlesungsaufzeichnungen als wichtige Quellen. Weil sich das Werk *Menschliches, Allzumenschliches* aus den Schriften zusammensetzt, die in beiden Phasen erscheinen, wird nicht nur in der philologischen, sondern auch in der philosophischen Untersuchung darauf Bezug genommen.

Im ersten Teil geht es um Nietzsches Rezeption des antiken Kynismus und des modernen Zynismus. Der Kynismus wird durch die Hauptfiguren Antisthenes, Diogenes von Sinope, Krates und Menippos repräsentiert. Darunter ist Diogenes der bekannteste Protokyniker und wird meistens als der Begründer des Kynismus bezeichnet,[95] obwohl sein angeblicher Lehrer Antisthenes, der zuerst ein Schüler des Sophisten Gorgias war und später zum Anhänger von Sokrates wurde, nach Dioge-

---

93 Ottmann 1987, S. 350.
94 Sommer 2012b, S. 247.
95 Der Titel des Buches von Niehues-Pröbsting lautet „Der Kynismus von Diogenes". Er unterstreicht die Bedeutsamkeit des Diogenes im Kynismus und auch vor allem in den späteren Rezeptionen.

nes Laertius die Grundlage für die Entwicklung des Kynismus schafft.[96] Auch bei Nietzsche kommt der Name Diogenes im Vergleich zu anderen Kynikern am häufigsten vor. Er erwähnt Antisthenes nur einmal in seinen Aufzeichnungen in KSA, aber mehrmals in seinen Basler Vorlesungen. Krates, der als hochgeehrter Türöffner seinen Mitbürgern immer einen guten Rat ins Haus hineinbringt und außerdem mit seinem unverschämten Geschlechtsverkehr in der Öffentlichkeit eine große Rolle im Kynismus spielt, weckt kein Interesse bei Nietzsche. Der Grund liegt wohl darin, dass seine Biografie verlorengegangen ist.[97] Die sexuelle Unverschämtheit hat offenkundig keinen großen Einfluss auf Nietzsches Rezeption des Kynismus ausgeübt. Der Kyniker Menippos ist übrigens wegen seiner Schaffung eines literarischen Genres nicht zu unterschätzen. Seine von Lukian nachgeahmte und damit überlieferte Satire bzw. die Satura Menippea kennzeichnet trotz deren Verlust den literarischen Beitrag des antiken Kynismus. Auf ähnliche Weise polemisiert der spätere Nietzsche provokant, parodistisch und bissig gegen und über seine Zeitgenossen und Gegner. Im Hinblick auf seinen Schreibstil ist Nietzsche kynisch und sogar zynisch.

In ihrer Lebenspraxis wollen die Kyniker durch Bedürfnislosigkeit zur Autarkie gelangen und mit der Unabhängigkeit von äußeren Dingen die Freiheit und das Glück erringen. Ihr animalisches Leben ist ein Leben gemäß der Natur. Dabei stellen sie die Physis dem Nomos gegenüber. Auch Nietzsche kämpft lebenslang um die Befreiung des Lebens von der Unterdrückung des Sokratismus, des Idealismus, der Religionen, vor allem des Christentums. Das Leben hat bei ihm, ebenso wie bei den Kynikern, den Vorrang vor der Moral, der Religion, der Wissenschaft und der Wahrheit. Die Gesundheit des Lebens, d. h. das natürliche Leben, darf für ihn nicht von der Moral beschädigt werden. Als Basler Philologe betrachtet er schon die Wissenschaft unter der Optik der Kunst und die Kunst unter der des Lebens. Einige Jahre später verweist er retrospektiv in einer seiner Tragödienschrift neu hinzugefügten Vorrede auf das Vorzeichnen seiner Moralkritik neben der Wissenschaftskritik in der Basler Zeit.[98] Was dies in Bezug auf die Lebensweise mit dem Kynismus zu tun hat, zeigt sich als einfaches und einigermaßen kynisches Leben in Nietzsches letzten Basler Jahren.

In den drei Kapiteln des ersten Teils handelt es sich zuerst um Nietzsches Studien des Cynismus (1), dann seine Rezeption des Cynismus im Allgemeinen (2) und zuletzt seine Bezugsnahmen auf einzelne cynische Denker (3). Dafür stammen die Belege vor allem aus den Schriften seiner Basler Zeit, d. h. seinen öffentlichen Werken, privaten Veröffentlichungen, nachgelassenen Schriften, Fragmenten und Noti-

---

[96] Vgl. Diogenes Laertius VI 2, S. 280: „Seinem Vorbild [Sokrates] verdankte er [Antisthenes] jene Beharrungskraft und jene Reinigung der Seele von aller Leidenschaft, womit er den Grund zur kynischen Schule legte."
[97] In Nietzsches Vorlesung „Geschichte der griechischen Litteratur ‹I und II›" sagt Nietzsche: „Die Biographie des Cynikers Crates ist verloren." (KGW II 5, S. 267)
[98] Vgl. GT, Versuch einer Selbstkritik, KSA 1, S. 17: „Was bedeutet, unter der Optik des Lebens gesehn, – die Moral?"

zen, seinen nicht veröffentlichten Vorträgen, Vorlesungsaufzeichnungen sowie seinen Briefen. In seinen Studien zum Cynismus werden die Quellen und ein Überblick dargestellt. Als die Hauptquelle seiner Erkenntnis vom Kynismus gilt *Leben und Meinungen berühmter Philosophen* von Diogenes Laertius, dessen Vorstellungsweise der Philosophie durch die Darstellung von Anekdoten eines Philosophen auch von Nietzsche beim Schreiben der vorplatonischen Philosophie unterstrichen wird (1.1). Er ist auch vertraut mit einigen spätantiken Schriftstellern, die differenzierte Haltungen zu Kynismus und Kynikern einnehmen und einzelne kynische Anekdoten anders als Diogenes Laertius auslegen. Sie dienen als sekundäre Quelle (1.2). Letztlich geht es um die Quelle des modernen Zynismus, der durch Diderots philosophischen Dialog *Rameaus Neffe* im Gegensatz zum antiken Kynismus steht. Die deutsche Übersetzung des Buches hat Nietzsche gelesen und exzerpiert (1.3).

In der Haltung zum allgemeinen Cynismus sind vier Themen zu differenzieren, die Nietzsches Gedanken in der Basler Zeit widerspiegeln können: die cynische Literatur und ihre individuelle Form, charakterisiert durch Buntscheckigkeit und Karikatur (2.1), der verworfene Cynismus als die fünfte Gefahr der Übersättigung der Historie (2.2), der Cyniker als das kritische Tier im Kontext der Stoa und des Epikureers (2.3) sowie der Cynismus im Hinblick auf Arbeit und Sklaverei (2.4). Weil an einigen Stellen das Wort „Cyniker" lediglich eine allgemeine Bedeutung hat und sich nicht auf die einzelnen Cyniker bezieht, wird es in diesem Kapitel auch behandelt.

Darauffolgend werden Nietzsches Bezugnahmen auf einzelne Kyniker thematisiert: Antisthenes (3.1), Menippos (3.2) und Diogenes (3.3). Bei Antisthenes erkennt Nietzsche die Königlichkeit als eine Art Vornehmheit. Den für die Satura Menippea bekannten Menippos hat Nietzsche eher kritisiert als gelobt, obwohl die Züge der Menippeischen Satire auch in seinen späteren Werken zu finden sind. Im Vergleich mit Antisthenes und Diogenes gilt Menippos deshalb als eine Ausnahme im Kynismus, weil sein Leben über gar keine Tugend verfügt. Dagegen verachtet Nietzsche kaum Diogenes, gebraucht und formuliert oft dessen Anekdoten um. Diogenes ist wohl der einzige Kyniker, der stets Sympathie bei Nietzsche findet. Seine Figur erfährt später noch eine Steigerung durch den tollen Menschen. Der Abschnitt von Diogenes bezieht sich auf vier Themen: die Laternen-Anekdote oder die Laterne als Mittel zum Herausfinden des Genius (3.3.1), Philosophie und Leben, beides sollen die Philosophen in sich vereinigen (3.3.2), die Genügsamkeit des Diogenes (3.3.3) und letztlich die negative Bedeutung der Münzmetaphorik als Falschmünzerei (3.3.4). Der letzte Abschnitt ist überdies als Verbindungsstelle zwischen dem ersten Teil und dem zweiten anzusehen. Denn *paracharattein to nomisma* ist einerseits negativ als Falschmünzerei zu verstehen, die Nietzsche den Gedanken seiner Gegner oft zuschreibt, andererseits auch positiv als Umprägung der Sitten zu interpretieren, der Nietzsches Umwertung aller Werte parallel gegenübersteht. Aber die Darstellung beschränkt sich auf die Falschmünzerei, um zunächst nur Nietzsches Kritik an seinen Gegnern darzustellen.

Im zweiten Teil geht es um Nietzsches kynisches Philosophieren als Umwertung aller Werte, was die These der dialektischen Struktur ausmacht. Kynisch ist seine Philosophie deshalb, weil sie ebenfalls die Natur dem Nomos gegenüberstellt. Das 4. Kapitel gibt einen Überblick über das Kynische in seinen Gedanken.

Danach kommt im 5. Kapitel die Natur als Ausgangspunkt der Umwertung vor. Nietzsche hat dabei nicht nur die Natur der Welt, sondern auch die der Menschen zum Gegenstand erhoben. Für ihn bilden die Menschen einen Teil der Welt. Die Natur der Menschen ist mit derjenigen der Welt identisch. Daher sollte man von „Mensch in Welt" statt von „Mensch und Welt" reden. Denn die Trennung der Menschen von der Welt kann zur Gegenüberstellung und Weltverneinung führen. Insofern kann man in der Natur der Welt auch die Natur des Menschen erkennen. Es kommt dabei zuerst auf die Natur selbst an. Nietzsche sieht sich vor die Aufgabe gestellt, den Naturbegriff zu reinigen. Er bemüht sich um die Entmenschung der Natur und dann um die Vernatürlichung des Menschen. Das Wesen der entmenschten Natur ist Chaos. Die Natur des Menschen ist die Animalität.

Was ist unter der Animalität des Menschen zu verstehen? Im 6. Kapitel wird die Natur des Menschen detailliert ausgeführt. Die Animalität des Menschen zeigt sich im Leiblichen, wie in den Trieben, Affekten und Instinkten. Das primitive Triebleben bildet die Vorform des menschlichen Lebens. Seine Dynamik ist der Kampf unter den Trieben. Jeder Trieb will andere Triebe beherrschen und ihren Widerstand brechen. Er nimmt seine eigene Perspektive ein und will sie als Norm allen anderen aufzwingen. Nietzsche unterscheidet noch die starken Triebe von den schwachen und hält dabei die Lust und Unlust für nachträglich. Auch das Bewusstsein ist eine spätere Entwicklung bzw. die Konsequenz der menschlichen Kommunikation (6.1). Insofern ist es leicht zu verstehen, dass Nietzsche in *Zarathustra* den Leib als große Vernunft hervorhebt. Dagegen ist die Vernunft im Sinne des Geistes lediglich eine kleine Vernunft. Aber es existiert kein Gegensatz zwischen klein und groß, denn die kleine Vernunft ist ein bewusster Teil der großen. Darüber hinaus kritisiert Nietzsche die Vernunft, Wahrheit und Wissenschaft bezüglich ihrer Beschränktheit. Das Ich, das Ding an sich, die Kausalität und die Gesetzmäßigkeit sind nach Nietzsche bloße Fiktionen des Menschen. Trotzdem hat er die Unentbehrlichkeit dieser Fiktionen für das menschliche Leben anerkannt. Seine Entlarvung zielt vor allem darauf ab, den absoluten Anspruch der Wahrheit zurückzuweisen und dagegen die Stellung des Unwahren im Leben zu versichern (6.2). Danach handelt es sich um die Menschen und das menschliche Zusammenleben in der Natur, und zwar im Anschluss an Nietzsches Kritik an Darwins Theorie „Kampf ums Dasein". Nietzsche steht im Gegensatz zu Darwin bzw. dem Darwinismus, indem er die Natur nicht als Notlage, Hungerlage, sondern als Überfluss, Üppigkeit definiert. Für ihn ist das Wesentliche des Lebensprozesses die grausame Ausbeutung der äußeren Umstände, denn das Leben strebt eher die Steigerung als die Erhaltung an. Und erst die Natur als Überfluss kann den Prozess gewährleisten, in dem der Mensch seine Kraft herauslassen und somit sich verstärken kann (6.3). Deswegen lässt sich noch feststellen, dass Nietzsche auch eine Umwertung der Natur durchsetzt.

Nun gelangt man zum Kernbegriff von Nietzsches Philosophie im 7. Kapitel: dem Willen zur Macht. Aus dem Kampf um die Steigerung unter den Trieben im Leben und unter den Lebewesen in der Natur ist der Wille zur Macht als Formel zur Auslegung der Welt und der Natur abzuleiten. Er ist durch die Herrschaft, das Kommando des Siegers im Machtkampf charakterisiert. Weil der Machtkampf ein dynamischer Prozess ist, ist der Herrscher verwandelbar und steht stets im Werden. Im Menschen zeigt sich der Wille zur Macht dadurch, dass die menschliche Handlung vom dominanten Trieb abhängt. Der Mensch ist insofern eine Kraftkombination seiner Triebe. Jede Kraft wird von Nietzsche als Machtquantum bezeichnet. Der Wille zur Macht besteht aus vielen Machtquanten, die einander überwinden und Widerstand leisten wollen. Da in jedem Machtkampf ein Machtquantum zur Herrschaft kommen muss, resultiert daraus ein Herrschaftsgebilde bzw. eine Randordnung, wobei Nietzsche die Ungleichheit der Machtquanten hervorhebt. Die Folge davon ist die Differenzierung zwischen starken bzw. gesunden und schwachen bzw. dekadenten Trieben und Menschen. Aber das ist noch nicht das Ende. Nietzsche will darauf hinwirken, dass der Mensch seine décadence und sich selbst überwinden soll, um das Machtgefühl des Lebens zu steigern und um sich selbst zu einem höheren Menschen zu machen.

Sofern unter dem Leben der Wille zur Macht zu verstehen ist, verkörpert die Welt, in der alle Lebendigen leben, einen großen Willen zur Macht (Kapitel 8). Sie ist keine Substanz, sondern das begriffliche Ganze aller Willen zur Macht. Aber die Welt besteht nicht nur aus dem Organischen, sondern auch aus dem Unorganischen. Ist dieses auch als Wille zur Macht zu verstehen? Nietzsche hat darauf mit einem Ja geantwortet. Dabei schafft er die Unterscheidung zwischen Organischem und Unorganischem ab, denn im Bereich des Unorganischen existiert auch der Machtwille, d. h. die Wahrnehmung, das Annähern und Zurückstoßen, die Aneignung. Er reduziert die Welt auf die Kräfte, aus denen jeder Wille zur Macht als Kraftzentrum besteht. Daraufhin übt er auch Kritik am Mechanismus, der die bestimmten Zeichen für die unbestimmte Bewegung erfunden hat und sie irrtümlich für das Wesen der Welt hält. Für Nietzsche handelt es sich beim Sein um ein beiläufig festes Zeichen für das Werden. Die festgestellten Zeichen sind aber überall existent und unentbehrlich. Insofern redet Nietzsche von einer Morphologie des Willens zur Macht als Gesellschaft, als Wille zur Wahrheit, als Religion usw. (8.1)

Da die Gesellschaft als Wille zur Macht zu verstehen ist, sind die Menschen darin nichts anderes als Machtquanten. Aus dem Kampf, der Ungleichheit und der Rangordnung unter den Machtquanten zieht Nietzsche die Schlussfolgerung, dass die Menschen nicht gleich sind und dass die Aristokratie als etwas Naturgemäßes und Selbstverständliches gilt. Das Streben nach Rangordnung sieht er in dem menschlichen Instinkt als Pathos der Distanz begründet liegen. In der Rangordnung trennt er die Starken von den Schwachen, die Minderheit von der Mehrheit. Für die Ersteren plädiert er deshalb, weil er allein in ihnen die Möglichkeit der Geburt des höchsten Typus sieht. Daraus resultiert seine antidemokratische Haltung, dass es zwischen Menschen, zwischen Männern und Frauen, zwischen den „Rassen" und Völkern Ungleichheit und Rangordnung geben muss bzw. sollte (8.2.1). Aus der Vorstellung der Gesellschaft als Wille zur Macht heraus entwickelt er seine Gedanken von Recht und sozialer Gerechtigkeit. Der Rechtszustand entsteht nach ihm aus dem Gleichgewicht unter den Machtquanten. Um einen stabilen Zustand zu gewährleisten und um weiteren nutzlosen Kampf zu verhindern, schließen die Gleichmächtigen miteinander in gegenseitiger Anerkennung einen Vertrag als Recht ab. Recht besteht deshalb nur unter den Gleichmächtigen. Der Rechtszustand hängt von der Machtkonstellation ab und wird durch den neuen Kampf verändert. Aber je mehr Recht man hat, desto mehr Pflicht muss man auch erfüllen. Das Vorrecht bedeutet nach Nietzsche zugleich eine große Pflicht. Das Gleichgewicht gilt auch als die Basis der sozialen Gerechtigkeit. Nach Nietzsche lautet die Gerechtigkeit: Den Gleichen Gleiches, den Ungleichen Ungleiches und Ungleiches niemals gleich machen. Das ist eine Gerechtigkeit, die sich ohne Zweifel gegen die Idee der Aufklärung wendet (8.2.2).

Im 9. Kapitel wird Nietzsches Kritik an christlicher Moral konkretisiert. Dabei bedient er sich einer physio-psychologischen Analyse der Schwachen. Das asketische Ideal des Christentums hält er deshalb für die Lebensverneinung der Krankhaften, weil es mit den Schlagwörtern Armut, Demut und Keuschheit den Leib beziehungsweise die Natur verachtet. Nach Nietzsche bietet das Christentum keine Heilung für das Leiden, sondern bloß die Betäubung von Schmerz durch Ressentiments gegen sich selbst, indem es die Begriffe Schuld, Sünde und schlechtes Gewissen erfunden hat. Es wollte außerdem durch die Bildung der Herde gegen die Starken und Gesunden kämpfen (9.1). Darüber hinaus hält Nietzsche das Christentum für eine Widernatur und Fälschung der Naturwerte. Der Begriff Gott, der eigentlich als ein natürlicher Ausdruck des Machtbewusstseins gilt, wird vom Judentum und Christentum, ins Religiöse als sittliche Weltordnung übersetzt. Darin sieht Nietzsche den Sklavenaufstand gegen die römische Aristokratie, der die erste Umwertung der antiken Werte darstellt. Das Christentum führe nicht nur den Untergang der großen Kultur herbei, sondern sei selbst décadence. Einer seiner dekadenten Züge ist das Mitleiden. Selbst den Erlöser Jesus entlarvt Nietzsche als dekadent (9.2).

Nach Nietzsches Kritik am religiösen Gott folgt die am metaphysischen Gott bzw. am Absoluten. Der erste Abschnitt des 10. Kapitels behandelt Nietzsches Entlarvung der „wahren" Welt als Fiktion. Dabei greift er vor allem den Sokratismus bzw. Platonismus und Idealismus an. Er denunziert den Rationalismus als décadence und die sokratische Dialektik als schlechten Geschmack. Aus der Furcht vor übermächtigen Sinnlichkeiten und aus der Verachtung gegen den Leib spinne Platon eine metaphysische jenseitige Welt, die als einzig wahr gelten soll. Dagegen ist die diesseitige Welt seiner Meinung nach nur eine scheinbare. Dasselbe gilt für die Idealisten, die Nietzsche als „Hinterweltler" und Verleumder des Lebens bezeichnet (10.1). Im zweiten Abschnitt kommt Nietzsches Perspektivismus zur Sprache. Wenn die wahre Welt bloß eine Fiktion ist, dann gibt es nur eine Welt, die diesseitige Welt. Dabei wird sowohl der Begriff der wahren Welt als auch der der scheinbaren abgeschafft. Eine solche Unterscheidung würdigt das Leben herab. Dagegen ist die Welt als Wille zur Macht deshalb perspektivisch ausgerichtet, weil jedes Machtquantum seine eigene Perspektive hat. In der Relationswelt gibt es keine absolute Perspektive noch ein Panorama. Jede Sinngebung resultiert aus der perspektivischen Weltauslegung. Mit der Veränderung der Perspektive geht die Sinnverschiebung einher. Deshalb verschwindet das Absolute in der Perspektivität der Welt. Nietzsche lehnt mit dem Perspektivismus jeden Anspruch auf die Verabsolutierung einer Perspektive ab. Man soll sich der Beschränktheit der eigenen Perspektive bewusst werden, damit man seinen Horizont immer wieder erweitern kann. Die Selbstüberwindung des Menschen setzt die Offenheit gegenüber neuen Horizonten voraus (10.2).

Da kommt man zum dritten Teil über den Verfall des Kynismus in den Zynismus und über die Überwindung der décadence. Das Verschwinden des Absoluten bedeutet, dass Gott tot ist. Dieser bekannte Satz von Nietzsche wird allerdings durch den Mund des tollen Menschen ausgesprochen, der deutlich eine gesteigerte Figur des Diogenes verkörpert. Der tolle Mensch, der zwar Gottes Tod verkündet, sucht jedoch noch Gott. Dabei wird er mit Diogenes verglichen und sein Suchen nach Gott als das Aufrufen an den Menschen zum Hervorbringen des Übermenschen interpretiert. Aber sein Scheitern macht ihn endlich verrückt. Da seine Rolle eigentlich Zarathustra spielen soll, ist eine Verwandtschaft zwischen ihnen zu erkennen. Dann wird er mit Zarathustra verglichen. Dieser hat eine ähnliche Erfahrung gemacht wie der tolle Mensch: den Untergang als Scheitern im Missverständnis und Unverständnis. Trotz zweifacher Übertragung besitzt Zarathustra noch die Charakterzüge des Kynikers. Aber sein Untergang impliziert auch die Gefahr des Verfalls vom Kyniker in den Zyniker. Da er als die Maske Nietzsches dient, kann man dabei die philosophische Gefahr der décadence erkennen. Es ist die Gefahr des Nihilismus. (Kapitel 11)

Im 12. Kapitel geht es um den zynischen Verfall, d. h., dass aus der Redlichkeit des Kynikers letztlich eine Tollheit als übermäßige Schamlosigkeit des Zynikers wird. Der höhere Mensch bedarf nach Nietzsche des Zynikers, um auf dem kurzen Weg seinen Ekel vor durchschnittlichen Menschen zu überwinden. Die Begegnung mit dem Zyniker und die Überwindung dessen finden nicht nur einmal bei Zarathustra statt. Dies ist sogar als Maskenspiel zwischen dem Kyniker Zarathustra und seinen dekadenten Gestalten als Zynikern zu verstehen. Dabei werden drei zynische Figuren in *Zarathustra* analysiert: der Possenreißer auf dem Markt, der Narr als Zarathustras Affe und der Zwerg als Zarathustras Teufel und Erzfeind. Darunter ist der Zwerg deshalb am wichtigsten, weil er auf eine zynische Art die ewige Wiederkehr des Gleichen ausdrückt.

Die zynische Gefahr kommt nun in Nietzsches Umwertung aller Werte vor: im Nihilismus. Nach dem Tod Gottes entwerten sich notwendigerweise die obersten Werte. Damit ist eine allgemeingültige Sinngebung, insbesondere eine für das Leiden, nicht mehr möglich. Das Leben gerät insofern in völlige Verzweiflung, als es keinen Sinn und Zweck finden kann. Der Ausweg aus dieser Gefahr liegt für Nietzsche ausschließlich darin, den Nihilismus zu vollenden. Das 13. Kapitel führt zuerst eine Analyse des Nihilismus in extenso durch. Im Hinblick auf die verschiedenen Reaktionen der Menschen auf den normalen Nihilismus sind insgesamt fünf Stufen des Nihilismus zu differenzieren: der unvollständige, der radikale, der vollkommene, der negativ extremste bzw. der zynische und der positiv extremste Nihilismus. Die letzten beiden Stufen erweisen sich zudem als gegenseitige Folgen der Wiederkunftslehre, die in sich Notwendigkeit und Möglichkeit vereinigt. Danach wird im Modell der ewigen Wiederkunft des Gleichen ein Imperativ zum Übermenschen dargestellt, welchen Nietzsche als Sinn der Erde und Menschheit hervorhebt. Obwohl der Übermensch als ein Ideal charakterisiert wird, unterscheidet er sich durchaus von Gott. Er steht jenseits von Gut und Böse. Eine neue höchste und diesseitige Sinngebung mit der absoluten Lebensbejahung „amor fati" ist am Ende geschaffen. Dann sind der Nihilismus und somit der Zynismus überwunden worden.

Aufgrund der dialektischen Struktur soll der Zynismus im Cynismus aufgehoben werden. Der Cynismus verfügt als Synthese über eine neue Eigenschaft. Bei Nietzsche besteht sie allerdings nicht in der Tugend, sondern in der Vornehmheit. Er unterstreicht besonders die Tatsache, dass er die Tugend in die Vornehmheit übersetzen will. Und in den Cynikern als den neuen Barbaren kommt die „Vereinigung der geistigen Überlegenheit mit Wohlbefinden und Überschuß von Kräften"[99] vor. Aufgrund dessen erweist sich der Cynismus als eine Raubtiernatur mit Vornehmheit. Wenn man die Vornehmheit für moralisch hält, dann erweist sich der cynische Immoralismus von Nietzsche endlich als eine neue Art Moral, als die Herren-Moral. Sie kennzeichnet die Bewegung als Aufgang zum Übermenschen. Im Gegensatz dazu steht die Sklaven-Moral für den Niedergang zum letzten Menschen. Damit vollendet das 14. Kapitel die dialektische Struktur des Cynismus in Nietzsches Philosophie.

Schließlich thematisiert das 15. Kapitel die Person Nietzsche in *Ecce homo*. Trotz seiner zynisch schamlosen Selbstentlarvung ist ein Cynismus bei Nietzsche im synthetischen Sinne abzuleiten. Denn er redet dabei mit großem Ernst, und zwar am Beispiel seiner eigenen Erfahrung, vor allem von der Bedeutsamkeit des Leibes für die Gesundheit des Geistes. Er sieht in sich auch die doppelte Herkunft von Vornehmheit und décadence. Mit der Überwindung des Gegensatzes in sich selbst gelangt er endlich zur cynischen Synthese des Lebens. Man kann damit seine Autobiografie als eine Phänomenologie des cynischen Lebens verstehen.

---

[99] Nachlass 1885, KSA 11, 35[28], S. 521.

Teil I: **Nietzsches Rezeption des Cynismus im Zeitraum seiner Basler Professur**

1 Nietzsches Studien zum Cynismus: Quellen und Überblick

1.1 Diogenes Laertius als Hauptquelle und die Anekdote als alternative Beschreibungsweise der Geschichte der Philosophie

Das VI. Buch von *Leben und Meinungen berühmter Philosophen* des Diogenes Laertius, das sich auf den antiken Kynismus bezieht und umfassende Anekdoten von den Kynikern enthält, dient als Hauptquelle zur Beschäftigung mit dem Kynismus und wird stets am häufigsten zitiert,[1] weil kaum andere wichtige Quellen über die Kyniker überliefert sind. Viele bekannte Anekdoten von den Kynikern, dem in einer Tonne wohnenden Diogenes von Sinope und dem trotz der sexuellen Unverschämtheit als Türenöffner lobgepriesenen Krates zum Beispiel, sind ausschließlich darin zu finden. Zwar veranschaulicht die Darstellung des Kynismus darin die Lehrer-Schüler-Verhältnisse unter den Kynikern und lässt sich noch heute als musterhaft begreifen, aber es handelt sich bei ihr teilweise bloß um eine willkürliche Konstruktion von Diogenes Laertius, weil die Generationenfolge laut seiner Einordnung nicht unbedingt zweifelsfrei zu sein scheint. Nach ihm soll Diogenes von Sinope der Schüler von Antisthenes gewesen sein, was im Detail nicht frei von Widersprüchen ist.[2] Obwohl er aufgrund seiner umstrittenen Doxobiografie weder von der Zunft der Philologie noch von dem Kreis der philosophischen Geschichtsschreibung anerkannt ist, eröffnet Diogenes Laertius dennoch einen unkonventionellen „Eingang in die abendländische Geistesgeschichte"[3] und in ihm lebt „wenigstens der Geist der alten Philosophen"[4]. Insofern liest Nietzsche lieber ihn als den Philosophiehistoriker Eduard Zeller, obwohl dieser den antiken Kynikern zwei Kapitel „in seinem bis heute wegen der Materialfülle unersetzt gebliebenen Monumentalwerk"[5] *Die Philosophie der Griechen in ihrer geschichtlichen Entwicklung* widmet.

Gefördert von seinem Lehrer Friedrich Ritschl, der 1865 von seinem Lehrstuhl für Philologie an der Universität Bonn zur Universität Leipzig wechselte, startete Nietzsche seine Studien zu Diogenes Laertius im Jahr 1866, nachdem er, seinem Lehrer folgend, in demselben Jahr ebenfalls Bonn verlassen und sich an der Universität Leipzig eingeschrieben hatte. Der Brief an Hermann Mushacke im November 1866 begründet den Anlass seiner Beschäftigung mit Diogenes Laertius:

---

[1] Vgl. dazu z. B. die Zitate aus Diogenes Laertius von Müller 1976.
[2] Vgl. Niehues-Pröbsting 1988, S. 36.
[3] Müller 2005, S. 113.
[4] UB III, SE 8, KSA 1, S. 417.
[5] Billerbeck 1991, S. 1.

> Zum Schluß muß ich Dir noch eine besondere Liebenswürdigkeit von ihm [Ritschl] erzählen. Du weißt, daß ich mich mit Laertius Diogenes beschäftigt habe und beschäftige, auch mit Ritschl hier und da einmal darüber gesprochen habe. Vor einigen Wochen fragte er mich ganz mysteriös, ob ich wohl, wenn von einer andren Seite eine Aufforderung käme, einmal über die Quellen des Diog. La. schreiben möchte: was ich natürlich mit Freuden bejahte. Vor einigen Tagen erschienen die Preisthematen der Universität, und das erste, auf das mein Auge fällt, lautet „De fontibus Diogenis Laertii."[6]

In Bezug auf seine spätere Berufung nach Basel im Jahr 1869 spielt dieser Aufsatz eine große Rolle.[7] Bis zum Jahr 1870 veröffentlichte er noch zwei weitere fundierte Studien: *Analecta Laertiana* und *Beiträge zur Quellenkunde und Kritik des Laertius Diogenes*. Diese in seinen philologischen Schriften dominierenden drei Studien kennzeichnen seine Stellung und Bedeutsamkeit in der Philologie. Mit der Feststellung, dass die Quellen des *Lebens* aus Diokles, Favorinus und Theodosius stammen,[8] wirft Nietzsche Diogenes Laertius vor, dass dieser sich „in der schläfrigen Gewohnheit seiner Abschreiberei" „in Gedanken und Form sklavisch an seine Gewährmänner anschloss"[9]. Das Ergebnis seiner Untersuchung präsentiert auch die Literaturquelle der Kyniker Antisthenes und Menippos aus Diokles. Außerdem unterscheidet er mit einem Kapitel in *Beiträge* den Menippos von Gadara von dem Menippos von Sinope und weist auf die Verwechslung der beiden bei Diogenes Laertius hin.[10] Die intensive Beschäftigung mit *Leben* trägt zu Nietzsches Vertrautheit mit dem Kynismus, insbesondere mit dem Kyniker Menippos, bei.

Vor seiner Professur in Basel verfolgte Nietzsche den Plan, zu promovieren. Der Kynismus war dabei eine Option hinsichtlich seiner Dissertationsthemen. Am 19. September 1868 schrieb Nietzsche an Friedrich Ritschl über sein Vorhaben:

> Im Oktober siedle ich wieder auf ein halbes Jahr nach Leipzig über; vielleicht kommt dann auch eine Gelegenheit zur Promotion, für die ich eine commentatio altera de Laertii Diogenis

---

6 KSB 2, Nr. 526, S. 182–183. Es ist auch der erste Brief von Nietzsche, in dem der Name Diogenes Laertius vorkommt.
7 Die Bedeutsamkeit dieses Aufsatzes für Nietzsches Berufung nach Basel wird manchmal nicht gesehen. Sie wird z. B. nicht erwähnt in Latacz 2014. Aber in *Introduction* der Herausgeber des Buches, in dem der Aufsatz des Latacz erscheint, wird die Bedeutsamkeit des Aufsatzes u. a. hervorgehoben: „On the merit of his philological publications concerning the text of the poet Theognis and that of the biographer Diogenes Laertius he was famously granted a doctorate from the University of Leipzig without examination and at age 24 was appointed *Extraordinarius* professor of philology at Basel University in the spring of 1869." (Jensen/Heit 2014, S. xvii)
8 Beiträge zur Quellenkunde und Kritik des Laertius Diogenes. KGW II 1, S. 201–203. Laut anderer Kritik gelten Nietzsches Argumente nicht als unbedingt unumstritten. Deswegen verdient er nur geringe Anerkennung im Bereich der Philologie. Zu den Argumenten und Gegenargumenten vgl. Barnes 1986; Gigante 1994.
9 Beiträge zur Quellenkunde und Kritik des Laertius Diogenes. KGW II 1, S. 193; S. 197. Obwohl Nietzsche das Plagiat des Diogenes Laertius kritisiert, zitiert er später die Worte von anderen Autoren auch ohne Quellenangaben.
10 Beiträge zur Quellenkunde und Kritik des Laertius Diogenes. KGW II 1, S. 233–234.

fontibus im Sinn habe. – Oder, wenn Sie wollen, de Aristotelis librorum indice Laertiano oder Analecta Democritea oder quaestiones Cynicae oder de fontibus Latinorum artis veterinariae scriptorum!! usw. mit Grazie in infinitum.[11]

Zugunsten seiner Berufung nach Basel hat er auf seinen Promotionsplan verzichtet. Aber es ist nicht zu leugnen, dass er schon früh Interesse am Kynismus zeigte.

Obwohl er nach seiner Basler Zeit Diogenes Laertius kaum erwähnt, dient ihm dessen *Leben* nicht bloß als eine Quelle zum Kynismus, sondern auch als eine Inspiration seiner philosophischen Geschichtsschreibung.[12] Im zweiten Vorwort seiner in Basel verfassten und doch unvollendeten Schrift *Die Philosophie im tragischen Zeitalter der Griechen* behauptet er: „Aus drei Anecdoten ist es möglich, das Bild eines Menschen zu geben; ich versuche es, aus jedem Systeme drei Anecdoten herauszuheben, und gebe das Uebrige preis."[13] Damit wollte er das unsystematische Philosophieverständnis der Vorplatoniker[14] darstellen und betonen, dass sich Leben und Lehren bei den Philosophen vereinigen sollen. Denn die Vorplatoniker, die er als kreative Denker betrachtet, führen sowohl neue Bilder der Welt als auch neue Moden des Lebens ein.[15]

Nicht nur bei Nietzsche, sondern auch bei den anderen Gelehrten seit der Neuzeit gilt das *Leben* als eine alternative Form der philosophischen Geschichtsschreibung gegenüber der im 19. Jahrhundert dominierenden in hegelscher Weise systematisierten Philosophiegeschichte.[16] Unter dem Einfluss von Laertius hat auch Christoph August Heumann das Leben, Anekdoten und Meinungen in sich vereinigende Werk *Acta Philosophorum* verfasst, das durch die aus Erzählungen, Fabeln, Exempeln bestehenden Historien dem Leben einen praktischen Nutzen bieten wollte. Doch hält Heumann die Anekdote von Diogenes' Fass für lächerlich und unwahr.[17] Bei Jacob Burckhardt, der als Basler Professor für Geschichte Nietzsches Kol-

---

11 KSB 2, Nr. 589, S. 318.
12 Müller 2005 fasst treffend vier Aspekte des Einflusses von Laertius' Buch auf den jungen Nietzsche zusammen: „Als sorglos kompilierte Doxographie war es das zentrale Bestätigungsfeld des quellenkritischen Philologen Nietzsche, als Philosophiegeschichte eine unkonventionelle und folgenreiche Einführung in das antike Denken für den der ‚reinen' Philologie zunehmend überdrüssig werdenden Basler Professor, als Doxobiographie von nicht zu unterschätzender Bedeutung für Nietzsches Idealvorstellung einer philosophischen Existenz und als anekdotische Darstellung schließlich nachhaltiges schriftstellerisches Paradigma." (S. 102)
13 PHG, KSA 1, S. 803.
14 Nach seinem Plan wollte Nietzsche auch die Philosophie des Sokrates darstellen. Im Plan stehen neun darzustellende Philosophen: Thales, Anaximander, Heraklit, Parmenides, Anaxagoras (In PHG kommen lediglich diese fünf Philosophen vor.), Empedokles, Demokrit, Pythagoreer und Sokrates. Vgl. Nachlass 1872/73, KSA 7, 19[190], S. 478.
15 Vgl. Heit 2014b, S. 228.
16 Zu Hegels, Zellers und Nietzsches philosophischer Historiographie hinsichtlich ihrer Rekonstruktion von frühgriechischer Philosophie vgl. Heit 2015. Vgl. zu anderen zeitgenössischen Dissidenten in philosophischer Historiographie außer Nietzsche Sommer 2015.
17 Vgl. Niehues-Pröbsting 1983, S. 270–272.

lege war und von dem Philosophen bis zu dessen geistiger Umnachtung als großer Lehrer[18] verehrt wurde, spielt in der Geschichtsschreibung die Anekdote als Typus auch eine wichtige Rolle. Offenkundig lenkt er Nietzsches Aufmerksamkeit auf die philosophische Geschichtsschreibung mit Anekdoten, was Nietzsches Kenntnisse vom Kynismus einigermaßen vertiefen könnte. In der Basler Zeit gehört der Professor für klassische Philologie u. a. zu den Zuhörern in den Vorlesungen des Professors für Geschichte. Seine zweite *Unzeitgemäße Betrachtung* kann „in wesentlichen Teilen als konzeptionelle Antwort auf Burckhardts Vorlesung *Über das Studium der Geschichte* gelesen werden, [denn] sie ist in ihrer Intention beinahe durchgängig aus der Auseinandersetzung mit letzteren hervorgegangen"[19].

Die Anekdote als Medium der Philosophiehistorie wird noch bei Friedrich Wilhelm August Mullach behandelt, welcher ein dreibändiges Werk *Fragmenta philosophorum Graecorum* über die griechische Philosophie geschrieben hat. In seiner Basler Zeit hat Nietzsche die Bände I und II dieses Werkes ausgeliehen,[20] um Materialien für seine vorplatonische Philosophenschrift zu sammeln. Obwohl der Band II ein Kapitel über die Anekdoten und Fragmente der Kyniker enthält, kann nicht herausgefunden werden, ob er einen Beitrag zu Nietzsches Kenntnissen des Kynismus leistete.

1.2 Andere Quellen antiker Autoren

Es existieren noch einige andere antike Autoren, die die Anekdoten der Kyniker erzählten und über den zeitgenössischen Kynismus diskutierten, und zwar entweder aus der Haltung des Respekts oder des Vorwurfs. Darunter sind Cicero, Seneca, Epiktet, Plutarch, Lukian und Kaiser Julian. Es ist festzustellen, dass Nietzsche mit diesen Autoren vertraut ist. In seiner persönlichen Bibliothek sind viele Bücher von ihnen gefunden worden, etwa *Epiktets Handbuch*, die Werke von Lukian sowie die von Seneca.[21] Auch Plutarchs Schriften stehen im Verzeichnis der von Nietzsche aus der Universitätsbibliothek in Basel entliehenen Bücher.[22] Außerdem hält Nietzsche in den Wintersemestern 1871/72 und 1872/73 Lehrveranstaltungen über Lukian und Plutarch am Basler Pädagogium.[23] In seiner philologischen Vorlesung kommt Cicero auch als ein Thema vor.[24] Obwohl diese Autoren meistens in seinen Vorlesungen der

---

[18] In dem Brief an Jacob Burckhardt vom 4. Januar 1889 schrieb Nietzsche: „Nun sind Sie – bis du – unser grosser grösster Lehrer." (KSB 8, Nr. 1245, S. 574)
[19] Müller 2005, S. 61.
[20] Crescenzi 1994, S. 417.
[21] Vgl. Campioni 2003, S. 214; S. 365–375; S. 547–550.
[22] Campioni 2003, S. 395.
[23] Janz 1974, S. 198.
[24] Vgl. das Kapitel „Ciceros Academica" in Nietzsches Vorlesungsaufzeichnungen (SS 1870 – SS 1871), KGW II 3, S. 59–98.

Basler Zeit erwähnt wurden, beschäftigt sich Nietzsche schon längere Zeit mit ihnen, z. B. mit Kaiser Julian im Jahr 1859.[25]

Die Anekdote von Diogenes' Antwort auf das Angebot einer Wunscherfüllung durch Alexander den Großen: „Geh mir aus der Sonne"[26], interpretiert Plutarch anders als die traditionelle Rezeption wie bei Cicero, der den Wunsch als einen Sieg des Diogenes über den mächtigsten Kaiser und damit der inneren Freiheit über die äußere Gewalt versteht.[27] Nach Plutarchs Umdeutung sind Diogenes und Alexander zwei Inkarnationen des gleichen Geistes. Der eine beschäftigt sich mit der theoretischen Philosophie, während der andere die praktische Philosophie vollendet.[28]

Wahrscheinlich kennt Nietzsche all diese Versionen, obwohl er im Schlussdialog von *Der Wanderer und sein Schatten* lediglich die traditionelle Überlieferung übernahm. Dabei fügt er dem Schatten des Wanderers den Zug des philosophischen Hundes, nämlich des Kynikers Diogenes, hinzu. Die Szenerie als das umgekehrte Verhältnis zwischen Wanderer als „Herr" und Schatten als „Sklave", dass dieser sich unabhängiger als jener zeigt, impliziert wohl, dass der freie Geist dem Kyniker nicht ausweichen kann und dass der Freigeisterei als Aufklärung sogar der Kynismus oder der Zynismus als Schatten folgt.

Der Wanderer: Und könnte ich dir nicht in aller Geschwindigkeit noch Etwas zu Liebe thun? Hast du keinen Wunsch?
Der Schatten: Keinen, ausser etwa den Wunsch, welchen der philosophische „Hund" vor dem grossen Alexander hatte: gehe mir ein Wenig aus der Sonne, es wird mir zu kalt.
Der Wanderer: Was soll ich thun?
Der Schatten: Tritt unter diese Fichten und schaue dich nach den Bergen um; die Sonne sinkt.
Der Wanderer: – Wo bist du? Wo bist du?[29]

Außerdem ist mit gutem Recht festzustellen, dass Nietzsche die Nuance einer anderen Anekdote von Diogenes zwischen dem Bericht von Plutarch und dem von Dioge-

---

25 Vgl. Nietzsche an Wilhelm Pindar vom 6. Februar 1859, KSB 1, Nr. 54, S. 47: „Im Caesar habe ich nun das ganze 4te, dreiviertel vom 5ten und $^1/_4$ vom 6ten Buch belli gallici geläßen [sic]. Ich hoffe beide letzteren Bücher in diesen [sic] Semester zu beenden. Neulich habe ich auch das zweite Kap. Anabaseos geläßen. Es war sehr leicht und in einer Stunde war ich fertig. – Die mythologischen Gespräche von Lucian gefallen mir sehr und haben großen Schwung und prächtige, elegante Schilderung in sich."
26 Diogenes Laertius VI 38, S. 297.
27 Es existiert noch eine dritte Version der Anekdote, nämlich, dass Diogenes Alexander zufällig beim Bücherleimen im Theater begegnet und wegen dessen Abschirmung der Sonne bittet: „Geh mir aus der Sonne." Vgl. zu der ausführlichen Diskussion und Erläuterung Niehues-Pröbsting 1988, S. 112–114.
28 Über den berühmten Satz „If I were not Alexander, I should be Diogenes", wurde eine solche Erklärung gegeben: „If I did not actively practise philosophy, I should apply myself to its theoretical pursuit." (Plutarch 1986, S. 413)
29 MA II, KSA 2, S. 704.

nes Laertius kennt. Laut Diogenes Laertius hat Diogenes beim Betrachten einer Maus, die in der Nacht hin und her läuft, weder eine Ruhestätte sucht noch die Dunkelheit fürchtet noch nach Leckerbissen verlangt, die Methode zur Anpassung an die Umgebung gefunden.[30] Trotz derselben Diogenes-Maus-Begegnung stellt sie Plutarch ausführlicher und in großen Teilen anders als Diogenes Laertius dar, nämlich dass Diogenes versuchte, einem öffentlichen Festabend ausweichend, in einer Ecke zu schlafen. In diesem Zusammenhang kam er darauf, über seine Lebensform nachzudenken. Und plötzlich wurde er von einer Maus gestört, die sich mit den Krümeln seines Brotes beschäftigte. Durch die Anregung der Maus, sich mit einer solchen Kleinigkeit zu begnügen, hat er für sich den Weg zur Philosophie gefunden, einen Weg, der durch Verzicht auf Luxus und durch Reduktion auf animalische Simplizität und Autarkie zur Tugend führt.[31] Mit der Lenkung der Aufmerksamkeit auf die Simplizität des Diogenes und auch auf die Einfachheit der antiken Philosophie hat Nietzsche „Die erste Nacht des Diogenes" in seinen Basler Aufzeichnungen erwähnt.[32] Aus Laertius' Schilderung darf nicht die Schlussfolgerung abgeleitet werden, dass diese Nacht Diogenes auf den Weg der Philosophie leitet, weil dieser einst seine Verbannung als seinen Anlass zum Philosophen erklärt.[33]

Sowohl bei Epiktet und Lukian als auch später bei Kaiser Julian werden die von ihnen idealisierten Protokyniker als geehrte und gelobte Vorbilder zur Kritik der zeitgenössischen entarteten Kyniker heraufgehoben, die kein tugendhaftes Leben wie Antisthenes, Diogenes und Krates führen, sondern lediglich aufgrund ihrer oberflächlichen kynischen Lebensform, etwa Betteln und Askese, nach Lebensmitteln, Geld oder Ruhm streben, und zwar entweder aus Faulheit, Gier oder aus Eitelkeit. Bei Epiktet ist der Kynismus ein moralisierter Begriff und dessen negative Merkmale, wie Ironie, Spott und Unverschämtheit der Sexualität, sind dennoch nicht Teil des Begriffs. Der sich auf Frömmigkeit beschränkende wahrhafte Kyniker mit innerer Freiheit soll weder Familie noch Heimat besitzen und von Natur aus deshalb ein einfaches Leben führen, weil er den ganzen Menschen dienen und allein für Gott verantwortlich sein muss. Der Kyniker müsse wissen,

> daß er einerseits als Bote von Zeus zu den Menschen gesandt ist, um ihnen zu zeigen, daß sie über das Gute und das Böse nicht Bescheid wissen und das Wesen des Guten und des Bösen dort suchen, wo es nicht ist, und nicht ahnen, wo es ist, und daß er andererseits wie Diogenes

---

30 Diogenes Laertius VI 22, S. 289.
31 Dann warf Diogenes sich selbst vor: „What are you saying, Diogenes? Your leavings make a feast for this creature, but as for you, a man of birth and breeding, just because you cannot be getting drunk over there, reclining on soft and flowery counches, do you bewail and lament your lot?" (Plutarch 1986, S. 415)
32 Vgl. Nachlass 1873/74, KSA 7, 30[18], S. 739 und 31[10], S. 742.
33 Vgl. Diogenes Laertius VI 49, S. 302: „Als ihm einer seine Verbannung vorrückte, sagte er: ‚Eben deshalb, du Elender, bin ich Philosoph geworden.'"

[...] ein Kundschafter ist. Denn tatsächlich ist der Kyniker ein Kundschafter für das, was den Menschen freundlich und was ihnen feindlich ist.³⁴

Während Epiktet den Kynismus einseitig im Spiegel der Moral und Göttlichkeit betrachtet, übernimmt Lukian die literarische Satire des Menippos, mit der er den Tod des Kynikers Peregrinos typisch zynisch darstellt. Nach seiner Erzählung ist die Selbstverbrennung des Peregrinos ein vorausgeplantes Drama, durch das der Kyniker aus Eitelkeit auf Ruhm und Sensation abzielt. Lukian lacht über die Torheit einer solchen Tat, dass Peregrinos durch sein persönliches Opfer den Menschen nützen wolle, indem er ihnen zeigt, „auf welche Weise man den Tod verachten muß"³⁵. Im Vergleich mit dem Tod des Herakles und dem des Empedokles reduziert Lukian den Tod des Kynikers von dem vornehmen hohen Ideal auf das lächerliche niedrige Interesse, indem er dessen berüchtigtes Leben mit vielen Verbrechen, wie Ehebruch, Knabenschändung und Vatermord, in Verbindung bringt. Lukians moralische Kritik an den Kynikern lässt sich wohl Peter Sloterdijk zufolge als eine Ironie und Entlarvung des Kynismus, also ebenfalls als ein Zynismus interpretieren. „Sind die Kyniker die Weltveräachter ihrer Epoche, so ist Lukian der Verächter der Veräachter, der Moralist der Moralisten."³⁶ Es ist damit festzustellen, dass der Kynismus bei Lukian nicht bloß eine literarische Gattung darstellt, sondern auch eine neue Art und eine Entartung gefunden hat. Laut Lukian ist einerseits der Kynismus des Peregrinos eine misslungene und lächerliche Nachahmung der Protokyniker, was sich schon als moderner Zynismus zeigt. Durch das Spotten und Auslachen Lukians scheint der Kynismus andererseits in seine Entartung und moderne Dimension übergegangen zu sein. Denn die Protokyniker reduzieren allein ihr eigenes Leben auf das Unmoralische und Animalische, während die modernen Zyniker, wie Lukian, umgekehrt die erhabenen Handlungen der anderen auf niedrige und animalische Motivationen reduzieren.

Vom moralisch verklärten Kynismus bei Epiktet und dem satirisch verachteten Zynismus bei Lukian³⁷ aus gesehen, ist es nicht verwunderlich, dass später Kaiser Julian auf gleiche Weise seine zeitgenössischen Kyniker angriff. In seiner Rede be-

---
34 Epiktet 1994, S. 207. Die deutsche Übersetzung der Überschrift ist nicht *Vom Kynismus*, sondern *Das wahre Glück*.
35 Lukian 1980, S. 495.
36 Sloterdijk 2007, S. 326.
37 Vgl. zu der ausführlichen Moralisierung bei Epiktet und dem Übergang vom Kynismus zum Zynismus bei Lukian Niehues-Pröbsting 1988, S. 226–261. Außerdem werden noch drei verschiedene Bedeutungen des Kynismus bei Lukian akzentuiert: „Da ist zunächst der praktische Kynismus des Peregrinus, den Lukian [...] aufs heftigste und mit allen Mitteln satirischen Spottes bekämpft. Auf der anderen Seite trifft man in zwei lukianischen Schriften, *Der Kyniker* und *Demonax*, zwei positive, vielfach idealisierende Beschreibungen des Kynismus und des Kynikers an. [...] [U]nd dies ist die dritte typische Kynikergestalt bei Lukian, die sich manchmal als Diogenes oder auch als Menipp konkretisiert: der Kyniker als das Sprachrohr für Lukians Satire." (S. 259–261) Zur Moralisierung des Kynismus bei Epiktet vgl. auch Foucault 2012, S. 378–380.

zeichnet er die christenfreundlichen Pseudokyniker seiner Zeit als „ungebildete Hunde" und will den von ihm hochverehrten Protokyniker Diogenes vor der christlich infizierten Karikatur retten. Hier bemerkt man den Gegensatz zwischen den wahren Kynikern und den römischen Christen und aber ihre Verwandtschaft in der Askese, die in dem Leben des Peregrinos deutlich zu erkennen ist, der sich als von den Christen angepriesenes Vorbild später zur kynischen Schule bekehrt. Ob Nietzsche von Kaiser Julian dazu inspiriert wird, seinem Cynismus das Christentum gegenüberzustellen, dafür existiert kein direkter Beleg. Außerdem ist es nicht unwahrscheinlich, dass Nietzsche aufgrund seiner umfassenden philologischen Bildung auch Julians Verständnis des Orakelspruchs *paracharattein to nomisma* kannte, das Diogenes und den Kynismus kennzeichnet, und zwar selbst dann, wenn er die Originalquellen nicht gelesen hat.

Nach Julians Erläuterung bedeutet das Orakel *paracharattein to nomisma* eigentlich nicht Falschmünzerei, sondern „Präge die gangbare Münze um"[38]. Worauf es sich bei der gängigen Münze bezieht, ist die gängige Meinung. Dass man die gängige Münze umprägt, bedeutet nichts anderes als dass man „die gangbaren Meinungen gänzlich verachtet und anstatt dessen zu der Wahrheit selbst vorgedrungen ist, auch bezüglich seiner eigenen Person nicht den gangbaren Meinungen, sondern der tatsächlichen Wahrheit beipflichten wird"[39]. Die positive Deutung dieses Orakels bei Kaiser Julian erinnert an Nietzsches Umwertung der Werte, für die er seine Sorgen äußert, als Falschmünzerei missverstanden zu werden.[40] Auch Nietzsche betrachtet später Kaiser Julian als seine „Inkarnation"[41]. Insofern könnte man ihn und seine Umwertung auch durch Kaiser Julian und dessen positive Auslegung des Orakels mit Diogenes und dem Kynismus in Verbindung bringen.

1.3 Diderot als eine Quelle des modernen Zynismus

Wenn man vom modernen Zynismus redet, dann darf Denis Diderot auf keinen Fall übergangen werden. Es liegt auf der Hand, dass Nietzsche Diderots Zynismus auch schon früh in seiner Basler Zeit kennt und ihm seine Aufmerksamkeit widmet. In seiner Aufzeichnung im Herbst 1873 kommt außer der Anekdote „Die erste Nacht des Diogenes" noch der Name „Rameaus Neffe" vor, die Hauptfigur des gleichnamigen Dialogs von Diderot. Hier bezieht sich die Erwähnung auf die Frage nach dem Einfluss der Philosophie auf die philosophischen Gelehrten: „Welche Wirkung der Philosophie verspürt man bei den Zöglingen der Philosophen, ich meine bei den Ge-

---

[38] Julian 1908, S. 59.
[39] Julian 1908, S. 95.
[40] Vgl. den Brief an Brandes vom 23. Mai 1883: „Daß man mir nur nicht Falschmünzerei vorwirft! Oder vielmehr; man wird es thun. –" (KSB 8, Nr. 1036, S. 319)
[41] Vgl. den Brief an Cosima Wagner vom 3. Januar 1889: „Alexander und Caesar sind meine Inkarnation [...]." (KSB 8, Nr. 1241, S. 572)

bildeten? Es fehlt uns der beste Stoff der Unterhaltung, die feinere Ethik. Rameaus Neffe."[42] Damit wollte Nietzsche Philosophie und Leben zu einer Einheit miteinander verbinden. Wenige Monaten vor dieser Aufzeichnung schrieb er einen Satz über Lüge und Wahrheit aus *Rameaus Neffe* ab: „Rameaus Neffe ‚Man schlingt die Lüge, die uns schmeichelt, in vollen Zügen hinab, und kostet Tropfen für Tropfen die Wahrheit, die uns bitter ist.'"[43] Diesen Satz verwendete er, ein wenig umformuliert, in seiner zweiten *Unzeitgemäßen Betrachtung*, die im Herbst und Winter 1873 entstanden und dann 1874 erschienen ist: „Sie [die erste Generation einer neuen Kultur] muss jene Wahrheit Tropfen für Tropfen kosten, als eine bittre und gewaltsame Medizin kosten [...]."[44]

Worum es im Wesentlichen in *Rameaus Neffe* geht, sind die Unterscheidung und der Gegensatz zwischen dem antiken Kynismus und dem modernen Zynismus. Diderot sowie Epiktet haben den auch moralisch idealisierten Diogenes dem Zyniker Rameaus Neffen, der am Anfang des Gespräches sich selbst als Diogenes bezeichnet, am Ende des Dialogs offenbar gegenübergestellt. Der von Diderot beschriebene Charakter von Rameaus Neffen trifft ganz genau den Zynismus:

> Es ist eine Zusammensetzung von Hochsinn und Niederträchtigkeit, von Menschenverstand und Unsinn, die Begriffe vom Ehrbaren und Unehrbaren müssen ganz wunderbar in seinem Kopf durcheinandergehn: denn er zeigt, was ihm die Natur an guten Eigenschaften gegeben hat, ohne Prahlerei, und was sie ihm an schlechten gab, ohne Scham.[45]

Durch das Gespräch verdeutlicht Diderot die typische Entwicklungsgeschichte eines Zynikers, dessen Glücksbedürfnis nicht mehr auf der animalischen Reduktion basiert, sondern auf Luxusleben, Erfolg und hoher Stellung in der Gesellschaft, was auch als eine weitere Entwicklung des Lebensstils des Peregrinos zu verstehen ist. Vielleicht ist das Leben bei Rameaus Neffe noch unglücklicher als bei Peregrinos. Denn dieser genießt lebenslang eine große Bekanntheit, und zwar entweder als flüchtiger Verbrecher oder als christliches Vorbild oder als Meister einer kynischen Schule, obwohl sein Leben ironischerweise auf dem Scheiterhaufen endet, während jener nach dem Misserfolg seiner Karriere illusionslos und untätig als ein Parasit lebt; was dieser getan und bekommen hat, ist bei jenem allein ein verlorener Traum geblieben.

Was dem Dialog als Musterwerk des modernen Zynismus zugrunde liegt, geht schon über die moralische Kritik wie bei den antiken Autoren hinaus und rückt die Aufklärung in den Fokus. Genauso wie die oben zitierte Frage von Nietzsche nach der Wirkung der Philosophie bei den Gebildeten, ist es dabei die Frage zu stellen, was einen aufgeklärten Menschen wie Rameaus Neffen auf welche Weise auf den

---

42 Nachlass 1873/74, KSA 7, 30[18], S. 739.
43 Nachlass 1873/74, KSA 7, 29[6], S. 622.
44 UB II, HL 10, KSA 1, S. 328.
45 Diderot 1996, S. 11.

Weg zum illusionslosen und schamlosen Zyniker führt. Auch das hier hervorgehobene Problem in Bezug auf Wahrheit und Lüge findet sich als ein Hauptthema in Nietzsches Gedanken und gerät in den Vordergrund der Aufklärung. Die Verflechtung des Zynismus mit der Aufklärung zeigt sich in aller Deutlichkeit in diesem Dialog und Rameaus Neffe wird als eine Figur charakterisiert, bei der Aufklärung und Zynismus miteinander vermischt sind.[46]

---

[46] Nach Niehues-Pröbsting 1992 ist der Neffe auch ein Aufklärer. Der Dialog „ist vor allem ein Werk der Verachtung und über die Verächtlichkeit. Die Verachtung gilt den Gegnern der Aufklärer und Philosophen sowie der Gesellschaft, in der jene verkehren. Diderot äußert diese Verachtung aber nicht direkt, von der Warte überlegener Moral und Ehrbarkeit aus. Sein literarischer Kunstbegriff besteht darin, daß er sie sich aus der Perspektive der Amoral und Niedertracht, im Medium der personifizierten Verächtlichkeit, des Neffen, selbst aussprechen läßt. Der Neffe repräsentiert die Niedertracht und Verächtlichkeit dieser Gesellschaft in Reinkultur. Er unterscheidet sich jedoch von der Gesellschaft dadurch, daß er die Verächtlichkeit bewußt gewählt hat und sie offen reflektiert; eben das macht ihn philosophisch interessant. Der Neffe heuchelt nicht Anständigkeit wie die anderen, sondern er spricht die Niedertracht aus und bekennt sich zu ihr; damit klärt er über den Zustand der Gesellschaft auf; auch er ist ein Aufklärer." (S. 728) Sloterdijk 2007 definiert den Zynismus zuerst als „das aufgeklärte falsche Bewußtsein – das unglückliche Bewußtsein in modernisierter Form" (S. 399).

2 Nietzsche über den Cynismus

2.1 Zur Literatur und individuellen Form: Einheit und Buntscheckigkeit, Typus und Karikatur

In Nietzsches Erstlingswerk *Die Geburt der Tragödie* kommt schon das Wort „Cynismus" vor. Weil das Buch zum Teil eine Kompilation von einigen seiner ab 1869 entstandenen Entwürfe und Vorträge ist, zu denen *Das Griechische Musikdrama*, *Sokrates und die griechische Tragödie*, *Die Dionysische Weltanschauung* und *Die Geburt des tragischen Gedankens* gehören, deckt sich darum der einzige Absatz über Cynismus im Kapitel 14 in *Die Geburt der Tragödie* mit dem in *Sokrates und die griechische Tragödie*.[1]

Dabei wird der Cynismus, nämlich der antike Kynismus, zuerst von Nietzsche mit Platon verglichen, „der in der Verurtheilung der Tragödie und der Kunst überhaupt gewiss nicht hinter dem naiven Cynismus seines Meisters zurückgeblieben ist"[2]. Dieser naive Cynismus ist der Sokratismus und der Meister Sokrates ist derjenige, der den dionysischen Wahnsinn verweigert und die „existenzielle ästhetische Erfahrung"[3] der griechischen Tragödie gar nicht zu genießen vermag.[4] Für ihn ist die tragische Kunst etwas Unvernünftiges, das man mit Logik nicht verstehen und erklären kann; sie sagt keine Wahrheit aus. Und wer sich für diese Kunst interessiert, sei einer, der weder „viel Verstand besitzt"[5] noch ein rechter Philosoph werden kann. Die Künstler und Dichter sollen eine niedrigere Stellung einnehmen als die Philosophen. Was jene erfunden haben, ist bloß ein Abbild des Abbildes; es ist das Abbild der Dinge in der Welt, welche zugleich als Abbilder der Ideen fungieren. Dagegen streben die Philosophen nach der reinen Erkenntnis von Ideen. Aus solchen Gründen verbrennt Platon all seine Dichtungen, damit er Schüler des Sokrates werden kann. Doch hat er zu seiner dialektischen Philosophie als eine neue Kunstform

---

1 Vgl. KSA 1, S. 93 und S. 631–632.
2 GT 14, KSA 1, S. 93.
3 Müller 2002a, S. 136.
4 Schmidt 2012, S. 284: „Vom ‚naiven Cynismus' des Sokrates spricht N[ietzsche]. insofern, als dieser Bedürfnislosigkeit und Genügsamkeit nicht wie die Kyniker zum Inhalt einer philosophischen Lehre machte, sondern einfach ‚naiv' entsprechend lebte." Aber Nietzsche redet dabei vor allem von der literarischen Form Platons und der cynischen Schriftsteller, nicht von der Lebensform. Im Kontext ist es wohl festzustellen, dass Nietzsche hier Sokrates ironisiert. Sokrates versteht keine andere Gattung der Dichtkunst als die äsopischen Fabeln, weil er bloß Vernunft und Logik gebraucht, die den Sokratismus kennzeichnen. So scheint Sokrates naiver zu sein als die cynischen Schriftsteller, deren Schreibstil mit Buntscheckigkeit erfüllt ist.
5 GT 14, KSA 1, S. 92.

den platonischen Dialog geschaffen, der Nietzsche zufolge als „das Vorbild des Romans"[6] im negativen Sinne zu bezeichnen ist.

Der literarische Cynismus als eine noch „größere Verzerrung"[7] des Sokratismus entwickelt sich genauso wie der platonische Dialog in rasendem Tempo weiter. In der literarischen Form stimmen sie mit Platon, von dem älteren Gesetz abweichend, völlig überein.

> Wenn die Tragödie alle früheren Kunstgattungen in sich aufgesaugt hatte, so darf dasselbe wiederum in einem excentrischen Sinne vom platonischen Dialoge gelten, der, durch Mischung aller vorhandenen Stile und Formen erzeugt, zwischen Erzählung, Lyrik, Drama, zwischen Prosa und Poesie in der Mitte schwebt und damit auch das strenge ältere Gesetz der einheitlichen sprachlichen Form durchbrochen hat; auf welchem Wege die cynischen Schriftsteller noch weiter gegangen sind, die in der grössten Buntscheckigkeit des Stils, im Hin- und Herschwanken zwischen prosaischen und metrischen Formen auch das litterarische [sic] Bild des „rasenden Sokrates", den sie im Leben darzustellen pflegten, erreicht haben.[8]

So sind unter der Vielseitigkeit bei Platon und den cynischen Schriftstellern ein Verfall und Niedergang der tragischen Kunst zu verstehen. Bei ihnen als Epigonen zeigt es sich das Symptom der décadence im Sinne des Begriffs beim späten Nietzsche.[9] Sokrates ist der Wegbreiter des platonischen Dialogs und das Vorbild des Kynismus. In Nietzsches Aufzeichnungen während der Genese des Tragödienbuches ist ein Entwurf mit dem Titel „Socrates und der Instinct" zu finden. Im zweiten Teil „Zur Aesthetik" folgt dem Thema „Sokrates in der Tragödie" der Titel „Der platonische Dialog. Der Cynismus in der Kunst"[10]. In dieser Reihenfolge zeigt sich der Einfluss des Sokratismus, der zum Verfall und Tod der Tragödie führt, auf den platonischen Dialog und den künstlichen Cynismus.[11] In diesem Teil seines Entwurfs erwähnt Nietzsche außerdem das Thema „Einheitsbegriff und das Relief". Hier ist genauso wie im oben zitierten Text gemeint, dass Platon und die cynischen Schriftsteller der Strenge des älteren Gesetzes hinsichtlich der sprachlichen Einheit Schaden zugefügt haben.

---

6 GT 14, KSA 1, S. 94. Aber laut Schmidt ist Nietzsches Gebrauch des Wortes „Roman" nicht richtig. Vgl. Schmidt 2012, S. 285–286.
7 ST, KSA 1, S. 544: „Zu noch größerer Verzerrung wird der Sokratismus bei den cynischen Schriftstellern gesteigert: sie suchen in der größten Buntscheckigkeit des Stils, im Hin- und Herschwanken zwischen prosaischen und metrischen Formen gleichsam das silenenhafte äußere Wesen des Sokrates, seine Krebsaugen, Wulstlippen und Hängebauch wiederzuspiegeln."
8 GT 14, KSA 1, S. 93.
9 Vgl. Schmidt 2000, S. 702.
10 Nachlass 1869/70, KSA 7, 3[73], S. 79.
11 Auch in seinem Plan von *Sokrates und Tragödie* zeichnete Nietzsche auf: „Einfluß des Socratismus auf die Vernichtung der Form bei Plato, bei den Cynikern. (Er selbst nicht-schreibend.)" (Nachlass 1869, KSA 7, 1[7], S. 12) Noch eine ähnliche Äußerung kommt in den Aufzeichnungen dieser Zeit vor. „Der Sokratismus vernichtet bei Plato bereits die Form, noch mehr die Stilgattungen bei den Cynikern." (Nachlass 1869, KSA 7, 1[25], S. 17)

Die „Einheitlichkeit" als ein völlig positiver Begriff beim frühen Nietzsche steht der „Buntscheckigkeit" als negativer Vielseitigkeit konträr gegenüber. In der ersten *Unzeitgemäßen Betrachtung* hebt Nietzsche die Einheit mit Blick auf die Definition der Kultur hervor: „Kultur ist vor allem Einheit des künstlerischen Stiles in allen Lebensäußerungen eines Volkes."[12] Unter dem Kriterium der Einheit kritisiert er nicht bloß den Schreibstil des Platon und der cynischen Schriftsteller, sondern auch die zeitgenössischen deutschen „Bildungsphilister", deren Vertreter David Strauss im Zenit der Zeit stand.[13] Die deutschen Intellektuellen und Gelehrten, die Nietzsche zufolge im chaotischen Durcheinander aller Stile lebten, besaßen gar keine produktive Kultur und häuften bei sich lediglich die Formen, Farben, Produkte und Kuriositäten aller vergangenen Zeiten an.[14] Dies will Nietzsche als die „moderne Jahrmarkts-Buntheit", das sogenannte „Moderne an sich", begreifen.[15]

Was für die Einheit in dem Dionysischen steht, ist die Musik, die als „der einheitliche Strom des Melos und die durchaus unvergleichliche Welt der Harmonie" gilt. In der Musik wird der Schleier der Maja vernichtet und offenbart sich „das Einssein als Genius der Gattung, ja der Natur".[16] Und allein aus dieser Einheit kann Nietzsche zufolge der Geist der Musik erwachsen.

In der „**Mysterienlehre der Tragödie**"[17] zeigt sich die Einheit all dessen, was vorhanden ist. Es ist darunter nämlich die Einheit des Menschen mit der Natur, der Vorstellung mit dem Willen, des Traums mit dem Rausch, des Apollinischen mit dem Dionysischen zu verstehen.[18] Die harmonische einheitliche Kultur oder den „antagonistisch-synthetischen Bruderbund des Apollinischen mit dem Dionysischen"[19] setzt die griechische Tragödie voraus, die allerdings wegen des sokratischen logischen Optimismus untergangen ist, indem die Musik, aus deren Geist die Tragödie geboren ist,[20] wegen der dominierenden Dialektik fehlt und daher der Dialog an ihrer Stelle die größte Rolle spielt. Entsprechend wird der Instinkt vom Rationalismus besiegt und verzerrt. Zudem opfert der Wissenstrieb des Sokratismus das potenzielle Handeln der Menschen und bringt lediglich die sogenannten theoretischen Menschen hervor. Dagegen hebt Nietzsche den Vorrang der Illusion vor der

---

12 UB I, DS 1, KSA 1, S. 163.
13 Zu Nietzsches Polemik gegen Strauss vgl. Fellmann 2016.
14 Zur Thematisierung des Deutschtums bei Nietzsche mit Blick auf Wagner vgl. Rupschus 2013.
15 UB I, DS 1, KSA 1, S. 163.
16 GT 2, KSA 1, S. 33.
17 GT 10, KSA 1, S. 73.
18 Vgl. GT 21, KSA 1, S. 140: „Dionysus redet die Sprache des Apollo, Apollo aber schliesslich die Sprache des Dionysus; womit das höchste Ziel der Tragödie und der Kunst überhaupt erreicht ist."
19 Schäfer 2011, S. 200. Schäfer stellt zudem deutlich die Präsenz des Dionysischen im ganzen Werk Nietzsches dar.
20 Die Tragödie hat allerdings noch oder aber vor allem politische Funktion und Deutung in der Antike. Meier 1991 zeigt, die Tragödie sei „politisch im Sinne einer Arbeit an der mentalen Infrastruktur der Polis" (S. 86) und in das mentale Unterfangen der Politik Athens eingebettet. Vgl. auch Meier 1988.

Erkenntnis hervor und kritisiert den Glauben allein an Gründe. Für ihn tötet die Erkenntnis das Handeln deshalb, weil zum Handeln außerdem nötig ist, dass der Handelnde durch die Illusion umschleiert wird. Ohne Illusion oder mit überreichlichem Wissen verhindert es das Erreichen des Ziels. In gewissem Sinne verhilft dem Handelnden die Illusion dazu, die Angst vor der Ungewissheit oder dem Missraten des Handelns zu überwinden und sich selbst damit Mut zu verschaffen, der die Voraussetzung für den Erfolg bilden kann. An diesem neuen Gegensatz zwischen dem Dionysischen und dem Sokratischen ist nach Nietzsches Ansicht die griechische Tragödie unvermeidlich zugrunde gegangen.

Der theoretische Optimismus als logischer Schematismus zeichnet sich durch drei Grundformen aus, die nach Nietzsche zum Tod der Tragödie führen: „Tugend ist Wissen; es wird nur gesündigt aus Unwissenheit; der Tugendhafte ist der Glückliche."[21] Hier zeigt sich die Zielscheibe der moralischen Kritik Nietzsches sowohl in seiner Basler Zeit als auch in seiner späten Zeit. Was er infrage stellt, ist die Formel „Tugend ist Wissen". Die Tugend gehört zur Rubrik der praktischen Vernunft, während das Wissen der theoretischen Vernunft zuzurechnen ist. Die Kluft zwischen ihnen ist nicht zu übersehen. Dementsprechend geraten die Cyniker mit Platon in einen heftigen Konflikt. Zwar sind beide Schüler des Sokrates, aber sie gehen, von ihrem gemeinsamen Meister und Vorbild aus, auffallend in gegensätzlichen Richtungen auseinander. Während Platon einen moralischen Intellektualismus vertritt und sich auf die Erkenntnis der Idee konzentriert,[22] führen die Kyniker ein Leben mit Askese auf dem kurzen Weg zum Glück. Das gleiche Motto von ihnen ist das von Sokrates unterstrichene Gebot aus dem Tempel von Delphi „Erkenne dich selbst!", dass dahin gehend zu verstehen ist, dass man sich vor allem um sich selbst kümmern soll. Doch vertreten sie diesbezüglich verschiedene Verständnisse. Bei Platon erreicht man das Ziel nur durch die Einsicht in die Idee des Guten, während bei den Cynikern die Zielerreichung nur durch das Durchführen einer tugendhaften Lebensform möglich ist. Im Hinblick auf eine philosophische Lebensform stimmt Nietzsche eher mit den Cynikern als mit Platon überein.

Außerdem dient der Niedergang der Einheit in der Tragödie nicht bloß als Anlass zur Kritik am Sokratismus bei Nietzsche, sondern auch als Vorbereitung auf sein schwärmerisches Propagieren für „eine Wiedergeburt der Tragödie"[23]. Was für die Wiedergeburt steht, ist eine neue deutsche Kultur, die Wagner in seinem Musikdrama durch die Verbindung der deutschen Musik als des allmählichen Erwachsens dionysischen Geistes mit dem germanischen tragischen Mythos als dem Ebenbürtigen des olympischen Mythos verwirklichen will. Der Mythos als „das zu-

---

[21] GT 14, KSA 1, S. 94.
[22] Zur Konzeption der Tugend bei Platon vgl. Horn 2017b. Die Tugend bedeutet bei Platon „die intellektualistisch verstandene seelische Vollkommenheit einer Person" (S. 351).
[23] GT 16, KSA 1, S. 103.

sammengezogene Weltbild" und auch als „Abbreviatur der Erscheinung"[24] ist einheitlich und damit gar nicht zu entbehren. Der der Einfachheit und Natürlichkeit inhärente Mythos liefert daher eine Rechtfertigung für die Kunst Wagners. In seiner vierten *Unzeitgemäßen Betrachtung* hat Nietzsche Wagner als „**Vereinfacher der Welt**"[25] hochgepriesen, der zugleich das höchste Ziel der Kultur erreichen soll. Denn die Einfachheit und Natürlichkeit wurden von Nietzsche davor bereits zum Zeichen der Kultur in seiner Aufzeichnung erhoben: „,**Einfach und natürlich**' zu sein[,] ist das höchste und letzte Ziel der Cultur: inzwischen wollen wir uns bestreben, uns zu binden und zu formen, damit wir zuletzt vielleicht ins Einfache und Schöne zurückkommen."[26]

Was Verfall von Wesen und Einheit ist, lässt sich bei Nietzsche auch als Karikatur bezeichnen.[27] Gegenüber dem antiken Musikdrama sei die Oper eine Karikatur, die nicht von den Künstlern, sondern von den theoretischen Menschen hervorgebracht worden sei; sie verfüge über keinerlei natürliche Reinheit und Einheit, sondern sei nur eine direkte Nachahmung.

> Die Oper ist ohne sinnliche Vorlage, nach einer abstracten Theorie entstanden, mit dem bewussten Willen, hiermit die Wirkungen des antiken Drama's zu erzielen. Sie ist also ein künstlicher homunculus, in der That der bösartige Kobold unserer Musikentwicklung. Hier haben wir ein warnendes Beispiel, was die directe Nachäffung des Alterthums schaden kann. Durch solche unnatürliche [sic] Experimente werden die Wurzeln einer unbewussten, aus dem Volksleben herauswachsenden Kunst abgeschnitten oder mindestens arg verstümmelt.[28]

Wie die Oper dem antiken Musikdrama gegenübersteht, ist die cynische Schriftstellerei, die von der Tragödie abgewichen ist, auch eine Karikatur, zu der „alles Selbstgeleistete, scheinbar völlig Originelle, und recht aufrichtig Bewunderte"[29] zusammenschrumpft. Nietzsche verwirft die Cyniker als Karikaturen gegenüber den Philosophen im tragischen Zeitalter in Bezug auf die Persönlichkeit.[30] In diesem Sin-

---

24 GT 23, KSA 1, S. 145.
25 UB IV, WB 4, KSA 1, S. 447.
26 Nachlass 1873, KSA 7, 29[118], S. 685.
27 Vgl. Nietzsches Aufzeichnungen im Herbst 1869: „Wunderbare Gesundheit der griechischen Dichtkunst (und Musik): es giebt nicht Gattungen neben einander, sondern nur Vorstufe und Erfüllung, schließlich Verfall, d. h. hier Auseinanderfallen des bisher aus einem Triebe Erwachsenen."; „Der Gesammtkörper im Wachsen und Verfallen."; „Ich zeige eine Karikatur. Nicht in der Meinung, daß alle sie als Karikatur erkennen: Hoffnung daß am Schluß sie jedermann als Karikatur klar sein wird. / Wesen, später Verfall." (Nachlass 1869, KSA 7, 1[9]; 1[10]; 1[11], S. 13–14.)
28 Nachlass 1869, KSA 7, 1[1], S. 1.
29 GT 15, KSA 1, S. 97.
30 Im Hinblick auf die misslungene Kopie bezeichnet Nietzsche in seiner Aufzeichnung außerdem Alexander als Karikatur der homerischen Welt. Vgl. Nachlass 1871/72, KSA 7, 16[43], S. 408. Dafür wird die Erklärung in *Homer's Wettkampf* gegeben: „Wenn Alexander die Füße des tapferen Vertheidigers von Gaza, Batis, durchbohren läßt und seinen Leib lebend an seinen Wagen bindet, um ihn unter dem Hohne seiner Soldaten herumzuschleifen: so ist dies die Ekel erregende Karrikatur [sic] des Achilles, der den Leichnam des Hektor nächtlich durch ein ähnliches Herumschleifen mißhan-

ne ist es leicht zu verstehen, warum Schleiermacher den griechischen Topos *Sokrates mainomenos* mit „karikiertem Sokrates" statt mit „rasendem Sokrates" übersetzt.[31] Die tragischen Philosophen, d. h. die „Genialen-Republik von Thales bis Sokrates"[32], denen die Einseitigkeit innewohnt, werden von Nietzsche als Typen bezeichnet. Es existiert bei ihnen die strenge Notwendigkeit zwischen Denken und Charakter, nämlich dahin gehend, dass der Typus nicht etwas aus Einzelzügen zusammengesetztes Ganzes, sondern eine lebendige Person ist. Sie verkörpern für Nietzsche große Männer der tragischen Zeit und ihre Tätigkeit zielt „auf eine Heilung und Reinigung im Großen"[33]; sie räumen die furchtbaren Gefahren der griechischen Kultur aus dem Weg, um deren mächtigen Lauf weiter voranzutreiben; bei ihnen offenbart sich die tugendhafte Energie der Alten, mit der sie ihre eigene Form finden und diese bis ins Feinste und Größte fortbilden können.

Obwohl sich die Cyniker als Karikaturen zu den Vorplatonikern verhalten, zeichnen sie sich in ihren Persönlichkeiten durch keine Vielseitigkeit wie bei Platon aus. Bei ihnen handelt es sich lediglich um misslungene Kopien der reinen Typen, während Platon dagegen einen Antityp darstellt. Bei Platon werden im Hinblick auf seine Vielseitigkeit nicht bloß eine Mischung aller Stile sichtbar, sondern auch viele philosophische Mischcharaktere. Als der erste großartige Mischcharakter vereinigt er in sich die sokratischen, pythagoreischen und heraklitischen Elemente, die sowohl seine Philosophie als auch seine Persönlichkeit beeinflussen.[34]

> Auch als Mensch vermischt Plato die Züge des königlich abgeschlossenen und allgenugsamen Heraklit, des melancholisch mitleidsvollen und legislatorischen Pythagoras und des seelenkundigen Dialektikers Sokrates. Alle späteren Philosophen sind solche Mischcharaktere; wo etwas Einseitiges an ihnen hervortritt, wie bei den Cynikern, ist es nicht Typus, sondern Carikatur.[35]

---

delt [...]." (KSA 1, S. 784) Später im Jahr 1876 kennzeichnet Nietzsche den platonischen Sokrates gegenüber dem xenophontischen als Karikatur: „Der platonische Sokrates ist im eigentlichen Sinne eine Carricatur; denn er ist überladen mit Eigenschaften, die nie an Einer Person zusammensein können. Plato ist nicht Dramatiker genug, um das Bild des Sokrates auch nur in einem Dialoge festzuhalten. Es ist also sogar eine fliessende Carricatur. Dagegen geben die Memorabilien des Xenophon ein wirklich treues Bild, das gerade so geistreich ist, als der Gegenstand des Bildes war; man muss dieses Buch aber zu lesen verstehen." (Nachlass 1876, KSA 8, 18[47], S. 327)

31 Vgl. Niehues-Pröbsting 1988, S. 293–294 und S. 319.
32 PHG 2, KSA 1, S. 810.
33 PHG 2, KSA 1, S. 810.
34 Müller 2016 zeigt, dass Platons philosophischer Typus durch drei Charakteristika gekennzeichnet ist: „Er ist moralisierend, weltflüchtig und dogmatisch." (S. 112)
35 PHG 2, KSA 1, S. 810. Nach Bertino 2011, S. 209, ist eine Karikatur „die Deformation eines Typus durch Verschärfung eines Zuges oder mehrerer Züge; das einheitliche Bild, die Harmonie geht verloren". Nietzsche sucht mit der Darstellung der Typen „eine Alternative zur traditionell verallgemeinernden Form des Philosophierens über den Menschen".

Während Platon eine Erlösung für die Einzelnen und ihre Freunde und Schüler finden will, sucht der vorplatonische Typus nach dem großen Ziel der griechischen Kultur. Seit Platon befindet sich der Philosoph „im Exil und conspirirt [sic] gegen sein Vaterland"[36]. Daran ist die Simplizität der alten Philosophen verloren gegangen. Und die Möglichkeit eines philosophischen Lebens ist aufgrund der Divergenz der philosophischen Ziele beendet.

Die vorplatonischen Typen als philosophische Vorbilder stehen im Mittelpunkt von Nietzsches Gedanken. Mit der Darstellung dieser reinen Typen will er „die Polyphonie der griechischen Natur endlich einmal wieder erklingen"[37] lassen. Vom Persönlichen des großen Menschen als des ewig Unwiderlegbaren soll eine Art Gesundheit gelernt werden. Es geht dabei nicht bloß um die Gesundheit des Einzelnen, sondern auch um die eines Volkes. Ein solches Volk sind die Griechen, denn sie „als wahrhaft Gesunde[], haben Ein- für -Allemal die Philosophie selbst gerechtfertigt, dadurch daß sie philosophirt haben, und zwar viel mehr als alle anderen Völker"[38]. Die Philosophie wird dabei von Nietzsche als eine Therapie charakterisiert, mit der die Krankheiten des Volkes verheilen und die Gesundheit wiedergewonnen werden kann. Es bildet den Kernpunkt seiner Gedanken, dass das Leben als die eigentliche Sache der Philosophie[39] wichtiger als die Erkenntnis der Wissenschaft ist.

Nietzsches Kritik an der Wissenschaft ist auch auf sein Verständnis der Griechen zurückzuführen, die als Kulturmenschen durch die Bändigung des Wissenstriebs das große Ziel ihrer Kultur erreicht haben.

> Der Weg zu den Anfängen führt überall zu der Barbarei; und wer sich mit den Griechen abgiebt, soll sich immer vorhalten, daß der ungebändigte Wissenstrieb an sich zu allen Zeiten ebenso barbarisirt als der Wissenshaß, und daß die Griechen durch die Rücksicht auf das Leben, durch ein ideales Lebensbedürfniß ihren an sich unersättlichen Wissenstrieb gebändigt haben – weil sie das, was sie lernten, sogleich leben wollten. Die haben auch als Menschen der Kultur und mit den Zielen der Kultur philosophirt und deshalb ersparten sie sich aus irgend einem autochthonen Dünkel die Elemente der Philosophie und Wissenschaft noch einmal zu erfinden, sondern giengen sofort darauf los, diese übernommenen Elemente so zu erfüllen zu steigern zu erheben und zu reinigen, dass sie jetzt erst in einem höheren Sinne und in einer reineren Sphäre zu Erfinden wurden. Sie erfanden nämlich die typischen Philosophenköpfe, und die ganze Nachwelt hat nichts Wesentliches mehr hinzu erfunden.[40]

Nietzsche philosophiert vor allem über die Ziele der Kultur, die darauf ausgerichtet sind, große Individuen hervorzubringen. Bei seiner Beschäftigung mit den Vorplato-

---

[36] PHG 2, KSA 1, S. 810.
[37] PHG, KSA 1, S. 802.
[38] PHG 1, S. 805.
[39] Vgl. zu der Absicht Nietzsches in PHG Müller 2005, S. 137: „Er [Nietzsche] ist es darum, weil er, im Drang, das philosophische Feld abzustecken, die frühgriechischen Entwürfe [PHG] nicht mehr auf deren Eigenheiten hin befragt, sondern die Vielheit und Originalität der Konzeptionen von einer gemeinsamen Sache her denkt – der Sache der Philosophie."
[40] PHG 1, KSA 1, S. 807.

nikern handelt es sich um keine reine philosophische Auslegung, sondern um eine aktuelle Initiative, um seine Zeit zu erhellen und die zeitgenössischen Probleme zu lösen. Die Grundlagen der hochgebildeten Kultur der Griechen dienen dabei als Kriterien für seine Zeitkritik. Deshalb scheinen die aus seinen Griechenverständnissen hervorgegangenen Betrachtungen unzeitgemäß zu sein.[41]

Im Gegensatz zu den zeitgenössischen öffentlichen und oberflächlichen Meinungen der Bildungsphilister stehend, verwirft Nietzsche den Sieg des Kriegs mit Frankreich als eine Gefahr der Exstirpation des deutschen Geistes, nämlich der deutschen Kultur. Dabei kann die echte deutsche Bildung wegen des Schadens der sogenannten Gebildetheit nicht hervorgebracht werden. Die praktizierte Bildung führt dagegen zu einer schlechten und entarteten Kultur, die nur gleichförmige Gepräge hat und die ohne „die zur Harmonie Eines Stils zusammenlaufende Mannigfaltigkeit"[42] ist. Diese untergangene Kultur befindet sich in einem Epigonen-Zeitalter, in dem nur Epigonenwerke und aber keine originellen Werke produziert werden können. Im Sinne der misslungenen Kopie ist das Epigonen-Zeitalter auch als ein Zeitalter der Karikatur zu bezeichnen. Sowohl von den Epigonen als auch von den cynischen Schriftstellern können keine sublimen Meisterwerke erwartet werden, sondern nur zweierlei: „entweder Nachahmung der Wirklichkeit bis zum Aeffischen, in Idyllen oder sanftmüthigen humoristischen Satiren, oder freie Copien der anerkanntesten und berühmtesten Werke der Klassiker, doch mit verschämten Indulgenzen an den Zeitgeschmack"[43].

Vom Schreibstil des Bildungsphilisters, vor allem des Schriftstellers David Strauss, bekommt Nietzsche den fortwährenden Kitzel zum Lachen. Der Philister sei ein in den Werken der großen Dichter und Musiker armseliges hausendes Gewürm, das durch Zerstören lebt, durch Fressen bewundert und durch Verdauen anbetet. Und dass Strauss in seinem Buch Beethoven und Schopenhauer nicht hochschätzt, ist für Nietzsche eine unerträgliche Keckheit.

> Hier ist aber jede Scham verloren gegangen, bei dem Publikum sowohl als bei dem Magister [David Strauss]: man erlaubt ihm nicht nur, sich öffentlich vor den grössten und reinsten Erzeugnissen des germanischen Genius zu bekreuzigen, als ob er etwas Unzüchtiges und Gottloses gesehen hätte, man freut sich auch seiner unumwundenen Confessionen und Sündenbekenntnisse, besonders da er nicht Sünden bekennt, die er begangen, sondern die grosse Geister begangen haben sollen.[44]

Die Anmaßung des Bildungsphilisters besteht darin, dass er niemanden finde, der immer Recht hat, außer sich selbst. Doch ist er wegen seines Mangels an Charakter und Kraft, wegen seines Defektes an Weisheit nicht dazu imstande, als Genie zu leben, weil dem Genie allein die Simplizität des Stils und der Lebensform innewohnt.

---

41 Zu Nietzsches Griechenverständnissen vgl. Müller 2004.
42 UB I, DS 2, KSA 1, S. 165.
43 UB I, DS 2, KSA 1, S. 170–171.
44 UB I, DS 5, KSA 1, S. 187.

Bei ihm zeigen sich lediglich die negative „Vereinigung von Dreistigkeit und Schwäche, tollkühnen Worten und feigem Sich-Anbequemen", das „feine Abwägen" und die „Affektation".[45] Die Tapferkeit und Tollkühnheit in den Worten und die Feigheit in der Tat bei den Bildungsphilistern werden von Nietzsche als eine Art des Cynismus denunziert.[46] Aber es ist schon vom Cynismus im modernen Sinne, also vom Zynismus die Rede, der stets dazu neigt, aus niedrigen Beweggründen und mit Unverzagtheit und Unverschämtheit[47] die Genies nachzuahmen und die angebliche Größe anzustreben.

2.2 Die cynische Gefahr der Übersättigung der Historie: Der moderne Zynismus und die Bedeutsamkeit des Genies

In seiner zweiten *Unzeitgemäßen Betrachtung* denunziert Nietzsche als Cynismus die fünfte und zwar auch die letzte Gefahr der Hypertrophie der Historie für das Leben:

> In fünffacher Hinsicht scheint mir die Uebersättigung einer Zeit in Historie dem Leben feindlich und gefährlich zu sein: durch ein solches Uebermaass wird jener bisher besprochene Contrast von innerlich und äusserlich erzeugt und dadurch die Persönlichkeit geschwächt; durch dieses Uebermaass geräth eine Zeit in die Einbildung, dass sie die seltenste Tugend, die Gerechtigkeit, in höherem Grade besitze als jede andere Zeit; durch dieses Uebermaass werden die Instincte des Volkes gestört und der Einzelne nicht minder als das Ganze am Reifwerden verhindert; durch dieses Uebermaass wird der jederzeit schädliche Glaube an das Alter der Menschheit, der Glaube, Spätling und Epigone zu sein, gepflanzt; durch dieses Uebermaass geräth eine Zeit in die gefährliche Stimmung der Ironie über sich selbst und aus ihr in die noch gefährlichere des Cynismus: in dieser aber reift sie immer mehr einer klugen egoistischen Praxis entgegen, durch welche die Lebenskräfte gelähmt und zuletzt zerstört werden.[48]

Die fünfte cynische Gefahr ist die letzte Folge der vier vorigen Gefahren und in diesem Sinne lässt sich der Cynismus hauptsächlich als Zynismus, also als Unverschämtheit der modernen Menschen verstehen.

Die erste Gefahr ist die Entkräftung der Persönlichkeit durch den Kontrast von Innerlichkeit und Äußerlichkeit. Die Übersättigung der Historie als der Wissenschaft schadet der Innerlichkeit als den Instinkten der Menschen, weil die wissenschaftliche Belehrung der Historie dem Individuum beim Leben nicht hilft, sondern das

---
45 UB I, DS 6, KSA 1, S. 200.
46 Vgl. UB I, DS 2, KSA 1, S. 173: „Die Stärke des Bildungsphilisters kommt an's Licht, wenn er seine Schwachheit eingesteht: und je mehr und je cynischer er eingesteht, um so deutlicher verräth sich, wie wichtig er sich nimmt und wie überlegen er sich fühlt. Es ist die Periode der cynischen Philisterbekenntnisse. Wie Friedrich Vischer mit einem Worte, so hat David Strauss mit einem Buche Bekenntnisse gemacht: und cynisch ist jenes Wort und dieses Bekenntnissbuch."
47 Vgl. UB I, DS 3, KSA 1, S. 175: „In der That, verzagt und verschämt sind unsere Philister nicht mehr, wohl aber zuversichtlich bis zum Cynismus."
48 UB II, HL 5, KSA 1, S. 279.

Leben zaghaft und unsicher macht. Damit trägt der Mensch äußerlich ausschließlich eine Maske als gebildeter Mann und Gelehrter. Der darauffolgende Universal-Mensch als Uniform ist eine „Form ohne nachweisbaren Inhalt, leider nur [eine] schlechte Form". Dies führt dazu, dass der Mensch kein Geschehen zu kreieren vermag. Dagegen besteht seine einzige Aufgabe darin, die Geschichte zu bewahren. So sind die modernen Menschen nicht mehr schöpferische Individuen, sondern nur lebendige Enzyklopädien, „eingefleischte Compendien und gleichsam concrete Abstracta"[49].

Dabei wird der Gegensatz zwischen der Subjektivität des Menschen und der Objektivität der Historie deutlich. Der Mensch soll nach Nietzsche seine eigenen Persönlichkeiten um seiner Zukunft willen entwickeln und verstärken, während die Objektivität im Mittelpunkt der Historie steht. Wegen der Objektivität, nämlich der Subjektlosigkeit, sind seine Persönlichkeiten ausgehöhlt. Hier hebt Nietzsche auch den Vorrang des Lebens vor der Wissenschaft hervor. Ihm kommt es vor allem auf die Lebenssteigerung an, welche „die höchste Perspektive ist, aus der bewertet werden kann, was erinnert und erhalten und was vergessen und verworfen werden muss"[50]. Die übersättigte historische Bildung übt keine positive Wirkung auf das Leben und Handeln der Menschen aus. Sie beherrscht die Menschen, so dass das eigentliche Verhältnis zwischen Herrn und Sklaven umgekehrt ist. In der Schwächung der Persönlichkeit verliert der Mensch auch die Herrschaft über sich selbst, wodurch die Genies der Zukunft nicht mehr gewährleistet und hervorgebracht werden können. Denn „[h]istorische Größe ist in die Ambiguität eingespannt, das historische Erbe des Menschengeschlechtes erinnernd zu erfassen und es zugleich geschichtsvergessen in schöpferischer Kraft zu transformieren"[51].

Deshalb ist die Philosophie auch verdorben, weil ihr Gesetz an sich nicht erfüllt werden kann. Niemand führt ein philosophisches Leben, wie dies bei den vorplatonischen Philosophen der Fall war, und man verliert auch die Treue zur Philosophie. Dadurch ist die Philosophie als Wissenschaft allein auf das gelehrte Gebiet beschränkt worden. „Die Philosophie ist innerhalb der historischen Bildung ohne Recht, falls sie mehr sein will als ein innerlich zurückgehaltenes Wissen ohne Wirken [...]."[52] So soll sie nach Nietzsche keine bloße Wissenschaft sein, sondern es soll sich dabei um die Vereinigung der Lehre mit dem Leben handeln, das durch die Persönlichkeit gekennzeichnet ist und sich als Typus durchsetzt. Insofern hebt Volker Gerhardt hervor:

> Menschliches Dasein zeigt sich in der *Tätigkeit*, es ist *Handlung*, *Wirksamkeit*, *Äußerung* der „plastischen Kraft", die ins Sichtbare und Vernehmliche drängt. Mit Blick auf die Menschli-

---

49 UB II, HL 5, KSA 1, S. 283.
50 Georg/Heit 2011, S. 377.
51 Georg/Heit 2011, S. 377–378.
52 UB II, HL 5, KSA 1, S. 282.

che Existenz sind „Leben" und „Tat" für Nietzsche *ein* Begriff. Die Tat ist der einzig gültige Ausweis der *Persönlichkeit*.[53]

Von der Objektivität aus betrachtet Nietzsche als die zweite Gefahr der Übersättigung die Einbildung der modernen Menschen, die sich für gerechter halten als alle vergangenen Zeiten. Nietzsche verweigert allerdings die sogenannte Kausalität zwischen Objektivität und Gerechtigkeit, weil die Erste zu der theoretischen Ebene gehört, während die Letzte der praktischen zuzurechnen ist. Die Gerechtigkeit erweist sich als eine Tugend beim Handeln des Menschen, nicht beim Erkennen. Nietzsche verwirft diese Einbildung als Wahnsinn und warnt davor, dass sie „den Menschen oder eine Zeit täglich schlechter, also – in diesem Falle, ungerechter"[54] macht.

Die Gerechtigkeit gilt Nietzsche als die höchste und seltenste Tugend und aber nicht als kalte Erkenntnis. Nur das Genie als „das e h r w ü r d i g s t e Exemplar der Gattung Mensch" habe das Recht, als ordnender und strafender Richter zu fungieren. Also muss der Richter auch ein Gerechter sein, der sich durch drei wesentliche Charakterzüge auszeichnet: den reinen Gerechtigkeitstrieb, die Urteilskraft über die Menschen und die Kraft, gerecht sein zu können.[55] Nietzsche unterwirft den Wahrheitstrieb dem Gerechtigkeitstrieb dadurch, dass bei den modernen Menschen die Tugend viel schwieriger zu gewinnen und zu erhalten sei als die Erkenntnis. Es ist auffallend, dass er die überlegenen starken Menschen von den schwachen differenziert. Es gibt für ihn zwei Gruppen von Menschen, und zwar zum einen die Starken und zum anderen die Schwachen. Die meisten Historiker seien deshalb schwache Personen, weil sie eher gewöhnliche, populäre Meinungen vertreten als eigentliche geniale Einsichten gewinnen. Es soll nicht ihre Arbeit sein, „die Vergangenheit der zeitgemässen Trivialität anzupassen". Außerdem sei die Objektivität deshalb nicht zu erlangen, weil der Richter nicht vom persönlichen Interesse losgebunden sein könne. Nietzsche bezeichnet die Objektivität der Historie, also dass ein Ereignis „in allen seinen Motiven und Folgen so rein"[56] angeschaut wird, als eine Mythologie.

Seine Annahme, dass der Richter höher als der Gerichtete stehen muss, ist nicht unproblematisch. Ihre Problematik besteht in der rhetorischen und verwirrenden Maxime: „Gleiches durch Gleiches!"[57] Es ist unproblematisch, dass Gleiches durch Gleiches erkannt wird. Aber ganz unvermeidlich stellt sich die Frage, ob die Erkenntnis durch Gleiches notwendigerweise zur allgemeinen Anerkennung führen muss. Bei der historischen Beurteilung handelt es nicht bloß um das Erkennen, sondern auch um die Anerkennung, für die das Ungleiche in Betracht kommen muss. Denn die Anerkennung bezieht sich als „eine Idealform, die man sich für die wechselseitigen Beziehungen zwischen den Individuen bzw. den Gruppen einer Gesellschaft

---

53 Gerhardt 2011b, S. 271.
54 UB II, HL 6, KSA 1, S. 286.
55 UB II, HL 6, KSA 1, S. 286–287.
56 UB II, HL 6, KSA 1, S. 289.
57 UB II, HL 6, KSA 1, S. 294.

wünschen würde", immer auf echte Achtung vor dem Anderssein „fremder Identitäten".[58] Außerdem ist die Annahme insofern fragwürdig, als Nietzsche nicht erklärt, was „höher stehen" bedeutet. Oder auf welche Weise kann festgestellt werden, dass der Richter gerechter ist als der Gerichtete? Zwar sollen das Höchste und Größte die Vergangenheit richten, aber das Ergebnis des Richtens ist vielleicht unterschiedlich, und zwar deshalb, weil es Nietzsche zufolge nicht von dem persönlichen Interesse gelöst werden kann. Wenn die großen Richter, also die Genies, gemeinsame Kriterien haben, dann steht außer Frage, dass die Historiker als Wissenschaftler unter diesen gemeinsamen und zwar objektiven Kriterien richten können. Aber nach Nietzsche muss die Geschichte nur von den Starken, Großen und Überlegenen geschrieben werden. „Wer nicht Einiges grösser und höher erlebt hat als Alle, wird auch nichts Grosses und Hohes aus der Vergangenheit zu deuten wissen."[59] Dürfen nur die Großen die Geschichte schreiben, dann ist die Geschichte wahrscheinlich die der Großen und der Starken als der Gewaltüberlegenen. Es liegt auf der Hand, dass die Historie für Nietzsche allein dem Leben derjenigen dienen soll, die nicht nur zur Minderheit gehören, sondern auch vor allem als Genies und Zukunftsbauende gelten.

Dass die Zukunft besser als die Gegenwart sein soll, ist ein offensichtliches und selbstverständliches Ziel für Nietzsche.[60] Die ohne Beschränkung waltende Historie mit ihrer unbedingten Objektivität macht die Persönlichkeit des Menschen schwächer, weswegen die Zukunft entwurzelt würde. Dann ist die dritte Gefahr der Übersättigung der Historie zu verzeichnen. Wenn man die Zukunft baut oder um eine bessere Zukunft kämpft, braucht man nach Nietzsche Illusionen, unter denen erst von der Hoffnung auf eine befreite Zukunft geredet werden kann. Doch zerstört die Wissenschaft die Illusionen und untergräbt somit das Lebendige. Damit dient das wissenschaftliche Richten über die Vergangenheit nicht mehr dem Leben.

> Alles Lebendige braucht um sich eine Atmosphäre, einen geheimnissvollen [sic] Dunstkreis; wenn man ihm diese Hülle nimmt, wenn man eine Religion, eine Kunst, ein Genie verurteilt, als Gestirn ohne Atmosphäre zu kreisen: so soll man sich über das schnelle Verdorren, Hart- und Unfruchtbar-werden nicht mehr wundern.[61]

Ohne Illusion oder Wahnbild können die großen Dinge allein mit Wissenschaft nicht gelingen. Dann kann der Mensch deshalb nicht reif werden, weil er unter dem Bann der Wissenschaft steht und beim Handeln, das Entschlossenheit und Tatkraft erfordert, zögert. Wenn die kräftigen Instinkte und kreativen Zukunftstriebe von der Wissenschaft gelähmt und beschädigt werden, verhält sich der Mensch in der Fabrik der

---

58 Horn 2019, S. 275.
59 UB II, HL 6, KSA 1, S. 294.
60 Aber dabei ist die Tatsache zu betonen, dass Nietzsche keinen Progressismus vertritt.
61 UB II, HL 7, KSA 1, S. 298.

Wissenschaft nicht anders als ein Sklave, der nicht reif werden kann und auch sich selbst verliert.

Außerdem ist in diesem Zusammenhang zu erwähnen, dass Nietzsche eine Vögel-Metapher verwendet hat. „Man blendet einige Vögel, damit sie schöner singen: ich glaube nicht, dass die jetzigen Menschen schöner singen, als ihre Grossväter, aber das weiss ich, dass man sie zeitig blendet."[62] Das die Menschen blendende Mittel ist das Licht der Wissenschaft und der Aufklärung, das allzu hell, allzu plötzlich und allzu wechselnd ist. Denn „Deutlichkeit ist die richtige Vertheilung von Licht u. Schatten", wie Nietzsche den Satz Hamanns in seiner Vorlesung zustimmend zitiert hat.[63] Deswegen entstehen nur in wissenschaftlichem Licht keine harmonischen Naturen und Genies, die unter den mittelmäßigen Menschen schon ganz überflüssig geworden sind.

Allein das Ziel des Anspruches, dass die Wissenschaften nur durch eine erhöhte Praxis auf die Menschen Einfluss ausüben sollen, kann das Reifwerden des Menschen bewirken. Worum es beim Reifwerden geht, ist die Entstehung des Genius in der Zeit und unter den Völkern. Die Gelehrten-Generationen als Diener der Wissenschaft haben nach Nietzsche deshalb keine bessere und aussichtsvollere Zukunft zu erwarten, weil sie bloß den populären Bedürfnissen gehorchen. Deshalb verurteilt er sie als demagogischen Pöbel gegenüber den edlen Genies. In ihren Händen kann kein hoffnungsvoller Aufgang der Zukunft gewährleistet werden, sondern nur ein frustrierender Untergang.

Aus der Hoffnungslosigkeit resultiert „eine Art von ironischem Selbstbewusstsein". Einerseits glaubt der moderne Mensch, dass er, vom Alter der Menschheit aus gesehen, Epigone und Spätling ist; andererseits kommt es ihm zum Bewusstsein, dass er als Überlegener mit seiner größer und höher entwickelten historischen Bildung die Vergangenheit richten kann. Nietzsche verwirft diese Bestimmung als die vierte Gefahr, „Zöglinge des sinkenden Alterthums zu sein".[64] Er ruft vielmehr die Deutschen dazu auf, nach einem höheren und ferneren Ziel der Kultur zu streben, das weder im Christentum noch in der alexandrinischen Welt, sondern in den Vorbildern der Vorsokratiker besteht. Dabei ist eine im Wesentlichen unhistorische, aber reichere und lebensvollere Bildung zu finden. Nietzsche zufolge soll die Historie ein Reizmittel für den Lebenden der Gegenwart zum Handeln sein, der zum Genius werden will und soll.

---

62 UB II, HL 7, KSA 1, S. 299.
63 Vgl. Nietzsches Vorlesungsaufzeichnung im Sommersemester 1874, ‹Darstellung der antiken Rhetorik›, KGW II 4, S. 437. Zur Lichtmetaphorik bei Nietzsche vgl. Bertino 2015.
64 UB II, HL 8, KSA 1, S. 302; S. 306. Schulin 2005 stellt aber fest, „daß man sich 1874 wissenschaftlich und politisch noch nicht ‚epigonal' fühlte, weder als Historiker noch als Bildungsbürger" (S. 53). Nietzsches hatte „kaum eigene Einblicke in die Geschichtswissenschaft an den Universitäten, und was er in Basel als historische Lehre erfuhr, also von Jacob Burckhardt, entsprach durchaus nicht seinen Befürchtungen" (S. 34).

In dieser Hinsicht kritisiert Nietzsche die hegelische Philosophie dahin gehend, dass sie den Epigonen zu dem wahren Sinn und Zweck der Geschichte verklärt:

> Eine solche Betrachtungsart hat die Deutschen daran gewöhnt, vom „Weltprozess" zu reden und die eigene Zeit als das nothwendige Resultat dieses Weltprozesses zu rechtfertigen; eine solche Betrachtungsart hat die Geschichte an Stelle der anderen geistigen Mächte, Kunst und Religion, als einzig souverän gesetzt, insofern sie „der sich selbst realisirende Begriff", insofern sie „die Dialektik der Völkergeister" und das „Weltgericht" ist.[65]

Vollendet sich der Weltprozess bei Hegel, so sind alle danach entstehenden Dinge überflüssig. Statt Hoffnung auf die Zukunft bleibt lediglich Resignation übrig, die dazu führt, dass man nicht mehr zu handeln und zu schaffen vermag. Unter dem Sieg des Logischen und der Idee ist das Leben verkümmert. Trotz der Tatsache als Epigone des Weltprozesses soll man vorschauend nach dem Motto „So soll es sein" handeln, nicht rückblickend nach der Historie ohne Gerechtigkeit „Es ist einmal so" oder „So ist es". An dieser Stelle räumt Nietzsche der Moral vor der Historie den Vorrang ein, der sich doch in seiner späten Moralkritik wieder umgekehrt hat.[66]

Das Epigonen-Bewusstsein ist letztlich in den Cynismus als die fünfte Gefahr übergegangen. Dass man als Spätling der Geschichte selbst glaubt, hoch und stolz auf der Pyramide des Weltprozesses zu stehen, ist Nietzsche zufolge bereits eine Ironie in Bezug auf sich selbst. Man ist cynisch geworden, indem man mit vollem Stolz den Gang der Geschichte rechtfertigt, wenn man die Ironie nicht aushalten kann. Der cynische Kanon lautet: „[G]erade so musste es kommen, wie es gerade jetzt geht, so und nicht anders musste der Mensch werden wie jetzt die Menschen sind, gegen dieses Muss darf sich keiner auflehnen."[67] Damit beginnt Nietzsches Kritik an Eduard von Hartmann als Cyniker, der alles für die Erben des Weltprozesses erachtet und sich einem zeitgemäßen und unbedenklichen Leben unterstellt.

Als philosophische Parodie verspottet er noch Hartmanns unbewusste Philosophie, die das hegelsche logische Prinzip mit dem schopenhauerischen Willen vereinigen will.[68] Doch soll der Weltprozess nicht von dem Willen, sondern von der absolut vernünftigen Idee abhängen. So scheint er für Nietzsche eher ein Schelm und Schalk zu sein, der als Schüler von seinem Lehrer Schopenhauer abgewichen ist.[69]

---

65 UB II, HL 8, KSA 1, S. 308.
66 Vgl. dazu Brobjer 2004, S. 318–319.
67 UB II, HL 9, KSA 1, S. 312.
68 Zu Hartmanns Philosophie vgl. Wolf 2012. Zu Hartmanns Einfluss auf Nietzsche vgl. Jensen 2012.
69 Vgl. Jensen 2006, S. 49: „By portraying Hartmann as a Schelm and a Schalk – as a mischievous but clever child who put a trick past his parents' eyes – Nietzsche tried to make it seem as though Hartmann knew Schopenhauer well enough to be able to write an extended parody that would fool some into thinking his own interpretation was serious." Nach Jensen ist das Zitat der letzte der drei Gründe dafür, dass Nietzsche Hartmann als Parodisten verspottet. Der erste ist es, dass er wahrscheinlich weiß, dass Hartmann durch sein anonym erschienenes Buch *Das Unbewusste vom Standpunkt der Physiologie und Descendenztheorie* seine Philosophie des Unbewussten eher lobt als kritisiert. Deswegen sei hier eine Ironie gegen sich selbst zu verzeichnen. Der zweite Grund lautet: „For

Obwohl Nietzsche später seine zweite *Unzeitgemäße Betrachtung* kaum erwähnt und nicht hoch eingeschätzt hat,[70] bleibt Hartmann deshalb sein starker Gegner, weil die unbewusste Philosophie die große Gefahr des Nihilismus heraufbeschwört.

Nietzsches Kritik geht davon aus, dass Hartmanns Behauptung „die volle Hingabe der Persönlichkeit an den Weltprozess" „als die individuelle Willensverneinung"[71] zum Pessimismus und Nichts führen würde. Mit dem Verschwinden der Persönlichkeit wird das Individuum bedeutungslos und verhält sich der Mensch lediglich mittelmäßig.

> Er hat nichts zu thun als fortzuleben, wie er gelebt hat, fortzulieben, was er gliebt hat, fortzuhassen, was er gehasst hat und die Zeitungen fortzulesen, die er gelesen hat, für ihn giebt es nur Eine Sünde – anders zu leben als er gelebt hat.[72]

Dabei verliert sich die Möglichkeit der vorbildlichen und exemplarischen Lebensformen. Auch die Genies sind daher überflüssig und unnötig, weil die gemeinen und niedrigen Menschen Nietzsche zufolge keiner Genies mehr bedürfen. Hier zeigt sich bei ihm der scharfe Gegensatz zwischen Genies und Massen, sodass die Geschichte nicht vom Standpunkt der Massen aus, sondern der Genies aus geschrieben werden soll. Deshalb wendet er sich in aller Schärfe „gegen die Ausschweifung des historischen Sinnes, gegen die übermässige Lust am Prozess auf Unkosten des Seins und Lebens" der zukünftigen Genialen-Republik. Die Aufgabe der Geschichte sei darauf ausgerichtet, zwischen den Genies zu vermitteln und „immer wieder zur Erzeugung des Grossen Anlass zu geben und Kräfte zu verleihen".[73]

Die Massen verwirft Nietzsche hingegen heftig und schonungslos als „lärmendes Gezwerge", die „niederen Lehm- und Thonschichten Gesellschaft". Sie sind für ihn fast Taugenichtse:

> Die Massen scheinen mir nur in dreierlei Hinsicht einen Blick zu verdienen: einmal als verschwimmende Copien der grossen Männer, auf schlechtem Papier und mit abgenutzten Platten hergestellt, sodann als Widerstand gegen die Grossen und endlich als Werkzeuge der Grossen; im Uebrigen hole sie der Teufel und die Statistik![74]

Es liegt auf der Hand, dass Nietzsches Unterscheidung der Genies von den Massen nicht metaphysisch, sondern moralisch und kulturell begründet ist. Diese antidemokratische Haltung macht ihn offenkundig antiaufklärerisch. Mit der Kritik an den

---

indeed, it is somewhat ironic that Hartmann, author of Philosophy of the Unconscious, failed to at least try to sense the unconscious underpinnings that guided his own actions as a psychologist and as a historian." (S. 47)
70 Zu den Gründen vgl. Salaquarda 1984, S. 3–5.
71 UB II, HL 9, KSA 1, S. 312; Nachlass 1869/70, KSA 7, 3[5], S. 59.
72 UB II, HL 9, KSA 1, S. 315–316.
73 UB II, HL 9, KSA 1, S. 318–319; S. 317.
74 UB II, HL 9, KSA 1, S. 320.

Massen will er eine aristokratische Kultur hervorbringen, die von den Genies ausgebildet wird und die Massen aus dieser Genies-Republik ausschließen soll.[75]

Nietzsche vergleicht zudem den Genius als Qualität mit den Massen als Quantität. Die Massen erreichen leicht Erfolg, mit dem sie sich doch nicht als groß verdienen sollen. Die Großen seien nicht vom Erfolg abhängig, sondern stehen unter den Kriterien der Vorbilder, die von Nietzsche anerkannt worden sind. In Bezug auf den weltlichen Erfolg warnt er vor der Gefahr, dass der kluge praktische Egoismus die Geschichte beherrsche. Der egoistische Mensch verliert den unendlichen Horizont, verträgt sich mit allen Tatsachen, versteht nur, „den eigenen Vortheil oder den seiner Partei im fremden Vortheil und Nachtheil zu suchen"[76], und wird auch schamlos.[77]

Mit der Schamlosigkeit kehrt der praktische Egoismus wieder zum Cynismus in der Lebensform zurück. Der Cyniker – hier im modernen Sinne – ist illusionslos, wie Rameaus Neffe. Der lebensfeindliche Cynismus macht durch seine Bejahung der elenden Gegenwart die konkrete individuelle Sinngebung unmöglich.[78]

Zudem ist durch Hartmann eine „Illustration des Zynismus"[79] zu charakterisieren, die auch in Bezug auf die Ironie gilt. Hartmann präsentiert nicht bloß eine unbewusste Philosophie, sondern auch eine unbewusste Ironie als die Ironie gegen sich selbst. Im Jahr 1873 schrieb Nietzsche: „Hartmann und Heine sind unbewusste Ironiker, Schalke gegen sich selbst: Kant leugnet zwar, dass jemand sich selbst belügen

---

75 Vgl. zur aristokratischen Kultur bei Nietzsche Lemm 2008. Lemm weist treffend darauf hin, dass die aristokratische Kultur befreiend ist. Aber sie hat wohl das oben zitierte Wort über die Massen übersehen, dass den Genies die Massen gegenüberstehen. Ihrer Interpretation nach steht nur dem Genialen des einzelnen Individuums die Massenkultur gegenüber, d. h., es gebe keinen scharfen Gegensatz zwischen Genies und Massen: „Die Aufgabe der Kultur und der Erziehung ist es, [...] den Menschen in die Freiheit zu setzen, sein individuelles Genie zu kultivieren. Die Herausforderung für die Kultur ist es, Lebensformen zu entwickeln, [...] im Gegensatz zu den Lebensformen der modernen Massenkultur, die das Genie jedes Einzelnen zu erdrücken suchen." (S. 369)
76 UB II, HL 9, KSA 1, S. 323.
77 In dieser Hinsicht erwähnt Nietzsche in seiner Aufzeichnung: „Cynismus die Hinrichtung erfrischt" (Nachlass 1876, KSA 8, 21[42], S. 373).
78 Vgl. dazu Gerratana 1988, S. 424: „Die Degeneration des Selbstverständnisses der modernen Menschen, die dieser Glaube nach sich zieht, wird von Nietzsche mit den Begriffen von ‚Ironie' und ‚Cynismus' beschrieben: die ‚ironische' Unsicherheit, die ‚trübe Ahnung seines Unrechtes' (HL 8, S. 303) schlägt in die ‚cynische' Bejahung der elenden Gegenwart ‚als des wahren Sinnes und Zwecks alles früher Geschehenen' (S. 308) um. Die Hypostasierung der als ein ideologisch orientiertes Ganzes gedachten Geschichte ist nun gerade das charakteristische Produkt der ‚cynischen' Haltung; diese Hypostasierung ist an sich lebensfeindlich, denn sie macht die konkrete individuelle Sinngebung unmöglich."
79 Salaquarda 1984, S. 41: „Er [Nietzsche] benutzt ihn [Hartmann] zur Illustration des Zynismus, den er als einen verfehlten Ausweg aus der Verzweiflung des Epigonenbewußtseins auffaßt." Aus dieser Verwendung betont Salaquarda drei Punkte, die Nietzsche zur Kritik an Hartmann veranlassen: a) der Ideologieverdacht, b) die Person als „Vergrößerungsglas", c) der Zusammenhang von Form und Inhalt. (S. 41–43)

könne."⁸⁰ In dieser Hinsicht stehen Hartmann und Heine als zwei Gegenpole zu Schopenhauer und Goethe⁸¹ zusammen unter der Kritik von Nietzsche, der aber im Gegenteil die Ironie bewusst benutzt. In seiner späten Zeit verschiebt sich Nietzsches Haltung zum Cynismus und zu Heine einigermaßen ins Positive, während seine Kritik zu Hartmann stets vehement bleibt. In *Jenseits von Gut und Böse* wirft er Hartmann vor, ein Amalgamist⁸² zu sein. Einige Zeit später vermerkt er:

> Niemand ist so unbillig, es den Deutschen zuzurechnen, wenn geschwätzige Nullen, wie der Unbewußte, Herr E. von Hartmann, oder ein gift- und gallsüchtiges Gesindel, wie der Berliner Antisemit Herr E. Dühring, das Wort Philosoph mißbrauchen – der letztere findet keinen anständigen Menschen unter seinem Anhang, der erstere keinen anständigen „Verstand".⁸³

In *Ecce homo* bezeichnet Nietzsche hingegen Heine als sein Vorbild und stellt sich mit ihm im Schreibstil gleich.⁸⁴ Im Gegensatz zu seiner späten Hochschätzung, dass Heine ebenso wie er bewusst und souverän beherrschend Ironie benutzt,⁸⁵ betrachtet er ihn am Anfang vor allem als ein Verfallsymptom gleich dem Cyniker. Die Zerstörung des Gefühls „für einheitliche Farbe des Stils", die „Hans Wurst Jacke", das bunteste „Farbenwechsel", das Durcheinanderwerfen aller Stilarten und „das Schimmern der elektrischen Farbenspiele, die die Augen fürchterlich angreifen", erinnern bei Heine als „Farceur"⁸⁶ leicht an die Buntscheckigkeit der cynischen Schriftsteller.⁸⁷

---

80 Nachlass 1873, KSA 7, 29[67], S. 659.
81 Vgl. Nachlass 1873, KSA 7, 29[65], S. 657–658: „Wir empfinden mit Abstraction, sagt Grillparzer. Wir wissen kaum mehr, wie sich die Empfindung bei unsern Zeitgenossen äussert; wir lassen sie Sprünge machen, wie man sie heut zu Tage nicht mehr macht. Shakespeare hat uns Neueren alle verdorben. – Wer wird an die Wahrheit der Empfindung eines Heine glauben! Etwa so wenig ich an die eines E. von Hartmann glaube. Aber sie reproduciren mit einem ironischen Hang, in der Manier grosser Dichter und grosser Philosophen: wobei sie im Grunde eine satirische Richtung haben und ihre Zeitgenossen verspotten, die sich gerne etwas vorlügen lassen, in Philosophie und Lyrik, und daher mit ihren neugierigen Brillenaugen ernsthaftzusehen, um sofort die historische Rubrik zu finden, wo diese neuen Genie's ihren Platz haben: Goethe und Heine, Schopenhauer und Hartmann! Es lebe der feine ‚historische' Sinn der Deutschen!"
82 JGB 204, KSA 5, S. 131.
83 Nachlass 1888, KSA 13, 19[10], S. 546.
84 Vgl. EH, Warum ich so klug bin 4, KSA 6, S. 286: „Den höchsten Begriff vom Lyriker hat mir Heinrich Heine gegeben. Ich suche umsonst in allen Reichen der Jahrtausende nach einer gleich süssen und leidenschaftlichen Musik. Er besass jene göttliche Bosheit, ohne die ich mir das Vollkommne nicht zu denken vermag, – ich schätze den Werth von Menschen, von Rassen danach ab, wie nothwendig sie den Gott nicht abgetrennt vom Satyr zu verstehen wissen. – Und wie er das Deutsche handhabt! Man wird einmal sagen, dass Heine und ich bei weitem die ersten Artisten der deutschen Sprache gewesen sind – in einer unausrechenbaren Entfernung von Allem, was blosse Deutsche mit ihr gemacht haben."
85 Vgl. Salaquarda 1984, S. 44.
86 Nachlass 1873, KSA 7, 27[29], S. 595.
87 Außerdem stimmt Nietzsche mit Heine im Hinblick auf die politischen und gesellschaftlichen Werten nicht überein. Heine ist ein Fürsprecher der Sozialdemokratie, für die Nietzsche allerdings

Zurückgekehrt zur Gefahr der Übersättigung der Historie, kann der epigonenhafte Stolz aus der unbewussten Ironie über sich selbst als ein neuer Zug des modernen Cynismus qualifiziert werden, der von Nietzsche besonders hervorgehoben wird. Dieser Cynismus stammt aus der Seite der Massen, die im modernen wissenschaftlichen Bewusstsein keine Illusionen haben wollen, was die Geburt des Genius verhindert. Denn nur durch die Illusion können das Unhistorische und Überhistorische entstehen, das Leben von der historischen Krankheit befreit werden und endlich eine neue gesunde Kultur entstehen. Das Unhistorische besteht darin, „die Kunst und Kraft vergessen zu können und sich in einen begrenzten Horizont einzuschliessen", und das Überhistorische darin, „die Mächte, die den Blick von dem Werden ablenken, hin zu dem, was dem Dasein den Charakter des Ewigen und Gleichbedeutenden giebt, zu Kunst und Religion" zu lenken.[88] Aufgrund des Vorrangs des Unwissenschaftlichen vor der Wissenschaft hat die Religion noch eine positive Bedeutung für das Leben, auch wenn Nietzsche das Christentum immer wieder angegriffen hat.

Im Hinblick auf den Gegensatz zwischen Genies und Massen ist Nietzsches Betrachtung vom Nutzen und Nachteil der Historie, die in drei Arten, nämlich die monumentalische, antiquarische und kritische, unterteilt ist, leichter zu verstehen. Die monumentalische Historie gehört dem Tätigen und Strebenden, die antiquarische dem Bewahrenden und Verehrenden, die kritische dem Leidenden und der der Befreiung Bedürftigen. Die monumentalische Historie z. B., von der Motivation aus gesehen, gewährt dem Tätigen und dem Strebenden ausschließlich deshalb einen Vorteil, weil sie keine Verhinderung, sondern Aufmunterung zur Verfügung stellt. Doch geht Nietzsches Erwägen von Nutzen und Nachteil von den Ergebnissen des Tätigen und Strebenden aus, d. h., dass er die gute Beschäftigung von der bösen unterscheidet. Darin besteht eben das Problem, denn der Tätige und Strebende hat seine Beschäftigung noch nicht vollendet. Das Ergebnis, sei es gut oder schlimm, hat mit der monumentalischen Haltung zur Historie nichts zu tun. Die Historie dient hier lediglich als Reizmittel für denjenigen, der sich eben zu einem Ziel hin bewegt und es noch nicht erreicht hat. Im Hinblick auf die Kraftstärkung oder Machtsteigerung hat sie nichts anderes als einen Vorteil. Sie ist bloß ein Mittel für alle Menschen und es ist nicht ihre Sache, wer sie auf welche Weise zu welchem Ziel gebraucht. Für diejenigen, die eine böse Tat ausgeführt haben, und für diejenigen, die gute Tat vollgebracht haben, soll die Historie gleicherweise einen Vorteil verschaffen, weil sie beide ermuntert hat. Nietzsches Betrachtung scheint in dieser Hinsicht widersprüchlich zu sein: Er hat vorher die Unterscheidung von Starken und Schwachen getroffen, die sich aber nachher durch die Tat der Menschen offenbaren kann.

---

keine Sympathie hegt. Ob Heine wegen seiner jüdischen Herkunft von Nietzsche verachtet und später gelobt wird, ist nicht nachzuweisen.
88 UB II, HL 10, KSA 1, S. 330.

Aber wird HL von hinten nach vorne gelesen, wie das Buch vom Schlusskapitel aus ausgedacht worden ist,[89] dann steht der Widerspruch außer Frage. Aus der moralischen Unterscheidung zwischen Genies und Massen heraus soll die monumentalische Historie einen Vorteil allein dadurch haben, dass sie dem Leben des Genies dient, nicht dem Leben aller Menschen. Wenn sie dem Leben der Massen oder der Niedrigen dient, dann hat sie für Nietzsche bloß einen Nachteil. Zwar schließt der Tätige und Strebende sowohl die Genies als auch die Massen ein, aber sie sind gegensätzlicher Meinung beim Urteilen über Vorteil und Nachteil ihrer eigenen Beschäftigungen. Der Vorteil gehört nur den Genies, während der Nachteil nur den Massen zuzuordnen ist. Ohne die Unterscheidung zwischen Genies und Massen unter den Tätigen und Strebenden kann vom Nachteil der monumentalischen Historie überhaupt nicht gesprochen werden.

Fest steht, dass Nietzsches Kritik am modernen Zynismus vom Gesichtspunkt des Genies ausgeht. Ist Genius eine vollkommene Art Mensch, die sich selbst als Exemplar hervorgebracht hat, dann könnte in dem Zusammenhang vom Perfektionismus[90] die Rede sein. Es ist doch nicht zu übersehen, dass die Genies bei Nietzsche zur Minderheit gehören und die Massen dagegen als wert- und würdelos eingestuft werden. Wenn alle Menschen die Möglichkeit haben, „sich an einem bestimmten Ideal von Vollkommenheit auszurichten und sich an ihm anzunähern"[91], endlich ein Genie zu werden, dann sollte keine moralische Unterscheidung zwischen Genies

---

89 Vgl. Salaquarda 1984, S. 16.
90 Nach Horn 2003b gibt es vier Arten von Perfektionismus als politischer Vollkommenheitsidee: „Gemeint sein kann *erstens* die Förderung eines perfekten sozialen Zustands [...]; *zweitens* die Herstellung einer vollkommenen Herrschaftsform [...]; *drittens* eine Perfektionierung der menschlichen Gattungsidentität [...] und schließlich *viertens* die Förderung und Vervollkommnung der Bürger als Individuen – richtiger: bestimmter Charaktereigenschaften und Persönlichkeitsmerkmale individueller Staatsbürger." (S. 20) Dabei zählt Horn Nietzsches Perfektionismus zu der dritten Art. In der Debatte über Nietzsches Perfektionismus betont Rawls Nietzsches politischen und antiegalitären Perfektionismus und Cavell dagegen den moralischen und demokratischen. Vgl. dazu Lemm 2007b. Lemm versucht, aufgrund der demokratischen Politik einen „nonperfectionist" in Nietzsches Kulturphilosophie zu erkennen (S. 6). Conant 2000 vertritt den demokratischen Zug in Nietzsches Perfektionismus im Anschluss an Cavell. Aber Hurka 2007, S. 19–20, kritisiert Conant dahin gehend, dass dessen Ablehnung des antiegalitären Perfektionismus Nietzsches nicht korrekt ist. Hurkas Behauptung, dass Nietzsches „positive moral views" (S. 9) eine ethische Theorie des Perfektionismus sein kann, widerspricht Nietzsches Haltung zur Moral. Vgl. zur Kritik an Hurka Rutherford 2018. Vgl. zur Zusammenfassung der Debatte Church 2015: „Rawls and Hurka are right to claim that Nietzsche's perfectionism is aristocratic but wrong to claim that this aristocratism is political in nature – rather, Nietzsche defends an aristocracy of culture. Cavell and Conant insightfully grasp the strain of egalitarianism in Nietzsche's thought, namely, that all individuals are by nature capable of perfection or human excellence. However, they misunderstand the character of this perfection for Nietzsche. It is not that we should perfect our own higher self but rather that we should live an excellent human life simply – the life of a great artist, saint, or philosopher such as Rousseau, Goethe, or Schopenhauer – and for Nietzsche, the achievement of such an excellent human life is exceedingly rare. " (S. 248–249)
91 Horn 2019, S. 24.

und Massen vorgenommen werden. Denn die Massen können als die kommende, aber noch nicht vollkommene Art des Genies charakterisiert werden. Aber für Nietzsche scheinen sie eine verschlechterte und verdorbene Art der Menschen zu sein. Offenkundig erkennt er nicht die Perfektionierung aller Menschen an. Das Faktum, dass die Menschen sich einerseits wie die Genies perfekt machen und andererseits wie die modernen Zyniker verfallen können, weist keineswegs auf einen demokratisch egalitären Perfektionismus bei Nietzsche hin. Aus seinem Aufruf zu kulturellen Genies ist insofern nur eine solche Art Perfektionismus abzuleiten, die ausschließlich für die elitäre Minderheit gilt.

2.3 Das kritische Tier: Die cynische Kultur im Kontext der Stoa und des Epikureers

Am Anfang seiner zweiten *Unzeitgemäßen Betrachtung* verwendet Nietzsche eine Tiermetapher, um die Bedeutsamkeit des Vergessens für das Leben zu erklären.[92] Der Menschen kann das Vergessen nicht entbehren, das dem Gedächtnis gleichwertig ist, so wie auch das dem Licht gleichwertige Dunkel und der dem Wachzustand gleichwertige Schlaf zum Leben dazugehören; ohne Vergessen wird er mit allen Vergangenheiten belastet und verliert dadurch die Kraft, zu handeln und zu schaffen; im metaphysischen Sinne steht er ohne Vergessen stets im Werden, kann sich an nichts festhalten und glaubt nicht mehr an sein eigenes Sein; er soll nicht immer mit dem Gedächtnis der Vergangenheit verhaftet sein, sondern sich durch das Vergessen von dem schweren unerträglichen Gedächtnis befreien; sonst könnte er unter der Last der Vergangenheit zusammenbrechen und zerbrechen. Daraus schließt Nietzsche, dass der Mensch, das Volk und die Kultur nicht bloß des Historischen, sondern auch des Unhistorischen für die Gesundheit des Lebens bedürfen.[93]

Verglichen mit dem Menschen, befindet sich das vergessende Tier Nietzsche zufolge immer im Glück.[94] Denn es verfügt über kein Gedächtnis und weiß nicht, „was Gestern, was Heute ist, springt umher, frisst, ruht, verdaut, springt wieder, und so vom Morgen bis zur Nacht und von Tage zu Tage, kurz angebunden mit ihrer Lust und Unlust, nämlich an den Pflock des Augenblickes und deshalb weder schwermüthig noch überdrüssig." Es vergisst sofort, was gerade geschehen ist, hat kein

---

92 Bourquin 2009 zeigt, „dass die lebensphilosophische Neuorganisation des Geschichtsfeldes, die Nietzsches Historienschrift in die Wege leitet, sich ihrem Kern nach im Rückgriff auf die Rhetorik der antiken Mnemotechnik formiert" (S. 93).
93 Lemm 2007a meint, dass das Vergessen „the human animal's historicity" (S. 171) bildet, was mir nicht plausibel scheint. Das Tier hat insofern keine Historizität, als es nur Vergessen, aber kein Gedächtnis hat.
94 Mit Blick auf den Vergleich des Menschen mit Tier lässt sich sagen, dass das Tier als Natur des Menschen schon beim frühen Nietzsche in Erscheinung tritt. Vgl. Geisenhanslüke 1999, S. 127–128.

Zeitbewusstsein und lebt „beinahe innerhalb eines punktartigen Horizontes".[95] Ohne Zeitbewusstsein und damit ohne die Last der Vergangenheit kann das Tier das Glück genießen, ein Glück, das auch dem sogenannten glücklichen Tier nicht zum Bewusstsein kommen kann. Denn es weiß nicht, was Glück bedeutet und ob es in der Wirklichkeit Glück hat. Das Glück des Tiers wird von den Menschen, nicht vom Tier selbst erfunden, bewundert und erwünscht. Allein im Hinblick auf das Vergessen aller Vergangenheiten, vor allem aller vergangenen Unglücklichen scheint den Menschen das Tier stets glücklich zu sein.

Nicht so glücklich ist hingegen der Mensch, dessen Dasein „ein nie zu vollendendes Imperfectum", „nur ein ununterbrochenes Gewesensein" ist und „ein Ding, das davon lebt, sich selbst zu verneinen und zu verzehren, sich selbst zu widersprechen". Doch als Mensch ist der Cyniker, hier nämlich der Kyniker, eine Ausnahme, der immer Glück habe, denn ihm kommt es nicht auf das Vergessen aller Vergangenheiten an, sondern darauf, dass er sich selbst durch Haschen nach neuem Glück „im Leben festhält und zum Leben fortdrängt".[96] In dieser Hinsicht habe er mehr Recht als andere Philosophen.

> [D]enn, das Glück des Thieres, als des vollendeten Cynikers, ist der lebendige Beweis für das Recht des Cynismus. Das kleinste Glück, wenn es nur ununterbrochen da ist und glücklich macht, ist ohne Vergleich mehr Glück als das grösste, das nur als Episode, gleichsam als Laune, als toller Einfall, zwischen lauter Unlust, Begierde und Entbehren kommt. Bei dem kleinsten aber und bei dem grössten Glücke ist es immer Eines, wodurch Glück zum Glücke wird: das Vergessen-können oder, gelehrter ausgedrückt, das Vermögen, während seiner Dauer unhistorisch zu empfinden.[97]

„Das kleinste Glück" des Cynikers wird durch die Reduktion auf das animalische Leben als die unmittelbare Bedürfnisbefriedigung ermöglicht. So ist es Nietzsche zufolge leicht, ununterbrochen glücklich zu sein, obwohl das Glück klein ist. Bemerkenswert ist, dass Nietzsches Verständnis vom kynischen Glück nicht unproblematisch ist. Denn dieses ist kaum mit der unmittelbaren Bedürfnisbefriedigung, dem Empfindungsglück identisch. Es setzt dazu noch Askese, Einfachheit des Lebens, Armut, Autarkie und Tugend voraus. Als Mittel zum Glück bzw. zum gelingenden Leben ist die Tugend bei den Kynikern ausschlaggebend. Die kynische Ethik gehört außerdem wesentlich in den Kontext des antiken Eudämonismus als Lebenskunst.[98]

Aus der Bedürfnisbefriedung heraus stimmt Nietzsche den Cynikern zu, betont den Sinn des Vergessens für das Leben und kritisiert die Gefahren der Übersättigung der Historie. Offenbar steht die Glückslehre in der Zeit seiner *Unzeitgemäßen Betrachtungen* noch im Mittelpunkt. Deshalb verwirft er auf das Leben hin die Historie

---

[95] UB II, HL 1, KSA 1, S. 248; S. 252.
[96] UB II, HL 1, KSA 1, S. 249.
[97] UB II, HL 1, KSA 1, S. 249–250.
[98] Zum Begriff „Glück" und „Tugend" in der Antike vgl. Horn 2014, vor allem S. 61–146; Horn 2011b. Außerdem zum Überblick über den Begriff „Glück" im Allgemeinen vgl. Horn 2011c.

und Wissenschaft und setzt sich das Hervorbringen des Genius und die Rechtfertigung der Kunst zum Ziel. Auch aus dem eudämonistischen Grund ist ihm die Lüge nützlich und sogar notwendig für das Leben. So schrieb er in dieser Zeit: „Lüge aus Nothwehr, Nothlüge enthält einen eudämonologischen Charakter: sie sucht das Individuum zu retten."[99] Hingegen kommt es dann, wenn die Wahrheit ohne eudämonologischen Zweck ausgesprochen wird, zur Unlust, selbst zum Untergang des die Wahrheit Sagenden und derer, welche die Wahrheit blind übernehmen.[100]

In der 1873 entstandenen aber unveröffentlichten Schrift *Ueber Wahrheit und Lüge im aussermoralischen Sinne* hält Nietzsche die Wahrheit für „[e]in bewegliches Heer von Metaphern, Metonymien, Anthropomorphismen[,] kurz eine Summe von menschlichen Relationen, die, poetisch und rhetorisch gesteigert, übertragen, geschmückt wurden, und die nach langem Gebrauche einem Volke fest, canonisch und verbindlich dünken"[101]. Außerdem legt er im Hinblick auf das Glück Zeugnis vom Vorrang der Intuition vor der Abstraktion ab. Der intuitive Mensch, wie die antiken Griechen, bei denen die Kunst über das Leben herrscht, bringt aus der Überströmung der Lebenskraft „ein erhabenes Glück" zum Ausdruck, während „der von Begriffen und Abstractionen geleitete Mensch"[102] wegen des Mangels an Kraft nur das Übel, das Unglück des Lebens abwehrt. Je mehr Lebenskraft der Mensch in sich verspürt, desto heftigeres Leid kann er ertragen und desto mehr Glück haben. In der Abwehr des Übels leidet der schwache Mensch heftiger und öfter. Zu diesem Typ sollen nach Nietzsche die Stoiker gehören.

Die stoische Abwehr des Unglücks ist lediglich eine Reaktion, bei der noch nicht vom Glück im positiven Sinne zu reden ist. Von der Verwandtschaft der Stoa mit dem Kynismus aus gesehen, stimmt Nietzsche später mit dem Glücksstreben des Kynikers nicht so eindeutig wie in HL überein. Vielmehr ist sein Einverständnis für den Cynismus dabei bloß eine Argumentationsstrategie, um die Bedeutsamkeit des Unhistorischen für das Leben zu betonen. Aus der Art und Weise heraus, wie der Kyniker und das Tier das Glück bekommen haben, resultiert die Bedeutsamkeit des Vergessens für das Leben. Aber ob das Glück des Kynikers so fundamental ist, darauf will er keine positive Antwort geben. Denn in seiner Aufzeichnung von 1875 spottet er unverhohlen über den Cyniker: „Es ist sehr viel Carikatur auch bei den Grie-

---

[99] Nachlass 1873, KSA 7, 29[2], S. 621.
[100] Vgl. Nachlass 1873, KSA 7, 29[1], S. 621: „Die Wahrheit zu sagen ohne eudämonologischen Zweck; rein aus Pflicht. Dabei wird häufig die eigenthümliche Lust vergessen, die das Aussprechen der W‹ahrheit› mit sich bringt. Der reinste Fall der, in dem die Wahrheit eine viel größere Unlust mit sich führt, selbst den Untergang – und trotzdem wird die Wahrheit gesagt. Ein Staatsmann hat die Existenz eines Staates durch ein Wort in der Hand: er sagt die Wahrheit und zerstört den Staat. Rede Kant's an die Pflicht. Ein großer Mensch ist mehr werth als ein Reich, weil er heilsamer für alle Nachwelt ist. Sinn der großen That – große Thaten zu erzeugen."
[101] WL 1, KSA 1, S. 880. Auch der Terminus Metapher ist selbst eine Metapher. Vgl. Gabriel 2013b, S. 135: „Übertragen heißt auf altgriechisch *meta-pherein* (μεταφέρειν), woher ‚Metapher' kommt (man beachte, daß ‚Metapher' selbst eine Metapher ist)."
[102] WL 1, KSA 1, S. 889.

chen, z. B. die Sorge um's eigne Glück bei den Cynikern."[103] Auch die Vorarbeit für HL verdeutlicht, dass er mit dem Glück des Cynikers nicht übereinstimmt: „Wenn Glück das Ziel wäre, so stünden die Thiere am höchsten. Ihr Cynismus liegt im Vergessen: das ist der kürzeste Weg zum Glücke, wenn auch zu einem, das nicht viel werth ist."[104] Allein durch die Reduktion auf das animalische Leben und durch die unmittelbare Bedürfnisbefriedigung kann es nicht gelingen, auf den Weg zur großen Kultur als Republik der Genies zu kommen.

Der Aphorismus „Cyniker und Epikureer" in *Menschliches, Allzumenschliches* stellt den Kyniker, dessen Gestalt aus Schopenhauers Einschätzung stammt[105] und in die Nähe des Stoikers rückt[106], zwar mit dem Epikureer gleich: „Der Epikureer hat den selben Gesichtspunct wie der Cyniker; zwischen ihm und Jenem ist gewöhnlich nur ein Unterschied des Temperamentes."[107] Aber gerade das Temperament verdeutlicht ihre verschiedenen Haltungen zur Welt, beim Cyniker eine negative als eine niedrige Kultur, beim Epikureer dagegen eine positive als eine hohe Kultur. Denn der dem Epikureer unterlegene Cyniker, der „den Zusammenhang zwischen den vermehrten und stärken Schmerzen des höher cultivirten Menschen und der Fülle von Bedürfnissen" erkennt und „die Menge von Meinungen über das Schöne, Schickliche, Geziemende, Erfreuende" für die Quellen sowohl des Genusses als auch der Unlust hält, bildet sich zurück, „indem er viele dieser Meinungen aufgibt und sich gewissen Anforderungen der Cultur entzieht". Danach gewinnt er sein Freiheits- und Kräftigungsgefühl. Nach der Gewöhnung an das animalische Leben verspürt der Cyniker „seltenere und schwächere Unlustempfindungen, als die cultivirten Menschen". Doch ist er deshalb kein Tier, weil er noch ein kritisches Bewusstsein besitzt. Er empfindet alles im Reiz des Kontrastes und kann nach seiner Herzenslust schimpfen, wodurch er „wieder hoch über die Empfindungswelt des Thieres hinauskommt". Im Gegensatz dazu bringt der überlegene Epikureer eine höhere Kultur hervor, „um sich von den herrschenden Meinungen unabhängig zu machen". Er gerät weder in die Negation des Cynikers zur Umwelt noch zu sich selbst. Deshalb erhebt er sich sowohl hoch über die populären Meinungen als auch über den Cyniker. Der Epikureer steht unter der Obhut des Gartens: „Er wandelt gleichsam in windstillen, wohlgeschützten, halbdunkelen Gängen, während über ihm, im Winde, die Wipfel der Bäume brausen und ihm verrathen, wie heftig bewegt da draussen die Welt ist." Dagegen verzichtet der Cyniker beinahe auf alles, „geht gleichsam nackt draussen im Windeswehen umher und härtet sich bis zur Gefühllosigkeit ab".[108]

---

103 Nachlass 1875, KSA 8, 5[10], S. 42.
104 Nachlass 1873, KSA 7, 29[143], S. 694.
105 Vgl. Niehues-Pröbsting 1988, S. 321.
106 Vgl. Ebersbach 2001, S. 49: „Aus ähnlichen Gründen rückt er in einem Vergleich ‚Cyniker und Epikureer' den Cyniker in die Nähe des Stoikers und preist abermals die überlegene Haltung des Epikureers."
107 MA I 275, KSA 2, S. 227.
108 MA I 275, KSA 2, S. 226–227.

Das Leben des Cynikers Menedemus, von dem Nietzsche in seiner Quellenkritik des Laertius Diogenes berichtet, könnte noch einen Einblick in den Zusammenhang des Cynikers mit dem Epikureer vermitteln: „Er [Menedemus] ist ein Schüler des Lampsaceners Kolotes, den wir als Schüler und zwar directen Schüler des Epikurs kennen. Er gehört also zu denen, welche die heiteren Gärten Epikurs verliessen und eine Schwenkung zum Cynismus machen."[109] Unter dem obigen Kontrast zwischen Cyniker und Epikureer lässt sich die Schwenkung als eine Art des Verfalls begreifen. Im fünften Hauptstück von *Menschliches Allzumenschliches*, aus dem der Aphorismus über die Cyniker und Epikureer stammt, handelt es sich um „Anzeichen höherer und niederer Kultur". Bei der Unterscheidung lässt sich erkennen, dass für Nietzsche die Kultur des Cynikers niedriger als die des Epikureers ist. Er preist Epikur und die Kultur des Epikureers hoch, von seinen Gedanken aus gesehen,[110] um seine Philosophie mit einem elitären und aristokratischen Zug zu unterstreichen.[111] Epikur ist ihm zudem ein Vorbild der antiken Aufklärung[112], ein Freigeist und „einer der grössten Menschen, der Erfinder einer heroisch-idyllischen Art zu philosophiren"[113]. Als „[d]er Philosoph der Ueppigkeit"[114] hat er sich verewigt, „hat zu allen Zeiten gelebt und lebt noch"[115]. Im Gegensatz dazu ist der Cyniker der Philosoph der Dürftigkeit.

Daraus ist zu schlussfolgern, dass Nietzsche den Cynismus, im Gegensatz zum Epikureismus, als eine niedrige Kultur qualifiziert. Der mit Blick auf das Glück gelobte Cynismus und Cyniker dienen in MA vor allem als Argumentationshilfe, nicht als Ziel seiner Kritik, wie in *Die Geburt der Tragödie*. Trotz des Kontrasts mit dem Epikureer wird die kynische Unabhängigkeit von den beherrschenden Meinungen herausgearbeitet. Das Schimpfen „nach Herzenslust" ist zwar das, was den Cyniker vom Tier unterscheidet und seinen menschlichen Zug darstellt, aber es impliziert auch den cynischen Charakter „Parrhesie", den Nietzsche vorher in seinen Büchern noch nicht erwähnt hat.

---

[109] Beträge zur Quellenkunde und Kritik des Laertius Diogenes, KGW II 1, S. 237.
[110] Dieser Aphorismus wird aber auch als anonymes literarisches Denkmal für Albert Brenner angesehen, der als Schüler Nietzsches sehr jung verstorben ist. Vgl. Müller-Buck 1994.
[111] Vgl. Bornmann 1984, S. 182: „Daß Epikurs Lehre die Philosophie eines elitären, intellektuell-empfindsamen Menschentums ist, war ein aristokratischer Zug, der Nietzsche ansprach und den er auch – unbekümmert um das historisch Überlieferte von Epikur – gern betonte und ausbaute."
[112] Vgl. Ottmann 1985, S. 13–14.
[113] MA II, WS 295, KSA 2, S. 687.
[114] MA II, WS 192, KSA 2, S. 638.
[115] MA II, WS 227, KSA 2, S. 656.

2.4 Der Cynismus im Kontext von Arbeit und Sklaverei

Im Hinblick auf die Bescheidenheit und Würdelosigkeit des Cynikers degradiert Nietzsche in MA den modernen Arbeiter zu einem, der sogar unglücklicher als der Sklave sei:

> Sclaven und Arbeiter. – Dass wir mehr Werth auf Befriedigung der Eitelkeit, als auf alles übrige Wohlbefinden (Sicherheit, Unterkommen, Vergnügen aller Art) legen, zeigt sich in einem lächerlichen Grade daran, dass Jedermann (abgesehen von politischen Gründen) die Aufhebung der Sclaverei wünscht und es auf's Aergste verabscheut, Menschen in diese Lage zu bringen: während Jeder sich sagen muss, dass die Sclaven in allen Beziehungen sicherer und glücklicher leben, als der moderne Arbeiter, dass Sclavenarbeit sehr wenig Arbeit im Verhältniss zu der des „Arbeiters" ist. Man protestirt im Namen der „Menschenwürde": das ist aber, schlichter ausgedrückt, jene liebe Eitelkeit, welche das Nicht-gleich-gestellt-sein, das Oeffentlich-niedriger-geschätzt-werden, als das härteste Loos empfindet. – Der Cyniker denkt anders darüber, weil er die Ehre verachtet: – und so war Diogenes eine Zeitlang Sclave und Hauslehrer.[116]

Aber es ist ein Paradoxon, dass Nietzsche einerseits den Cyniker Diogenes als Sklave lobt und andererseits die modernen Arbeiter als Sklaven tadelt. Der moderne Mensch kann sich genauso wie der Kyniker aus Verachtung der Ehre für den Beruf als Arbeiter entscheiden. Außerdem ist es nicht ganz klar, wie Nietzsche meint, dass die antiken Sklaven tatsächlich glücklicher sind als die modernen Arbeiter; sie könnten sich sowohl Freiheit als auch Ehre und Befriedigung der Eitelkeit verschaffen wollen. Auch von der Tatsache, dass Diogenes als Sklave die Ehre verachtet, ist durchaus nicht abzuleiten, dass alle Sklaven Ehre verachten. Diogenes kann nicht den Standpunkt aller Sklaven vertreten.

Nietzsche sollte sich dabei der Lebenshaltung des Cynikers zur Kritik an der Bedeutsamkeit der Ehre bedienen wollen. Gegenüber dem modernen eitlen Menschen verachtet der Cyniker deshalb die Ehre, weil er keine Scham und Eitelkeit besitzt. Damit sinkt er weder in der Achtung der anderen Menschen im Verkehr mit ihnen noch in seiner eigenen Achtung. „Der Cynismus im Verkehre ist ein Anzeichen, dass der Mensch in der Einsamkeit sich selber als Hund behandelt."[117]

In diesem Zusammenhang betont Nietzsche die Scham-, Ehr- und Würdelosigkeit des Cynikers, um die „Menschenwürde"[118] und die „Würde der Arbeit" als Wahnvorstellung zu entlarven. Denn die Menschenwürde als eine Art Eitelkeit bei den modernen Menschen könne nicht unbedingt ein glücklicheres Leben als das der antiken Sklaven gewährleisten. Aus seinem Griechenverständnis heraus hält Nietzsche die Arbeit für etwas Schmähliches, weil sie als verzehrende Lebensnot nicht

---

116 MA I 457, KSA 2, S. 296.
117 MA II, VM 256, KSA 2, S. 490.
118 Die Menschenwürde gilt nicht nur als Selbstachtung, sondern auch als Grundlage moralischer Rechte. Insofern gibt es verletzbare und unverletzbare Würde des Menschen. Vgl. Horn 2011a.

würdevoll sei, wenn man lediglich elend weiter dahinvegetiert. Es sollte nicht wert und würdig sein, das Leben bloß zu erhalten und zu überleben. Als „[e]lendes Eintagsgeschlecht, des Zufalls Kinder und der Mühsal"[119] soll der Mensch kein passives Leben führen. „Nur die Arbeit, die vom willefreien Subjekt gethan wird, ist würdevoll."[120] Zu der Willefreiheit gehört die Arbeit der Kunsterzeugung, nämlich die Kulturarbeit, die sich als Schaffung des Menschen von der Lebensnot befreien soll.

Wenn der Mensch sich allein das Leben erhält, ist er Nietzsche zufolge nicht anders als ein Sklave, denn er hat keine innere Freiheit. Im weiteren Sinne soll auch derjenige, der keine höhere Tätigkeit kennt und bloß einen Beruf ausübt und damit „von seinem Tage nicht zwei Drittel für sich hat"[121], als Sklave angesehen werden, sei er nun Beamter, Gelehrter, Staatsmann oder Kaufmann. Nietzsche führt eine Art des seelischen Sklaven ein, der im Verhältnis zum antiken Sklaven zwar die körperliche Freiheit besitzt, aber nichts zu schaffen vermag. In dieser Hinsicht lässt sich formulieren, dass er keine Sklaverei akklamiert, sondern den Begriff als Metapher oder Provokation[122] in Bezug auf die moderne Arbeit verwendet. Aber er ist auch „**gegen die Aufhebung der Sklaverei**"[123]. Dabei steht die Sklaverei zweifelsohne nicht für eine Metapher, sondern für eine harte gesellschaftliche Realität zugunsten der künftigen Kultur.[124]

Obwohl sich Nietzsche in der Zeit von MA schon von Schopenhauer und Wagner abzuwenden begann, entwickelte sich sein Plädoyer für die Sklaverei inzwischen mit Konsequenz. Eigentlich wollte er der *Geburt der Tragödie* ein Kapitel zur Recht-

---

119 GT 3, KSA 1, S. 35.
120 Nachlass 1870/71, KSA 7, 7[16], S. 140.
121 MA I 283, KSA 2, S. 231–232.
122 Vgl. zur Sklaverei als provokantem Symbol Ottmann 1987, S. 295: „Aber man darf Nietzsche auch dort nicht glauben, vielleicht gerade dort nicht, wo er überdeutlich wird. Denn ‚Sklave' – das ist, wie schon früher, nicht wörtlich zu nehmen. ‚Sklave' war, wie alle provokanten Symbole Nietzsches, ein kritischer Begriff. Er besagte im Grunde wieder, daß der Mensch der modernen Gesellschaft nicht erst zum Sklaven gemacht werden müsse, sondern schon einer sei. [...] Lohn-Sklaverei war ‚Sklaverei', solange die Arbeit allein ein Geschäft und kein Dienst war." Ottmann sieht zudem „die Kulturnotwendigkeit der ‚Sklaverei'" bei Nietzsche als eine provokante Kritik an dem Sozialismus an. (S. 110) Ihm stimmt Christians 1997, der zwar auch die provokanten Züge der „Sklaverei" betont, aber darin nicht zu, dass man „Sklave" nicht wörtlich nehmen soll. Christians zufolge hält Nietzsche die Sklaverei für unabdingbar zu Gunsten der „großen Menschen" und ihrer Ausübung der Macht über andere.
123 Nachlass 1884/85, KSA 11, 32[20], S. 417. Vgl. dazu Schmidt 2016, S. 14: „Besonders erregte er [Nietzsche] sich über die Abschaffung der Sklaverei durch Lincoln in den Vereinigten Staaten 1865, wo es noch 4 Millionen schwarze Sklaven auf den großen Plantagen der Südstaaten gegeben hatte."
124 Sommer 2012a gibt eine treffende Einsicht in die „Sklaverei" bei Nietzsche: „Nietzsche evozierte die Sklaverei nicht irgendwie metaphorisch, sondern hatte eine harte ökonomisch-politische Realität vor Augen. Selbst wenn man Nietzsche eine explizite Präferenz für eine Sklavenhaltergesellschaft abspricht, blieb bei ihm doch bis ins Spätwerk hinein die Idee leitend, dass (große) Kultur auf einem Fundament der Grausamkeit ruhe." (S. 96)

fertigung der Sklaverei hinzufügen.¹²⁵ Aber darauf verzichtete er und nach einiger Modifikation des Fragments schickte er Ende 1872 einen Text mit dem Titel „Der griechische Staat" als die dritte der *Fünf Vorreden zu fünf ungeschriebenen Büchern* an Cosima Wagner, deren Mann Richard Wagner sich nun von Anarchismus hin zur Monarchie wendet. Nietzsche behauptet in dieser Vorrede nicht nur den Vorrang der Monarchie, sondern auch den der Aristokratie des Geistes gegenüber der Demokratie, obwohl er später der Ansicht ist, dass der freie Geist die Politik verweigern soll.¹²⁶

Die Hauptthese dieser Vorrede lautet, dass die Sklaverei zum Wesen einer Kultur gehört. Die Prämisse dafür ist der theoretische Pessimismus dahin gehend, dass das Dasein elend ist. Dieser Pessimismus lässt sich dadurch in den praktischen Optimismus verwandeln, dass das Leben durch die Beschäftigung mit der Kunst vom Urschmerz der Welt befreit werden kann. Damit gewinnt das Leben erst Würde und die „Würde der Arbeit" ist dagegen bloß eine Begriffs-Halluzination.¹²⁷

Aus seinem Griechenverständnis heraus stellt sich Nietzsche dem Christentum, Sozialismus, Liberalismus und Kommunismus entgegen,¹²⁸ deren Behauptung, dass das Leben an sich Würde und Wert hat, ein theoretischer Optimismus sei, der im Gegensatz zum theoretischen Pessimismus deshalb zu einem praktischen Pessimismus führt, weil der moderne Mensch wegen des Existenzkampfes kein Künstler sein kann. Dabei zeigt sich Nietzsches Antiökonomismus, dass der Mensch sich nicht als Produzent und Konsument verhalten soll. Es sei zudem gefährlicher, dass der um das Leben kämpfende „fünfte Stand"¹²⁹, nämlich der „Unschuldstand des Sklaven"¹³⁰, auch das Entstehen des Genius verhindern kann, wenn er zur Herrschaft kommt und bloß das Lebensglück der Massen vor Augen hat. Aus der Gesellschaft der Massen wird der für den modernen Menschen überflüssige Genius auf jeden Fall ausgeschlossen werden, was mit Nietzsches Kulturstaat als Ideal der Polis in Konfrontation steht.

---

125 Vgl. das in den ersten Wochen im Jahr 1871 geschriebene Fragment als ein erweitertes Kapitel der *Geburt der Tragödie*. (Nachlass 1871, KSA 7, 10[1], S. 333–349)
126 Vgl. MA I 438, KSA 2, S. 286: „Zuerst nämlich muss es Einigen mehr als je, erlaubt sein, sich der Politik zu enthalten und ein Wenig bei Seite zu treten: dazu treibt auch sie die Lust an der Selbstbestimmung, und auch ein kleiner Stolz mag damit verbunden sein, zu schweigen, wenn zu Viele oder überhaupt nur Viele reden." Nach Gerhardt 2011a beklagt Nietzsche dabei „mit Jacob Burckhardt den Substanzverlust der politischen Welt eines Jahrhunderts und reklamiert für den freien Geist das Recht, der Politik fernzubleiben" (S. 257).
127 GS, KSA 1, S. 765.
128 Trotz Nietzsches Kritik an Sozialismus darf er nicht als ein Vertreter des Kapitalismus, wie von Georg Lukács, angesehen werden. Vgl. zur Auseinandersetzung mit Lukács Nietzsche-Kritik im Hinblick auf Irrationalismus, Imperialismus, Faschismus, Antisozialismus und Kapitalismus Ottmann 1984.
129 GT, KSA 1, S. 78.
130 GS, KSA 1, S. 765.

Für Nietzsche ist es eine Lüge, ein Phantom, dass der Mensch wie ein Sklave bloß für seine unwürdige Existenz schuften muss und sich damit doch noch an die Würde des Menschen und der Arbeit glauben lässt. Der Mensch bekomme die eigentliche Würde nur insofern, als er „völlig über sich hinaus geht und nicht mehr im Dienste seines individuellen Weiterlebens zeugen und arbeiten muß"[131]. Damit unterscheidet er sich als Genius von den gemeinen Menschen. Hier kommt wieder die Unterscheidung der Minderzahl als Genius von der Mehrzahl als unwichtiger Masse vor. Die Minderzahl, die sich nicht durch mühevolle Arbeit um das eigene Überleben kümmert und das Leben mit der kreativen Schaffung bereichert, hat absoluten Vorrang vor der Mehrzahl.

> Damit es einen breiten tiefen und ergiebigen Erdboden für eine Kunstentwicklung gebe, muß die ungeheure Mehrzahl im Dienste einer Minderzahl, über das Maaß ihrer individuellen Bedürftigkeit hinaus, der Lebensnoth sklavisch unterworfen sein. Auf ihre Unkosten, durch ihre Mehrarbeit soll jene bevorzugte Klasse dem Existenzkampfe entrückt werden, um nun eine neue Welt des Bedürfnisses zu erzeugen und zu befriedigen.[132]

Es ist zu bemerken, dass Nietzsche die individuellen Genies in eine Klasse einordnet, die vor der Mehrheit bevorzugt und privilegiert wird. Aber die Frage, ob die Einzelnen, die gewissermaßen zur Mehrheit gehören, zugleich auch die Möglichkeit haben, zum Genius zu werden, lässt Nietzsche ungeklärt.

Im Hinblick auf die notwendige Sklaverei verwirft Nietzsche das Mitleiden der Kommunisten, Sozialisten und Liberalen insofern, als es „die Mauern der Kultur" einreißt. Weil der Natur und der Kultur die Grausamkeit und die böse Macht zugrunde liegen, würde der Trieb nach Gleichmaß des Leidens unter den Menschen das Kulturleben zerstören. Nietzsche setzt den Trieb nach absoluter Gerechtigkeit herab und beklagt sich über den Mangel an Sklaverei in der Moderne, der zum Untergang der Kultur führen könne. Und die Aufhebung der Sklaverei resultiere „nicht aus dem wahren und tiefen Erbarmen" mit dem Sklavenelend, sondern „aus der Verzärtelung des neueren Menschen".[133] Vielmehr strebt Nietzsche nach der Vermännlichung des Menschen, genauso wie die Griechen in der Tragödie, die vor der Lebensnot und dem Weltschmerz nicht zurückweichen wollen.

Um die Genese des Genius zu gewährleisten, muss der Staat „die chemische Scheidung der Gesellschaft" und den „pyramidalen Aufbau" fördern.[134] Allein im Dienst des Genius verwirklicht er seine Bestimmung.[135] Dabei dient die mitleidlose Gewalt als das Werkzeug, mit dem er die Schichten und Klassen der Gesellschaft un-

---

[131] GS, KSA 1, S. 766.
[132] GS, KSA 1, S. 767.
[133] GS, KSA 1, S. 769.
[134] GS, KSA 1, S. 769.
[135] Nach Ottmann 1987 ist Nietzsches Kulturstaat in GS „im 19. Jahrhundert eine rückwärtsgewandte Utopie" (S. 47). Im Hinblick auf den Staat als Diener der Kultur verdeutlicht er auch die Bedeutsamkeit der Sklaverei: „Dazu bedurfte er [der Staat] der Sklaven und Krieger, der Trennung

teilt. Es gehöre zu dem Menschlichen bei den Griechen und bei Nietzsche, dass die Gewalt das erste Recht verleiht. Durch die Gewalt des Staates verwandelt sich der Naturzustand *bellum omnium contra omnes* in den Gesellschaftsprozess, dessen Ziel lediglich darauf ausgerichtet ist, „die leuchtenden Blüthen des Genius hervorsprießen zu lassen". Dabei verdeutlicht es den engen Zusammenhang zwischen „Staat und Kunst, politischer Gier und künstlerischer Zeugung, Schlachtfeld und Kunstwerk".[136]

Aus dem griechischen Staat als seinem Vorbild heraus behauptet Nietzsche, dass die Massen dem Staat als Mittel dienen sollen und dann der Staat dem Genius als Mittel. Damit soll der Staat nicht als Schutzanstalt des Egoismus der Massen fungieren und dem Zweck der liberal-optimistischen Weltbetrachtung folgen. Die von Nietzsche verweigerte demokratische Weltanschauung hat ihre Wurzeln „in den Lehren der französischen Aufklärung und Revolution" und ihr Resultat in der modernen Geldwirtschaft, die den Verfall der Kunst verursacht. In dieser Geldtendenz sind „jene wahrhaft internationalen heimatlosen Geldeinsiedler zu erblicken" und gegen diese Tendenz ist „das einzige Gegenmittel der Krieg und wiederum der Krieg", mit dem die Staatstendenz in die richtige Bahn zu lenken ist.[137] Hier in seiner Staatsidee verbirgt Nietzsche offensichtlich nicht seinen Antisemitismus.[138] Unter den internationalen Geldeinsiedlern versteht er die Juden, die durch den Krieg überwunden werden sollen. Der Krieg sei für den Staat notwendig, wie der Sklave für die Gesellschaft. Obwohl Nietzsche später in CV 5, *Homers Wettkampf,* und auch in MA diesen physischen vernichtenden Krieg kritisiert und eine Umwandlung hin zum positiven Wettkampf als Agon fordert, verliert der Kampf dagegen in seiner späten Zeit auf keinen Fall den Zug der Grausamkeit.[139]

Das Fundament der pyramidenförmigen Gesellschaft bildet die allerbreiteste sklavenartige Unterschicht, die nur durch den Dienst des Genius ihre Würde erlangt, weil der absolute Mensch weder Würde noch Rechte noch Pflichten hat. Gegenüber

---

von Arbeitswelt und Kultur; dazu war er gerichtet gegen bürgerliche und sozialistische Ideale; deshalb krönten ihn Künstler und Genies." (S. 48–49)

136 GS, KSA 1, S. 772.
137 GS, KSA 1, S. 773–774.
138 Vgl. zu Wagner als Hintergrund von Nietzsches frühem Antisemitismus Niemeyer 1997.
139 Vgl. zur Umwandlung des Kampfs als Mittel der kathartischen Entladung zum Agon Pearson 2016. Nach Pearson „findet sich während der 1880er Jahre, als Nietzsche sich Robert Mayers Theorie der Entladung zuwandte, in Nietzsches Schriften eine Ontologie des Vernichtungskampfs, die mit seinem agonistischen Projekt voll vereinbar ist" (S. 3). Ruehl 2004 zeigt, es existiert eine wichtige Kontinuität zwischen Nietzsches politischen Gedanken in *Der griechische Staat* und denen in seinen späten Werken. „The glorification of war and the warrior ethos, the belief in the necessity of slavery for culture, and the notion of the creative genius as the product of a hierarchically structured society – these were ideas, first formulated in ‚The Greek State', that Nietzsche consistently upheld in his subsequent works." (S. 93) Im Unterschied zu Pearson, der Nietzsches Auffassung des Vernichtungskampfs unter dem Einfluss von Schopenhauers Metaphysik stehen sieht, weist Ruehl Nietzsches Orientierung eher an Burckhardt als an Wagner in *Der griechische Staat* nach.

dem Genius sind alle anderen nur Werkzeuge, Hilfsmittel und Ermöglichungen. In dieser Hinsicht sieht Nietzsche seine Ähnlichkeit mit Platon, der auch den Genius an die Spitze der Gesellschaft stellt. Doch beseitigt diese Verwandtschaft zwischen ihnen nicht ihre Divergenz. In Platons Staat gibt es nur den Genius der Weisheit und des Wissens,[140] aber der Genius der Kunst soll verbannt werden, während bei Nietzsche der Genius der Kunst und der Kultur die höchste Stellung in der Gesellschaft einnehmen soll.

In der Verachtung der Menschenwürde stimmt Nietzsche mit dem Cyniker überein, was eine positive Haltung des philosophischen Kulturkritikers zum Cynismus darstellt. Obwohl der Cyniker Diogenes eine Zeitlang Sklave war, ist sein Leben für Nietzsche glücklicher als das der modernen Arbeiter. Wie der Cyniker legt Nietzsche auch nur einen geringen Wert auf die Befriedigung der Eitelkeit und auf den materiellen Wohlstand.

---

140 Zum Überblick über den politischen Gedanken Platons vgl. Horn 2017a.

3 Nietzsches Bezugnahmen auf einzelne cynische Denker

3.1 Antisthenes: Königlichkeit als eine Vornehmheit

Nur einmal in seinen Aufzeichnungen in KSA während der Basler Zeit erwähnt Nietzsche den ersten Cyniker Antisthenes. Es ist ein Zitat aus dem *Leben* des Diogenes Laertius: „Antisthenes sagt: es ist königlich bei guten Handlungen böse Urtheile dulden."[1] Das Wort ist die Erwiderung von Antisthenes, als „er einst hörte, daß Platon sich absprechend über ihn äußerte"[2]. Worum es sich konkret handelt, hat Laertius nicht berichtet. Vermutlich steht diese Königlichkeit für eine Vornehmheit, die Nietzsche selbst anstreben will, die später auch ein wesentlicher hervorragender Charakterzug des Übermenschen und der Herrenmoral ist. Doch wozu dieser Satz zitiert wird, ist deshalb unklar, weil er separat ohne Kontext steht.

Wie Nietzsche in seiner Vorlesung „Encyclopaedie der klass. Philologie" im Sommersemester 1871 nachweist, dass Antisthenes als „Sokrates mainomenos" und andere Cyniker „praktische Consequenzen des Sokrates"[3] sind, stellt diese Anekdote auch die Hervorhebung der praktischen Philosophie bei Antisthenes dar. Der Gegensatz zwischen guten Handlungen und bösen Urteilen ist noch als ein scharfer Kontrast zwischen Antisthenes und Platon zu verstehen. Beide als Schüler des Sokrates vertreten in Wirklichkeit unterschiedliche Richtungen der Lehre des Meisters. Antisthenes führt ein praktisches tugendhaftes Leben, um das Glück zu erreichen,[4] während Platon bloß nach der Idee der Tugend und des Guten strebt. Der eine konzentriert sich mehr auf die eigenen Handlungen, während der andere großen Wert auf Urteile und Wissen legt. Nach Platon kann man durch Wissen zur Tugend gelangen und das Glück ist allein durch die seelische Anschauung der Idee des Guten erreichbar. Bei Antisthenes ist die Tugend dagegen völlig lehrbar:

> Adel und Tugend sind nicht nach Person getrennt. Die Tugend sei ausreichend zur Glückseligkeit und bedürfe außerdem nichts als die Sokratische Willenskraft. Die Tugend bestehe im Handeln und bedürfe weder vieler Worte noch Lehren. Der Weise sei sich selbst genug, denn alles, was andere hätten, habe er auch. Die Ruhmlosigkeit sei ein Gut und stehe auf gleicher Stufe mit der Mühsal. Der Weise werde sich in Sachen der Staatsverwaltung nicht nach den bestehenden Gesetzen richten, sondern nach dem Gesetze der Tugend.[5]

---

1 Nachlass 1872/73, KSA 7, 23[38], S. 556.
2 Diogenes Laertius VI 3, S. 280.
3 KGW II 3, S. 408.
4 Vgl. Diogenes Laertius VI 5, S. 281: „Auf die Frage, was das Beseligendste unter Menschen sei, sagte er: ‚Im Glück zu sterben.'"
5 Diogenes Laertius VI 11, S. 283.

https://doi.org/10.1515/9783110751413-004

Damit wird deutlich, was die königliche Vornehmheit und Tugend des Antisthenes sind. Nietzsche gibt zwar die königliche Natur Platons in seinem Philosophenbuch zu. Aber es ist eine Natur der Abgeschlossenheit und Allgenügsamkeit, die mit der des Antisthenes nicht auf der gleichen Stufe steht. Bei Platon fehlt noch die Vornehmheit, die aus dem reinen Wissen über die Welt und die Ideen nicht abgeleitet werden kann.

Noch bemerkenswerter ist Nietzsches Kommentar zu der Anekdote zwischen Antisthenes und Diogenes in seiner Vorlesung „Geschichte der griechischen Litteratur [sic] ‹III›" im Wintersemester 1875/76 über die Todesarten. Als Antisthenes beim Leiden an seiner Krankheit Diogenes fragte, wer ihn von seinen Qualen befreien könne, präsentierte dieser ihm einen Dolch, um durch Auslöschen seines Lebens ihn vom Leiden zu erlösen. Aber Antisthenes war mit der Lösung nicht zufrieden, „denn, wie es schien, war er wohl aus Liebe zum Leben duldsamer gegen die Krankheit"[6]. Dazu kommentiert Nietzsche:

> Eine ganz tiefsinnige Äußerung, dem Lebenstriebe selbst kann man mit einem Dolche nicht beikommen, er aber ist das eigentliche Leiden. Es ist ersichtlich, daß der Cyniker am Leben hängt, mehr als die andern Philosophen: „der kürzeste Weg zum Glück" ist so viel als „Lust am Leben an sich" u. volle Anspruchslosigkeit in Bezug auf alle andern Güter.[7]

Er weist hier auf die Quintessenz des Cynismus hin, dass das Leben den Vorrang vor allen anderen Sachen einnimmt. Im Hinblick auf die Betonung des Lebens stimmt er mit dem Cyniker überein. Doch bei ihm ist das Leben selbst ein Leid. Trotz der von Schopenhauer beeinflussten pessimistischen Haltung verweist er auf die Aufgabe, dass man durch die Kunsterzeugung die Schrecklichkeit der Welt überwinden und die Dunkelheit des Lebens erhellen soll. Hingegen verspürt der Cyniker Lust am Leben selbst und das Leben ist bei ihm kein Unheil. Für den Cyniker soll man das Leben zuerst erhalten und dann durch die Reduktion seiner Lebensbedürfnisse auf das Minimum und durch die Tugend das Glück erreichen. Dementsprechend ist der „vollendete Cyniker" wohl etwas verschieden vom Tier in UB II, das lebt, um bloß zu überleben.

3.2 Menippos: Satura Menippea

Mit dem von Diogenes Laertius leichtgenommenen[8] Kyniker Menippos ist Nietzsche jedoch ziemlich gut vertraut. Über ihn enthalten seine *Beiträge zur Quellenkunde und Kritik des Laertius Diogenes* ein ganzes Kapitel. Seine tiefe Beschäftigung mit

---

6 Diogenes Laertius VI 18–19, S. 287.
7 KGW II 5, S. 348.
8 Diogenes Laertius VI 99, S. 328.

dem Kyniker in der frühen philologischen Zeit übt auch tiefen Einfluss auf ihn aus, was nicht zu unterschätzen ist.

Menippos ist für seine Satura Menippea bekannt, die „von Possenreißerei"[9] nur so strotzt. Doch ist die Menippeische Satire „nur gelegentlich ‚Satire' im modernen Sinn; primär bezeichnet das Wort ‚Satura' Uneinheitlichkeit und bunte Mannigfaltigkeit der Themen und Formen"[10]. Menippos ist ein Tagewucherer, der „Geld auf Schiffszinsen ausgeliehen und Pfänder zur Sicherung genommen" haben soll. Aus lauter Geldgier hat er großen Reichtum angehäuft und eben wegen des Verlusts seines Vermögens hat er „aus Verzweiflung seinem Leben durch Erhängen ein Ende gemacht".[11]

Aus der kynischen Tradition heraus bildet Menippos eine Ausnahme und steht im deutlichen Gegensatz zu Antisthenes und Diogenes. Diogenes hat keine Lust auf Besitz, Zuhause und Reichtum, während Menippos lediglich nach Geld strebt. Er begeht zwar wahrscheinlich auch Selbstmord, aber keineswegs wegen eines äußerlichen Verlusts. Im Kontrast zu der Simplizität des Diogenes ist es schwierig, Menippos in den Kynismus einzuordnen. Vielmehr steht er nicht weit von dem modernen Zyniker, der sich nicht anders als egoistisch verhält. Aber im Hinblick auf seine literarische Wirkung gehört er zweifelsohne zu den bekanntesten Kynikern. Die Satura Menippea kennzeichnet die literarische Form des Kynismus und ist allerdings auch als Übergang vom Kynismus zum Zynismus zu verstehen.

Außer dem Kapitel über Menippos in seiner Quellenkritik zu Diogenes Laertius verfolgte Nietzsche im Jahr 1868 noch den Plan, zusammen mit Rohde das Buch *Beiträge zur griechischen Literaturgeschichte* zu schreiben, welches einen Aufsatz „über den Cyniker Menipp" enthalten soll.[12] Einen Monat nach dem Anfang seiner Beschäftigung berichtete er Rohde über seine Forschung:

> Im Anfang November habe ich über den sonderbaren Kauz Menippus im Verein gesprochen: seine Zeit ist, von 4–6 Ausgangspunkten aus, von mir auf c. 280 a. C. n. fixiert worden und Probus in dem vielberedeten Zeugniß über die Varronischen Satiren hat wieder Recht. Varro's Jugend fällt also nicht, wie Oehler Roeper Bernhardy Riese etc. meinen, in das Alter des Menipp. Der Lucianische Menipp ist der um 280 lebende; die Scholien machen allerdings einmal eine Dummheit, aus Reminszenzen an den Philostrateischen Menipp, mit dem Apollonius in Korinth zusammentrifft.[13]

Als Forschungsergebnis hielt er den Vortrag „Der Cyniker Menipp und die Varronischen Satiren" in Leipzig.[14] Zudem dient das Buch über die Menippischen Satiren

---

9 Diogenes Laertius VI 99, S. 328.
10 Schmidt 2012, S. 285.
11 Diogenes Laertius VI 100, S. 328.
12 Vgl. Nietzsches Brief an Erwin Rohde vom 9. November 1868, KSB 2, Nr. 599, S. 342.
13 KSB 2, Nr. 604, S. 350.
14 Vgl. Nietzsches Brief an Wilhelm Vischer vom 1. Februar 1869, KSB 2, Nr. 612, S. 367; Janz 1981, S. 248.

von Marcus Terentius Varro, das mit zahlreichen Lesespuren in Nietzsches persönlicher Bibliothek aufbewahrt wird,[15] als eine Hauptquelle für seine Forschung. Auch die Werke von Lukian bilden eine sehr wichtige Quelle. Nietzsche vergleicht in seiner *Quellenkritik* den Menippos von Lukian mit dem von Laertius:

> Bei ihm [Lukian] nämlich ist die Persönlichkeit des Menipp gleichsam sein Mitspieler in der satyrischen Comödie seiner Schriftstellerei; und der „Dialogos", der Sohn der Philosophie, beklagt sich bitter, dass Lucian „einen der alten Hunde", den Menipp aufgescharrt habe [...]. Diesem Menipp begegnen wir in zahlreichen Dialogen. Er verachtet nach Art der Cyniker Reichtum, Lust und Geburtsadel; er hat sich aus Hass gegen das Leben das Leben genommen. Er wird als glatzköpfiger Greis, mit Lumpen und einem Ranzen umhängt, eingeführt, wie er sich über Alles und namentlich über die Philosophen lustig macht. Sein humoritstisches [sic] im ridendo dicere verum und dann der Selbstmord sind Züge, die sofort an den Laertinischen Menipp erinnern.[16]

Menippos als „der cynische Schriftsteller mit Buntscheckigkeit" ist ein Verfallssymptom, wie Platon dies im Schreibstil ist. Sowohl in seiner frühen Basler Zeit als auch in seiner späten Zeit stuft Nietzsche Platon und Menippos als gleich ein: „Plato wirft, wie mir scheint, alle Formen des Stils durcheinander, er ist damit ein erster décadent des Stils: er hat etwas Ähnliches auf dem Gewissen, wie die Cyniker, die die satura Menippea erfanden."[17] In dieser Hinsicht spottet Nietzsche mit Petronius:

> Was es mit der Vergeistigung der Begehrlichkeit jeder Art auf sich hat: dafür ist ein klassisches Beispiel die satura Menippea des Petronius. Man lese dieselbe Hand in Hand mit einem Kirchenvater und man frage sich, wo die reinlichere Luft weht... Hier steht nichts, was nicht einen alten Priester in Verzweiflung brächte durch Unsittlichkeit und lasciven Übermuth.[18]

Obwohl er die Menippeische Satire für Verfall hält, weigert er sich nicht, diese Schreibform zu verwenden. Aber Nietzsche verfolgt eine andere Absicht mit der Satire als Menippos. Er benutzt bewusst die Satire als „pädagogisches Mittel", während bei Menippos die Ironie nicht mehr als Mittel, sondern umgekehrt als Ziel dient. In einem Aphorismus über die Ironie betont er die negative Wirkung der Ironie als Ziel: „Die Gewöhnung an Ironie, ebenso wie die an Sarkasmus, verdirbt übrigens den Charakter, sie verleiht allmählich die Eigenschaft einer schadenfrohen Ueberlegenheit: man ist zuletzt einem bissigen Hunde gleich, der noch das Lachen gelernt hat, ausser dem Beissen."[19] Der Hund ist dann kein echter Hund, wenn er nicht mehr beißen kann. Entsprechend ist die Philosophie dann keine wahrhafte Philosophie, wenn sie keine Wirkung auf das praktische Leben ausüben kann. Die Menippeische

---

15 Campioni 2003, S. 590.
16 Beiträge zur Quellenkunde und Kritik des Laertius Diogenes, KGW II 1, S. 238–239.
17 GD, Was ich den Alten verdanke 2, KSA 6, S. 155.
18 Nachlass 1888, KSA 13, 15[104], S. 467.
19 MA I 372, KSA 2, S. 260.

Satire ist eine inhaltlose bunte Form, der Nietzsche ausdrücklich als Symptom des Todes der Tragödie vorwirft.

Nietzsche nimmt freilich nicht immer eine solche kritische Haltung zu Menippos an. Zwischen 1886 und 1887 verfolgt er den Plan, seinen „Dionysos philosophos" als „eine Satura Menippea" zu verfassen.[20] Er hat zwar den Plan nicht verwirklicht, aber die satirischen Züge seiner Schriften bewahren sich. Dabei zeigt sich seine Ambivalenz gegenüber Menippos. Einerseits verachtet er die vermischte uneinheitliche Form der Menippeischen Satire, andererseits will er auch diese Form als eine Maske benutzen,[21] um einen heftigen Angriff gegen seine Gegner zu richten.

Außer dem Verfall des Stils ist wahrscheinlich die Herkunft des Cynikers ein wichtiger Grund dafür, dass Nietzsche ihn nicht hoch einschätzt: „Menippos, gleichfalls ein Kyniker, war von Haus ein Phönikier, und zwar Sklave, wie Achaikos in der Ethik sagt."[22] Aufgrund seiner Herkunft ist es nicht schwer zu begreifen, dass Nietzsche dem geborenen Sklaven Menippos keine Sympathie schenkt. Menippos und seine Schüler „sind alle Proletarier der tiefsten Art" und in ihnen kommt der Volkswitz hervor und wird literaturfähig.[23] In seiner Vorlesung über vornehme und niedere Geburt bei Dichtern, Rednern und Schriftstellern unterstreicht Nietzsche: „Der Cynismus erst bringt den Sklaven in die Litteratur, er der die ganze Basis des gebildet [hat]."[24] Und durch den einflussreichen Krates „bemächtigt sich die eigentl. Proletariatsphilosophie, der Cynismus, auch der höheren Classen"[25]. Die Eroberungen bzw. Leistungen der Sklaven in der Literatur und Philosophie kann Nietzsche wohl nicht akzeptieren und in einem Brief an Rohde vom 3. April 1868 teilt er ihm mit: „Ja ich weiß es[,] die Götter können die Cynismen, das Proletariat des Witzes nicht vertragen [...]."[26] Später bezeichnet er seinen philosophischen Gegner Dühring als Proletarier.[27] In dieser Hinsicht stellt er sich als Verteidiger des vornehmen Genius dem Kyniker, vor allem dem Menippos als Vertreter der niedrigen Klassen, gegenüber.

Beim frühen Nietzsche zeigen sich die negativen Züge des Menippos in zwei Aspekten. Einmal ist die Satura Menippea eine literarische Art von vermischten Formen, welche die Einheitlichkeit des Stils bricht. Dann repräsentiert Menippos wegen seiner sklavischen Herkunft die niedrigen Massen, die keine Vornehmheit kennen und die Genese des Genius verhindern könnten. Auch von einem tugendhaften Le-

---

20 Nachlass 1886/87, KSA 12, 5[93], S. 224.
21 In seiner philologischen Vorlesung zeigt Nietzsche schon sein Interesse an der Satura Menippea: „Sehr eigenthümlich ist eine Gattung von Litteratur, die den Cynikern verdankt wird. [...] die Vereinigung von tiefem grimmigem Ernst mit Spott und Scherzen. [...] Es war eine gar zu interessante Maske, um aus ihr zu reden." (Geschichte der griechischen Litteratur ‹I und II›, KGW II 5, S. 219)
22 Diogenes Laertius VI 99, S. 327.
23 Geschichte der griechischen Litteratur ‹I und II›, KGW II 5, S. 219.
24 Geschichte der griechischen Litteratur ‹III›, KGW II 5, S. 338.
25 Geschichte der griechischen Litteratur ‹III›, KGW II 5, S. 339–340.
26 KSB 2, Nr. 565, S. 264.
27 Vgl. Nachlass 1883, KSA 10, 9[50], S. 363.

ben kann bei den Massen genauso wie bei dem von Geldgier beherrschten Menippos nicht gesprochen werden. Die Unterscheidung und der Gegensatz zwischen Genies und Massen stehen stets im Mittelpunkt des Gedankens von Nietzsche in der Basler Zeit dahin gehend, dass die Massen als ungültige und falsche Münzen nicht den Genies als den echten Münzen im Weg stehen sollen. Damit ist es Nietzsches Aufgabe, die Falschmünzerei zu entlarven und die umlaufende Münze umzuprägen.

3.3 Diogenes von Sinope als ein Vorbild und Vorläufer

3.3.1 Die Laternen-Anekdote oder die Laterne als Mittel zum Herausfinden des Genius

Die Laterne-Anekdote ist eine der bekanntesten von Diogenes von Sinope, welche die Züge des Kynikers und auch Nietzsches Gedanken kennzeichnet. Über den Kyniker berichtet Diogenes Laertius: „Er zündet bei Tage ein Licht an und sagte: ‚Ich suche einen Menschen.'"[28] Diese Anekdote steht im Einklang mit der Geschichte von Aesop im Fabelbuch des Phaedrus, die wahrscheinlich als Quelle zur literarischen Dichtung der kynischen Figur Diogenes dient.[29] Zur Bereitung des Frühstücks holt der Sklave Aesop aus einem Nachbarhaus Feuer mithilfe einer angezündeten Lampe. Auf seinem Rückweg nach Hause kommt es zum Gespräch:

> Es rief ein Schwätzer aus dem Volke:
> „Aesop, weshalb bei Sonnenschein mit einem Lichte?" –
> „Ich suche Menschen!" Sprach's und eilte in sein Haus.
> Wenn sich der Störer diese Wort' zu Herzen nahm,
> Erfuhr er, daß der Greis ihn nicht als Mensch erkannt,
> Da er den Vielbeschäftigten so frech verhöhnte.[30]

Aus dieser Erklärung geht klar hervor, dass Diogenes keinen Menschen außer sich selbst gefunden hat, zumindest unter denen, die er bis dahin angetroffen hat. Ist diese Anekdote eine erdichtete kynische Literatur, so enthält sie dann die Reminiszenz an die Sokrates-Figur. Das Motiv von Diogenes als „rasendem Sokrates" gilt damit nicht bloß als Nachahmung, sondern auch als die Übersteigerung des Sokrates. Nach dem Orakel ist Sokrates der weiseste Mensch unter den Athenern. Um die Richtigkeit des Orakels zu überprüfen, statt bloß an es zu glauben, sucht er lange Zeit umsonst einen Menschen in seiner Umgebung, der weiser als er selbst ist. Endlich hat er herausgefunden, dass die anderen unwissend und ihren bloßen Meinungen verfallen sind. Damit stellt Sokrates fest, dass niemand weiser als er selbst ist. Denn

---

[28] Diogenes Laertius VI 41, S. 298.
[29] Vgl. zur ausführlichen Darstellung Niehues-Pröbsting 1988, S. 102.
[30] Phaedrus 2009, S. 71.

er weiß wenigstens noch, dass er nichts weiß. Diese Unwissenheit kommt jedoch den anderen nicht zum Bewusstsein. Das Gefühl der Ausnahme stellt Sokrates dem Volk und auch den Politikern gegenüber, wobei sich seine Unabhängigkeit einerseits als Partizipation am politischen Leben und doch andererseits als Distanzierung in der Polis zeigt.[31]

Diogenes verhält sich gegenüber dem Volk verachtungsvoller als Sokrates, indem er es als Mensch überhaupt verneint, geschweige denn dass er es für einen weisen Menschen hält: „Als er von Olympia heimkehrte, gab er einem, der fragte, ob viel Volks beisammen gewesen wäre, zur Antwort: ‚Volks die Menge, aber wenige Menschen.'"[32] Zudem wird das Volk von ihm als Pöbel bezeichnet: „Als er das Bad verließ, fragte ihn einer, ob viele Menschen im Bade wären. ‚Nein!' lautete die Antwort. Nun aber, ob viel Pöbel darin wäre. ‚Ja,' lautete die Antwort."[33] Noch direkter äußert er seine Verachtung zu den Mengen als Ekelhaften: „Einst rief er laut: ‚Heda, Menschen,' und als sie herzuliefen, bearbeitete er sie mit einem Stocke mit den Worten: ‚Menschen habe ich gerufen, nicht Unflat.'"[34]

Diogenes ähnlich[35] verachtet Nietzsche die Massen und die Bildungsphilister und erweist sich als ein unzeitgemäßer Denker entgegen der kulturellen Strömung seiner Zeit in Deutschland. Dafür eröffnet seine Verwendung der Laternen-Anekdote einen klaren Blick. Auch die unterschiedlichen Akzente dabei verdeutlichen die Veränderung seines Gedanken. In einem Brief an Erwin Rohde im November 1870 zeigt er sein Interesse an der Laterne des Diogenes, die als ermunterndes Wort eine positive Bedeutung gewinnt:

> Jetzt bin ich wieder in voller Thätigkeit, und lese zwei Collegien, Hesiod und Metrik, sodann Academika im Seminar und Agamemnon im Pädagogium. Wie steht es denn mit Dir? Bist Du auch bereits im akademischen Joche? Wenn – nun dann Glückauf zur fröhlichen Jagd! Und zur Wanderung mit der Diogeneslaterne![36]

Nur kurze Zeit später danach beklagt er sich in seiner ersten *Unzeitgemäßen Betrachtung* über die Philister-Kultur, welche die Genese des Genius verhindert. Daher muss man den Weg zum Genius reinigen und die Finsternis dabei ausleuchten. Die Laterne soll als Mittel zum Herausfinden des Genius in die Hände genommen werden: „Mit welcher Laterne würde man hier nach Menschen suchen müssen, die eines innigen Sich-Versenkens und einer reinen Hingabe an den Genius fähig wären, und die Muth

---

31 Platon: *Apologie des Sokrates* 21a-23e. Vgl. zur Verwandtschaft zwischen Diogenes und Sokrates in Hinsicht auf Partizipation und Distanzierung in der Politik Niehues-Pröbsting 1988, S. 103–104.
32 Diogenes Laertius VI 60, S. 308.
33 Diogenes Laertius VI 40, S. 298.
34 Diogenes Laertius VI 32, S. 294.
35 Diogenes steht lebenslang seinen Zeitgenossen gegenüber: „Ins Theater ging er [Diogenes], wenn die andern ihm daraus entgegenströmten, und, nach dem Grunde gefragt, sagte er: ‚So halte ich es grundsätzlich in meiner ganzen Lebensführung.'" (Diogenes Laertius VI 64, S. 310)
36 KSB 3, Nr. 110, S. 159.

und Kraft genug hätten, Dämonen zu citiren, die aus unserer Zeit geflohen sind!"[37] In MA II liefert Nietzsche für die zu findenden vollendeten Menschen im Hinblick auf die Dialektik zwischen Guten und Schönen, Wollen und Können eine Erklärung:

> Das Gute wollen, das Schöne können. – Es genügt nicht, das Gute zu üben, man muss es gewollt haben und, nach dem Wort des Dichters, die Gottheit in seinen Willen aufnehmen. Aber das Schöne darf man nicht wollen, man muss es können, in Unschuld und Blindheit, ohne alle Neubegier der Psyche. Wer seine Laterne anzündet, um vollkommene Menschen zu finden, der achte auf diess Merkmal: es sind die, welche immer um des Guten willen handeln und immer dabei das Schöne erreichen, ohne daran zu denken. Viele der Besseren und Edleren bleiben nämlich, aus Unvermögen und Mangel der schönen Seele, mit allem ihren guten Willen und ihren guten Werken, unerquicklich und hässlich anzusehen; sie stossen zurück und schaden selbst der Tugend durch das widrige Gewand, welches ihr schlechter Geschmack derselben anlegt.[38]

Das Wort Können, so Christian Meier, deckt „den Bereich ab, in dem im Griechischen vor allem *téchnē*, aber auch *sophía* herrschen"[39]. Durch téchnē bzw. Kunst kann man Herr über die Dinge werden und somit die Tugend erreichen. Es lässt sich sagen, dass Nietzsche dabei das „Könnens-Bewusstsein" der Griechen hervorhebt. „Das Könnens-Bewusstsein zog also die verschiedensten Ausdrücke des Wissens in seinen Bann. In ihm kulminierte das Wissen, das – nach griechischer Auffassung – zu rechtem Handeln führt."[40] Es scheint Nietzsche noch so, dass das Schöne der Handlung höher als das Gute des Willens zu bewerten ist. Obwohl in dieser Zeit der wissenschaftliche Mensch zur „Weiterentwickelung des künstlerischen"[41] avanciert ist, verliert die Kunsterzeugung nicht ihren Vorrang. Wenig später betont Nietzsche im Aphorismus „Der moderne Diogenes" die Unentbehrlichkeit der Laterne beim Suchen nach dem echten Menschen, allerdings hat er noch den Zweifel an der Notwendigkeit der kynischen Laterne: „Bevor man den Menschen sucht, muss man die Laterne gefunden haben. – Wird es die Laterne des Cynikers sein müssen? –"[42]

Wenn die Laterne, deren Licht den Weg zum vollkommenen Menschen beleuchtet und die Dunkelheit der Menschlichkeit erhellt, hier als Metapher der Aufklärung zu verstehen ist, dann zeigt Nietzsche dadurch seine Reflexion über die Mittel der Aufklärung und über die Art und Weise seines eigenen Philosophierens. Es ist zudem der Wendepunkt, an dem seine Haltung zum Cynismus vom Negativen ins Positive übergeht. Und auf die Frage, ob es die Laterne des Cynikers sein muss, gibt er eine Antwort in *Fröhliche Wissenschaft* mit dem Aphorismus „Der tolle Mensch". Der tolle Mensch läuft mit der am hellen Vormittag angezündeten Laterne auf dem Markt

---

37 UB I, DS 8, KSA 1, S. 204.
38 MA II, VM 336, KSA 2, S. 516–517.
39 Meier 1980, S. 472.
40 Meier 1980, S. 473.
41 MA I 222, KSA 2, S. 186.
42 MA II, WS 18, KSA 2, S. 553.

herum und schreit unaufhörlich laut vor den Menschen: „Ich suche Gott! Ich suche Gott!" Er verkündet seinen Zuschauern bzw. Zuhörern, dass Gott tot ist und dass Gott von den Menschen ermordet wurde. Doch wird ihm dafür kein Verständnis zuteil und endlich wirft er seine Laterne auf den Boden. Das Licht seiner Aufklärung erlischt.[43] Insofern ist die Laterne des Cynikers offenkundig nicht entbehrlich. Denn der tolle Mensch ist ganz gewiss als eine kynische Figur zu verstehen, die sowohl die höheren Menschen als auch die Übermenschen umsonst sucht. In einer späten Aufzeichnung steht die Notwendigkeit der Laterne des Cynikers bereits außer Frage. Nietzsche hat nun seinen früheren Zweifel weggelassen und behält den ersten Satz des Aphorismus bei.[44]

Die kynische Figur mit der Laterne ist nicht bloß eine Maske von Nietzsche, die den Prozess und die Folge der Aufklärung darstellt, sondern auch er selbst. Er hält sich auch für eine Diogenes-Figur, die mit der Laterne umsonst nach seiner Art von Philosophen und Menschen sucht. In der Tragik des tollen Menschen spiegeln sich der Mangel an Erfolg und seine Enttäuschung, dass ein radikaler Aufklärer oder eine radikale Form der Aufklärung wohl in eine Sackgasse geraten muss.

> Ich nannte meine unbewußten Arbeiter und Vorbereiter. Wo aber dürfte ich mit einiger Hoffnung nach meiner Art von Philosophen selber, zum Mindesten nach meinem Bedürfniß neuer Philosophen suchen? Dort allein, wo eine vornehme Denkweise herrscht, eine solche, welche an Sklaverei und an viele Grade der Hörigkeit als an die Voraussetzung jeder höheren Kultur glaubt; wo eine schöpferische Denkweise herrscht, welche nicht der Welt das Glück der Ruhe, den „Sabbat aller Sabbate" als Ziel setzt und selber im Frieden das Mittel zu neuen Kriegen ehrt; eine der Zukunft Gesetze vorschreibende Denkweise, welche um der Zukunft willen sich selber und alles Gegenwärtige hart und tyrannisch behandelt; eine unbedenkliche, „unmoralische" Denkweise, welche die guten und die schlimmen Eigenschaften des Menschen gleichermaßen ins Große züchten will, weil sie sich die Kraft zutraut, beide an die rechte Stelle zu setzen, – an die Stelle, wo sie beide einander noth thun. Aber wer also heute nach Philosophen sucht, welche Aussicht hat er, zu finden, was er sucht? Ist es nicht wahrscheinlich, daß er, mit der besten Diogenes-Laterne suchend, umsonst Tags und Nachts über herumläuft?[45]

Mit dieser emotionalen Selbstbeschreibung kristallisiert sich Nietzsches Verwandtschaft mit Diogenes heraus. Die Diogenes-Laterne wirft einen offenen Blick auf die Einsamkeit des neuen zukünftigen Philosophen. Von dem Selbstporträt ist noch abzulesen, dass Nietzsche die Vornehmheit des Denkens fördert und die Sklaverei als Notwendigkeit der höheren Kultur bejaht. Der Schöpfung des Menschen liegen der Kampf und Krieg als Machterweiterung zugrunde und die künstliche Schaffung muss sich an der Zukunft und den großen Menschen orientieren. Außerdem gilt den neuen Philosophen die materielle Bequemlichkeit als nicht erstrebenswert, die Un-

---

43 Vgl. FW 125, KSA 3, S. 480–481.
44 Vgl. Nachlass 1883, KSA 10, 12[1], S. 388: „Bevor man den Menschen sucht, muss man die Laterne gefunden haben."
45 Nachlass 1885, KSA 11, 37[14], S. 588–589.

tertänigkeit vor der pöbelhaften Öffentlichkeit und der lügenhaften Idee „Gleichheit der Menschen" als skandalös. Daraufhin soll der einsame freie Geist weder Demagogen- noch Schauspieler-Geist noch „Biber- und Ameisen-Geist des Gelehrten"[46] sein. Auch die Künstler sollen nicht von den Werttafeln einer Kirche oder eines Hofes, sondern nur von ihrem inneren Willen zur Erzeugung tyrannisiert werden.

3.3.2 Philosophie und Leben

Es wurde schon die Tatsache erwähnt, dass Nietzsche die Anekdote des Diogenes als „Die erste Nacht" in seiner Notiz erwähnt. Er fragt nach der Wirkung der Philosophie auf die Philosophen, die „so wie alle anderen Gelehrten, selbst Politiker" leben und „sich durch keine Sitten"[47] auszeichnen. Die Philosophie unterteilt er in zwei Arten, die eine als Lebensform mit Tugend und die andere als reine Wissenschaft. Er verwirft die Philosophen als Untugendhafte und bezeichnet die ihm Beschwerden bereitende zeitgenössische Philosophie als eine Art „Denkwirtschaft"[48]. Hingegen hebt er die antiken Philosophen als einen Gegenpol hervor:

> Ich denke an die erste Nacht des Diogenes: alle antike Philosophie war auf Simplicität des Lebens gerichtet und lehrte eine gewisse Bedürfnislosigkeit, das wichtigste Heilmittel gegen alle socialen Umsturzgedanken. In diesem Betracht haben die wenig philosophischen Vegetarianer mehr für die Menschen geleistet als alle neueren Philosophien; und so lange die Philosophen nicht den Muth gewinnen, eine ganz veränderte Lebensordnung zu suchen und durch ihr Beispiel aufzuzeigen, ist es nichts mit ihnen.[49]

Er verlangt dabei, dass der Philosoph als Exemplar und Vorbild für die Menschen leben soll. Und die Philosophie soll von den Philosophen nicht wie die Wissenschaft von den Gelehrten behandelt werden. Die Focussierung der Philosophie als bloßer Wissenschaft kann weniger zur Förderung als vielmehr zur Verhinderung des philosophischen Lebens beitragen.

Es wurde bereits im vorigen Abschnitt darauf hingewiesen, dass sich die erste Nacht des Diogenes auf die Anekdote der Diogenes-Maus-Begegnung bezieht:

> Wie Theophrast in seinem Megarikos berichtet, ward er [Diogenes] aufmerksam auf eine hin- und herlaufende Maus, die weder eine Ruhestätte suchte noch die Dunkelheit mied, noch irgendwelches Verlangen zeigte nach sogenannten Leckerbissen. Das gab ihm einen Wink zur Abhilfe für seine dürftige Lage.[50]

---

[46] Nachlass 1885, KSA 11, 37[14], S. 589.
[47] Nachlass 1873/74, KSA 7, 30[18], S. 739.
[48] Nachlass 1873/74, KSA 7, 30[19], S. 739.
[49] Nachlass 1873/74, KSA 7, 31[10], S. 752.
[50] Diogenes Laertius VI 22, S. 289.

Der Wink betrifft die Bedürfnislosigkeit des Lebens, die sowohl Diogenes als auch den antiken Kynismus kennzeichnet. Aber die Begegnung bei Laertius ist nicht genauso wie die Berichte von Plutarch: Von der Beschäftigung der Maus mit den Brotkrümeln lernt Diogenes den Verzicht auf Luxus und das Nutzen der Simplizität für das Leben. Damit wird er in Dunkelheit und Ungewissheit erleuchtet, weil die Simplizität der sicherere Weg zur Glückseligkeit ist als der Reichtum und die reine Erkenntnis. Dann beginnt er sich der Philosophie als einer Lebensform zu widmen. Es ist darum die erste Nacht, in der Diogenes ein eigentlich philosophisches Leben führt.

In dieser Hinsicht kritisiert Nietzsche die Universitätsphilosophie und den akademischen Denker, der ungefährlich für seine Zeit und damit ohnmächtig ist, und zwar mithilfe der kühnen Frage des Diogenes: „Was hat er [der Philosoph] denn Grosses aufzuweisen, da er so lange Philosophie treibt und noch Niemanden betrübt hat?"[51] Deshalb ist es Diogenes und Nietzsche gemeinsam, dass die Philosophen nicht nur eine Philosophie als Theorie haben, sondern auch eine Philosophie als Praxis leben sollen. Die Philosophie und das Leben des Philosophen sollen zu einer Einheit verschmelzen. Aber wegen „de[s] Mangel[s] an ethischer Philosophie in den gebildeten Schichten"[52] ist neuer großer Gedanke nicht mehr zu erwarten und zu erkennen. Die Voraussetzung zum Erreichen einer Philosophie besteht darin, dass man „der Philosophie nachleben kann"[53]. Erst damit wird alles kein leeres Wort werden und kann die Philosophie zur Wirkung kommen. Nietzsche erhebt seinen starken Vorwurf auch gegen Kant dahin gehend, dass bei diesem die Identität von Leben und Philosophie verloren gegangen ist. „Kant hielt an der Universität fest, unterwarf sich den Regierungen, blieb in dem Scheine eines religiösen Glaubens, ertrug es unter Collegen und Studenten: so ist es denn natürlich, dass sein Beispiel vor allem Universitätsprofessoren und Professorenphilosophie erzeugte."[54]

Dagegen ist Diogenes insofern ein großer Philosoph, als er konsequent nach seiner Philosophie lebt. Als Vorbild für Nietzsche erweist er sich dadurch, dass er beim Handeln stets seine Lehre überprüft. In seiner ersten Nacht zeigt er seinen Mut, nach einer anderen Lebensform zu suchen. Der Kyniker ist dabei nicht bloß eine hochgehaltene Fahne, auf die Nietzsche die Überwindung seiner zeitgenössischen, zeitgemäßen Philosophie und Philosophen geschrieben hat, sondern auch eine Inkarnation der vollkommenen Philosophie, nach der er selbst strebt. Die Selbstbesinnung des Diogenes gilt als Selbstreflexion Nietzsches, der an der Universität als ein erschöpfter Gelehrter tätig war. Über seine eigene Existenz als Diener der strengen Wissenschaft wollte er nachdenken und ein solch farbloses Leben an der Universität

---

51 UB III, SE 8, KSA 1, S. 426.
52 Nachlass 1873, KSA 7, 29[207], S. 713.
53 Nachlass 1873/74, KSA 7, 30[17], S. 738.
54 UB III, SE 3, KSA 1, S. 351.

und dem Pädagogium ist mit seiner künstlerischen kreativen kulturellen Schaffensambition nicht identisch.

Ebenfalls nötig ist in der Kunst die Einfachheit, die als Motto bei Diogenes und Nietzsche betont wird. Sie soll nicht nur im Leben praktiziert werden, sondern auch zur Erzeugung der großen Kunst dienen. Aus dem Gegensatz zwischen Simplizität und Luxus herausgehend, möchte Nietzsche den Cynismus der Schlichtheit als praktisches Gegenmittel gegen die Luxus-Kunst verwenden.[55] Das philosophische Leben, und zwar das einfache Leben und die provozierende, auch mit Bewusstsein und vornehmer Absicht die anderen Menschen ironisierende Philosophie bilden bei ihm darum das höchste Ziel des Philosophen.

„Die erste Nacht des Diogenes" veranschaulicht bei Nietzsche überdies die positive Seite der Askese, durch die man die Freiheit von den alltäglichen Kleinigkeiten und von belastenden Begierden gewinnen kann.[56] Genauso wie der Kynismus hat der Begriff Askese auch verschiedene und gegensätzliche Rezeptionen bei Nietzsche. Die negative Askese ist eine Feindschaft gegen das Leben und damit ein Symptom der Entartung. Ihr Vertreter ist das Christentum als Nihilismus mit Selbstvernichtung und Weltverneinung. Die positive natürliche Askese „bezeichnet eine Varietät von freiwilligen oder selbstauferlegten Übungen, Prozeduren und Maßnahmen zur Bändigung und Sublimierung der Instinkte und Triebe, mit den Zielen, für diese ein Maß zu finden, und daneben auch eine Steigerung des Willens und der Schaffenskraft zu bewirken"[57].

Aber die kynische Simplizität gewinnt Nietzsche als Erfahrung zuerst nicht durch eine bewusst gestaltete Lebensform, sondern durch einen Zufall. In einem Brief an Rohde im Jahr 1868 berichtet er vom ruhigen Gefühl des Sonnabends als kynischer Vergnügen:

> Sonnabend ist es und zwar neigt sich der Tag seinem Ende zu. Für einen Soldaten liegt ein Zauber in dem Wort „Sonnabend", ein Gefühl der Beruhigung und des Friedens, das ich als Student nicht kannte. Ruhig schlafen und träumen zu können, ohne daß das Schreckensbild des andern Morgens die Seele umschwebt, wiederum 7 Tage jener uniformirten Aufregung, die

---

[55] Vgl. Nachlass 1875, KSA 8, 11[59], S. 244: „Luxus-Kunst. Verwendung der Mittel zu unwahren Bedürfnissen. Abschwächung der wahren Bedürfnisse. Trennung der Menschen von einander. Überarbeitung vieler Menschen, um den Scheinbedürfnissen zu genügen, während die wahren Bedürfnisse nicht befriedigt werden. Die sociale Frage ist die Fortexistenz des Luxus, d. h. des Unnöthigen und Überflüssigen und Unbefriedigenden im Verhältniß der Arbeit zur Kunst. Das praktische Gegenmittel ist der Cynismus der Schlichtheit auf der einen Seite (‹1.› negativ: zum Beweise, daß man nicht jene Scheinbefriedigung nöthig hat; 2. positiv: das Drama –"

[56] Vgl. Jensen 2004. Jensen zeigt in seinem Schlusswort treffend die Wirkung des Diogenes auf Nietzsche: „The first night of Diogenes' represents for Nietzsche the moment at which the Cynic, who is admired for his shamelessness and as the living embodiment of his own ideology, is first enlightened to his philosophical calling, a calling which involves the hard life of askesis taken up for the sake of a freedom from all the coarser desires and nuisances of everyday living, a freedom derived from the simple life according to nature." (S. 190)

[57] Tongeren/Schrank/Siemens 2004, S. 156.

man Militärjahr nennt, überwunden und abgethan zu haben – was giebt das für einfache und starke Vergnügungen, eines Cynikers würdig und fast zu billig und zu bequem von uns erworben! Ich verstehe jetzt jene erste und größte Sonnabendnachmittagstimmung, in der das behagliche Wort erscholl πάντα λίαν καλά, in der der Kaffe [sic] und die Pfeife erfunden wurde und der erste Optimist ins Leben trat.[58]

Später in seinen letzten Basler Jahren führte er ein einfaches Leben wie der Kyniker, um aus seiner leiblichen und auch der seelischen Krankheit des romantischen Pessimismus herauszugehen. Im Rückblick auf diese Zeit gestand er in der 1886 geschriebenen Vorrede für MA II, dass er sich „als Arzt und Kranker in Einer Person, zu einem umgekehrten unerprobten Klima der Seele, und namentlich zu einer abziehenden Wanderung in die Fremde, in das Fremde, zu einer Neugierde nach aller Art von Fremdem" zwang. Zwar ist noch nicht von einer Art der kynischen Selbstverbannung zu reden, aber seine Diät erscheint ohne Zweifel als kynisch:

> Thatsächlich ein Minimum von Leben, eine Loskettung von allen gröberen Begehrlichkeiten, eine Unabhängigkeit inmitten aller Art äusserer Ungunst, sammt dem Stolze, leben zu können unter dieser Ungunst; etwas Cynismus vielleicht, etwas „Tonne", aber ebenso gewiss viel Grillen-Glück, Grillen-Munterkeit, viel Stille, Licht, feinere Thorheit, verborgenes Schwärmen – das Alles ergab zuletzt eine grosse geistige Erstarkung, eine wachsende Lust und Fülle der Gesundheit. Das Leben selbst belohnt uns für unsern zähen Willen zum Leben, für einen solchen langen Krieg, wie ich ihn damals mit mir gegen den Pessimismus der Lebensmüdigkeit führte, schon für jeden aufmerksamen Blick unsrer Dankbarkeit, der sich die kleinsten, zartesten, flüchtigsten Geschenke des Lebens nicht entgehn lässt. Wir bekommen endlich dafür seine grossen Geschenke, vielleicht auch sein grösstes, das es zu geben vermag, – wir bekommen unsre Aufgabe wieder zurück.[59]

Außerdem ist ein Rezept für ein einfaches Leben in seinen Aufzeichnungen im Jahr 1876 zu finden. Nietzsche nimmt sich vor, einen Tag in jeder Woche nichts zu essen und abends nur Milch und Tee zu trinken.[60]

Es ist nicht zu unterschätzen, dass der Kynismus eine große Rolle bei Nietzsches Wendung von negativem Nihilismus zum positiven spielt. Mit dem Kynismus hat er sowohl seine körperliche Krankheit einigermaßen geheilt als auch sich selbst seelisch überwunden. Er steht in der Nähe des Diogenes, der eine doppelte Übung, eine geistige und eine körperliche, lehrt.[61] Hier verliert der Kynismus bei Nietzsche sein Verfallsymptom und dient als eine Leiter zur Spitze des Lebenswillens. Oder genauer formuliert, wenn der Kynismus in seiner Basler Zeit vor allem ein entartetes und be-

---

58 KSB 2, Nr. 559, S. 245–246.
59 MA II, KSA 2, S. 375.
60 Vgl. Nachlass 1876, KSA 8, 16[15], S. 290.
61 Diogenes Laertius VI 70, S. 313: „Die Übung, lehrte er, ist eine doppelte, einerseits eine geistige, andererseits jene körperliche, bei deren regelmäßigem Betrieb sich eine Denkweise bildet, die dem tugendhaften Handeln Vorschub leistest. Zur vollkommenen Bildung sei die eine so unentbehrlich wie die andere; denn Wohlsein und Kraft gehören zu den Forderungen für die Seele so gut wie für den Körper. Er fügte auch Belege dafür bei, daß man durch Übung leicht zur Tüchtigkeit gelange."

rüchtigtes Phänomen ist, so scheint Diogenes in Bezug auf seine Würdigung doch eine Ausnahme zu sein, mit dem er in keiner Feindschaft steht. Durch die Reflexion über das eigene Leben und die Inspiration der Anekdoten von Diogenes findet Nietzsche einen Ausweg aus dem Pessimismus hin zur Heiterkeit und zur „Fröhlichkeit" des Lebens und der Wissenschaft. Diogenes dient ihm wohl als ein klarer Spiegel, den er sich selbst vorhält und durch den er sein bisheriges Leben betrachtet. Durch diese Selbstentlarvung ist sogar die Scham verschwunden und damit verzögert und fürchtet er nicht mehr, alles und selbst das moralische, soziale und kulturelle Tabu gründlich zu enthüllen. Und wenn alles ins helle Licht gerückt und mit scharfem Blick fokussiert wird, kommt es dann unvermeidlich zum Jenseits des Guten und Bösen. Im Hinblick auf diese Schamlosigkeit verwandelt sich der Kynismus mehr oder weniger in den Zynismus.

3.3.3 Die Genügsamkeit

Nietzsche lebt in seinen späten Basler Jahren mit etwas Cynismus, etwas „Tonne". Die Tonnen-Anekdote ist auch eine der bekanntesten Anekdoten über Diogenes: „Als er einen brieflich gebeten hatte, ihm ein Häuschen zu besorgen und dieser zu lange auf sich warten ließ, nahm er das Faß im Metroon (Tempel der Göttermutter Kybele und Staatsarchiv) zu seiner Wohnung, wie er selbst in seinen Briefen bezeugt."[62] Die Tonne scheint für Diogenes zunächst als ein Provisorium zu fungieren. Aber er bekommt lange Zeit keinen Wohnsitz, der ihm von einem anderen geschenkt werden soll, und deswegen hat er keine andere Wahl, als das Fass zu bewohnen. Dann behält er das Fass immer bei und sucht nicht mehr nach einer anderen Wohnung. Das Fass, nämlich die Tonne, kennzeichnet seine Genügsamkeit und steht als ein befestigtes Zeichen für den Kyniker. Entsprechend bekommt er ein anderes Fass von den Athenern geschenkt, nachdem ein junger Mann sein altes zertrümmert hat.[63] Verdeutlicht die Tonne noch nicht in ausreichendem Maße sein Streben nach Einfachheit, dann ist eine andere Anekdote unmissverständlich in Bezug auf seine Genügsamkeit:

> Als er einmal ein Kind sah, das aus den Händen trank, riß er seinen Becher aus seinem Ranzen heraus und warf ihn weg mit den Worten: „Ein Kind ist mein Meister geworden in der Genügsamkeit." Auch seine Schüssel warf er weg, als er eine ähnliche Beobachtung an einem Knaben machte, der sein Geschirr zerbrochen hatte und nun seinen Linsenbrei in der Höhlung eines Brotstückes barg.[64]

---

[62] Diogenes Laertius VI 23, S. 289.
[63] Diogenes Laertius VI 43, S. 299.
[64] Diogenes Laertius VI 37, S. 296.

Nietzsche erkennt an der Tonne außer der Einfachheit und Genügsamkeit noch die Einsamkeit des Lebens. Im Brief an Rohde vom 26. August 1872 bezeichnet er sich selbst als einen „schweizerisch-vereinsamten, in der Tonne lebenden / Διογενής Λαερτιάδης"[65]. Wahrscheinlich vermischt Nietzsche dabei willentlich den Diogenes von Sinope mit Diogenes Laertius. Die Tonne ist ein Zeichen für Diogenes von Sinope, während Laertiades für Laertius steht. Obwohl Diogenes Laertiades als Name von Odysseus durch Homer benutzt wurde, weil Laertes der Vater von Odysseus war und überdies Laertiades Sohn von Laertes bedeutet, verwendet Nietzsche in seinem Kontext Laertiades als Sohn von Diogenes Laertius.[66] Er hält sich wohl für einen Sohn des Laertius, weil er gerade in dieser Zeit *Die Philosophie im tragischen Zeitalter der Griechen* schrieb.[67]

Abgesehen davon, liegt eindeutig die Betonung der Tonne auf seiner Einsamkeit in der Schweiz. Erst in der zitierten Vorrede in MA kommt die eigentliche Bedeutung der Tonne als die Unabhängigkeit von äußerer Ungunst und das einfache Leben vor. Später im Jahr 1882 zeichnet sich die Tonne bei Nietzsche durch den Zug der Genügsamkeit in einem satirischen Vers „Aus der Tonne des Diogenes" aus:

„Nothdurft ist wohlfeil, Glück ist ohne Preis:
Drum sitz' ich statt auf Gold auf meinem Steiß."[68]

Von der Genügsamkeit des Diogenes aus gesehen, ist sogar Gold wertlos. Aber die letzte Erwähnung der Tonne bei Nietzsche kommt wiederum auf die Einsamkeit des höheren Menschen zu sprechen, bei der sich Zarathustra dem Himmel vor Sonnenaufgang gegenüber ausspricht: „Lieber will ich noch unter verschlossnem Himmel in der Tonne sitzen, lieber ohne Himmel im Abgrund sitzen, als dich, Licht-Himmel, mit Zieh-Wolken befleckt sehn!"[69]

Es gibt nicht nur die Tonnen-Anekdote, die Nietzsches Haltung zum Leben beeinflusst, sondern auch eine andere Anekdote, deren Bedeutung doch noch über das Leben hinaus bis hin zum Schicksal geht. Darin zeigt sich die Haltung des Diogenes zur Philosophie, und zwar das Ziel seiner Philosophie: „Auf die Frage, welchen Gewinn ihm die Philosophie gebracht hätte, sagte er, wenn sonst auch nichts, so doch jedenfalls dies, auf jede Schicksalswendung gefaßt zu sein."[70] Zur Vorbereitung auf

---

[65] KSB 4, Nr. 252, S. 48.
[66] Vgl. Whitlock 2001, S. xliv. Whitlock macht zwar darauf aufmerksam, dass Nietzsche dabei sich mit Diogenes Laertius identifiziert. Aber er übersieht die Tonne in dem Kontext und weist nicht auf Diogenes von Sinope hin. Nietzsche soll damit vielmehr beide Diogenes meinen.
[67] Vgl. den Kommentar der Herausgeber zu KSA 1–13 in KSA 14, S. 108: „Aufzeichnungen über die vorsokratische Philosophie lassen sich im Nachlass vom Sommer 1872 an feststellen".
[68] Nachlass 1882, KSA 9, 19[5], S. 675.
[69] Za III, Vor Sonnen-Aufgang, KSA 4, S. 208.
[70] Diogenes Laertius VI 63, S. 309.

das Schicksal ist ihm der Mut notwendig.[71] Auch bei Nietzsche soll die Philosophie eine solch fruchtbare Wirkung auf den Menschen im Wesentlichen nicht verlieren. In einer Aufzeichnung im Jahr 1873 setzt er eben der Weisheit als Philosophie ein gleiches Ziel:

> Das Wichtigste an der Weisheit ist, dass sie den Menschen abhält, vom Augenblick beherrscht zu werden. Sie ist deshalb nicht zeitungsgemäss: ihre Absicht ist, den Menschen für alle Schicksalsschläge gleich fest hinzustellen, für alle Zeiten zu wappnen. Sie ist wenig national.[72]

Das Schicksalsmotiv erinnert wohl leicht an die Formulierung „amor fati", obwohl diese vor allem in den Kontext der ewigen Wiederkunft des Gleichen gehört.

Schließlich verdeutlicht die Anekdote über das Gespräch zwischen Diogenes und Alexander dem Großen auch die Genügsamkeit und Bedürfnislosigkeit des Kynikers. Auf diese vertraute Anekdote spielt Nietzsche mit dem Dialog zwischen dem Wanderer und dessen Schatten als dem „philosophischen Hund" am Ende von MA II an. Dies wurde bereits am Anfang dieses Kapitels erwähnt.

3.3.4 Falschmünzerei

Als Münze-Metapher des Diogenes hat die Formulierung *paracharattein to nomisma* zweideutige Bedeutungen, welche die gegensätzlichen Richtungen des Kynismus kennzeichnen. Das Wort ist eigentlich ein Orakelspruch von Apollon, der typischerweise die Antwort weder deutlich aussagt noch völlig verbirgt. Den Anlass des Diogenes zum Anfragen bei Apollon berichtet Diogenes Laertius in verschiedenen Versionen:

> Diogenes, des Wechslers Hikesias Sohn, stammte aus Sinope. Diokles erzählt, sein Vater habe ein öffentliches Wechslergeschäft gehabt und sei wegen Falschmünzerei flüchtig geworden. Eubulides aber berichtet in seinem Buch über Diogenes, dieser sei selbst der Täter gewesen und sei mit seinem Vater in die Fremde gegangen. Ja, er selbst sagt von sich in seinem Pordalos, er habe die Münze verfälscht. Einige behaupten, er sei zum Aufseher gemacht worden und habe sich von den Werkleuten bereden lassen, nach Delphi oder nach Delos, der Heimat des Apollon, zum delischen Tempel sich zu begeben, um dort anzufragen, ob er das vornehmen dürfe, wozu man ihn auffordere (nämlich eine Änderung des Nomisma). Als der Gott es erlaubte, nämlich eine Änderung der Staatlichen Ordnung überhaupt (nicht aber der Münze), faßte er es anders auf, fälschte die Münze, ward gefaßt und mußte, wie einige vermelden, in die Verbannung gehen, während er nach anderen freiwillig aus der Stadt entwich, aus Furcht; noch andere behaupten, er sei vom Vater zur Münzfälschung veranlaßt worden und dieser sei im Gefängnis gestorben, er aber sei flüchtig geworden und nach Delphi gegangen

---

71 Diogenes Laertius VI 38, S. 296: „Dem Schicksal, sagte er, stelle ich den Mut, dem Gesetz die Natur, der Leidenschaft die Vernunft entgegen."
72 Nachlass 1873/74, KSA 7, 30[25], S. 741.

und habe da angefragt, nicht ob er das Geld fälschen dürfe, sondern was ihm dazu verhelfen würde, alle an Ruhm zu übertreffen, und habe darauf jene Antwort erhalten.[73]

Von den verschiedenen Erzählungen abgesehen, ist an dieser Stelle festzustellen, dass Diogenes wegen der Falschmünzerei sein Heimatland verlassen hat und dass der Orakelspruch missverstanden worden ist. Das Wort nomisma bedeutet sowohl Münze im konkreten Sinne als auch Sitte im abstrakten Sinne. Auch das Verb paracharattein hat drei Bedeutungen: „die ursprüngliche Prägung verderben oder eine schlechte Prägung anfertigen, eine neue Prägung auf einer alten Münze anbringen und schließlich mit einem nachgemachten, nicht offiziellen Stempel einfaches Metall, das lediglich vergoldet oder versilbert ist, zu Münzen prägen."[74]

Damit ist der Orakelspruch in dreierlei Hinsicht zu verstehen: Die Münze fälschen oder umprägen oder die Sitte verändern. Die Münze erleidet durch das Umprägen weder Vermehrung noch Verminderung. So ist die Umprägung der Münze neutral. Wird sie vom Staat anerkannt, dann gewinnt sie einen positiven Zug und kann die umgeprägte Münze gesetzmäßig verwendet werden. Bekommt die Umprägung keine offizielle Anerkennung, dann begeht der Tätige als Falschmünzer ein Verbrechen. Ohne staatliche Anerkennung verdient Diogenes die Strafe als die Verbannung aus der Heimat. Dann stellt er sich als Philosoph die Aufgabe, die Sitten zu verändern. Der Unterschied zwischen Münzfälschung und -umprägung zeigt auch den Gegensatz zwischen Zynismus und Kynismus auf. Wenn Diogenes in der Wirklichkeit allein die Münze umprägt hätte, dann bekäme der Kynismus in dieser Hinsicht eine positive Bedeutung. Der Kynismus strebt nach der Rektifikation der Werte, wie die Umwertung aller Werte bei Nietzsche, während der Zynismus lediglich in der Falschheit und Lüge des Lebens steht.

Bei Nietzsche ist der Gegensatz beider Erläuterungen von der Münzmetapher auch sichtbar. In seiner später zu MA hinzugefügten Vorrede sagt er, dass man ihm „in diesem Betrachte mancherlei ‚Kunst', mancherlei feinere Falschmünzerei vorrücken könnte"[75]. Er nennt später seine Philosophie die Umwertung aller Werte, die im positiven Sinne der Münze-Metapher zu verstehen ist und aber sich auch kaum der Gefahr der Falschmünzerei entzieht, da sie alle Werte zur Vernichtung führen und in den Zynismus geraten kann.

Mit der negativen Bedeutung erhebt Nietzsche oft einen heftigen Vorwurf gegen seine kulturellen, politischen und philosophischen Gegner als Falschmünzer. In seiner Basler Zeit bezeichnet er den Bildungsphilister als Falschmünzer der Bildung.[76] Er denunziert die parteiische Tätigkeit als Falschmünzerei, welche „die Freundschaft, die reinste Ergebenheit, die stärkste Wahrheitsliebe" fälsche, welche „nicht

---

73 Diogenes Laertius VI 20–21, S. 288.
74 Niehues-Pröbsting 1988, S. 62.
75 MA I, KSA 2, S. 14.
76 Nachlass 1876, KSA 8, 16[10], S. 289: „Der Bildungsphilister (Falschmünzerei der Bildung)".

weit vom Schurken und Verleumder"[77] entfernt sei. Es gilt damit auch für die Politik und Macht:

> Die Falschmünzerei des Machtgefühls und das Bezahlen mit falschen Münzen ist das größte Leiden der Menschheit. Die Völker werden so betrogen, weil sie einen Betrüger suchen: einen aufregenden Wein für ihre Sinne, nicht eine gute Nahrung. Die Regierungen sind das Mittel, dem Volke jenes Gefühl zu geben: Männer aus dem Volke gewählt, geben es viel weniger als glänzende Eroberer, kühne Verschwörer, alte legitime Häuser: sie müssen etwas haben, an dem man sich berauschen kann.[78]

Den politischen Falschmünzer bildet nach Nietzsche der demokratische Demagoge, der aus dem Volk hervorgeht, aus. Im Hinblick auf die Tugend entlarvt Nietzsche noch „eine feine alte uralte Falschmünzerei": „Aus einem ‚ich habe Lust' ein ‚du sollst' machen, die Gewohnheit zur Tugend, die Sitte zur Sittlichkeit umprägen […]."[79] Zudem verurteilt er die christliche Moral als „eine ungeheure Falschmünzerei", welche die Moralbegriffe verrückt habe. Denn für ihn hat der Missbrauch der Macht durch die römischen Kaiser der Moral der Ohnmächtigen zum Sieg verholfen.[80] Das Christentum als die Moral der Schwachen ist die Rache an den Starken, insofern sie die Anforderung stellen:

> „lasst uns anders sein als die Bösen, nämlich gut! Und gut ist Jeder, der nicht vergewaltigt, der Niemanden verletzt, der nicht angreift, der nicht vergilt, der die Rache Gott übergiebt, der sich wie wir im Verborgenen hält, der allem Bösen aus dem Wege geht und wenig überhaupt vom Leben verlangt, gleich uns den Geduldigen, Demüthigen, Gerechten"[81].

Es sind die Falschmünzerei und die Selbstverlogenheit der Ohnmächtigen, dass sie ihre Ohnmacht und Schwäche für das Gute halten, obwohl es bloß ihre Verstellung ist, dass sie es nicht tun wollen und können, wozu sie nicht stark genug sind. Entsprechend fälscht die Kirche als Institution des Christentums und Vertreterin der Schwachen auch die echte Münze:

> Die Kirche glaubt an Dinge die es nicht giebt, an „Seelen"; sie glaubt an Wirkungen, die es nicht giebt, an göttliche Wirkungen; sie glaubt an Zustände, die es nicht giebt, an Sünde, an Erlösung, an das Heil der Seele; sie bleibt überall bei der Oberfläche stehen, bei Zeichen, Gebärden, Worten, Emblemen denen sie eine arbiträre Auslegung giebt: sie hat eine zu Ende gedachte Methodik der psychologischen Falschmünzerei.[82]

---

[77] Nachlass 1880, KSA 9, 2[51], S. 42.
[78] Nachlass 1880, KSA 9, 4[249], S. 161.
[79] Nachlass 1882, KSA 10, 3[1], S. 101.
[80] Nachlass 1883, KSA 10, 14[5], S. 477: „Der Mißbrauch der Macht durch die römischen Kaiser hat für Europa die Moralbegriffe **verrückt**: die Moral der Ohnmächtigen ist zum Siege gelangt: – Folge, eine ungeheure Falschmünzerei."
[81] GM I 13, KSA 5, S. 280.
[82] Nachlass 1888, KSA 13, 14[151], S. 333.

Als „Willens-Verderber", als „die großen Verleumder und Rachsüchtigen des Lebens" und als „die Empörer unter den Schlechtweggekommenen" sind die Priester damit „die frommen Falschmünzer", welche die menschliche Rangordnung umgekehrt haben.[83] Alle Begriffe der Kirche treten als „die bösartigste Falschmünzerei" in Erscheinung, welche die Natur und die Naturwerte entwertet.[84] Im Gegensatz dazu will Nietzsche die Natur in einen höheren Rang erheben. Er entlarvt noch die Erfindung Gottes als Falschmünzerei, weil sich „bisher in allen grossen Fällen eben das Gleiche begab: dass die Menge einen Gott anbetete, – und dass der ‚Gott' nur ein armes Opferthier war!"[85]

Als Falschmünzer bezeichnet er in der Philosophie sein frühes Vorbild und seinen Erzieher Schopenhauer, der sucht, „all die Dinge, denen er instinktiv noch Werth beimißt, zur Rechtfertigung einer nihilistischen Tendenz einzulegen"[86]. Aber vor Nietzsches Abwendung von ihm erfährt Schopenhauer noch volle Verehrung, dass er fast zur Umprägung der Münze kommt: „Er hat verachtete Münzen gereinigt und ihren Goldglanz enthüllt."[87] Nietzsche zeigt später dagegen „[d]ie große nihilistische Falschmünzerei unter klugem Mißbrauch moralischer Werthe" in fünf Aspekten auf:

a) Liebe als Entpersönlichung; insgleichen Mitleid.
b) Nur der entpersönlichte Intellekt („der Philosoph") erkennt die Wahrheit, „das wahre Sein und Wesen der Dinge"
c) das Genie, die großen Menschen sind groß, weil sie nicht sich selbst und ihre Sache suchen: der Werth des Menschen wächst im Verhältniß dazu, als er sich selbst verleugnet. Schopenhauer II 440 ss.
d) die Kunst als Werk des „reinen willensfreien Subjektes" Mißverständniß der „Objektivität".
e) Glück als Zweck des Lebens; Tugend als Mittel zum Zweck[88]

Die nihilistische Falschmünzerei gilt als eine „absurde psychologische Falschmünzerei der nächsten Dinge", gegen die Nietzsche als eine oberflächliche und naive Theorie kämpfen will, weil ihrerseits die Befriedigung des Willens die Ursache der Lust ist. Vielmehr soll es die Ursache sein, dass „der Wille vorwärts will und immer wieder Herr über das wird, was ihm im Wege steht: das Lustgefühl liegt gerade in der Unbefriedigung des Willens, darin, daß er ohne die Grenzen und Widerstände noch nicht satt genug ist"[89].

---

83 Nachlass 1888, KSA 13, 15[44], S. 438.
84 AC 38, KSA 6, S. 210.
85 JGB 269, KSA 5, S. 223.
86 Nachlass 1888, KSA 13, 17[7], S. 528.
87 Zitiert nach Niehues-Pröbsting 1988, S. 335.
88 Nachlass 1887, KSA 12, 9[84], S. 378.
89 Nachlass 1887, KSA 13, 11[75], S. 37–38.

Im Bereich der Kunst unterstreicht Nietzsche die moderne Falschmünzerei der Künstler. Dazu gehört Richard Wagner, dessen „unheilbare Romantik"[90] den frühen Nietzsche betrogen und an der seelischen Krankheit hat leiden lassen. Mit den nihilistischen und christlichen Zügen ist Wagners Musik Schmeichelei „jeder religiösen Ausdrucksform der décadence". In seiner Kunst ist „die ganze Falschmünzerei der Transscendenz [sic] und des Jenseits" zu finden, die auf dem Boden des verarmten Lebens aufgewachsen ist.[91] Nietzsche hebt in diesem Zusammenhang die Musik von Bizet als ermunternd hervor und räumt ihr den Vorrang vor der von Wagner ein:

> Diese Musik scheint mir vollkommen. Sie kommt leicht, biegsam, mit Höflichkeit daher. Sie ist liebenswürdig, sie schwitzt nicht. „Das Gute ist leicht, alles Göttliche läuft auf zarten Füssen": erster Satz meiner Aesthetik. Diese Musik ist böse, raffinirt, fatalistisch: sie bleibt dabei populär – sie hat das Raffinement einer Rasse, nicht eines Einzelnen. Sie ist reich. Sie ist präcis. Sie baut, organisirt, wird fertig: damit macht sie den Gegensatz zum Polypen in der Musik, zur „unendlichen Melodie". Hat man je schmerzhaftere tragische Accente auf der Bühne gehört? Und wie werden dieselben erreicht! Ohne Grimasse! Ohne Falschmünzerei! Ohne die Lüge des grossen Stils! – Endlich: diese Musik nimmt den Zuhörer als intelligent, selbst als Musiker, – sie ist auch damit das Gegenstück zu Wagner, der, was immer sonst, jedenfalls das unhöflichste Genie der Welt war (Wagner nimmt uns gleichsam als ob –, er sagt Ein Ding so oft, bis man verzweifelt, – bis man's glaubt).[92]

Die zur Verzweiflung führende Falschmünzerei bei Wagner erweist sich nach ihm als „Niedergang der organisirenden Kraft" und „Missbrauch überlieferter Mittel, ohne das rechtfertigende Vermögen, das zum-Zweck". Sie verkörpert „die Überlebendigkeit im Kleinsten" und „de[n] Affekt um jeden Preis".[93] Den philosophischen Hintergrund von Wagners Musik sieht Nietzsche in dem deutschen Idealismus begründet, vor allem in der hegelischen Philosophie. Der junge Wagner lebt noch in der von Hegel und Schelling verführten Zeit. Hegel ist für Nietzsche sowohl ein deutscher als auch ein europäischer Geschmack. „Ein Geschmack, den Wagner begriff! – dem er sich gewachsen fühlte! den er verewigt hat!"[94] Wagner ist der Erbe von Hegel, indem er sich eine Musik als Idee erfindet.

In Bezug auf den deutschen Geist behandelt Nietzsche die deutschen Philosophen allesamt als „unbewusste" Falschmünzer.[95] Dazu gehören neben Fichte, Schelling, Schopenhauer, Hegel und Schleiermacher auch Kant und Leibniz. Sie alle sind seiner Meinung nach „blosse Schleiermacher" und „sollen nie die Ehre haben, dass der erste rechtschaffne Geist in der Geschichte des Geistes, der Geist, in dem die

---

90 MA I, KSA 2, S. 14.
91 WA, Nachschrift, KSA 6, S. 43.
92 WA, Turiner Brief vom Mai 1888, KSA 6, S. 13–14.
93 WA, Zweite Nachschrift, KSA 6, S. 47.
94 WA, Turiner Brief vom Mai 1888, KSA 6, S. 36.
95 Vgl. Nietzsches Brief an August Strindberg vom 8. Dezember 1888, KSB 8, Nr. 1176, S. 509.

Wahrheit zu Gericht kommt über die Falschmünzerei von vier Jahrtausenden, mit dem deutschen Geiste in Eins gerechnet wird".[96]

Kurzum, Falschmünzer zu sein, wirft Nietzsche fast allen seinen Gegnern vor. Zu diesen gehören Schopenhauer, Wagner, der Nihilismus, das Christentum, der deutsche Idealismus und der zeitgenössische Geist bzw. die Bildungsphilister, die identisch mit dem Symptom der décadence sind. Es ist damit zu verstehen, dass Nietzsches Entlarvung und Verurteilung der Falschmünzerei zur Vorbereitung auf seine eigene Münzumprägung bzw. Umwertung aller Werte dienen. Aber er fürchtet auch, dass man seine Philosophie gleicherweise für eine Falschmünzerei hält. In einem Brief an Georg Brandes vom 23. Mai 1888 spricht er sich wie folgt aus:

> Diese Wochen habe ich dazu benutzt, „Werthe umzuwerthen". – Sie verstehen diesen Tropus? – Im Grunde ist der Goldmacher die verdienstlichste Art Mensch, die es giebt: ich meine der, welcher aus Geringem, Verachtetem etwas Werthvolles und sogar Gold macht. Dieser allein bereichert; die andern wechseln nur um. Meine Aufgabe ist ganz kurios dies Mal: ich habe mich gefragt, was bisher von der Menschheit am besten gehaßt, gefürchtet, verachtet worden ist: – und daraus gerade habe ich mein „Gold" gemacht ...
> Daß man mir nur nicht Falschmünzerei vorwirft! Oder vielmehr; man wird es thun. –[97]

Mit der Verwendung der Münzmetapher im positiven Sinne für seine eigene Philosophie ist die Haltung zum Kynismus nicht mehr so negativ wie die in seiner Basler Zeit. Obwohl der Begriff Falschmünzerei ursprünglich vom Kyniker stammt, verbindet Nietzsche ihn nun nicht bloß mit dem Kynismus. Nach seinem Verständnis der Anekdote ist der Kyniker Diogenes weniger ein Verbrecher des Gesetzes als vielmehr ein Reformator der Zeit. Dabei ist Nietzsche als freier Geist auch bereit, mit seinem kynischen und provokanten Philosophieren seinen Zeitgeist und die philosophische Tradition zu transformieren.

---

96 EH, Der Fall Wagner, KSA 6, S. 361.
97 KSB 8, Nr. 1036, S. 318–319.

Teil II: Nietzsches kynisches Philosophieren: Umwertung aller Werte

4 Das Kynische in Nietzsches Philosophie

Das kynische Philosophieren von Nietzsche besteht offenkundig in seinem Versuch der Umwertung aller Werte, welche das gleiche Schicksal wie *paracharattein to nomisma* bei Diogenes erleidet. Die Umwertung aller Werte kann einerseits auf den Menschen, der sich in den überlieferten moralisch normativen Werten verortet, als eine Vernichtung der Werte, als Falschmünzerei, gelten; sie hat andererseits für Nietzsche und seinesgleichen einen völlig neuen Sinn und dient sogar als eine Aufklärung der Aufklärung, damit die Welt von der alten Moral als Falschmünzerei und dem für Wahrheit gehaltenen Irrtum erlöst wird. Insofern deckt sie sich mit der positiven Bedeutung von *paracharattein to nomisma*, der Umprägung der Sitten. Zudem hat der Begriff Wert wie das Wort *nomisma* sowohl einen ökonomischen als auch einen sozial-moralischen Sinn.[1] Der Doppelsinn beider Wörter erregt das unvermeidliche Missverständnis. Insofern ist die Umwertung aller Werte semiotisch auf die Münze-Metaphorik von Diogenes zurückzuführen.[2]

Kynisch ist die Umwertung der Werte in Bezug auf den Gedanken deshalb, weil Nietzsche genauso wie der Kyniker großen Wert auf den Vorrang der Natur, des Leibes, des Phänomenalen und der Minderheit der Menschen vor der Sitte, der Vernunft, dem Seienden und der Mehrheit legt. Er und Diogenes neigen zwar in der gleichen Art des Stils dazu, die Menschen psychologisch zu entlarven und zu verspotten. Ihre Ähnlichkeit besteht aber vor allem in der Revolution gegen die moralisch dominanten Werte.

Diogenes stellt ausdrücklich „dem Gesetz die Natur"[3] entgegen und hebt den Vorrang der Natur hervor. Er führt ein natürliches bzw. tierisches und bescheidenes Leben und treibt sogar „auf dem Markte Onanie"[4]. Charakteristisch für den Kynismus ist damit die Unmoral der Lebensform. Zudem bildet die Gesundheit des Leibes für den Kyniker Diogenes den Mittelpunkt des Lebens. Diogenes hat beim Erziehen der Kinder als Ziel „immer nur die gesunde Gesichtsfarbe und die gute körperliche Verfassung im Auge". Die körperliche Übung ist ihm ebenso wichtig und unentbehrlich wie die geistige für die vollkommene Bildung des Menschen, „denn Wohlsein und Kraft gehören zu den Forderungen für die Seele so gut wie für den Körper".[5]

Im Gegensatz zu Platon lehnt Diogenes die Ideen ab und zollt allein der Existenz der Dinge in Wirklichkeit seine Anerkennung. Er nennt spöttisch „des Platon Beleh-

---

[1] Bei Nietzsche hat der Begriff Wert wohl noch einen ontologischen Sinn. Vgl. Salaquarda 1978. Salaquarda zufolge fasst Nietzsche „*alles* Wirkliche als Wert". Damit kann man die Umwertung aller Werte noch formal als „die Neufestsetzung und Neuabschätzung des Seienden im Ganzen" begreifen. (S. 159)
[2] Vgl. zu einer jüngeren ausführlichen Diskussion über die Wurzel der Umwertungsmetaphorik in der Anekdote von Diogenes Sommer 2000, S. 153–156.
[3] Diogenes Laertius VI 38, S. 296.
[4] Diogenes Laertius VI 46, S. 300.
[5] Diogenes Laertius VI 30, S. 293; VI 70, S. 313.

rung Verkehrung" und schleudert sogar Platon die Unsichtbarkeit der Ideen ins Gesicht:

> Als Platon sich über seine Ideen vernehmen ließ und von einer Tischheit und einer Becherheit redete, sagte er: „Was mich anlangt, Platon, so sehe ich wohl einen Tisch und einen Becher, aber eine Tischheit und Becherheit nun und nimmermehr."[6]

Auch eine andere Anekdote zeigt seine Verachtung für die Ideenlehre Platons. Als er getrocknete Feigen isst, begegnet er Platon und sagt: „Du kannst auch teilnehmen." Aber als Platon die Feigen nimmt und isst, sagt er höhnisch, dass Teilnehmen nicht Verzehren bedeutet.[7] Dabei spielt er mit der Teilnahme auf die Methexislehre von Platon an, dass die Teilnahme an Ideen für ihn keineswegs ein wirkliches Teilhaben ist.

Diogenes verspürt keine Sympathie für die Masse und hält sie lediglich für Pöbel. Damit verwirft er die Demagogen als bloße Bedienstete des Pöbels.[8] Er bezeichnet die Menge als Volk, unter dem kein echter Mensch als Tugendhafter zu finden sei. Insofern zündet er am hellen Tag eine Laterne an, um einen Menschen als solchen zu suchen.

Dasselbe gilt auch für Nietzsche. Seine Umwertung der Werte bzw. Umkehrung der Falschmünzerei ist als Widerstand gegen die platonischen sowie idealistischen Werte zu verstehen. Er wollte das Verachtete vergolden und „den Leib als das Höhere"[9] begreifen, was der Zukunft der Moral und der Menschheit zugrunde liegt. „Die grossen Epochen unsres Lebens liegen dort, wo wir den Muth gewinnen, unser Böses als unser Bestes umzutaufen."[10] Das Böse ist das Egoistische im Sinne der christlichen Moral. Aber eben von dem tierischen Bösen als menschlicher Natur nimmt die Umwertung der Werte ihren Ausgang. Für Nietzsche ist der Mensch zuerst das Tier mit Tätigkeiten von Instinkten, Affekten und Trieben.

> Die Thiere folgen ihren Trieben und Affekten: wir sind Thiere. Thun wir etwas Anderes? Vielleicht ist es nur ein Schein, wenn wir der Moral folgen? In Wahrheit folgen wir unseren Trieben, und die Moral ist nur eine Zeichensprache unsrer Triebe? Was ist „Pflicht" „Recht" das „Gute", das „Gesetz" – welches Triebleben entspricht diesen abstrakten Zeichen?[11]

Aus der menschlichen Natur als Instinkttätigkeit heraus erfolgt die Umwertung der Werte, welche dem Leib eine Rehabilitation geben will. Insofern steht Nietzsche im Gegensatz zu Platon und dem Idealismus. Das Leben erweist sich bei ihm eher als ein Werdendes denn als ein Seiendes. Es ist nicht das Sein, sondern das Dasein. Und

---

[6] Diogenes Laertius VI 24, S. 290; VI 53, S. 304.
[7] Diogenes Laertius VI 25, S. 290–291.
[8] Diogenes Laertius VI 24, S. 290.
[9] Nachlass 1883, KSA 10, 7[155], S. 293.
[10] JGB 116, KSA 5, S. 93.
[11] Nachlass 1883, KSA 10, 7[76], S. 268.

die Natur bzw. die Welt liegt wesentlich im Werden, welches unschuldig sei. Das Leben und die Welt sind insofern fließend. Nietzsche charakterisiert sie als ein dynamischer Vorgang, als Wille zur Macht.

Für ihn sind die Kraft und die Gesundheit des Leibes das Fundament des Lebens und der Lebenssteigerung. Mit einem morbiden Leben kann man eine große Kultur und eine helle Zukunft der Menschheit nicht verwirklichen. In der Unterscheidung zwischen gesund und krank beseht Nietzsches Methode der Umwertung aller Werte, die von ihm als Psychologie und Physiologie bezeichnet wird. Seine physiologische Analyse führt die menschliche Natur ins Feld. Volker Gerhardt weist darauf hin, dass die „Physiologie" von der griechischen Bedeutung her als „Naturlehre" zu verstehen ist.[12] Nietzsche wollte durch die grundlegend physio-psychologische Unterscheidung die neue Rangordnung der Menschen und die vornehme Moral in der Zukunft bestimmen. Sein Philosophieren ist deshalb kynisch, weil die psychologische Reduktion auch den Kynismus kennzeichnet. Außerdem stimmt er mit dem Kyniker in Bezug auf den Gegensatz zwischen großem Menschen als Minderheit und dem Pöbel als Mehrheit völlig überein.

Der Immoralismus erinnert als das Jenseits von Gut und Böse zwar sehr leicht an die Amoral des Kynikers als Unverschämtheit. Aber beide sind allein im Hinblick auf die Hervorhebung der Natur und des Individuums übereinstimmend. Trotzdem ist es nicht zu vermeiden, dass der Immoralist als ein unmoralischer Mensch missverstanden wird. Das Missverstehen gilt genauso für Nietzsches kynisches Philosophieren, sodass es für den Menschen ebenso als zynisch erscheint.

Kynisch ist offenkundig die Umwertung der Werte, die Nietzsche als seine „Formel für einen Akt höchster Selbstbesinnung der Menschheit"[13] schätzt, aber seine gesamte Philosophie deckt sich nicht mit dem Kynismus. Denn er hat nur einen Teil des Kynismus in seinem eigenen Denken übernommen, vor allem den als Ansatz zur Umwertung dienenden Naturbegriff. Dabei wollte Nietzsche die eigentliche Natur der Welt von den menschlichen Werten und Moralen ablösen und die Natur des Menschen auf das Leibliche sowie den Instinkt, Affekt und Trieb zurückführen. Erst damit kann seine Umwertung aller Werte ihren Anfang nehmen, sich durchsetzen und vollenden und letztlich nicht als Falschmünzerei gelten.

Es ist noch zu betonen, dass das, was in diesem Teil behandelt wird, nicht immer die kynische Philosophie von Nietzsche ist. Denn der Kynismus fungiert in seinem Denken vor allem als der Ausgangspunkt der Umwertung aller Werte. Nietzsche geht im Ganzen offenkundig über den Kynismus hinaus. Aber um seinen Weg zum Zynismus darzustellen, kann man nicht umhin, seine anderen Gedanken zu erörtern, die offensichtlich nicht kynisch sind. Darunter ist z. B. sein Perspektivismus, der nicht zum Kynismus gehört.

---

[12] Gerhardt 1992b, S. 205.
[13] EH, Warum ich ein Schicksal bin 1, KSA 6, S. 365.

5 Natur als Ausgangspunkt der Umwertung aller Werte: Die Entmenschung der Natur und die Vernatürlichung des Menschen

Als Ausgangspunkt des Philosophierens bei Nietzsche erweist sich die Natur in einem Entwurf von 1885/86, der zu dem vielmals geplanten, aber immer unvollendeten und letztlich fallengelassenen Werk *Der Wille zur Macht* gehört. Nach diesem Entwurf sollte sich das erste Buch des Werks als Anfang auf die „Rückkehr zur Natur" beziehen.[1] In der *Götzen-Dämmerung* sieht Nietzsche sich allerdings im Gegensatz zu Rousseau stehen, obwohl er wie dieser auch eine „Rückkehr zur Natur" behauptet. Denn Rousseaus „Rückkehr zur Natur" ist nach ihm ein romantischer Anspruch, der sich auf eine Natur als Idyll gründet. Bei Nietzsche ist dagegen die Natur ohne moralische Verschönerung eine *natura naturans*.

> Auch ich rede von „Rückkehr zur Natur", obwohl es eigentlich nicht ein Zurückgehn, sondern ein Hinaufkommen ist – hinauf in die hohe, freie, selbst furchtbare Natur und Natürlichkeit, eine solche, die mit grossen Aufgaben spielt, spielen darf ...[2]

Es kommt dabei auf die Natur und Natürlichkeit an, unabhängig davon, ob es zur Natur zurückkehren oder über sie hinauskommen soll. Im Blick auf Natur kommt Nietzsches Philosophie erst zur Klarheit. Aber von der Natur als Ausgangspunkt seiner Philosophie ist kein Naturalismus abzuleiten.[3] Wichtig ist für Nietzsche die Natur, aber wichtiger ist das Hinauskommen über sie.

---

1 Vgl. Bertino 2011, S. 42.
2 GD, Streifzüge eines Unzeitgemäßen 48, S. 150
3 Vgl. zur Kritik an der Annahme „Nietzsches Naturalismus" Heit 2016b. Nach Heit ist Nietzsches Projekt der Vernatürlichung perspektivisch und es macht Nietzsche nicht zu „einem Vertreter des ontologischen oder methodologischen Naturalismus in einem strikten Sinne" (S. 56). Brusotti 2012a weist darauf hin, dass Nietzsches Philosophie letztlich nicht naturalistisch ist. „Naturalistisch sind nur die ersten Phasen des Forschungsprogramms, d. h. nur die ‚Vorarbeiten', die alle Wissenschaften für den Philosophen leisten, nicht jedoch die philosophische Hauptaufgabe, die ‚Zukunfts-Aufgabe' des Philosophen. Der Teil, den man ‚naturalistisch' nennt, ist rein instrumentell und der andere, der ‚nicht naturalistische', dessen Zweck. Die Wertsetzung ist nämlich nicht nur integrierender Bestandteil, sondern Ziel und letzte Rechtfertigung des Zukunftsprojekts." (S. 107) Deswegen gehört die Hauptaufgabe Nietzsches als Schaffung neuer Werte nicht zum Naturalismus. Gabriel 2020a sieht in Nietzsches Philosophie keinen Naturalismus, sondern den Ästhetizismus. Er zeigt, „dass die Perspektive, die Nietzsche insgesamt bezieht, eher auf der Seite des Ästhetizismus als auf derjenigen einer Antizipation naturwissenschaftlicher Gesamterklärung des menschlichen Verhaltens steht" (S. 401, Anm. 251). Außerdem zur Kritik an dem Naturalismus überhaupt vgl. Gabriel 2018c, vor allem S. 8–45. Dabei unterscheidet Gabriel zuerst vier Arten von „standard naturalism": „*Metaphysical naturalism (materialism)*", „*Epistemological naturalism*", „*Biological continuity*" und „*Methodological continuity*" (S. 18); dann hat er ihnen allen das Scheitern nachgewiesen. Zum Überblick über die Naturalismus-Debatte mit Blick auf Handlungserklärung vgl. Horn/Löhrer 2010.

Die Natur, die Nietzsche in seiner Philosophie hervorhebt, erweist sich als hart, souverän, grausam und furchtbar. Diese entmenschte Natur zu zeigen, versteht er schon im Jahr 1881 als seine Aufgabe: „Meine Aufgabe: die Entmenschung der Natur und dann die Vernatürlichung des Menschen, nachdem er den reinen Begriff ‚Natur' gewonnen hat."[4] Zur Entmenschung der Natur entlarvt er zuerst die bisherige Naturvorstellung des Menschen als anthropomorph und moralisch. Es ist für ihn ein Irrtum, dass der Mensch „allen Dingen ein Geschlecht" gegeben und „Allem, was da ist, eine Beziehung zur Moral beigelegt und der Welt eine ethische Bedeutung über die Schulter gehängt"[5] hat. Die Menschen haben sich nämlich in die Natur hineingedichtet. Damit sind der Natur auch die menschlichen Züge von Gut und Böse zugeschrieben worden.

Durch die Vermenschlichung der Natur oder der Welt, d. h., aufgrund der Tatsache, dass die Menschen mit der moralischen Auslegung die Natur als gut oder böse mit Lob und Tadel beurteilen, fühlen sie sich in der Natur „als Herren"[6]. Diese Herren schreiben der Natur eine Tendenz und ein Ziel zu und betrachten sie als einen Organismus. Die Herrschaft ist deutlich erkennbar in der neuzeitlichen Naturwissenschaft und Technik, welche dazu tendieren, die Natur als Objekt ihrer Unterdrückung zu begreifen.[7] Vor dieser großen Gefahr des Anthropomorphismus[8] warnt Nietzsche mit besonders starker Betonung in *Fröhliche Wissenschaft*:

> Hüten wir uns! – Hüten wir uns, zu denken, dass die Welt ein lebendiges Wesen sei. Wohin sollte sie sich ausdehnen? Wovon sollte sie sich nähren? Wie könnte sie wachsen und sich vermehren? Wir wissen ja ungefähr, was das Organische ist: und wir sollten das unsäglich Abgeleitete, Späte, Seltene, Zufällige, das wir nur auf der Kruste der Erde wahrnehmen, zum Wesentlichen, Allgemeinen, Ewigen umdeuten, wie es Jene thun, die das All einen Organismus nennen? Davor ekelt mir. Hüten wir uns schon davor, zu glauben, dass das All eine Maschine sei; es ist gewiss nicht auf Ein Ziel construirt, wir thun ihm mit dem Wort „Maschine" eine viel zu hohe Ehre an. Hüten wir uns, etwas so Formvolles, wie die kyklischen Bewegungen unserer Nachbar-Sterne überhaupt und überall vorauszusetzen; schon ein Blick in die Milchstrasse lässt Zweifel auftauchen, ob es dort nicht viel rohere und widersprechendere Bewegungen giebt, ebenfalls Sterne mit ewigen geradlinigen Fallbahnen und dergleichen. […] Der Ge-

---

4 Nachlass 1881, KSA 9, 11[211], S. 525. Im Jahr 1887 notierte Nietzsche noch: „meine Aufgabe ist, die scheinbar emancipirten und naturlos gewordenen Moralwerthe in ihre Natur zurückzuübersetzen – d.h. in ihre natürliche ‚Immoralität'" (Nachlass 1887, KSA 12, 9[86], S. 380). Vgl. zu der Bedeutsamkeit des Satzes vom Jahr 1881 in Nietzsches Philosophie Abel 1998, S. 255: „Dieser Satz könnte programmatisch über Nietzsches Schriften der achtziger Jahre stehen." Nach Okochi 1988 sind die Gedanken zur Natur im Denken Nietzsches „wesentlich" (S. 111).
5 M 3, KSA 3, S. 19–20.
6 Nachlass 1884, KSA 11, 25[312], S. 92: „die Welt ‚vermenschlichen' d. h. immer mehr uns in ihr als Herren fühlen –"
7 Vgl. zu Nietzsches Auffassung der Natur im Hinblick auf die neuzeitliche Naturwissenschaft und Technik Kaulbach 1982. Dabei zeigt Kaulbach, dass für Nietzsche „das freie, unbefangene Leben der Sinne" (S. 448) durch die neuzeitliche Naturwissenschaft verdrängt wird.
8 Vgl. zu einer ausführlichen Darstellung der Anthropomorphismen der Naturwissenschaft im Hinblick auf Nietzsches Kritik Spiekermann 1992, S. 44–72.

> sammt-Charakter der Welt ist dagegen in alle Ewigkeit Chaos, nicht im Sinne der fehlenden Nothwendigkeit, sondern der fehlenden Ordnung, Gliederung, Form, Schönheit, Weisheit, und wie alle unsere ästhetischen Menschlichkeiten heissen. Von unserer Vernunft aus geurtheilt, sind die verunglückten Würfe weitaus die Regel, die Ausnahmen sind nicht das geheime Ziel, und das ganze Spielwerk wiederholt ewig seine Weise, die nie eine Melodie heissen darf, – und zuletzt ist selbst das Wort „verunglückter Wurf" schon eine Vermenschlichung, die einen Tadel in sich schliesst. Aber wie dürften wir das All tadeln oder loben! Hüten wir uns, ihm Herzlosigkeit und Unvernunft oder deren Gegensätze nachzusagen: es ist weder vollkommen, noch schön, noch edel, und will Nichts von alledem werden, es strebt durchaus nicht darnach, den Menschen nachzuahmen! Es wird durchaus durch keines unserer ästhetischen und moralischen Urtheile getroffen! Es hat auch keinen Selbsterhaltungstrieb und überhaupt keine Triebe; es kennt auch keine Gesetze. Hüten wir uns, zu sagen, dass es Gesetze in der Natur gebe. Es giebt nur Nothwendigkeiten: da ist Keiner, der befiehlt, Keiner, der gehorcht, Keiner, der übertritt. Wenn ihr wisst, dass es keine Zwecke giebt, so wisst ihr auch, dass es keinen Zufall giebt: denn nur neben einer Welt von Zwecken hat das Wort „Zufall" einen Sinn. Hüten wir uns, zu sagen, dass Tod dem Leben entgegengesetzt sei. Das Lebende ist nur eine Art des Todten, und eine sehr seltene Art. – Hüten wir uns, zu denken, die Welt schaffe ewig Neues. Es giebt keine ewig dauerhaften Substanzen; die Materie ist ein eben solcher Irrthum, wie der Gott der Eleaten. Aber wann werden wir am Ende mit unserer Vorsicht und Obhut sein! Wann werden uns alle diese Schatten Gottes nicht mehr verdunkeln? Wann werden wir die Natur ganz entgöttlicht haben! Wann werden wir anfangen dürfen, uns Menschen mit der reinen, neu gefundenen, neu erlösten Natur zu **vernatürlichen**![9]

Nietzsche verweigert alle angeblichen Ordnungen der Natur, die weder organisch noch mechanisch, sondern eigentlich frei von dem menschlichen Weltbild ordnungslos und chaotisch[10] sein soll. Und ohne Ordnungen verbürgt es auch kein Naturgesetz, unter dem bloß „**ein Wort des Aberglaubens**"[11] zu verstehen ist. Im ewigen Chaos der Natur existieren weder Gesetzmäßigkeit, bei der es sich bloß um „eine falsche humanitäre Auslegung"[12] handelt, noch Schönheit und Erhabenheit, welche durch die menschliche Einbildung „erst in die Natur **hineingetragen**"[13] worden sind.

Aber Nietzsches Negation aller Ordnungen in der Natur kann gewissermaßen in eine Sackgasse führen. Zum einen bleibt dabei nichts Stabiles übrig, nachdem die

---

9 FW 109, KSA 4, S. 467–469.
10 Vgl. den an Spinozas „Deus sive natura" anlehnenden Satz in Nietzsches Nachlass 1881, KSA 9, 11[197], S. 519: „**Chaos sive natura**: ‚von der Entmenschlichung der Natur'." Babich 2002 sieht in Nietzsches „Natur als Chao" die Auslegung der Natur als „*der kunstlosen Kunst*", d. h. „Maß gebend und Form gebend, prüfend und reagierend" (S. 100). Aber dabei ist noch nicht von einer Art Kunst zu reden. Auch Maß und Form sind schon gesetzmäßig und ist die kunstlose Kunst nicht eine contradictio in adjecto? Babich meint ferner, dass „[v]om Anfang bis zum Ende kommt für Nietzsche tatsächlich alles auf die Frage der Kunst an" (S. 100). Aber mit der Auslegung der Natur als Chaos wollte Nietzsche eher eine neue Metaphysik konstruieren. Denn erst aus dem chaotischen Zustand der Welt heraus kann er seinen Gedanken des Willens zur Macht einführen.
11 MA II, VM 9, KSA 2, S. 384.
12 Nachlass 1885, KSA 11, 40[55], S. 655.
13 Nachlass 1881, KSA 9, 12[38], S. 583.

Natur entmenschlicht worden ist. Die Erkenntnis der Natur setzt nämlich den Menschen als Akteur und Ausleger voraus, ohne den sich das Erkennen nicht durchsetzen kann. Zum anderen erweist sich Nietzsches Entmenschung der Natur als eine Art von menschlicher Weltauslegung, die in ihrer Ablehnung aller Weltauslegungen unvermeidlich zu einer Negation ihrer selbst führt.

Nietzsche ist sich der Gefahr der Entmenschlichung der Natur völlig bewusst. Denn er hat schon darauf hingewiesen: „je mehr die Natur entmenschlichen, um so leerer bedeutungsloser wird sie für uns."[14] Deswegen gehört zu seiner Absicht nicht die totale Entmenschlichung der Natur, sondern die Entmenschlichung als „strategische Vorbereitung einer Rückführung des Menschen zur Natur"[15]. Dabei wird die Natur auf einen chaotischen Zustand ohne Sitten, Moral, Ziel und Sinn reduziert; sie ist als ein Geschehen dynamisch und hat als automatisches und fortwährendes Werden keine Schuld. Nietzsche redet eher von dem ursprünglichen Naturzustand als von der Natur an sich, welche nicht als eine Substanz in der Wirklichkeit den Menschen gegenübersteht.

> Unsere Aufgabe ist, die richtige Empfindung d. h. die welche wahren Dingen und richtigen Urtheilen entspricht zu pflanzen. Nicht die natürlichen wiederherstellen: denn sie haben nie existirt. Man lasse sich durch das Wort „natürlich" oder „wirklich" nicht täuschen! Das bedeutet „volksthümlich" „uralt" „allgemein" – mit der Wahrheit hat es nichts zu thun. Nur auf der Grundlage richtiger Empfindungen können die Menschen sich auf die Dauer und auf alle Entfernungen hin verstehen. Dazu bedarf es neuer Werthschätzungen. Zunächst eine Kritik und Beseitigung der Alten. Das zu Verlernende ist jetzt die nächste Masse die Arbeit giebt.[16]

Die Entmenschlichung der Natur als eine Wiederherstellung der Unschuld des Werdens gehört zu der nächsten „Kritik und Beseitigung" der alten Wertschätzungen. Dabei gilt eine entmoralisierte und entmetaphysierte Natur als Ausgangspunkt einer neuen Wertschätzung.

Aus dem chaotischen Naturzustand heraus ist der nächste Schritt zu gehen, nämlich, dass der Mensch mit der Reduktion auf das Tier vernatürlicht wird. Nietzsche will alles Menschliche erneut vom Naturzustand ableiten, um später zur Formel des Willens zur Macht zu gelangen. Durch die „Vernatürlichung des Menschen" als *homo natura*[17] verweist er auf die Sinnlosigkeit, Ziellosigkeit und Wertlosigkeit des Lebens. In dieser Hinsicht befindet er sich im Einklang mit den Kynikern. Im Kynis-

---

[14] Nachlass 1876/77, KSA 8, 23[150], S. 458.
[15] Bertino 2011, S. 40.
[16] Nachlass 1880, KSA 9, 5[25], S. 186.
[17] Zur Thematisierung von *homo natura* bei Nietzsche vgl. Lemm 2020. Dabei wird argumentiert, dass der Mensch für Nietzsche völlig zur Natur gehört und „an inseparable part of nature" (S. 10) ist. Lemm zeigt auch: „Nietzsche's model for *homo natura* and for a truthful enquiry into the nature of the human being may have been inspired by the ancient Cynics' practice of self-knowledge and truth-telling (parrhesia) where the philosophical life exemplifies a natural, lived and embodied pursuit of truth." (S. 7)

mus sieht er die Haltung für die Wertlosigkeit des Lebens und aber die Beharrung am Leben.

> Die Werthlosigkeit des Lebens ist erkannt im Cynismus, aber hat sich noch nicht gegen das Leben gewendet.
> Nein: viel kleine Überwindungen und ein loses Maul befriedigen da![18]

Nietzsche und dem Kynismus ist gemeinsam, dass sie die ursprüngliche Wertlosigkeit des Lebens erkennen und doch nicht auf das Leben verzichten wollen. Das impliziert ihre wesentliche Bejahung zum Leben. Für den Kyniker braucht man zum Leben die kleine Überwindung, die auch als ein wichtiges Mittel zur Steigerung der Macht beim späten Nietzsche dient, der trotz der Sinnlosigkeit des Lebens eine neue Sinngebung durch die Selbstüberwindung herbeiführen will.

Mit der Vernatürlichung setzt Nietzsche den Menschen in ein natürliches Verhältnis hinein, in dem dieser die Welt und sich selbst erst richtig empfinden, erkennen und beurteilen kann. Die Vernatürlichung räumt vor allem mit den sozialen und moralischen Zügen des Menschen auf. Der Mensch gehört eigentlich zur Naturwelt und soll sich ihr nicht gegenüberstellen. Nietzsche reduziert den Menschen auf einen natürlichen bzw. chaotischen[19] Zustand dahin gehend, dass der Mensch ursprünglich keine moralischen Bestimmungen und sozialen Beziehungen hat, um das Menschenbild und die Welt zu rekonstruieren und ihnen neue Werte zu verschaffen.

Insofern entlarvt er die Moral als Widernatur[20]. Und von der Natur als Ziellosigkeit ausgehend, erkennt er, dass die moralischen Wertungen aus dem Vorurteil entstammen, dass die Menschen ein gemeinsames Ziel und Ideal haben. „Alle bisherigen Moralen gehen von dem Vorurtheil aus, daß man wüßte, wozu der Mensch da sei: also sein Ideal kenne. Jetzt weiß man, daß es viele Ideale giebt: die Consequenz ist der Individualismus des Ideals, die Leugnung einer allgemeinen Moral."[21] Als Vorurteil gilt auch die angebliche Menschlichkeit. Das bringt Nietzsche durch den Mund eines Tieres zum Ausdruck[22] und für die Tiere sind Menschlichkeit und Moralität bloße Krankheiten. Während die Menschen die Tiere für unmoralisch halten, charakterisieren die Tiere die Menschlichkeit als Zwang ihrer Natur, mit der sie nicht

---

18 Nachlass 1883, KSA 10, 7[222], S. 310.
19 Vgl. zu der Zugehörigkeit des Menschen als Chaos zur Welt als chaotischem Ganzen Müller-Lauter 1999a, hier S. 131–153. Müller-Lauter betont, dass der Mensch „im Gegensatz zum einheitslosen ‚Ganzen' der Welt, eine Ganzheit in der Welt" ist. Aber dieses Ganze ist „nur als zeitweilige und höchst instabile Vereinigung zahlloser Wesen, die eine Zeitlang wachsen und als Ganzes bestehen kann". Das Ganzsein des Menschen kann auch nicht als „Einheit, gar im Sinne von Einfachheit" (S. 144) zurechtgemacht werden. Denn der chaotische Zustand besagt die Vielheit.
20 Vgl. GD, Moral als Widernatur, KSA 6, S. 82.
21 Nachlass 1880, KSA 9, 4[79], S. 119.
22 Vgl. M 333, KSA 3, S. 234: „Ein Thier, welches reden konnte, sagte: ‚Menschlichkeit ist ein Vorurtheil, an dem wenigstens wir Thiere nicht leiden.'"

gesund leben können. Dagegen leiden die Menschen aus der Sicht der Tiere an der Moral. Insofern ist aus dem Menschen „ein **krankhaftes Thier**"[23] geworden. Dabei werden die Triebe des Menschen durch die Moral unterdrückt und gefesselt.

Nietzsche relativiert ferner die moralischen Urteile über die Triebe. Denn derselbe Trieb kann sich z. B. beim Menschen sowohl zum peinlichen Gefühl, das getadelt wird, als auch zum angenehmen Gefühl, das belohnt wird, entwickeln.

> Das heisst: es hängt sich ihm entweder ein gutes oder ein böses Gewissen an! An sich hat er, wie **jeder Trieb**, weder diess noch überhaupt einen moralischen Charakter und Namen, noch selbst eine bestimmte begleitende Empfindung der Lust oder Unlust: er erwirbt diess Alles erst, als seine zweite Natur, wenn er in Relation zu schon auf gut und böse getauften Trieben tritt, oder als Eigenschaft von Wesen bemerkt wird, welche vom Volke schon moralisch festgestellt und abgeschätzt sind.[24]

Die moralischen Urteile werden auf die moralischen Empfindungen, die als Geschmäcker des Einzelnen aufzufassen sind, zurückgeführt. Nietzsche beklagte im Jahr 1883 in einer Notiz, „daß man noch **nicht** weiß, **Moral ist Geschmacks-Sache**"[25]. Das moralische Schätzen ist individuelles Schmecken und „alles Leben ist Schmecken und Geschmack und Streit um Geschmack und Schmecken"[26].

Der Mensch wird als Tier vernatürlicht, aber als ein Tier mit roten Backen, „welches sich oft hat schämen müssen"[27]. Nietzsches Konzeption des Menschen geht von der Menschenvorstellung als eines Tieres aus, das sich aus Trieben, Instinkten, Begierden, Leidenschaften und Affekten zusammensetzt. Der Leib und das Leibliche erweisen sich als das Wesentliche des Menschen. Denn das Leibliche geht den Gefühlen und Gedanken voraus und in ihm kommt das Selbst zur Erscheinung, nicht in der Seele. Nietzsche negiert den Dualismus zwischen Leib und Seele und setzt die Seele bzw. den Geist als Teil des Leibes herab. Während die Seele im traditionellen Sinne für das Bewusstsein und das Bewusste steht, umfasst der die Seele einschließende Leib nicht nur das Bewusstsein und die Vernunft, sondern auch das Unbewusste, das von der Seele nicht erkannt worden ist und doch die Seele, Gedanken und die Vernunft nachhaltig beeinflusst.

Für Nietzsche liegt der Moral auch das Unbewusste als „die terra incognita"[28] zugrunde: „**Die Moralen als Zeichensprache der Affekte: die Affekte selber aber eine Zeichensprache der Funktionen alles Organischen.**"[29] Deswegen ist die Moral keine absolute Gegebenheit aus der höchsten Vernunft über den

---

23 GM III 28, KSA 5, S. 411.
24 M 38, KSA 3, S. 45.
25 Nachlass 1883, KSA 10, 7[62], S. 263.
26 Nachlass 1883, KSA 10, 12[9], S. 401.
27 Nachlass 1883, KSA 10, 12[1], S. 390.
28 Nachlass 1882/83, KSA 10, 5[31], S. 225. Vgl. zur ausführlichen Darstellung des Begriffs des Unbewussten bei Nietzsche Gödde 2002.
29 Nachlass 1883, KSA 10, 7[60], S. 261–262.

Menschen. Nietzsche betrachtet sich insofern als den Ersten, der die Illusion der absoluten Moralität dahin gehend ans Licht gebracht hat, „**dass es gar keine moralischen Thatsachen giebt**"[30].

Mit der Umdeutung des Leibes als Herkunft des menschlichen Denkens meint Nietzsche, dass die metaphysischen Antworten auf die Frage nach dem Wert des Lebens „zunächst immer als Symptome bestimmter Leiber" anzusehen sind und dass die Philosophie nur eine Interpretation des Leibes ist. Die bisherige Philosophie hat deshalb den Leib und das Leben missverstanden und missdeutet, weil sie die „unbewusste Verkleidung physiologischer Bedürfnisse unter die Mäntel des Objektiven, Ideellen, Rein-Geistigen"[31] übersehen hat. Nietzsche führt die philosophischen Weltvorstellungen auch auf den leiblichen Zustand der Philosophen zurück: Die Welt-Bejahung gilt als Symptom des Wohlergehens, des Geratens, der Gesundheit und „der Fülle, Mächtigkeit, Selbstherrlichkeit" des Leibes, dagegen die Welt-Verneinung als Symptom des Missratens, der Krankheit, der décadence und „der Hemmungen, Ermüdungen, Verarmungen", des „Vorgefühls vom Enden", des „Willens zum Ende" des Leibes.[32] Als Welt-Bejahung soll die Philosophie dem Leben eine Unterstützung leisten, eine Therapie bieten, die es von der Krankheit der moralischen Verneinungen und der Schwächung der Lebenskraft befreit. Als Psychologe hofft Nietzsche auf den zukünftigen philosophischen Arzt, der nach der gesamten Gesundheit des Menschen und der Stärkung des Leibes strebt. In den Vordergrund der Philosophie rückt er zunächst nicht die Wahrheit, sondern die Gesundheit, die Zukunft, das Wachstum der Kraft und die Steigerung des Lebens.

Es lässt sich damit feststellen, dass die Natur als Ausgangspunkt für Nietzsches Philosophieren und seine Umwertung aller Werte fungiert. Diese neu zu fassende Natur zeigt sich in zwei Aspekten. Zum einen ist die entmenschte Natur ein chaotischer Zustand, in dem es weder Gesetze, Moral, Ziel, Sinn noch die Gegenüberstellung von Menschen und Welt gibt. Der Mensch als Mikrokosmos lebt in einer Natur oder einer Welt, die als Makrokosmos „ungöttlich, unmoralisch, ‚unmenschlich'"[33] ist. Diese neutrale Natur darf für Nietzsche vom Menschen nicht verneint werden. Verneint der Mensch die Natur, wird er sich selbst als einen Teil der Natur verneinen. Damit geht seine leibliche Übereinstimmung mit der Natur auch aus seiner Sicht verloren, was zum Problem des Dualismus führt. Erst in der entmoralisierten Natur als Dynamik, als ununterbrochen bildende und gestaltende Kraft entwickelt sich das Konzept von der Welt als Wille zur Macht, welcher aber keine Substanz in sich hat.

Durch die Entmenschung der Natur zielt Nietzsche zum anderen auf eine neue Konzeption der menschlichen Natur ab. Er reduziert, wie die Kyniker, den Menschen

---

30 GD, Die „Verbesserer" der Menschheit 1, KSA 6, S. 98.
31 FW, Vorrede zur zweiten Aufgabe, KSA 3, S. 348.
32 FW, Vorrede zur zweiten Aufgabe, KSA 3, S. 349.
33 FW 346, KSA 3, S. 580.

und die menschliche Natur auf das Tier und das Tierische dahin gehend, dass das Leibliche wesentlicher und fundamentaler als der Geist und die Vernunft ist. Den Leib machen sowohl das Bewusstsein und das Denken als auch die unbewussten Triebe, Instinkte, Gefühle und Leidenschaften aus. Auf die Dynamik des Leiblichen hin kann der Mensch sich als eine Organisation formen. Insofern ist er „ein organisiertes Stück Chaos"[34], das geschöpft wird und auch selbst schöpfen kann. Darin besteht eben Nietzsches affirmative Vorstellung vom menschlichen Leben als plastischer Kunst.[35]

---

34 Müller-Lauter 1999a, S. 149.
35 Vgl. Simon 2002. Nach Simon sind Nietzsches bejahende Vorstellungen „vom Leben und für das Leben" „erdichtete Antworten auf die ‚natürliche' Zeichensprache der Affekte" und „*Übersetzungen* aus dieser Zeichensprache in Zeichen einer *anderen* Sprache, in für das Leben *bessere Vorstellungen*" (S. 83). Insofern verhält sich Natur zu Leben wie Form zu Kunst. Gerhardt 1988b zeigt, dass Nietzsche „Trieb, Bedürfnis und Sinnlichkeit als die treibenden Kräfte der Kunst exponieren" möchte. Für Nietzsche gelten die Triebe als „die eigentlichen Künstler" und in dem Leiblichen „liegen die primären Energien der ästhetischen Produktion" (S. 29).

6 Die Natur des Menschen: Leib und Überfülle

6.1 Die Natur des Menschen als das Leibliche

Nietzsches Umdeutung des Lebens hebt als Grundlage der menschlichen Natur die Triebe, Affekte und Instinkte hervor, „vermögen deren es Leben und Wachsthum giebt"[1]. Insofern kann auch von einer Umwertung der leiblichen Wesen geredet werden.[2] Nur die Leiblichen sind für ihn real gegeben, „dass wir zu keiner anderen ‚Realität' hinab oder hinauf können als gerade zur Realität unserer Triebe"[3]. Das primitive Triebleben lässt sich als „eine Vorform des Lebens" charakterisieren, welche sich von sich aus[4] gestaltet und organische Funktionen wie Selbstregulation, Assimilation, Ernährung, Ausscheidung und Stoffwechsel erzeugt. Die organischen Funktionen sind als solche Prozesse zu verstehen, dass die Triebe dauerhaft miteinander kämpfen, um an die Herrschaft über andere zu kommen. Sie gelten nicht als Ursachen der Triebe, sondern als Wirkungen des Triebgeschehens[5] bzw. der Kämpfe unter den Trieben.

Die Grundtriebe des Menschen sind voneinander verschieden und erweisen sich als unterschiedliche Perspektiven, von denen aus alles Geschehen und Erleben abgeschätzt und beurteilt wird. Da es unter allen Trieben zeitweilig sowohl ein Miteinander als auch ein Auseinander und sogar ein Gegeneinander gibt, können einige Triebe von anderen gefördert, bestärkt, gehemmt oder unterdrückt werden. Jeder Trieb hat die Neigung zur Verstärkung seiner selbst, welche die der anderen Triebe verhindern kann. Dies führt zum Kampf unter ihnen um die Dominanz. Daraus resultiert, dass die einen Triebe als Sieger sich steigern und mächtiger werden, während die anderen sich ergeben und schwächer werden.

Alle Triebe sind für Nietzsche jenseits von Moral, Nützlichkeit und Egoismus verortet. Die Menschen sind insofern „die Verleumder der Natur"[6], als sie ihren

---

[1] Nachlass 1886/87, KSA 12, 7[6], S. 274.
[2] Die Umwertung der Leiblichen kann nämlich mehr oder minder als Umwertung der Affekte gelten. Vgl. dazu Stegmaier 2012c. Stegmaier versteht Nietzsches Umwertung der Affekte eher als „eine *Kritik* dogmatischer Lehren von der Beherrschung der Affekte" durch Vernunft und Moral denn als „eine *Lehre* von Affekten" (S. 534). Aber bei Nietzsche sollte sein Gedanke von Affekten bzw. Leiblichen im Wesentlichen als Grundlage seiner Philosophie resp. Umwertung aller Werte dienen.
[3] JGB 36, KSA 5, S. 54.
[4] Vgl. zur Konzeption des Leibes als eines euphorischen Seinsbegriffs bei Nietzsche Grätzel 1989, hier S. 117–163. Grätzel zeigt genau, dass Nietzsche „den Leib als reines Aus-sich-sein vorstellen" (S. 120) will.
[5] Vgl. Haberkamp 2000, S. 81: „Er [Nietzsche] sieht die Triebe als die ursprünglichsten Wirkungsformen der organischen Kräfte im Menschen. Das Triebgeschehen ist für ihn das eigentliche Leben des Menschen, in ihm vollzieht sich nicht nur seine Existenz, sondern sein innerstes Wesen gelangt in ihm zum Ausdruck." Aber es ist dabei fragwürdig, dem Menschen ein „innerstes Wesen" zuzuschreiben. Denn es gibt kein inneres Wesen als das Substrat hinter dem Triebgeschehen.
[6] FW 294, KSA 3, S. 534.

natürlichen Hang als egoistisch und die Triebe als böse verurteilen. Nach Nietzsche ist jeder Trieb unintelligent und kennt keine Nützlichkeit für den Leib. Die angebliche Selbstsucht des Triebs ist seine eigentliche Natur.

> Jeder Trieb, indem er thätig ist, opfert Kraft und andere Triebe: er wird endlich gehemmt; sonst würde er Alles zu Grunde richten, durch Verschwendung. Also: das „Unegoistische" Aufopfernde Unkluge ist nichts Besondres – es ist allen Trieben gemeinsam – sie denken nicht an den Nutzen des ganzen ego (weil sie nicht denken!) sie handeln „wider unseren Nutzen", gegen das ego und oft für das ego – unschuldig in Beidem![7]

Dagegen resultieren die sogenannten guten und bösen Triebe aus der Auslegung des vermoralisierten Menschen. Der Trieb ergibt sich aber unvermeidlich als selbstisch im Kampf mit den anderen; er denkt nicht an die Nützlichkeit des sogenannten Ichs und hängt nicht von diesem als einem Komplex ab, sondern umgekehrt; er entscheidet allein für sich selbst und sorgt nur für sein eigenes Wachstum. Es gibt für das Leben als Ganzes gegensätzliche Triebe, entweder „nützlich" oder „unnütz". Der Kampf unter den Trieben kann ihm sowohl Vorteile als auch Nachteile bringen und bedingt seinen psycho-physiologischen Zustand.

Im Kampf will jeder Trieb zur Herrschaft kommen. „Jeder Trieb ist eine Art Herrschsucht, jeder hat seine Perspektive, welche er als Norm allen übrigen Trieben aufzwingen möchte."[8] Den jeweiligen Trieben entsprechend, eröffnen sich viele verschiedene Perspektiven auf die Welt. Der Ausdruck der Perspektive des dominanten Triebs regt das Leben dazu an, sich und die Welt auszulegen. Nietzsche sieht dabei die Interpretation des Menschen im Hinblick auf seinen Trieb als eine psychologische Gegebenheit an.[9] Auf die Neigung und Abneigung des Triebs hin gilt die Weltauslegung als optimistisch oder pessimistisch. Der Mensch könnte sich gegenüber der Welt auch gleichgültig verhalten. Damit führt Nietzsche die Weltvorstellung psycho-physiologisch auf die Haltungen der Triebe zurück.

Es ist für Nietzsche eine Tatsache, dass die herrschenden Triebe als höchste Wertinstanzen, „ja als schöpferische und regierende Gewalten"[10], angesehen werden wollen. Aber ein Mensch, der alle Triebe, die miteinander in Konkurrenz, Gegensatz und Feindschaft stehen, befriedigen will, ist nur ein mittelmäßiger. Denn als Vermittler schränkt er all seine Triebe in einem gewissen Maß ein. Nietzsche differenziert außerdem die starken Triebe von den schwachen. Er negiert den traditionellen moralischen Standpunkt, dass die Triebe, die zum gemeinschaftlichen Wohlergehen ihren Beitrag leisten, als positiv, nützlich und moralisch gut gelten. Die angeblichen altruistischen Triebe sind dagegen für ihn bloße Herdeninstinkte, die sich im Wesentlichen durch die Selbstunterdrückung im Interesse der anderen Men-

---

[7] Nachlass 1883, KSA 10, 8[23], S. 342.
[8] Nachlass 1886/87, KSA 12, 7[60], S. 315.
[9] Hofmann 1994 nimmt an, dass die Interpretation, nämlich das Perspektive, für Nietzsche „als *die* Grundbedingung *allen* Lebens, nicht nur des menschlichen" (S. 45) gilt.
[10] Nachlass 1886/87, KSA 12, 7[3], S. 257.

schen kennzeichnen und nicht auf die Kraftauslassung, sondern nur auf die Selbsterhaltung abzielen. Unter ihnen sind bspw. Rücksicht, Mitleiden, Billigkeit, Milde, Gegenseitigkeit der Hilfeleistung zu nennen, welche umgekehrt als Tugenden in der christlichen Moral gelobt werden. Aber aus einer anderen Perspektive sind sie nicht so lobenswert und selbst außermoralisch:

> Eine mitleidige Handlung zum Beispiel heisst in der besten Römerzeit weder gut noch böse, weder moralisch noch unmoralisch; und wird sie selbst gelobt, so verträgt sich mit diesem Lobe noch auf das Beste eine Art unwilliger Geringschätzung, sobald sie nämlich mit irgend einer Handlung zusammengehalten wird, welche der Förderung des Ganzen, der res publica, dient. Zuletzt ist die „Liebe zum Nächsten" immer etwas Nebensächliches, zum Theil Conventionelles und Willkürlich-Scheinbares im Verhältniss zur Furcht vor dem Nächsten. Nachdem das Gefüge der Gesellschaft im Ganzen festgestellt und gegen äussere Gefahren gesichert erscheint, ist es diese Furcht vor dem Nächsten, welche wieder neue Perspektiven der moralischen Werthschätzung schafft.[11]

Zu den starken und gefährlichen Trieben gehören die Unternehmungslust, Tollkühnheit, Rachsucht, Verschlagenheit, Raubgier, Herrschsucht. Wenn sie den Einzelnen über die Herde hinausheben, seinen Nachbarn furchtbar scheinen und das Selbstgefühl und die Sicherheit der Gemeinde zugrunde richten, werden sie aus der Perspektive der Herden als böse verurteilt. Diesen moralischen Kampf entlarvt Nietzsche als Ausdruck eines anderen Triebs.[12] Dabei zeigt sich, dass seine Umdeutung der Triebe nicht vom Leben in einer Gemeinschaft, sondern allein vom Leben des Individuums ausgeht.

Unter den Trieben sind zudem sowohl die Triebe zur Erkenntnis und Wahrheit als auch die zum Unwissen, zur Falschheit und zum Lügen zu finden. Aber für einen bestimmten Trieb vermag sich der „Wille" oder „das Bewusstsein" nicht zu entscheiden. Denn dieses bildet nur einen oberflächlichen Teil des Triebgeschehens: „Alles, was in Bewußtsein tritt, ist das letzte Glied einer Kette, ein Abschluß."[13] Für Nietzsche ist es nur scheinbar und unbeweisbar, dass ein Gedanke unmittelbar einen anderen verursacht. Der eigentliche Gedankenvorgang bildet sich undurchsichtig hinter dem Bewusstsein heraus. Was als Reihe und Nacheinander von Gefühlen und Gedanken auftritt, sind nur Oberfläche, Zeichen und Symptome des umfassenden leiblichen Geschehens.

---

[11] JGB 201, KSA 5, S. 122.
[12] Vgl. M 109, KSA 3, S. 98–99: „Vielmehr ist unser Intellect bei diesem ganzen Vorgange ersichtlich nur das blinde Werkzeug eines anderen Triebes, welcher ein Rival dessen ist, der uns durch seine Heftigkeit quält: sei es der Trieb nach Ruhe oder die Furcht vor Schande und anderen bösen Folgen oder die Liebe. Während ‚wir' uns also über die Heftigkeit eines Triebes zu beklagen meinen, ist es im Grunde ein Trieb, welcher über einen anderen klagt; das heisst: die Wahrnehmung des Leidens an einer solchen Heftigkeit setzt voraus, dass es einen ebenso heftigen oder noch heftigeren anderen Trieb giebt, und dass ein Kampf bevorsteht, in welchem unser Intellect Partei nehmen muss."
[13] Nachlass 1885/86, KSA 12, 1[61], S. 26.

Hinter den Gedanken stehen zwar die Triebe. Aber der Gedanke stammt nicht aus einem bestimmten Trieb. Jeder Gedanke, jedes Gefühl oder jeder Wille verdeutlicht schon den Gesamtzustand, der aus vielen Trieben zusammengesetzt worden ist. Durch den Kampf unter diesen wird eine dynamische augenblickliche Feststellung der Herrschaft erzeugt, die an der Oberfläche des ganzen Bewusstseins als Gedanke, Gefühl oder Wille zutage tritt. Mit der jeweiligen Herrschaft des Triebes kommt ein entsprechender Charakterzug bzw. Geschmack hervor. Deswegen könnte eine Person zu unterschiedlicher Zeit nicht stets die gleichen Gedanken und Gefühle haben und aber paradoxe Handlungen begehen. Bei der Art und Weise, wie man denkt und handelt, kommt es nach Nietzsche nicht auf die Vernunft oder das Bewusstsein an, sondern auf den gegenwärtigen Gesamtzustand des Kampfs der Triebe. Sofern dieser sich verändert, folgt dann ein anderer Gedanke. „Der nächste Gedanke ist ein Zeichen davon, wie sich die gesammte Macht-Lage inzwischen verschoben hat."[14]

Damit wird klar gemacht, dass man wegen der Dominanz verschiedener Triebe gegenüber einer Person nicht immer dieselbe Empfindung hat. Und aus der Veränderung der Herrschaft des Triebs resultiert das Werden der Persönlichkeit. Der Mensch ist „**das noch nicht festgestellte Thier**"[15], weil seine Triebe immer den Kampf miteinander führen und sich die Herrschaft verändert. Insofern ist es ihm stets möglich, sich weiterzuentwickeln oder sich neu zu gestalten.

In sinnlichen Empfindungen stecken schon die Wertschätzungen, die Nietzsche für „in allen Funktionen des organischen Wesens"[16] gegeben hält. Dabei rückt er das Verständnis von Lust und Unlust in ein neues Licht. Als eine bloße Hypothese gilt ihm die traditionelle Auffassung, dass Lust und Unlust ursprüngliche Formen der Wertschätzung sind. Dagegen betrachtet er Lust, Unlust und Schmerz als bloße Folgen der Wertschätzung bzw. der Interpretation.[17] Sie sind keine Zwecke eines Handelns, sondern begleitende Erscheinungen. Aufgrund der Reaktionsgradation auf Reize wird die Lust von der Unlust unterschieden. Lust gehört zu „**überströmendem Kraftgefühl, welches sich austhun muß**" und Unlust steht dagegen für die „**Hemmung des Machtgefühls, welches sich befreien oder entschädigen muß**".[18] Damit verliert der alte Gegensatz zwischen Lust und Unlust seine Gültigkeit.

Ebenso gut wie Lust und Unlust können Glück und Unglück auf das Kraftgefühl reduziert werden. Durch das Gefühl der Vermehrung der Kraft kommt das Glück zum Bewusstsein des Menschen. Dagegen veranlasst die Verminderung des Kraftgefühls das Bewusstsein des Unglücks. Das Glück sollte kein Ziel des Handelns sein,

---

14 Nachlass 1885/86, KSA 12, 1[61], S. 26.
15 JGB 62, KSA 5, S. 81.
16 Nachlass 1884, KSA 11, 26[72], S. 167.
17 Vgl. zur Darstellung des Schmerzgefühls als Folge der Interpretation bei Nietzsche in Bezug auf die Neurologie Olivier 2003. Im Hinblick auf Schmerz zeigt Olivier, dass Nietzsches Notion von Physiologie in der Nähe der heutigen Neurologie steht.
18 Nachlass 1883, KSA 10, 7[77], S. 268.

sondern Mittel für den unwillkürlichen leiblichen Vorgang der Explosion, dass eine Kraftmenge sich ausgibt und auslässt.[19] Dass es kein Ziel des Handelns gibt, bedeutet, dass der Mensch keine freie Entscheidung des Handelns und keine Freiheit des Willens[20] hat. Insofern degradiert Nietzsche die Willensfreiheit als Inbegriff der Vernunft zu einem Gefühl im Vorgang der Kraftexplosion.

> Und Ein und dieselbe Kraftgefühls-Menge kann sich auf tausend Weisen entladen: dies ist „Freiheit des Willens" – das Gefühl, daß im Verhältniß zu der nothwendigen Explosion hundert von Handlungen gleich gut dienen. Das Gefühl einer gewissen Beliebigkeit der Handlung in Betreff dieser Spannungs-Erleichterung.
> Meine Lösung: der Grad des Kraftgefühls befruchtet den Geist; der führt viele Ziele vor, wählt sich ein Ziel aus, dessen Folgen für das Gefühl ausspannend sind: also giebt es eine doppelte Entladung: einmal in der Vorwegnahme eines ausspannenden Ziels, sodann im Handeln selber.
> [...]
> Ein überströmendes geladenes Kraftgefühl ist da: das vorgestellte Ziel der Handlung giebt eine Vorwegnahme der Ausspannung und reizt dadurch noch mehr zur Entladung; die folgende Handlung giebt die eigentliche Ausspannung.
> So ist es! Das vorgestellte Ziel steigert die Begierde der Entladung auf's Höchste.[21]

Damit dient das Glück als vorgestelltes Ziel des Handelns zur Steigerung der Spannung des Gefühls. Von dem finalen Glück unterscheidet Nietzsche das Glück in Handlungen als Entladung und Ausspannung, die zum „Gleichgewicht der auslösenden Thätigkeiten aller Triebe"[22] führen. Das eigentliche Glück sollte nicht im Resultat des Handelns gefunden werden, sondern kommt im Handeln als Befriedigung der Triebe zum Ausdruck. Nietzsche weist darauf hin, dass das Glück im Ziel nur vermeintliche Motivation und Ausgeburt der Kraftspannung ist, aber keineswegs eigentliche treibende Kraft. Daraufhin denunziert er den Eudämonismus als Folge oberflächlicher ungenauer Beobachtung. Denn es ist eine Illusion des Handelnden, dass er seine Handlung allein in Bezug auf das Wohlbehagen auszuführen meint. Diese Oberflächlichkeit gilt auch für den Hedonismus, Pessimismus und Utilitarismus: „alle diese Denkweisen, welche nach Lust und Leid, das heisst nach Begleitzuständen und Nebensachen den Werth der Dinge messen, sind Vordergrunds-Denkweisen und Naivetäten [...]."[23]

---

19 Insofern erweist sich das Glück auch als Selbstsucht. Vgl. dazu Schneider 1983. Im Sinne der Erziehung versteht Schneider die Selbstsucht bei Nietzsche noch als „Gezogenwerden zum Höchsten" (S. 94).
20 Vgl. zum Begriff der Freiheit bei Nietzsche Emundts 1997.
21 Nachlass 1883, KSA 10, 7[77], S. 269.
22 Nachlass 1883, KSA 10, 7[260], S. 321. Zur Spannung als einer wichtigen Rolle in der Größe vgl. Brusotti 2011.
23 JGB 225, KSA 5, S. 160.

6.1 Die Natur des Menschen als das Leibliche — 113

Die Hintergründe der Handlungen bilden dagegen Triebe, Instinkte, Begierde, resp. die Leiblichen, die man nicht durchschauen und herausfinden kann. Zudem gibt es viele starke Kräfte, die im Bewusstsein nicht völlig klar formuliert werden können. Denn das Bewusstsein ist Nietzsche zufolge dem Menschen nicht von Anfang gegeben, sondern ein später entwickeltes „Organ", welches im kollektiven Leben im Rahmen von Mitteilungsfähigkeit und -bedürfnis hervorgebracht worden ist. Seine Entwicklung ist „die Folge eines furchtbaren langen über dem Menschen waltenden ‚Muss': er brauchte, als das gefährdetste Thier, Hülfe, Schutz, er brauchte Seines-Gleichen, er musste seine Noth auszudrücken, sich verständlich zu machen wissen"[24]. Mit ihr geht die Sprache als Mitteilungszeichen einher.[25] Auf das Bewusstsein projiziert bloß die Oberfläche des Lebens und ohne es kann man immer noch wollen, fühlen und handeln.[26] Die menschliche Handlung setzt nämlich kein Bewusstsein voraus. Aber der Mensch kann keine Verbindung zu anderen herstellen, wenn er sich seiner nicht bewusst worden ist. Im Zug der Kommunikation gelangt er über sein Tierisches hinaus und erlangt seine sozialen Eigenschaften. Gerade in dieser Hinsicht steht das Bewusstsein nach Nietzsche für die Gemeinschaft- und Herden-Natur des Menschen. Es entwickelt sich zwar notwendig, ist aber für das Individuum eine Gefahr und sogar eine Krankheit, weil es eine perspektivisch verallgemeinerte, eine vergemeinerte Welt ins Werk setzt.[27]

Mit der Herabsetzung der Stellung des Bewusstseins verweist Nietzsche auf die Beschränktheit des Glaubens, die Absicht sei der Ursprung der Handlung: „Die Absicht als die ganze Herkunft und Vorgeschichte einer Handlung: unter diesem Vorurtheile ist fast bis auf die neueste Zeit auf Erden moralisch gelobt, getadelt, gerichtet, auch philosophirt worden."[28] Damit werden die inneren Realitäten, der Wille, der Geist, das Ich, als Fiktionen des Menschen entlarvt. Denn erst mit dem Bewusst-

---

24 FW 354, KSA 3, S. 591.
25 Vgl. zur ausführlichen Darstellung der Beziehung zwischen Bewusstsein, Sprache und Natur Abel 2001; Simon 1984. Mit der empirischen Herkunft der Sprache vertritt Nietzsche aber keinen Spracherelativismus. Vgl. dazu Albrecht 1979.
26 Vgl. Hennig 2016. Durch die Darstellung der Körperteile, wie Füße, Nase und Zunge, die „Denkorgane" bilden können, zeigt Hennig: „Bei Nietzsche firmieren Körperteile wie die Zunge, das Ohr, die Nase, die Füße oder der Magen – so meine These – als bewusstseins- und subjektunabhängige, sich selbst regulierende, autopoietische Systeme." (S. 166)
27 Vgl. zu einer anderen Auslegung der Krankheit im Hinblick auf Dostojewskijs Einfluss Dellinger 2012. Dellingers Auslegung lautet: „Gefährlich und potentiell krankhaft wäre demgemäß nicht das ‚Perspektivische' selbst, sondern vielmehr dessen Bewusstwerdung bzw. Bewusstmachung." (S. 342) Nach ihm soll die Verallgemeinerung der Perspektive zugunsten der Gemeinschaft und Herde nicht als Gefahr oder Krankheit begriffen werden. Aber Nietzsche versteht es schon als eine Krankheit, dass der Mensch als Tier durch die kollektive Gebundenheit der Herde schwächer wird. Dellingers Deutung geht zu weit, dass das krankhafte Bewusstsein als Bewusstwerden von der Scheinbarkeit der Perspektiven ein radikaler Nihilismus ist. Es geht Nietzsche dabei vielmehr um die Erhaltung und das Interesse der Herden als Unterdrückung des großen Individuellen.
28 JGB 32, KSA 5, S. 51.

sein kann man eine Absicht verfolgen, nachdenken, abwägen, eine Urteilkraft besitzen und sich autonom entscheiden. So ist die Autonomie der Vernunft auch nachträglich hinzugekommen.

Man kann zwar die Verabsolutierung der Vernunft kritisieren, aber sich in der Tat nicht völlig abweisend gegenüber dieser verhalten. Obwohl die Vernunft vor allem aus der moralischen Perspektive der Herdeninstinkte ihren höchsten Sinn erlangt, vermittelt es keineswegs den Anlass, die Notwendigkeit ihrer Existenz für das menschliche Leben abzuerkennen. Es gibt zwar nur immoralische Phänomene, zu denen der Menschen aber unvermeidlich moralische Interpretationen formuliert. Auch Nietzsche selbst vertritt eine geistige Aristokratie und hebt die Herren-Moral mit Vornehmheit des Menschen hervor.[29] Er verweigert nicht die Moral überhaupt, sondern nur eine perspektivische Moral, welche aber den Anspruch auf Universalität und absolute Normativität ihrer Interpretation erhebt und die ihr gegenüberstehenden Triebe verwerfen und andere Interpretationen vernichten möchte. Die daraufhin folgende Triebunterdrückung, Selbstverleugnung und Lebensverneinung hält er für décadence der europäischen Kultur. Trotz seiner Kritik ist der Begriff Vernunft noch aufrechtzuerhalten, aber aus einer umgekehrten Perspektive. Die Vernunft verliert nämlich ihre Eigenschaft der Autonomie und den Vorrang vor den Instinkten und hat ihre Instanz im Leib als Triebdominanz[30].

6.2 Der Leib als „grosse Vernunft": Nietzsches Kritik an Vernunft, Wahrheit und Wissenschaft

Es liegt auf der Hand, dass der Leib den Vorrang vor dem Bewusstsein und dem Geist hat. Der Leib ist ein viel komplizierteres und vollkommeneres Gebilde als das Gedanken- und Gefühlsystem. In Zarathustras Rede „Von den Verächtern des Leibes" differenziert Nietzsche den Leib als große Vernunft von dem Geist als kleiner Vernunft[31].

---

29 Vgl. Gerhardt 1992a, vor allem S. 30–36. Gerhardt zeigt auch die Beschränktheit von Nietzsches Kritik an der Absicht, dem Bewusstsein und dem Willen als Oberfläche: „Mit dem Wissen vom Grund und Untergrund von Oberflächen verschwinden diese keineswegs! Folglich wird auch von Absicht, Bewusstsein und Wille weiter die Rede sein." (S. 34)
30 Vgl. Georg 2011. Georg weist treffend auf die grundlegende Leiblichkeit des Menschen als Triebdominanz hin: „Mit der Prämisse Triebdominanz müssen universelle, moralische Normen als Werte dechiffriert werden, die für die Individuen degenerierende und pathologische Konsequenzen haben. Namentlich das Bewusstsein und die Vernunft stehen hier auf einem Prüfstand, der ihren Anspruch auf Autonomie gegenüber der Leiblichkeit sprengt. Von daher kann Nietzsches Ziel keine ‚Vermehrung' des Bewusstseins, sondern eine Steigerung der Willen zur Macht sein, die zu einer Intensivierung der Leib vernünftigen Potenzen führt." (S. 218)
31 Vgl. zur kleinen Vernunft Abel 1990. Abel erörtert die kleine Vernunft im Hinblick auf acht Aspekte: „Die kleine, d. h. die im Sinne des fundamentalistischen Selbstbewußtseins auf sich selbst fixierte Vernunft geht (1) aufs Ganze im Sinne eines Endzwecks, (2) auf Wahrheit-in-der-Sache, (3) auf Rückführung auf Prinzipien, (4) auf Abschließbarkeit (in einem letzten Grund oder in einem

Aber zwischen der großen und kleinen Vernunft gibt es keinen Gegensatz, sondern die kleine Vernunft ist bloß „ein kleines Werk- und Spielzeug" bzw. ein Teil der großen. Damit ist auch die Seele „nur ein Wort für ein Etwas am Leibe"[32].

Aus der Organisation des Leibes resultiert die kleine Vernunft. Und genauso wie die Sinne ist die Vernunft ein Organ des Leibes. Sie ist jedoch kein Organ, wie Lunge oder Leber, sondern ein Organ als Vermögen, welches dem Menschen das Erkennen, Erwägen und Verstehen ermöglicht. Der Leib als Hersteller und Träger der Vernunft ist damit auch vernünftig. Aber im Verhältnis zu der kleinen Vernunft ist er deshalb noch vernünftiger, da seine Leistung früher und umfänglicher als die der Vernunft ist.

Weil die Vernunft im Hinblick auf die traditionelle Philosophie als Gegenspielerin des Leibes verstanden wird, führt dies stets zur Verachtung des Leibes und des Lebens. Denn die Vernunft wird eigentlich als ein dem Leib überlegenes Vermögen begriffen und dieser erscheint unter Umständen sogar als Laster und Hindernis für vernünftige und tugendhafte Handlungen. Zudem kann der Leib die Vernunft mit Lüsten, Leidenschaften, Begierden und Affekten in umgekehrter Richtung verleiten. Er zieht die Vernunft nach unten und zum Sinnlichen, während diese den Menschen immer nach dem überirdischen Guten streben lässt. In der Gegenposition zwischen Leib und Vernunft sieht Nietzsche die Folge als praktischen Pessimismus, dass man den Leib und sogar das Leben für eine Krankheit hält und meint, die Seele durch den Tod vom Leib befreien zu können. Durch den Mund Zarathustras macht er einen spöttischen Vorschlag, dass die Verächter des Leibes „nur ihrem eigenen Leibe Lebewohl sagen – und also stumm werden"[33] sollen.

Der Leib als große Vernunft zeigt sich vor allem im Hinblick auf das Handeln. Er ist mächtiger als der Geist dazu in der Lage, die Handlung des Menschen zu regulieren. Nach Nietzsche wird der Mensch beim Handeln eher am Leib orientiert als am Geist. Es kommt dabei auf den Trieb an, der jetzt als Sieger des Kampfs an die Herrschaft gekommen ist. Damit kann der Mensch trotz seines Geistes auch inkonsequent handeln. Der Grund dafür liegt im Trieb, „dass der Souffleur dieser Vernunft heute ein anderer war, als er gestern war, – ein anderer Trieb wollte sich befriedigen, bethätigen, üben, erquicken, entladen, – gerade er war in seiner hohen Fluth, und gestern war ein anderer darin"[34]. Dabei spielt nicht mehr der Geist die größte Rolle, sondern der Leib. Je nach der Art des Triebes, der die Herrschaft gerade ausübt, kann dasselbe Ereignis von derselben Person unterschiedlich verstanden und interpretiert werden.

System), (5) auf Einheit, (6) auf vollständige Transparenz, (7) auf unbegrenzte Verdeutlichung, (8) auf das Auffinden des Unbedingten zum Bedingten." (S. 106)
32 Za I, Von den Verächtern des Leibes, KSA 4, S. 39.
33 Za I, Von den Verächtern des Leibes, KSA 4, S. 39.
34 M 119, KSA 3, S. 113.

Gehört die Vernunft zum Leib und bestimmt der Leib in der Tat die Handlungen, dann soll es keinen Unterschied zwischen praktischer und theoretischer Vernunft geben. In dieser Hinsicht kritisiert Nietzsche in einer Notiz die Trennung zwischen Theorie und Praxis bei den Philosophen.

> Gefährliche Unterscheidung zwischen „theoretisch" und „praktisch" z.B. bei Kant, aber auch bei den Alten
> – sie thun, als ob die reine Geistigkeit ihnen die Probleme der Erkenntniß und Metaphysik vorlege
> – sie thun, als ob, wie auch die Antwort der Theorie ausfalle, die Praxis nach eigenem Werthmaße zu beurtheilen sei.
> Gegen das Erste richte ich meine Psychologie der Philosophen: ihr entfremdetster Calcul und „Geistigkeit" bleibt immer nur der letzte blasseste Abdruck einer physiologischen Thatsache; es fehlt absolut die Freiwilligkeit darin, Alles ist Instinkt, Alles ist von vorn herein in bestimmte Bahnen gelenkt …
> – gegen das Zweite frage ich, ob wir eine andere Methode kennen, um gut zu handeln als immer gut zu denken: letzteres ist ein Handeln, und ersteres setzt Denken voraus. Haben wir ein Vermögen, den Werth einer Lebensweise anderswie zu beurtheilen als den Werth einer Theorie durch Induktion, durch Vergleichung? … Die Naiven glauben, hier wären wir besser daran, hier wüßten wir, was „gut" ist, – die Philosophen reden's nach. Wir schließen, daß hier ein Glaube vorhanden ist, weiter nichts …
> „Man muß handeln; folglich bedarf es einer Richtschnur" – sagten selbst die antiken Skeptiker
> die Dringlichkeit einer Entscheidung als Argument, irgend etwas hier für wahr zu halten! …
> Man muß nicht handeln: – sagten ihre consequenteren Brüder, die Buddhisten und ersannen eine Richtschnur, wie man sich losmachte vom Handeln …
> Sich einordnen, leben wie der „gemeine Mann" lebt, gut und recht halten, was er recht hält: das ist die Unterwerfung unter den Herdeninstinkt.
> Man muß seinen Muth und seine Strenge so weit treiben, eine solche Unterwerfung wie eine Scham zu empfinden
> Nicht mit zweierlei Maß leben! … Nicht Theorie und Praxis trennen! –[35]

Durch den Satz „Alles ist Instinkt" hebt Nietzsche den Leib als große Vernunft hervor und relativiert die Geistigkeit und das Wertmaß in der Handlung.

Allein mit den Trieben kann sich der Leib noch nicht als vernünftig erweisen, sondern ist ein unordentlicher Körper als Vorbestimmung der Handlungen. Damit führt Nietzsche den Begriff des Selbst ein, welches hinter dem Geist und Sinn, den Gedanken und Gefühlen als „ein mächtiger Gebieter, ein unbekannter Weiser"[36] verborgen liegt. Das Selbst wohnt in dem Leib und ist auch der Leib. Es lenkt das Ich, redet ihm Begriffe ein und sagt ihm, dass es Schmerz und Lust fühlen soll. Nach Volker Gerhardt ist das Selbst „nicht nur Ausdruck der produktiven Funktion des Leibes, sondern auch seiner reduzierten Lebendigkeit"[37]. Es gilt weder als bloßer Kör-

---

35 Nachlass 1888, KSA 13, 14[107], S. 285–286.
36 Za I, Von den Verächtern des Leibes, KSA 4, S. 40.
37 Gerhardt 2012, S. 119.

per noch als reines Bewusstsein, sondern vermittelt zwischen beiden und vereinigt sie in sich.

Der bloße Leib ist nach Gerhardt zunächst ein Triebgeschehen ohne Bewusstsein, ein tierischer Leib. Im Umgang mit sich selbst und seinesgleichen sollte er sich einen Ausdruck bzw. eine Form erfinden, welche den Umgang untereinander ermöglicht. Eine solche Rolle spielt das Selbst. Dadurch kann die Veränderung am Leib zum Gefühl werden. Dann kann der Leib sich als eine Einheit begreifen. Durch die Artikulation der Gefühle wird er sich seiner selbst bewusst und bekommt somit das Vermögen zum Verstehen und Denken. Damit kommt das Ich hervor, welches bloß ein Teil des Leibes ist. Der Leib zeigt sein ganzes Ich durch sein Tun und Handeln. Das Selbst als Leiblichkeit und Lebendigkeit spielt insofern die entscheidende Rolle, den Leib als Einheit zu verstehen, die Mitteilung zu ermöglichen und das Bewusstsein hervorzubringen.[38] Daraus ist zu erschließen, dass die große Vernunft des Leibes in seiner Vorbestimmung des Handelns und seiner Fähigkeit zum Erzeugen der kleinen Vernunft begründet liegt.

Aber die Abgrenzung der kleinen Vernunft, des Ichs besagt nicht, auf die bewussten Leistungen der Vernunft zu verzichten. Insofern ist dabei „kein Plädoyer für das Ende eines vernünftigen Umgangs zwischen Menschen und gegenüber der Natur verbunden"[39]. Nietzsche wollte vielmehr darauf hinweisen, dass die kleine Vernunft einen viel engeren Horizont als die große hat. Sie geht allein auf das Unbedingte zurück und verachtet alles Perspektivische, Täuschende, Irrtümliche und Falsche. Die große Vernunft schließt dagegen außer dem Unbedingten auch das Bedingte, Unbewusste, Emotionale, Triebhafte in sich ein und betrachtet wohlwollend bejahend das Perspektivische, Leidenschaftliche, Menschliche, Tierische als Handlungsbedingungen. Die Hervorhebung des Leibes als großer Vernunft zeigt Nietzsches Kritik an der neuzeitlichen Überschätzung des Ich-Bewusstseins und an dem Vorrang des Geistes in der philosophischen Tradition und seinen Übergang von der Subjektivität zur Individualität.[40] Dabei ist seine Umwertung des Begriffs Vernunft als eine neue Aufklärung zu verstehen, die sich die Aufgabe stellt, über die Vorurteile der alten Aufklärung aufzuklären.[41] Denn hinter dem unbestimmbaren Leib,

---

38 Gerhardt 2012, S. 120–121. Außerdem betont Gerhardt noch die Bedeutsamkeit eines anderen Leibes für die Selbst-Bezüglichkeit des eigenen. Vgl. Gerhardt 2011g, S. 8: „Das Selbst ist vielmehr der *Ausdruck der Referenz des Leibes auf sich selbst* – und zwar aus der Wahrnehmung dieses Leibes durch einen *anderen Leib*!"
39 Heit 2005, S. 54.
40 Vgl. Abel 1990, S. 118: „Der Übergang von der kleinen Vernunft zum menschlichen Leib ist zugleich ein Übergang vom Subjekt bzw. von der leistenden Subjektivität (wie diese bei allen Verstandeswesen im rationalen Erkennen und Handeln als etwas *Allgemeines* angenommen wird) zum Individuum bzw. zur Individualität im Sinne der Leib-Organisation, die ein jeder von uns nicht allgemein, sondern eben individuell *ist*."
41 Vgl. Salaquarda 1994, S. 44. Salaquarda zeigt noch die methodische Bedeutung der Wendung zum Leib für Nietzsche als einen „dritten Weg" (S. 47) zwischen Spiritualismus und Materialismus auf.

der aber als gestimmter Grund von allem alles bestimmt,[42] gibt es gar keine letzten Einheiten, weder die Atome[43] noch die Ichsubstanz.

Am Leitfaden des Leibes rekonstruiert Nietzsche den Menschen „als eine Vielheit belebter Wesen" und das Leben als „ein Zusammenspiel vieler sehr ungleichwerthigen Intelligenzen"[44], welche als Triebe zu charakterisieren sind. Dann steht das Leben als Vielheit bei Nietzsche dem Ego als Einheit bei Descartes gegenüber. Auf das Ego als Vielheit von Subjekten hat Nietzsche schon im Jahr 1880 hingewiesen.

> [D]as Ich ist nicht die Stellung Eines Wesens zu mehreren (Trieben, Gedanken usw.) sondern das ego ist eine Mehrheit von personenartigen Kräften, von denen bald diese, bald jene im Vordergrund steht als ego und nach den anderen, wie ein Subjekt nach einer einflußreichen und bestimmenden Außenwelt, hinsieht. Der Subjektpunkt springt herum, wahrscheinlich empfinden wir die Grade der Kräfte und Triebe, wie Nähe und Ferne und legen uns wie eine Landschaft und Ebene aus, was in Wahrheit eine Vielheit von Quantitätsgraden ist.[45]

Er arbeitet heraus, dass es sich bei dem Grundsatz „cogito, ergo sum" um eine falsche Einbildung handelt. Die Argumentation des Descartes wird von ihm so umformuliert: „Es wird gedacht: folglich giebt es Denkendes"[46]. Das Wort Cogito bedeutete nach Nietzsche aber etwas Vielfaches und wird bei Descartes dagegen als etwas Einfaches verstanden.

> In jenem berühmten cogito steckt 1) es denkt 2) und ich glaube, daß ich es bin, der da denkt, 3) aber auch angenommen, daß dieser zweite Punkt in der Schwebe bliebe, als Sache des Glaubens, so enthält auch jenes erste „es denkt" noch einen Glauben: nämlich, daß „denken" eine Thätigkeit sei, zu der ein Subjekt, zum mindesten ein „es" gedacht werden müsse – und weiter bedeutet das ergo sum nichts! Aber dies ist der Glaube an die Grammatik, da werden schon „Dinge" und deren „Thätigkeiten" gesetzt, und wir sind ferne von der unmittelbaren Gewißheit. Lassen wir also auch jenes problematische „es" weg und sagen wir cogitatur als Thatbestand ohne eingemischte Glaubensartikel: so täuschen wir uns noch einmal, denn auch die passivische Form enthält Glaubenssätze und nicht nur „Thatbestände": in summa, gerade der Thatbestand läßt sich nicht nackt hinstellen, das „Glauben" und „Meinen" steckt in cogito des cogitat und cogitatur: wer verbürgt uns, daß wir mit ergo nicht etwas von diesem Glauben und Meinen herausziehn und daß übrig bleibt: es wird etwas geglaubt, folglich wird etwas ge-

---

42 Vgl. Caysa 1997. „Er [der Leib] fungiert damit als gestimmter Grund von allem, der alles bestimmt, der aber selbst nicht bestimmbar ist." (S. 293)
43 Vgl. Nachlass 1886/87, KSA 12, 7[56], S. 314: „Gegen das physikalische Atom. Um die Welt zu begreifen, müssen wir sie berechnen können; um sie berechnen zu können, müssen wir constante Ursachen haben; weil wir in der Wirklichkeit keine solchen constanten Ursachen finden, erdichten wir uns welche – die Atome. Dies ist die Herkunft der Atomistik."
44 Nachlass 1884, KSA 11, 27[27], S. 282; Nachlass 1885, KSA 11, 37[4], S. 578. Den Ausdruck „am Leitfaden des Leibes" verwendet Nietzsche oft in seinen Notizen. Heit/Loukidelis 2012 zeigen: „Die Präsenz des Leibes durchzieht Nietzsches Werk." (S. 255) Vgl. außerdem zum therapeutischen Aspekt der Gedanken Nietzsches im Hinblick auf diesen Ausdruck Schipperges 1975.
45 Nachlass 1880, KSA 9, 6[70], S. 211–212.
46 Nachlass 1887, KSA 12, 10[158], S. 549.

glaubt – eine falsche Schlußform! Zuletzt müßte man immer schon wissen, was „sein" ist, um ein sum aus dem cogito herauszuziehn, man müßte ebenso schon wissen; was wissen ist: man geht vom Glauben an die Logik – an das ergo vor Allem! – aus, und nicht nur von der Hinstellung eines factums![47]

Es ist damit keine Wahrheit, sondern nur eine grammatische[48] Gewöhnung, dass das Denken eine Tätigkeit ist und zu dieser Tätigkeit einer gehört, der dabei als Initiator tätig ist. Darin sieht Nietzsche ein logisch-metaphysisches Postulat, nämlich, dass für jedes Tun selbstverständlich ein Täter vorausgesetzt wird. Das Denken erweist sich vielmehr als ein Vorgang ohne Substanz, als ein haltloses Geschehen.[49] Es geht in der Tat durch den unaufhörlichen Prozess der Feststellung der Macht unter den Trieben durch. Dabei kann das denkende Ich nur als ein bewusster Geschehenszusammenhang gelten. Das Ego als Subjekt des Denkens und Intellekts ist für Nietzsche bloß „ein Abstractions-Apparat"[50] des Triebgeschehens oder „eine dynamische Leib-Organisation"[51].

Das Ich dient als eine wörtliche Einheit, welche der Mensch zum Abwägen, Nachdenken und zur Kommunikation miteinander benötigt. Die Notwendigkeit dieses Begriffs für den Menschen beweist aber nicht seine Realität. Es gilt bloß als ein Zeichen für die Einheit des Lebens. Und erst dann, wenn er sich selbst für eine Einheit hält, kann der Mensch die Begriffe von „Ding" „Substanz" „Subjekt" und „Objekt" als Einheiten zum Ausdruck bringen, die lediglich menschliche Fiktionen sind. Auch mit dem Glauben an das wirkende Subjekt geht der Glaube an das wirkende Objekt und Ding einher. Die Ursache und Wirkung, die Wechselwirkung zwischen den „Dingen", welche als Einheiten durch das menschliche Festmachen und Festhalten der veränderlichen Phänomene fingiert werden, resultieren in gleicher Weise aus der Perspektive des Menschen.

Gibt es in der Wirklichkeit keine Dinge[52], dann verschwinden selbstverständlich die Kausalität, Notwendigkeit und Gesetzmäßigkeit, welche nur unter den „Dingen" existieren. Der Mechanik der Welt liegen das Sein und das Seiende zugrunde. Denn erst mit dem Sein und Beharren kann man von Subjekt, Objekt, Substanz usw. reden. Aber in der Gefangenschaft des Seins wird das Werden der Welt als der primäre Charakterzug übersehen. Gerade darauf zielt Nietzsches Kritik am Willen zur Wahrheit ab.

---

47 Nachlass 1885, KSA 11, 40[23], S. 639–640.
48 Vgl. Schlechta 1972.
49 Vgl. JGB 17, KSA 5, S. 31: „Zuletzt ist schon mit diesem ‚es denkt' zu viel gethan: schon dies ‚es' enthält eine Auslegung des Vorgangs und gehört nicht zum Vorgange selbst."
50 Nachlass 1884, KSA 11, 25[409], S. 119.
51 Heit 2013, S. 173.
52 Insofern ist auch nicht von dem Ding an sich zu reden. Dabei stimme ich mit der Behauptung von Houlgate 1993 „Nietzsche's thinking fails to twist free of Kant" (S. 157) nicht überein. Vgl. zur Stichhaltigkeit der Kritik Nietzsches an Kant in Bezug auf das Ding an sich Riccardi 2010; Riccardi 2009.

> Der Wille zur Wahrheit ist ein Fest-machen, ein Wahr-Dauerhaft-Machen, ein Aus-dem-Auge-schaffen jenes falschen Charakters, eine Umdeutung desselben ins Seiende.
> Wahrheit ist somit nicht etwas, was da wäre und was aufzufinden, zu entdecken wäre, – sondern etwas, das zu schaffen ist und das den Namen für einen Prozeß abgibt, mehr noch für einen Willen der Überwältigung, der an sich kein Ende hat: Wahrheit hineinlegen, als ein processus in infinitum, ein aktives Bestimmen, nicht ein Bewußtwerden von etwas, ‹das› „an sich" fest und bestimmt wäre.[53]

Insofern verliert die Wahrheit als etwas Geschaffenes ihre objektive Gültigkeit. In ihr besteht stets ein latenter „Interessezusammenhang"[54]. Doch verneint Nietzsche dabei keineswegs die Nützlichkeit des Glaubens an die Wahrheit für den Menschen. Denn es bildet eine unentbehrliche Voraussetzung des Lebens, an das Dauerhafte, das Seiende und das regulär sich Wiederholende zu glauben. Insofern erweist sich die Wahrheit als das Für-wahr-Halten des Menschen zugunsten des Lebens. Durch Logisierung, Rationalisierung, Kategorisierung und Systematisierung der Welt vermag der Mensch sich im Leben und in der Welt zurechtzufinden und sich eine sinnvolle Welt zu verschaffen. Damit betont Nietzsche, dass das Sein ontologisch keinen Vorrang vor dem Werden einnehmen, sondern als ein zeitweiliges Festlegen des Werdens dem existenziellen Schaffen dienen soll.

Nietzsche reduziert außerdem die Wahrheit auf das Kraftgefühl des Menschen. Die Hypothese, die dem Menschen am meisten das Gefühl von Macht und Sicherheit vermittelt, wird bevorzugt, hochgeschätzt und damit für wahr gehalten. Der Wille zur Wahrheit ist ein Wille zur Sicherheit, d. h., sich nicht zu täuschen und sich nicht täuschen zu lassen. Das Wahre zeigt Nietzsche in dreierlei Aspekten: Es ist im Hinblick auf das Gefühl dasjenige, welches das Gefühl am stärksten erregt, im Hinblick auf das Denken dasjenige, das dem Denken das größte Gefühl von Kraft verleiht, und im Hinblick auf das Tasten, Sehen und Hören dasjenige, bei dem am stärksten Widerstand zu leisten ist.[55] Dagegen verneint der absolute Wille zur Wahrheit vor allem in der Philosophie und der neuzeitlichen Wissenschaft, nämlich der Wille zur Wahrheit um jeden Preis, der von Nietzsche als ein „Jünglings-Wahnsinn in der Liebe zur Wahrheit"[56] qualifiziert wird, das Leben und „bejaht damit eine andre Welt als die des Lebens, der Natur und der Geschichte"[57]. Nach Nietzsche steht die Wahrheit überhaupt nicht im Gegensatz zum Irrtum, sondern ist „die Stellung gewisser Irrthümer zu anderen Irrthümern, etwa daß sie älter, tiefer einverleibt sind, daß wir ohne sie nicht zu leben wissen und dergleichen"[58]. Damit präsentiert er die

---

[53] Nachlass 1887, KSA 12, 9[91], S. 384–385.
[54] Vgl. Hilpert 1980, S. 115.
[55] Nachlass 1887, KSA 12, 9[91], S. 387.
[56] NW, Epilog 2, KSA 6, S. 438.
[57] FW 344, KSA 3, S. 577.
[58] Nachlass 1885, KSA 11, 34[247], S. 503.

Wahrheit mit neuer Bestimmung als eine Art von Irrtum,[59] die von den Menschen für wahr gehalten worden ist und als eine „Voraussetzung alles Lebendigen und seines Lebens"[60] fungiert.

Als ein Inbegriff des absoluten Willens zur Wahrheit erweist sich die Wissenschaft. In ihr findet der Glaube an den unbedingten Wert und den Vorrang der Wahrheit seine höchste Anhängerschaft. Aber ist die Wahrheit auf das Sicherheitsgefühl zurückzuführen, so soll unter ihr nichts anderes als „eine lange Klugheit, eine Vorsicht, eine Nützlichkeit"[61] verstanden werden. Mit der Wissenschaft vermag der Mensch zwar ein Leben mit wenigen Schäden, Gefahren und Verhängnissen zu führen. Aber die Überzeugung von der Nützlichkeit kann keinesfalls den Anspruch auf die Absolutheit der Wissenschaft erheben. Der absolute Wille zur Wahrheit kann für Nietzsche auch ein lebensfeindliches[62] und zerstörerisches Prinzip sein, worin sogar eine Gefahr zum Tod versteckt wird[63]. Die Wissenschaft macht insofern die Augen des Menschen blind für die mögliche oder unentbehrliche Nützlichkeit des Unwahren, das ihm zur Steigerung des Kraft- und Machtgefühls und zu einem höheren Leben verhelfen kann, zu dem sich Irrtümer, Betrüge, Träume, Illusionen, Verstellungen, Blendungen, Selbstverblendungen zählen lassen. Als Licht will die Wissenschaft alles erhellen und sich über die Welt absolute Klarheit verschaffen. Um das Licht allerseits vorzubereiten, muss sie alle Dunkelheit und Hindernisse ohne Verzug vernichten. Aber beim Streben nach der höchsten Klarheit kann alles, der Licht-

---

59 Vgl. Simon 1971. So ist das gegensätzliche Verhältnis von Wahrheit und Irrtum in das von „Art und Gattung" übergegangen. Die „Wahrheit" ist damit „eine Spezies zu dem Genus ‚Irrtum'" (S. 16). Nach Stegmaier 1985 gibt es sechs Kriterien für Nietzsches Neubestimmung der Wahrheit als „das Wahrheiten": Wahrheit ist „nicht unbedingt, sondern bedingt – Leben" (S. 86), „nicht bewegt, sondern geschichtlich – Selbst" (S. 87), „nicht ursprünglich gegeben, sondern geschaffen" (S. 88) als Freiheit, „zugleich bewußt und leiblich – Leiblichkeit" (S. 89), als „Perspektivität" (S. 90) und „Steigerung" (S. 92). Vgl. zur Kritik an Nietzsches Wahrheitsbegriff als Widerspruch Bittner 1987. Offenkundig steht die Kritik Bittners noch innerhalb des metaphysischen Wahrheitsbegriffs. Denn Nietzsches Neubestimmung der Wahrheit wollte gar nicht als eine absolute Wahrheit im Sinne der Metaphysik verstanden werden. Als eine Replik darauf gilt wohl Simon 1989. Simon verweist auf Nietzsches Wahrheitsbegriff als individuell und nicht allgemein. Und Nietzsche will „im Unterschied zum metaphysischen Denken gar nicht ans Ende kommen" (S. 256). Eine Lösung zur Problematik des Wahrheitsbegriffs bei Nietzsche gibt auch Roth 1993. Roth unterscheidet zwei Bedeutungen des Wahrheitsbegriffs bei Nietzsche und verweist auf das Kriterium der Wahrheit nicht als logische Widerspruchslosigkeit, sondern als werthafte „Wirkkraft" (S. 112), als Nützlichkeit.
60 Nachlass 1887, KSA 12, 9[38], S. 352.
61 FW 344, KSA 3, S. 575.
62 Vgl. Nachlass 1885, KSA 11, 34[226], S. 497: „Reduktion auf das Urtheil: ‚dies ist nicht wahr'. Folgt der Imperativ: ‚folglich darfst du es nicht für wahr halten!' Oder heißt es wirklich: ‚folglich kannst du es nicht mehr für wahr halten'? – Nun sehen wir fortwährend z. B. den Sonnen-Auf- und Untergang und glauben, was wir als unwahr wissen. Ganz so steht es überall. Ein ‚du darfst nicht' wäre ein Imperativ, der das Leben verneinte. Folglich muß man betrügen und sich betrügen lassen."
63 Vgl. Nachlass 1887/88, KSA 13, 11[6], S. 10: „Man geht zu Grunde, wenn man immer zu den Gründen geht."

bringer selbst mit eingeschlossen, als Hindernis angesehen werden, da alles dem anderen Schatten erzeugen kann. Sobald es in der Welt überall keinen Schatten gibt, existiert dann auch nichts mehr. Weder absolute Helligkeit noch absolute Dunkelheit wird von Nietzsche gutgeheißen.

In diesem Sinne befreit Nietzsche das Leben von der unbedingten Ernsthaftigkeit der Wissenschaft und hebt es umgekehrt als Maßstab für diese hervor. Das Leben soll nicht unter der Unterdrückung der Wissenschaft stehen, sondern als deren Instanz rehabilitiert werden. Daraufhin ist die anscheinend paradoxe Redewendung „fröhliche Wissenschaft", die in Verbindung mit der „gaya scienza der Troubadours"[64] steht, als Buchtitel von Nietzsche leicht zu verstehen. Die Wissenschaft verbürgt eigentlich keine Fröhlichkeit und hat sogar mit dieser nichts zu tun. Aber bei Nietzsche soll sie eine neue Orientierung bekommen. Der provenzalische Begriff „gaya scienza", der von Herder in den *Briefen zur Beförderung der Humanität* wiederentdeckt und als „erste[r] Strahl der neueren poetischen Morgenröthe in Europa"[65] bezeichnet wurde, bedeutet nach Nietzsche „jene Einheit von **Sänger, Ritter und Freigeist**, mit der sich jene wunderbare Frühkultur der Provençalen gegen alle zweideutigen Culturen abhebt"[66]. Im Zug der fröhlichen Wissenschaft sollten sich der Ernst als Erkennen und die Heiterkeit als Dichten zu einer schöpferischen, spielerischen und gestaltenden Kraft als Kunst der Philosophie vereinigen. Durch das Dichten kann der Mensch schaffen und im Schaffen steigert sich das Gefühl der Kraft und Macht. Mit dieser Nützlichkeit kann das Dichten auch als eine Art Wahrheit charakterisiert werden. In Bezug auf die fröhliche Wissenschaft ist es ein Vorurteil, dass das Denken und die Wahrheit mit Ernst das Dichten und die Kunst mit Lachen ausschließen.

> **Ernst nehmen.** – Der Intellect ist bei den Allermeisten eine schwerfällige, finstere und knarrende Maschine, welche übel in Gang zu bringen ist: sie nennen es „die Sache ernst neh-

---

64 Vgl. Brief an Rohde im Dezember 1882, KSB 6, Nr. 345, S. 292: „Was den Titel ‚fröhliche Wissenschaft' betrifft, so habe ich nur an die gaya scienza der Troubadours gedacht – daher auch die Verschen."
65 Zitiert nach Thelen 2017, S. 357. Nach Thelen ist die „gaya scziena" bei Nietzsche wahrscheinlich auch eine Rezeption über Herder. Dazu vgl. außerdem Stegmaier 2012d, S. 36: „Auf die Troubadours dürfte Nietzsche wenn nicht schon aus Schule und Studium, so vermutlich durch Herder aufmerksam geworden sein, mit dem er sich schon früh befasste und mit dem ihn vieles verband, besonders sein Interesse am Ursprung der Sprache". Vgl. auch Borsche 1990, vor allem S. 63–64. Forster 2018 sieht die Ähnlichkeiten zwischen Herder und Nietzsche „including the concept of truth as a woman, the word/concept Übermensch (also used by Herder's pupil Goethe in Faust), the expression Gaya scienza (or fröhliche Wissenschaft), and the word/concept Morgenröte" (S. 252, Anm. 45). Aber das Wort „Morgenröthe" als Buchtitel verdankt Nietzsche Heinrich Köselitz (Peter Gast). Durch diesen kannte er den Satz „Es giebt so viele Morgenröthen, die noch nicht geleuchtet haben. Rigveda" und veränderte dann den Buchtitel. Vgl. zur Entstehung und Druckgeschichte der *Morgenröthe* Schmidt/Kaufmann 2015, S. 7–9. Außer Herder werden noch Emerson und Stendal erwähnt, in deren Nähe Nietzsches „gaya scienza" steht. Vgl. Brusotti 1997, S. 380–381, Anm. 3.
66 EH, Die fröhliche Wissenschaft, KSA 6, S. 333–334.

men", wenn sie mit dieser Maschine arbeiten und gut denken wollen – oh wie lästig muss ihnen das Gut-Denken sein! Die liebliche Bestie Mensch verliert jedesmal, wie es scheint, die gute Laune, wenn sie gut denkt; sie wird „ernst"! Und „wo Lachen und Fröhlichkeit ist, da taugt das Denken Nichts": – so lautet das Vorurtheil dieser ernsten Bestie gegen alle „fröhliche Wissenschaft". – Wohlan! Zeigen wir, dass es ein Vorurtheil ist![67]

Aus seiner eigenen Erfahrung heraus versteht Nietzsche die fröhliche Wissenschaft als „die Saturnalien eines Geistes, der einem furchtbaren langen Drucke geduldig widerstanden hat [...], und der jetzt mit Einem Male von der Hoffnung angefallen wird, von der Hoffnung auf Gesundheit, von der Trunkenheit der Genesung"[68]. Dabei soll viel Leibliches als Unvernünftiges und Närrisches ans Licht kommen, das zur Genesung des Geistes verhilft. Es ist offensichtlich, dass die fröhliche Wissenschaft bei Nietzsche nicht bloß eine Erkenntnis des Geistes anstrebt, sondern auch vor allem eine tiefe Lebenserfahrung mit „der wiederkehrenden Kraft"[69], mit der Gesundheit und Heiterkeit darstellt. Bei der Heiterkeit handelt es sich aber nicht um eine ahnungslose Vergnügtheit, sondern um ein positives Ergebnis der Überwindung des allzu ernsthaften Willens zur Wahrheit.[70] Insofern ist die große Vernunft des Leibes als Dichten und Schaffen wieder Herr über die kleine als wissenschaftliches Erkennen geworden.

Nietzsches fröhliche Wissenschaft wollte den Horizont der Wissenschaft und des wissenschaftlichen Menschen erweitern. Sie zielt nicht auf die reine Erkenntnis der Welt, sondern auf das Leben selbst ab. Sie ist eine Befreiung sowohl des Lebens als auch der Philosophie von einer die Allgemeingültigkeit beanspruchenden Lehre.[71] In dieser Hinsicht ist Nietzsches Philosophieren ein Lebensexperiment und eine Kunst zur Verstärkung der Lebenskraft. Dazu gehören Mut, Tapferkeit, Fröhlichkeit und Lachen[72], wenn man ohne transzendente Zuversicht, ohne metaphysischen

---

[67] FW 327, KSA 3, S. 555.
[68] FW, Vorrede 1, KSA 3, S. 345.
[69] FW, Vorrede 1, KSA 3, S. 346. Vgl. zu Nietzsches Kritik an der reinen objektiven Erkenntnis und zum Weg der Erkenntnis der Welt über das eigene Selbst Kirchhoff 1977.
[70] Vgl. Heit 2016c. Heit zeigt den Ernst als Voraussetzung für die Heiterkeit der fröhlichen Wissenschaft auf: „Die Heiterkeit, von der hier die Rede ist, wird so entschieden abgegrenzt von jeder ahnungslosen Vergnügtheit, sie besteht vielmehr aufgrund oder auch trotz besseren Wissens. Die fröhliche Wissenschaft gilt Nietzsche als ein Lohn des Ernstes, weil und insofern sie das mögliche positive Resultat einer langen Anstrengung und aufgestauten Kraft ist. Fröhliche Wissenschaft ist nur möglich als Überwindung einer vorher statthabenden Geschichte der Askese: ohne Ernst, keine Heiterkeit." (S. 257)
[71] Vgl. Stegmaier 2012d. Stegmaier hält die fröhliche Wissenschaft für eine Befreiung des Denkens für das Individuum. Die Freiheiten der künftigen fröhlichen Wissenschaft sind am Leben orientiert und „nicht durch eine allgemein gültige Lehre zu erhalten, sondern von jedem nur selbst auf dem Weg seiner Befreiung zu ‚erringen'". „Nietzsche kann und will nur den Blick für die Notwendigkeit und die Möglichkeiten der Befreiung des Denkens zu neuem Horizont öffnen." (S. 467)
[72] Vgl. FW 324, KSA 3, S. 552–553: „In media vita. – Nein! Das Leben hat mich nicht enttäuscht! Von Jahr zu Jahr finde ich es vielmehr wahrer, begehrenswerther und geheimnissvoller, – von je-

Grund[73] und auch ohne historischen Erfolgsanspruch stets ein ungewisses Neues sucht und versucht. Die fröhliche Wissenschaft ist keine Metaphysik, die bloß durch Vernunft nach Erwerbung der Erkenntnis strebt, die als eine Theorie „eine großflächige Unterscheidung zwischen Sein und Schein vornimmt"[74], sondern eine Verkündung eines perspektivischen Standpunkts, der sich von den festen starren Begriffen, den absoluten Wahrheiten und den autoritären Dogmen verabschiedet und die Offenheit der eigenen Perspektive fordert. „Die Fröhlichkeit der Wissenschaft liegt in der Perspektivierung der Wissenschaft selbst, ihrer Öffnung für unendliche Interpretation, im gelassenen Sich-Einlassen auf das Gegeneinander von Glaubwürdigkeiten oder Plausibilitäten."[75] Damit gilt die fröhliche Wissenschaft als eine perspektivische Erkenntnis nicht für alle Menschen, sondern nur für die freien Geister, die sich in heiterer Bejahung des Lebens der Beschränktheit und Grenze der Wissenschaft bewusst sind.

Mit Blick auf den Leib als „große Vernunft" ist die fröhliche Wissenschaft als „große" Wissenschaft aufzufassen, welche den Sinn der Wissenschaft mit Dichtung und Kunst ausgedehnt hat und die Vergöttlichung der auf der christlichen Moral bezogenen Wahrheit als einen Glauben brandmarkt. In Nietzsches Hervorhebung der Fröhlichkeit ist zu erkennen, dass der Erkenntnis und Wahrheit die Gesundheit des Leibes und die Verstärkung des Lebens zugrunde liegen. Aber die Relativierung der Wahrheit als eine Perspektive der Interpretation macht auch klar, dass Nietzsche mit der fröhlichen Wissenschaft, sofern sie als Interpretation zum Leben zugleich eine Perspektive ist und bietet, keinen Anspruch auf Allgemeingültigkeit seiner eigenen Interpretation für alle Menschen erhebt und erheben will.

---

nem Tage an, wo der grosse Befreier über mich kam, jener Gedanke, dass das Leben ein Experiment des Erkennenden sein dürfe – und nicht eine Pflicht, nicht ein Verhängniss, nicht eine Betrügerei! – Und die Erkenntniss selber: mag sie für Andere etwas Anderes sein, zum Beispiel ein Ruhebett oder der Weg zu einem Ruhebett, oder eine Unterhaltung, oder ein Müssiggang, – für mich ist sie eine Welt der Gefahren und Siege, in der auch die heroischen Gefühle ihre Tanz- und Tummelplätze haben. ‚Das Leben ein Mittel der Erkenntniss' – mit diesem Grundsatze im Herzen kann man nicht nur tapfer, sondern sogar fröhlich leben und fröhlich lachen! Und wer verstünde überhaupt gut zu lachen und zu leben, der sich nicht vorerst auf Krieg und Sieg gut verstünde?"
73 Vgl. zur Kritik an Heideggers Interpretation der fröhlichen Wissenschaft auf metaphysische Art Djurić 1990. Djurić weist darauf hin, „daß sowohl das Bestehen Heideggers auf der metaphysischen Art, als auch seine Hindeutung auf den tragischen Charakter des als fröhliche Wissenschaft genannten Wissens, gleichermaßen fragwürdig ist, [...] daß er die *Fröhliche Wissenschaft* nur als Mitteilungsort des Wiederkunftsgedankens erfaßte" (S. 50).
74 Gabriel 2016a, S. 75. Gabriel unterscheidet dabei noch „vier Aspekte des Metaphysikbegriffs" (S. 74). Der zitierte Aspekt ist der zweite.
75 Stegmaier 2010, S. 14.

6.3 Die Menschen im Überfluss der Natur: Nietzsches Kritik an Darwin

In *Götzen-Dämmerung* denunziert Nietzsche Darwins berühmte Theorie „Kampf ums Leben" als eine in Wirklichkeit bloß unbewiesene Behauptung, von der er sich nicht überzeugen kann. Er sieht sich sogar als einen, der Darwin gegenübersteht.

> Anti-Darwin. – Was den berühmten „Kampf um's Leben" betrifft, so scheint er mir einstweilen mehr behauptet als bewiesen. Er kommt vor, aber als Ausnahme; der Gesammt-Aspekt des Lebens ist nicht die Nothlage, die Hungerlage, vielmehr der Reichthum, die Üppigkeit, selbst die absurde Verschwendung, – wo gekämpft wird, kämpft man um Macht... Man soll nicht Malthus mit der Natur verwechseln. – Gesetzt aber, es giebt diesen Kampf – und in der That, er kommt vor –, so läuft er leider umgekehrt aus als die Schule Darwin's wünscht, als man vielleicht mit ihr wünschen dürfte: nämlich zu Ungunsten der Starken, der Bevorrechtigten, der glücklichen Ausnahmen. Die Gattungen wachsen nicht in der Vollkommenheit: die Schwachen werden immer wieder über die Starken Herr, – das macht, sie sind die grosse Zahl, sie sind auch klüger... Darwin hat den Geist vergessen (– das ist englisch!), die Schwachen haben mehr Geist ... Man muss Geist nöthig haben, um Geist zu bekommen, – man verliert ihn, wenn man ihn nicht mehr nöthig hat. Wer die Stärke hat, entschlägt sich des Geistes (– „lass fahren dahin! denkt man heute in Deutschland – das Reich muss uns doch bleiben" ...). Ich verstehe unter Geist, wie man sieht, die Vorsicht, die Geduld, die List, die Verstellung, die grosse Selbstbeherrschung und Alles, was mimicry ist (zu letzterem gehört ein grosser Theil der sogenannten Tugend).[76]

Trotz des Titels „Anti-Darwin" lässt sich nicht konstatieren, dass Nietzsche schlechthin ein Anti-Darwinist ist.[77] Auch seine Kritik an Darwin und dem Darwinismus gilt

---

[76] GD, Streifzüge eines Unzeitgemässen 14, KSA 6, S. 120–121.
[77] Sommer 2010b zeigt, „dass Darwin und der Darwinismus in seinen diversen rezeptionsgeschichtlichen Brechungen für Nietzsche eine anhaltende Inspirationsquelle darstellten. Dabei ist die Frage, ob er nun als Darwinist oder als Anti-Darwinist gelten soll, letztlich irrelevant – würde sie doch einerseits voraussetzen, dass Nietzsche sich definitiv auf eine Position festgelegt hätte, und andererseits, dass man eine genaue Definition davon hätte, welche Form von Entwicklungsdenken als ‚darwinistisch' gelten darf und welche nicht. Beide Voraussetzungen sind jedoch nicht erfüllt" (S. 44). Nach Henke 1984 spiegelt sich „in der Spannung der Aphorismen zueinander" „Nietzsches erregende, meist ungenannte Nähe zu Darwin" (S. 189). Vgl. auch zur Darstellung von Nietzsche als einem Darwinisten Stegmaier 1987. „Nietzsche war, was den wissenschaftlichen Gehalt von Darwins Evolutionstheorie betrifft, trotz einiger Einwände entscheidender Darwinist in allen Phasen seines Schaffens." (S. 269) Nach Düsing 2006 wird „Nietzsches ursprüngliches Fragen durch seine die Konsequenzen strikt immer rücksichtsloser weiterdenkende Aneignung und Umwandlung von Darwins Theorie ebenso wesenhaft mitbestimmt wie seine Lösungssuche für ethisch-soziale, erkenntnistheoretische und religionsphilosophische Probleme" (S. 12). Richardson 2004 versucht in Nietzsches „biology, metaethics, ethics-politics, and aesthetics" (S. 2) den evolutionistischen Gedanken der Selektion als Grundlage darzustellen. Aber Johnson 2010 betrachtet dagegen Nietzsche als Anti-Darwinist. Er sieht Nietzsches Philosophie in dessen letzten Jahren „premised on a fundamental anti-Darwinism" (S. 203). Im Hinblick auf Nietzsches Verhältnis zu Darwin betont noch Skowron 2008, „dass sich Darwinismus und Antidarwinismus bei Nietzsche ebenso wenig wie andere Gegensätze

nicht im Kontext der wissenschaftlichen biologischen Evolutionstheorie, sondern vor allem in der metaphysischen und kulturtheoretischen Perspektive.[78]

Nach Nietzsche bildet der Kampf um das Dasein lediglich eine Ausnahme in der Naturwelt. Denn das Leben und die Natur kennzeichnen sich nicht durch Mangel, Not und Hunger, sondern durch Überfluss, Reichtum und Üppigkeit. Damit kämpfen die Lebewesen und die Menschen eher um die Machtsteigerung, die Höherentwicklung des Leibes als um das bloße Überleben. In Nietzsches Gedanken ist es eine wesentliche Voraussetzung, dass sich die Natur und das Leben vor allem als Überfluss und Verschwendung zeigen. In der Natur als Notlage muss der Mensch dagegen zuerst durch seine materielle Existenz bedingt werden und sein Handeln am Selbsterhalten und Überleben orientieren. Deshalb ist im Daseinskampf der Verteidigungskampf öfter als der Angriffskrieg zu verzeichnen. Der Verteidigungskampf in der Notlage garantiert aber weder Wachstum des Lebens noch Steigerung der Kraft. Er ist nämlich passiv und zielt allein auf die Abwehr gegen die Verschlechterung der Lebensbedingungen ab. Aber das Leben steht in der Wirklichkeit nach Nietzsche stets im Wachstum, was ohne Überfluss der Natur gar nicht möglich ist.

Nietzsche wollte durch seine kritische Haltung zu Darwin ein alternatives Naturverständnis bieten. Zwischen Überfülle und Knappheit der natürlichen Ressource entscheidet er sich für die Überfülle, welche mit seiner Philosophie des Willens zur Macht übereinstimmen kann. Es ist kein Kampf um die Erhaltung des Daseins, sondern ein Kampf um ein kräftigeres, besseres, höheres Leben. „Die Regel ist vielmehr der Kampf um Macht, um ‚Mehr' und ‚Besser' und ‚Schneller' und ‚Öfter'."[79] Dieser grundlegende Unterschied von Darwin kommt als Fundament in allen Gedanken Nietzsches mit Konsequenz vor. Schon im Jahr 1875 hat er bezüglich der Möglichkeit der Verstärkung des Menschen darauf hingewiesen: „Nicht Kampf um's Dasein ist das wichtige Princip! Mehrung der stabilen Kraft durch Gemeingefühl im Einzelnen, Möglichkeit zu höheren Zielen zu gelangen, durch entartende [sic] Naturen und partielle Schwächungen der stabilen Kraft."[80]

---

einfach ausschließen, sondern komplementär ergänzen und zusammengehören und auf einer weiteren Ebene sogar überwunden werden" (S. 163).

78 Vgl. Reuter 2010. Reuter zeigt, „dass Nietzsche Darwin nicht im Kontext seiner evolutionsbiologischen Theorie, sondern im Licht einer kulturtheoretischen Perspektive deutet, die sich erhaben darüber zeigt, ob sie überhaupt etwas mit Darwin zu tun hat" (S. 104). Vgl. auch Stegmaier 1987, S. 271.

79 Nachlass 1885, KSA 11, 34[208], S. 492.

80 Nachlass 1875, KSA 8, 12[22], S. 258. Eine Umformulierung ist in MA I 224 zu finden: „Insofern scheint mir der berühmte Kampf um's Dasein nicht der einzige Gesichtspunct zu sein, aus dem das Fortschreiten oder Stärkerwerden eines Menschen, einer Rasse erklärt werden kann. Vielmehr muss zweierlei zusammen kommen: einmal die Mehrung der stabilen Kraft durch Bindung der Geister in Glauben und Gemeingefühl; sodann die Möglichkeit, zu höheren Zielen zu gelangen, dadurch dass entartende Naturen und, in Folge derselben, theilweise Schwächungen und Verwundungen der stabilen Kraft vorkommen; gerade die schwächere Natur, als die zartere und freiere, macht alles Fortschreiten überhaupt möglich." (KSA 2, S. 188)

Die Theorie von der Natur als Notlage vermittelt Nietzsche den Einblick, dass die Naturselektion den Schwachen und Mittelmäßigen zur Selbsterhaltung verhilft und aber den Starken schadet.[81] Denn die Starken repräsentieren numerisch die Minderheit und sind die „höher gerathenen Typen", welche als Ausnahmen allerdings für die Erhaltung der Gattung nutzlos erscheinen. Die Gattung kümmert sich deshalb mehr um die Mehrheit als um die Minderheit. Daher kann die Naturselektion für Nietzsche keine Gewähr für die höhere Entwicklung des starken Individuums leisten. „[D]ie Stärksten und Glücklichsten sind schwach, wenn sie organisirte Heerdeninstinkte, wenn sie die Furchtsamkeit der Schwachen, der Überzahl gegen sich haben."[82] Die Niederen und Schwächeren können dagegen durch ihre Menge, durch Klugheit und List zu einem Übergewicht gegenüber den Höheren und Stärkeren kommen. Nach Nietzsche setzt sich die Selektion der Natur bei Darwin zu Ungunsten der Starken als Glücksfälle ein. Damit gerät für ihn die Theorie der Selektion in die Nähe der Moralität des Christentums, nämlich dahin gehend, dass die Mittelmäßigen mehr wert als die Ausnahmen, die Starken sind und die Schwachen mehr wert als die Mittelmäßigen. Die Naturselektion führt zur Nivellierung der Menschen und verhindert die Geburt des großen Individuums.

> In summa: das Wachsthum der Macht einer Gattung ist durch die Präponderanz ihrer Glückskinder, ihrer Starken vielleicht weniger garantirt als durch die Präponderanz der mittleren und niederen Typen … In letzteren ist die große Fruchtbarkeit, die Dauer; mit ersteren wächst die Gefahr, die rasche Verwüstung, die schnelle Zahl-Verminderung.[83]

Darüber hinaus verweigert Nietzsche der Theorie des Fortschritts der Gattung die Anerkennung. Denn in der Gattung werden zwar höhere Typen erreicht, aber sie können sich nicht halten. „Das Niveau der Gattung wird nicht gehoben."[84] Der höhere Typus als Ausnahme hat reichere und komplexere Formen und geht damit leichter zugrunde als der niedrigere. Auch im Vergleich zu anderen Tieren und Pflanzen erzielt der Mensch als Gattung nach Nietzsche überhaupt keinen Fortschritt. „Die gesammte Thier – und Pflanzenwelt entwickelt sich nicht vom Niederen zum Höheren … Sondern Alles zugleich, und übereinander und durcheinander und gegeneinander."[85] In der sogenannten Domestikation als Kultur erkennt Nietzsche bloß eine oberflächliche Wirkung auf den Menschen und sogar eine „Degenerescenz"[86] der Menschheit. „Und Alles, was der menschlichen Hand und Züchtung ent-

---

[81] Vgl. Georg 2010. Darwin hatte „nicht die körperlich stärksten im Auge, sondern die intelligenteren Lebewesen" (S. 112). Dies gilt nicht nur unter den Lebewesen, sondern auch unter den Menschen.
[82] Nachlass 1888, KSA 13, 14[123], S. 303.
[83] Nachlass 1888, KSA 13, 14[123], S. 305.
[84] Nachlass 1888, KSA 13, 14[133], S. 316.
[85] Nachlass 1888, KSA 13, 14[133], S. 316–317.
[86] Vgl. dazu Horn 2010.

schlüpft, kehrt fast sofort wieder in seinen Natur-Zustand zurück."[87] In einer Naturwelt als Chaos kann damit bei Nietzsche kein historischer Fortschritt als Zweck- und Gesetzmäßigkeit gegeben sein.

Dagegen benötigt das Lebewesen in der Natur als Überfluss keine Anpassung an die Umwelt, um lediglich seine Existenz zu gewährleisten. Es bekomme in der Tat ohne Mühe dasjenige, was es zum Überleben braucht. Was es echte Mühe kostet, ist das Wachstum seines Lebens. Dann sollen die Überlebenden nicht die am besten Angepassten sein, die von Nietzsche allerdings als Schwache bezeichnet werden. Das Lebewesen wollte vor allem seine Kraft nicht bewahren, sondern an anderen auslassen und sein Erhaltungstrieb ist ein ungewöhnlicher Trieb.[88] Die Selbsterhaltung ist damit „eine der indirekten und häufigsten Folgen davon"[89]. In ihr tritt die Sparsamkeit als Prinzip in Erscheinung. Aber das Leben in der Naturwelt soll eigentlich umgekehrt durch Überfülle gekennzeichnet und verschwenderisch sein. Der äußere Umstand spielt im Lebensprozess als Naturselektion keine entscheidende Rolle, was im Gegensatz zur Anpassungstheorie von Darwin steht. Denn „das Wesentliche am Lebensprozeß ist gerade die ungeheure gestaltende, von Innen her formschaffende Gewalt, welche die ‚äußeren Umstände' ausnützt, ausbeutet"[90]. Das Leben ist ein sich selbst Gestaltendes und Expandierendes. Und erst im Reichtum der Natur kann es wachsen, sich steigern und nach Vermehrung der Kraft und Macht streben und seine Überlegenheit erhalten. Werner Stegmaier hat in diesem Zusammenhang auf die Steigerung als Fundament der Erhaltung am Lebensprozess hingewiesen: „Erhaltung und Steigerung sind keine Gegensätze, Erhaltung ist nur durch Steigerung möglich."[91]

Von der Kritik an Darwin aus stellt die Natur bei Nietzsche einen Überfluss dar, sei es im Hinblick auf die Naturwelt oder auf die Natur der Lebewesen und der Menschen. Eine im Jahr 1884 verfasste Notiz über die Menschen und Natur lautet: „Der höchste Mensch als Abbild der Natur zu concipiren: ungeheurer Überfluß, ungeheure Vernunft im Einzelnen, als Ganzes sich verschwendend [...]."[92] Der Überfluss im Menschen zeigt sich auch im Machtkampf unter den Trieben. Mit der Umdeutung der Natur glaubt Nietzsche, deutlich zu machen, dass der Mensch durch Auslassung seiner Kraft und den Angriffskrieg gegeneinander und gegen andere Arten von Lebewesen in der Überfülle der Ressourcen zur Kraft- und Machtsteigerung gelangen

---

[87] Nachlass 1888, KSA 13, 14[133], S. 315.
[88] Vgl. Nachlass 1884, KSA 11, 26[277], S. 222–223: „Gegen den Erhaltungs-Trieb als radikalen Trieb: vielmehr will das Lebendige seine Kraft auslassen – es ‚will' und ‚muß' (beide Worte wiegen mir gleich!): die Erhaltung ist nur eine Consequenz."
[89] JGB 13, KSA 5, S. 27.
[90] Nachlass 1886/87, KSA 12, 7[25], S. 304. Vgl. zum Unterschied der Ursache am Lebensprozess zwischen Darwin und Nietzsche Skowron 2010. Skowron unterscheidet dabei die „Innenansichten" bei Nietzsche von der „Außenansichten" (S. 57) bei Darwin. Vgl. außerdem Müller-Lauter 1978.
[91] Stegmaier 1990, S. 22–23.
[92] Nachlass 1884, KSA 11, 25[140], S. 51.

kann. In diesem Zusammenhang überzeugt er sich davon, dass die Stärkeren immer besser leben und über die Schwächeren Herr werden können. Es steht aber nicht in seiner Absicht, dass die Gattung bezüglich der Existenz und Erhaltung den Vorrang vor dem Individuum haben soll. In allen seinen Gedanken ist der stärkere höhere Typus als Einzelner für eine große Kultur bedeutsamer als die durchschnittlichen Massen und sogar die Gattung selbst. Damit hat er auch die christliche Moralität unterminiert und die Unterscheidung zwischen Egoismus und Altruismus ausgelöscht. Denn die Tatsache, dass der Mensch von Natur aus seine Kraft an Anderen auslassen und mit dem Ergreifen sich selbst verstärken muss, steht als Normalzustand jenseits von Gut und Böse. Insofern stimmt er mit Darwin nicht überein, welcher den Altruismus als ein Produkt der Naturselektion betrachtet.[93]

Bei der Gegenüberstellung von Machterweiterung und Selbsterhaltung der Menschen unterscheidet Nietzsche den höheren Typ von dem Volk, dem Künstler von dem Gelehrten. Insofern ist seine Kritik vom Volk und an den dazugehörenden Gelehrten und Naturwissenschaftlern leicht verständlich, weil diese über keine Überfülle der Lebenskraft zum Schaffen verfügen.

> Dass unsre modernen Naturwissenschaften sich dermaassen mit dem Spinozistischen Dogma verwickelt haben (zuletzt noch und am gröbsten im Darwinismus mit seiner unbegreiflich einseitigen Lehre vom „Kampf um's Dasein" –), das liegt wahrscheinlich an der Herkunft der meisten Naturforscher: sie gehören in dieser Hinsicht zum „Volk", ihre Vorfahren waren arme und geringe Leute, welche die Schwierigkeit, sich durchzubringen, allzusehr aus der Nähe kannten. Um den ganzen englischen Darwinismus herum haucht Etwas wie englische Uebervölkerungs-Stickluft, wie Kleiner-Leute-Geruch von Noth und Enge. Aber man sollte, als Naturforscher, aus seinem menschlichen Winkel herauskommen: und in der Natur herrscht nicht die Nothlage, sondern der Ueberfluss, die Verschwendung, sogar bis in's Unsinnige. Der Kampf um's Dasein ist nur eine Ausnahme, eine zeitweilige Restriktion des Lebenswillens; der grosse und kleine Kampf dreht sich allenthalben um's Uebergewicht, um Wachsthum und Ausbreitung, um Macht, gemäss dem Willen zur Macht, der eben der Wille des Lebens ist.[94]

In dieser Hinsicht ist Nietzsches Philosophieren zweifellos eher als antidemokratisch denn als demokratisch zu charakterisieren. Aber hier wird eben die Konsequenz seines Denkens deutlich, und zwar insofern, als er eine wesentliche Unterscheidung der Starken von den Schwachen in seinem Bild des Menschen vornimmt.

Konstatieren lässt sich in summa, dass die Natur als Überfluss und Verschwendung eine fundamentale Annahme in Nietzsches Philosophieren bildet. Und erst aus der Natur der Welt als Chaos und Überfluss und aus der tierischen und menschlichen Natur als Triebgeschehen, Verschwendung und Machterweiterung heraus kann er seine neue Aufklärung bzw. die Umwertung der Welt und des Menschen als des Willens zur Macht ins Feld führen.

---

[93] Vgl. zur Kritik Nietzsches an Darwins Vereinigung des Kampfs ums Leben mit der christlichen Ethik Wilson 2013.
[94] FW 349, KSA 3, S. 585.

7 Das Leben als der Wille zur Macht und die Rangordnung im Leben

Beim Leben handelt es sich um ein Werden, um einen Prozess ohne Substanz, in dem stets Kämpfe unter den Trieben und Begierden zu verzeichnen sind, die das Leben als einheitliche Organisation ausmachen. Im Kampf erweist sich der Gegensatz als ein grundlegendes Motiv in Nietzsches Gedanken.[1] Erst aus dem Gegensatz heraus kann Nietzsche seine neue Interpretation des Lebensvorgangs und seine Moral- und Sozialkritik zum Ausdruck bringen.[2]

In der Natur als Überfluss und Verschwendung streben die Lebewesen im Kampf gegeneinander nicht unbedingt nach ihrer Selbsterhaltung, die bloß eine Ausnahme des Lebens bilden soll. Es bedarf vielmehr des Kampfs und Kriegs für sein Wachstum, seine Kraft- und Machterweiterung. Denn das „Leben selbst ist wesentlich Aneignung, Verletzung, Überwältigung des Fremden und Schwächeren, Unterdrückung, Härte, Aufzwängung eigner Formen, Einverleibung und mindestens, mildestens, Ausbeutung"[3]. Dasselbe gilt für die verschiedenen Triebe des einzelnen Lebens. Diese kämpfen gegeneinander nicht bloß um die Selbsterhaltung, sondern vor allem um Wachstum, Herrschaft und Machterweiterung. Im Machtkampf erkennt Nietzsche eine fundamentale Tendenz, die das Leben und den Lebensvorgang auslegen kann. „Unsere Triebe sind reduzirbar auf den Willen zur Macht. / Der Wille zur Macht ist das letzte Factum, zu dem wir hinunterkommen."[4] Der Wille zur Macht ist kein Wille im Sinne Schopenhauers dahin gehend, dass der Wille das Wesen der Welt und das Ding an sich verkörpern soll. Bei ihm handelt es sich um mehr als um den einfachen Willen zum Leben, „denn das Leben ist bloß ein Einzelfall des Willens zur Macht"[5]. Der Wille zur Macht ist weder Wesen noch Substanz noch meta-

---

[1] Vgl. zur Thematisierung des Gegensatzes bei Nietzsche Müller-Lauter 1971. Dabei zeigt Müller-Lauter: „Grundlegender, als es seine ober genannten Äußerungen vermuten lassen, hat er den Gegensatz als Konstitutivum der Welt zur Geltung zu bringen versucht. Weil für Nietzsche von vornherein das Ganze der Wirklichkeit durch den ‚Kampf' von Gegensätzen bestimmt wird, deshalb sieht er sich im Vollzuge seines Philosophierens genötigt, die Gegensätze im einzelnen mit aller Schärfe herauszuarbeiten." (S. 7)
[2] Vgl. Gerhardt 2011f, S. 325: „Die Unterscheidung zwischen den ‚Schwachen' und den ‚Starken', genauer: zwischen einem ‚schwachen' und einem ‚starken Willen' gehört zu den Grundelementen der Moral- und Sozialkritik Nietzsches. Sie wird auch in seinen eigenen Bemühungen, eine Tugend des ‚freien Geistes' und damit eine Verantwortlichkeit des ‚souveränen Individuums' zu entwickeln, vorausgesetzt."
[3] JGB 259, KSA 5, S. 207. Zur Einverleibung bei Nietzsche mit Blick auf „the Politics of Immunity" bei Roberto Esposito vgl. Lemm 2013b.
[4] Nachlass 1885, KSA 11, 40[61], S. 661.
[5] Nachlass 1888, KSA 13, 14[121], S. 301.

physisches Prinzip nach Heideggers Interpretation[6] hinter dem Leben; er ist keineswegs so zu fassen, dass ein Subjekt als Substanz bewusst die Macht anstreben will.

Im Kampf der Triebe resultiert der Wille zur Macht als ein dauerhafter Vorgang der Machterweiterung, welche sich durch die Überwältigung vollzieht. Ein Trieb oder einige Triebe sollen nämlich diejenigen überwinden, die ihm oder ihnen Widerstand geleistet haben. Dadurch ist der Wille zur Macht „ein Wille zur Vergewaltigung und sich gegen Vergewaltigungen zu wehren"[7]. Und beim Willen als „ein Complex von Fühlen und Denken" steht der „Affekt des Commando's"[8] im Mittelpunkt. Er kann auch als ein Überlegenheitsaffekt derart begriffen werden, dass jeweils ein Trieb über die anderen Triebe Herr werden will. Aber der Wille zur Macht offenbart sich nicht nur bei dem, der zur Herrschaft gekommen ist, sondern auch bei den Beherrschten und Unterworfenen. Denn zwischen beiden Seiten tobt nach Nietzsche ununterbrochen der Kampf um die erneut herzustellende Herrschaft, dass der Rang unter ihnen wechselt und dass der Befehlende sich in den Gehorchenden verwandelt.

> Die absolute Augenblicklichkeit des Willens zur Macht regirt; im Menschen (und schon in der Zelle) ist diese Feststellung ein Prozeß, der bei dem Wachsthum aller Betheiligten sich fortwährend verschiebt – ein Kampf, vorausgesetzt, daß man dies Wort so weit und tief verstehen, um auch das Verhältniß des Herrschenden zum Beherrschten noch als ein Ringen, und das Verhältniß des Gehorchenden zum Herrschenden noch als ein Widerstreben zu verstehen.[9]

Feststellen lässt sich damit, dass der Mensch im Wesentlichen als der Wille zur Macht zu verstehen ist. Er steht in der „Kraft-Combination"[10] der Triebe, in der jeweils ein Trieb dominant ist und die anderen als Unterdrückte sich auch zum Herr-

---

6 Zur Auseinandersetzung mit Heideggers Auslegung des Willens zur Macht als metaphysischen Prinzips vgl. Müller-Lauter 1999b, S. 22: „Heidegger hat den Willen zur Macht damit zu einem sich aus sich selbst entfaltenden, gleichwohl bei sich bleibenden, ja: letztlich in seinen eigenen Ursprung zurückgehenden metaphysischen Prinzip gemacht." Vgl. außerdem zur Kritik an Heideggers Nietzsche-Interpretation Müller-Lauter 2000; Stegmaier 2013; Kaufmann 2018.
7 Nachlass 1888, KSA 13, 14[79], S. 258. Insofern scheint mir die Annahme von Taureck 1976 nicht plausibel, dass Macht nicht als Gewalt zu verstehen sei. Denn Macht birgt offensichtlich die Gewalt als einen wesentlichen Zug in sich. Vgl. zu den Interpretationen des Machtbegriffs bei Nietzsche Gerhardt 1982. Auf den Kampf verweist deutlich die Zusammenfassung: „Die *strukturelle Verflechtung* von Macht und Wille wird enger, damit verdeutlichen sich der *Richtungsimpuls der Macht*, ihre Angewiesenheit auf *Widerstand* und *Kampf* sowie der Tatbestand, daß sie nur als *Macht unter Mächten* existent ist, die *Akkumulationstendenz der Macht*, ihr Streben nach ‚mehr', ihre Wachstumseigenschaften in der *Selbst-Überwindung* oder ihre Äußerungsqualitäten in der *Tat* und *Kommando*, in *Gestalt* und *Repräsentation*, die Nietzsche wie kein anderer vor ihm im Begriff der Leib-Vernunft gefaßt hat, wie auch die Korrespondenz von Befehl und Gehorsam bleiben gewahrt." (Gerhardt 1981, 87–88) Cowan 2005 zeigt auch, dass der Wille immer „within a relation of forces" (S. 49) existiert.
8 JGB 19, KSA 5, S. 32.
9 Nachlass 1885, KSA 11, 40[55], S. 655.
10 Nachlass 1885, KSA 11, 36[21], S. 560.

scher aufschwingen wollen. Außerdem ist alles Lebendige der Wille zur Macht, wie Zarathustra lehrt: „Wo ich Lebendiges fand, da fand ich Willen zur Macht; und noch im Willen des Dienenden fand ich den Willen, Herr zu sein."[11]

Es ist Nietzsches Aufgabe, „unser gesammtes Triebleben als die Ausgestaltung und Verzweigung Einer Grundform des Willens zu erklären – nämlich des Willens zur Macht"[12]. Insofern reduziert er alle organischen Funktionen, die Selbst-Regulierung, Assimilation, Ernährung, Ausscheidung, den Stoffwechsel auf den Willen zur Macht. Alle Triebe wollen Wirkung auf andere ausüben und dafür die Anerkennung von anderen erhalten. Diese Willenskraft und Willenswirkung sind nichts anderes als Wille zur Macht, der als das Wesen des Triebgeschehens die einzige Realität ist. Jeder Trieb steht für eine Kraft und im Kampf solcher Triebkräfte gelangt eine davon immer zur Macht. Wolfgang Müller-Lauter hat in diesem Zusammenhang darauf verwiesen: „*Der* Wille zur Macht ist die Vielheit von miteinander im Streite liegenden Kräften."[13] Deswegen muss der Wille zur Macht über eine Pluralität von Kräften verfügen. Er ist allerdings keine bloße Kraft, sondern die Dynamik[14] der Kräfte dahin gehend, dass die Kräfte des Lebewesens stets miteinander und gegeneinander kämpfen, um ihre Herrschaft über- und untereinander auszuüben. Kann die Rede vom Willen zur Macht als einer Einheit sein, so soll die Einheit nichts anderes als ein Herrschaftsgebilde, als ein „Gesellschaftsbau", als eine „physio-politische Organisation"[15] bedeuten. „Alle Einheit ist nur als Organisation und Zusammenspiel Einheit: nicht anders als wie ein menschliches Gemeinwesen eine Einheit ist: also Gegensatz der atomistischen Anarchie; somit ein Herrschafts-Gebilde, das Eins bedeutet, aber nicht eins ist."[16]

Auch das Denken ist „nur ein Verhalten dieser Triebe zueinander"[17]. Es befindet sich in dem Willen zur Macht unter dem Triebgeschehen. Das Denken und der Intellekt sind nicht von den Trieben unabhängig, sondern gehören zum Zusammenspiel der Triebe. In jedem Leben glaubt Nietzsche das Zusammenspiel vieler Intellekte als Kampf der Triebe zu erkennen. Denn möglich ist das Leben „durch ein Zusammenspiel vieler sehr ungleichwerthigen Intelligenzen und also nur durch ein beständiges tausendfältiges Gehorchen und Befehlen"[18]. Unter den Intellekten muss nach dem Kampf ein Herrscher als das sogenannte Ich hervortreten. Die organischen Handlun-

---

11 Za II, Von der Selbst-Ueberwindung, KSA 4, S. 147–148.
12 JGB 36, KSA 5, S. 55.
13 Müller-Lauter 1974, S. 15.
14 Im Hinblick auf das dynamische Geschehen der Kräfte ist der Wille zur Macht auch mit Bindestrich als „Wille-zur-Macht" zu schreiben. Vgl. Abel 1998, S. 5: „Nietzsche nennt ‚Willen-zur-Macht' die dynamischen und in sich vielheitlich organisierten Kraftzentren, deren relationalem Tätigsein sich jedes Wirkliche und Lebendige in seinem Was, in seinem Wie und in seinem fortwährenden und prinzipiell unabschließbaren Fluß des Werdens und Vergehens verdankt."
15 Heit 2017, S. 106.
16 Nachlass 1885/86, KSA 12, 2[87], S. 104.
17 JGB 36, KSA 5, S. 54.
18 Nachlass 1885, KSA 11, 37[4], S. 578.

gen können allerdings unabhängig von den Intellekten ausgeführt werden. „Vielmehr müssen wir den Intellekt selber als eine letzte Consequenz jenes Organischen denken."[19]

In der Formulierung des Willens zur Macht legt Nietzsche größeren Wert auf die Macht als auf den Willen. Denn der Wille muss erst in der Macht und Herrschaft über den Widerstand in Erscheinung treten; er muss der Macht immanent sein. Insofern steht das Wort „zu" für den Vorgang des Machtkampfs. Im Hinblick auf die Macht versteht Nietzsche Lust als „alles Wachstum der Macht" und Unlust als „alles Gefühl, nicht widerstehen und Herr werden zu können"[20]. Deswegen handelt es sich bei Lust und Unlust nicht um kardinale Tatsachen, sondern um die vorläufige Konsequenz des Machtkampfs. Damit kann Lust als Befehlen-Können und Unlust als Gehorchen-Müssen verstanden werden. Beide zeichnen sich durch den interpretatorischen Charakter aus und sind keine Triebe selbst.

Die im Kampf liegende Kraft wird von Nietzsche als Machtquantum angegeben, welches „durch die Wirkung, die es übt und der es widersteht, bezeichnet"[21] wird. Die Triebkräfte sind Machtquanten, die den Triebkomplex als Wille zur Macht ausmachen und hinsichtlich der Verschiedenheit der Triebe ungleich sind. Die Ungleichheit zeigt sich in der letzten Konsequenz jedes Kampfs unter den Machtquanten. Dabei muss es ein stärkeres Machtquantum sein, das die anderen Machtquanten besiegt hat, beherrscht, sich von ihnen bedienen lässt und diese ausbeutet. Dagegen gelten das Überwundene und Befohlene als schwächere Machtquanten. Die Machtquanten, die das Wachstum der Macht und die Steigerung des Machtgefühls ermöglichen können, sollen höher sein als diejenigen, die zur Machtminderung und Lebensschwächung führen. Die schwachen Triebe, wie Selbstzerstörung, Selbstschädigung und Selbsterhaltung, gehören nach Nietzsche zum Typ der décadence. Aber sie besitzen auch den Willen zur Herrschaft. In einer Notiz beschreibt Nietzsche den Drang des Schwächeren zum Stärkeren und ihren Unterschied in Bezug auf die Tendenz zur Einheit und Vielheit.

> Das Schwächere drängt sich zum Stärkeren, aus Nahrungsnoth; es will unterschlüpfen, mit ihm womöglich Eins werden. Der Stärkere wehrt umgekehrt ab von sich, er will nicht in dieser Weise zu Grunde gehen; vielmehr, im Wachsen, spaltet er sich zu Zweien und Mehreren. Je größer der Drang ist zur Einheit, um so mehr darf man auf Schwäche schließen; je mehr der Drang nach Varietät, Differenz, innerlichem Zerfall, um so mehr Kraft ist da.[22]

Es liegt auf der Hand, dass nun für Nietzsche die décadence im Drang nach Einheit liegt. Denn die Abnahme der organisierenden Kraft kann zur Anarchie der Triebe und zur „Disgregation des Willens"[23] führen. Die décadence bedeutet danach Er-

---

[19] Nachlass 1883, KSA 10, 12[37], S. 407.
[20] Nachlass 1888, KSA 13, 14[80], S. 260.
[21] Nachlass 1888, KSA 13, 14[79], S. 258.
[22] Nachlass 1885, KSA 11, 36[21], S. 560.
[23] WA 7, KSA 6, S. 27.

schütterung des Grundbaus der Affekte und psycho-physiologischen Verfall in dem Prozess des Willens zur Macht: „Wo in irgend welcher Form der Wille zur Macht niedergeht, giebt es jedes Mal auch einen physiologischen Rückgang, eine décadence."[24] Sie erweist sich außerdem als „[d]as Übergewicht der Unlustgefühle über die Lustgefühle"[25]. Obwohl sie das Leben krank macht, zählt sie zur Natur des Menschen und ist eine notwendige Erscheinung des Lebensvorgangs ohne Wachstum der Macht. Man kann dem zur décadence gehörenden Mitleid und Mitgefühl deshalb nicht ausweichen, weil das Menschenleben selbst zur Hälfte dekadent ist.

> Und alle Menschen, die gesündesten voran, sind gewisse Zeiten ihres Lebens krank: – die großen Gemüthsbewegungen, die Leidenschaft der Macht, die Liebe, die Rache sind von tiefen Störungen begleitet ...
> Und was die décadence betrifft: so stellt sie jeder Mensch, der nicht zu früh stirbt, in jedem Sinne beinahe dar: – er kennt also auch die Instinkte, welche zu ihr gehören, aus Erfahrung –: für die Hälfte fast jedes Menschenlebens ist der Mensch décadent.
> Endlich: das Weib! die Eine Hälfte der Menschheit ist schwach, typisch-krank, wechselnd, unbeständig – das Weib braucht die Stärke, um sich an sie zu klammern, – und eine Religion der Schwäche, welche es als göttlich verherrlicht, schwach ‹zu› sein, zu lieben, demüthig zu sein ...[26]

Offenkundig sind dabei der Gegensatz zwischen Männern und Frauen und die Misogynie. Das Weibliche als das Weichliche und Schwache, sobald es die Männlichen beherrscht, überwältigt für Nietzsche die Starken und macht sie dann zu Schwachen und Dekadenten. Während die Schwachen die Niedergangs-Instinkte, zu denen das Ressentiment, die Unzufriedenheit und der Zerstörungstrieb zählen, die Sklaven-Instinkte, die Feigheits-, Schlauheits- und Canaillen-Instinkte, Demut, den „Widerwille[n] und [die] Scham an allem Natürlichen"[27] in sich tragen, haben die Starken nach Nietzsche den Mut, die Härte, die Grausamkeit, den Kriegstrieb, die Machtbegierde, die Abenteuersuche und die schöpferische Kraft als ihre Hauptzüge auszuleben. Bei den starken Trieben sind eher Vergeudung und Verschwendung als Ersparung zu finden. Die starken Triebe gelten als aktiv und agierend und aber die schwachen als passiv und reagierend.

Der Prozess des Willens zur Macht führt zu zwei gegensätzlichen Ergebnissen: zum einen zur Machtsteigerung und zum anderen zur décadence. Damit kann man zum starken oder schwachen Menschen werden. Der Lebensprozess wechselt stets zwischen Aufstieg und Niedergang, Gesundheit und Krankheit. Es existiert darin ein stärker oder schwächer werdender Wille zur Macht. Jener bedarf starker Reizung und erlangt nach der Überwindung der Hemmung das Wohlgefühl und das Gefühl

---

[24] AC 17, KSA 6, S. 183.
[25] AC 15, KSA 6, S. 182.
[26] Nachlass 1888, KSA 13, 14[182], S. 366.
[27] Nachlass 1888, KSA 13, 14[65], S. 251.

der „Freiheit"[28], während dieser keinen Widerstand gegen die Reizung leisten kann und sich unfrei fühlt. Insofern verurteilt Nietzsche den Schwachen als „Schlechtweggekommenen", als „Habituell-Leidenden".[29]

Als Wille zur Macht verfügt der Mensch über eine Vielheit von personenartigen Machtquanten bzw. Trieben. Bald dieses, bald jenes Machtquantum steht als Ego mit seiner Herrschaft im Vordergrund. „Das Subjekt springt herum, wahrscheinlich empfinden wir die Grade der Kräfte und Triebe, wie Nähe und Ferne und legen uns wie eine Landschaft und Ebene aus, was in Wahrheit eine Vielheit von Quantitätsgraden ist."[30] Das Nächste wird als Ich und das Entferntere als Du oder alles andere bezeichnet. Nach Nietzsche hält das im Menschen zeitweilig Überwiegende sich für das ganze Ego und platziert alle schwächeren Triebe perspektivisch in die Ferne. Je nach der Übermacht der verschiedenen Triebe nimmt der Mensch auch verschiedene Perspektiven ein. Damit ist immer wieder die Verschiebung der Perspektive mit dem Wechsel der Herrschaft der Triebe zu verzeichnen, nämlich, dass „ein Übergreifen von Macht über andere Macht statt hat"[31]. Man kann auch seine Perspektive durch die Machtsteigerung erweitern. Freilich erreicht man in seiner Lebenszeit nicht immer Machtsteigerung, deren Verwirklichung die Selbstüberwindung voraussetzt: „Der Mensch ist Etwas, das überwunden werden soll."[32] Wenn er sich selbst ununterbrochen überwindet und stets in der Machtsteigerung steht, wird er endlich zum Übermenschen. Aber der Fall des Übermenschen stellt nur einen Maximalzustand dar, der in der Wirklichkeit kaum zu erreichen ist. Der Mensch bleibt unter allen Umständen nicht stets in der unaufhörlichen Machtsteigerung und in der leiblichen Gesundheit. Deshalb verkörpert der Übermensch die Orientierung und Sinngebung des Lebens, sodass man über sich durch die Selbstüberwindung hinausgehen soll. Deutlich wird dies in *Zarathustras Vorrede*:

> Der Mensch ist ein Seil, geknüpft zwischen Thier und Übermensch, – ein Seil über einem Abgrunde.
> Ein gefährliches Hinüber, ein gefährliches Auf-dem-Wege, ein gefährliches Zurückblicken, ein gefährliches Schaudern und Stehenbleiben.
> Was gross ist am Menschen, das ist, dass er eine Brücke und kein Zweck ist: was geliebt werden kann am Menschen, das ist, dass er ein Übergang und ein Untergang ist.[33]

---

28 Vgl. Nachlass 1886/87, KSA 12, 5[50], S. 204: „das Wohlgefühl als das an leichten Widerständen sich auslösende Machtgefühl: denn im gesammten Organismus giebt es fortwährend Überwindung zahlloser Hemmungen, – dies Siegsgefühl kommt als Gesammtgefühl zum Bewußtsein, als Leichtigkeit, ‚Freiheit'"
29 Nachlass 1888, KSA 13, 14[142], S. 327.
30 Nachlass 1880, KSA 9, 6[70], S. 212.
31 Nachlass 1888, KSA 13, 14[81], S. 260.
32 Za, Vorrede 3, KSA 4, S. 14.
33 Za, Vorrede 4, KSA 4, S. 16–17.

Der Mensch verkörpert einen Übergang zum Übermenschen und aber einen Untergang zum Tier, was als extremer Fall in der Tat kaum geschehen kann. Der Untergehende verachtet und verneint das Leben, vergiftet sich selbst, während der Hinaufgehende sich überwindet, sein Leben und seinen Leib bejaht und heraufhebt. Nietzsche sieht die Selbstüberwindung ferner als die „Erziehung des höheren Menschen"[34], als „Grösste[n] aller Kämpfe und längste Züchtung"[35] an. Die Erziehung und Züchtung sollen aber nicht allein durch das Individuum selbst, sondern vor allem durch die zukünftigen Philosophen ausgeführt werden. Im Hinblick auf die Steigerung der Macht und die Erweiterung der Perspektive hat die Züchtung eher den kulturellen Sinn als den biologischen zu erfüllen,[36] denn Nietzsche wollte nicht eine neue Menschenrasse hervorbringen.

Resultieren aus dem Leben im Willen zur Macht unterschiedliche Konsequenzen, welche sich als höhere oder niedrigere Stufen der Organisation zeigen, dann müssen eine Ungleichheit und eine Hierarchie unter den Trieben und „[e]ine Art Aristokratie von ‚Zellen'"[37] ins Blickfeld rücken. Im Willen zur Macht muss ein Herrschaftsgefüge existieren, nämlich dahin gehend, dass ein Machtquantum andere Machtquanten befiehlt, obwohl die Herrschaft dynamisch ist und das Befehlende sich beständig verändert. Die Veränderung der Herrschaft kann aber die Hierarchie im Leib nicht verleugnen.

Mit Blick auf die Konsequenz des Willens zur Macht sind die Machtquanten nicht gleich. Aber bei der Ungleichheit handelt es sich um keine stabile und unveränderbare Rangordnung, weil jedes Machtquantum die Möglichkeit realisieren kann, andere zu überwinden und zu beherrschen. Stehen alle Machtquanten stets im Antagonismus, im gegenseitigen Kampf und Krieg, dann gibt es allein eine Struktur der Herrschaft, in der nicht festzustellen ist, welches Machtquantum in welcher Stufe der Hierarchie seinen Platz einnimmt. Es ist eine Form ohne bestimmten Inhalt. Die Hierarchie ist im Willen zur Macht eine metaphysische Gegebenheit, die aber nicht zu einer existenziell deutlich vorbestimmten Rangordnung führt. Der ununterbrochene Machtkampf bedeutet nur ein unendlich wechselhaftes und niemals verharrendes Herrschaftsgebilde. Bleibt ein Machtquantum permanent als Herrscher über andere bestehen, kann von der Machtsteigerung gar nicht geredet werden. Das

---

34 Nachlass 1884, KSA 11, 27[80], S. 295.
35 Nachlass 1885, KSA 11, 39[10], S. 622.
36 Vgl. zu den Bedeutungen der Züchtung bei Nietzsche Brobjer 2011. Schank 2000 macht deutlich, dass das Wort Züchten bei Nietzsche in Bezug auf den Menschen als „erziehen, lehren, bilden" (S. 337) zu verstehen ist. Insofern gilt Nietzsche keineswegs als Transhumanist. Vgl. dazu noch Skowron 2013. Offenkundig hat der Transhumanismus den Übermenschen missverstanden. Denn er, wie Gabriel 2018b zeigt, „ist der Versuch, Friedrich Nietzsches Fantasie vom Übermenschen durch technologischen Fortschritt zu verwirklichen. Er strebt eine höhere Existenzform des Menschen als reiner Information an, die in einer nicht mehr biologischen Infosphäre lebt" (S. 272).
37 Nachlass 1885, KSA 11, 40[42], S. 650. Müller-Lauter 1978 zeigt auch, dass die Ungleichheit der Machtquanten die „Grundlage des Kampfes" (S. 201) bildet und aus Kämpfen „die Randordnungen" (S. 210) erwachsen.

Wachstum des Lebens findet damit auch nicht statt. Der Mensch gerät in die Gefahr der Versteinerung mit der einzig dominanten Perspektive, was dem Freigeist durchaus widerspricht, weil dieser seinen Horizont erweitern und seine Perspektive wechseln können muss.

Der Ausweg aus der Problematik der Rangordnung besteht wohl darin, dass die Machtquanten an sich nur formal gleich und gleichwertig sind. Dies ist aber der primitive Zustand des Lebensgeschehens, dem noch kein Sinn durch die Herrschaft der Perspektive zugeschrieben worden ist. Alle Machtquanten sind dabei nichts anderes als die gleichen Elemente des Willens zur Macht, bei denen der Kampf noch nicht im Gange ist. Nach Nietzsches Perspektive gibt es bei ihnen erst in ihrem Zusammenspiel und Kampf einen „Unterschied von niederen und höheren Funktionen"[38], der die Rangordnung der Machtquanten als Organe und Triebe verdeutlicht. Vor dem Kampf existiert zwar keine Rangordnung. Aber im Prozess des Willens zur Macht bilden sich viele unterschiedene Funktionen heraus, in denen sich eine Sinngebung des Lebens erst ermöglicht. Ohne die Ungleichheit und die damit einhergehende Rangordnung der Funktionen gibt es keinen Sinn. Und „alle Zwecke, alle Nützlichkeiten sind nur Anzeichen davon, dass ein Wille zur Macht über etwas weniger Mächtiges Herr geworden ist und ihm von sich aus den Sinn einer Funktion aufgeprägt hat"[39]. Damit sind nicht nur eine Sinngebung, sondern auch eine Sinnverschiebung unter dem Machtquanten zu verzeichnen.

Freilich ist es eine Perspektive Nietzsches, dass bei den Machtquanten eher die Ungleichheit bzw. die Rangordnung als die Gleichheit die wesentliche Rolle in der Sinngebung spielt. Die Gleichheit bringt dagegen allein das unendliche Chaos ohne Sinn zum Ausdruck. Nietzsche leugnet nicht die Identität der Machtquanten, sondern legt mehr Wert auf die Differenz unter ihnen. Für ihn liegt der Sinn des Daseins nicht im Ganzen als Kollektiv, sondern im Einzelnen als Individuum. Damit kann der Wille zur Macht auch als eine Sinngebung für das Individuum qualifiziert werden.[40]

Mit der Rangordnung sind unterschiedliche Wertgefühle zu verzeichnen: „Das verschiedene Werthgefühl, mit dem wir diese Triebe von einander abheben, ist die Folge ihrer größeren oder geringeren Wichtigkeit, ihrer thatsächlichen Rangordnung in Hinsicht auf unsere Erhaltung."[41] Perspektivisch wird das Wertgefühl in Bezug auf die Rangordnung der Funktionen gesetzt, die den Leib in viele Richtungen leiten und bei denen es auf die Grade der Macht ankommt. Verhilft die Funktion zur Machtsteigerung, dann nimmt sie eine höhere Stelle im Willen zur Macht ein. Verursacht sie eine Verminderung der Macht oder sorgt sie sogar für eine Verneinung zum

---

[38] Nachlass 1884, KSA 11, 25[411], S. 119.
[39] GM II 12, KSA 5, S. 314.
[40] Vgl. Gerhardt 1992b, S. 189: „Durch den ‚Willen zur Macht' wird in jede Kraft ein Sinn hineingelegt. Deshalb gilt für den Menschen, genauer: für das Individuum, daß es *seinen* Sinn nur findet, wenn es sich im Sinne der Willen zur Macht zu bewegen und auszulegen versteht."
[41] Nachlass 1884, KSA 11, 27[28], S. 283.

Leben, dann ist sie niedrig, schwach oder dekadent. Aus der Rangordnung im Menschen als Wille zur Macht heraus kann dann die Rede von der Rangordnung in der Welt sein, in der wiederum die gegensätzlichen Seiten, die schwächere und die stärkere, nicht zu entbehren sind.

> Die Rangordnung hat sich festgestellt durch den Sieg des Stärkeren und die Unentbehrlichkeit des Schwächeren für den Stärkeren und des Stärkeren für den Schwächeren – da entstehen getrennte Funktionen: denn Gehorchen ist ebenso eine Selbst-Erhaltungs-Funktion als, für das stärkere Wesen, Befehlen.[42]

---

42 Nachlass 1884, KSA 11, 25[430], S. 126.

8 Die Welt als der Wille zur Macht und die Menschen in der Welt

8.1 Die Welt als der Wille zur Macht

Die Welt besteht aus dem Organischen und dem Unorganischen. Das Organische bzw. das Leben sind schon als Wille zur Macht ausgelegt worden. Dafür soll noch ein Beispiel des Protoplasmas angeführt werden, das von Nietzsche in den 1880er Jahren vielmals erwähnt worden ist und für „den einfachsten Fall"[1] steht.

> Der Wille zur Macht kann sich nur an Widerständen äußern; er sucht also nach dem, was ihm widersteht, – dies die ursprüngliche Tendenz des Protoplasma, wenn es Pseudopodien ausschickt und um sich tastet. Die Aneignung und Einverleibung ist vor allem ein Überwältigen-wollen, ein Formen, An- und Umbilden, bis endlich das Überwältigte ganz in die Macht des Angreifers übergegangen ist und denselben vermehrt hat. – Gelingt diese Einverleibung nicht, so zerfällt wohl das Gebilde; und die Zweiheit erscheint als Folge des Willens zur Macht: um nicht fahren zu lassen, was erobert ist, tritt der Wille zur Macht in zwei Willen auseinander (unter Umständen ohne seine Verbindung unter einander völlig aufzugeben) „Hunger" ist nur eine engere Anpassung, nachdem der Grundtrieb nach Macht geistigere Gestalt gewonnen hat.[2]

Bei dem sich teilenden Protoplasma zeigt sich weniger Selbsterhaltung als Selbst- und Machterweiterung: „1/2 + 1/2 nicht = 1, sondern = 2"[3]. Das Protoplasma ist nach Nietzsche „eine Vielheit von chemischen Kräften", aber als Organisches hat es „eine unsichere[re] und unbestimmte[re] Gesammt-Wahrnehmung eines fremden Dings" als das Chemische, weil in der chemischen Welt „die schärfste Wahrnehmung der Kraftverschiedenheit" herrscht.[4]

Damit räumt Nietzsche das „Wahrnehmen auch für die unorganische Welt"[5] ein, unter dem das „ursprünglichste[] Aneignen"[6] zu verstehen ist. Beim Aneignen zeigen sich das Annähern und das Zurückstoßen, die „in der unorganischen wie organischen Welt das Band"[7] bilden. Im Unorganischen gibt es auch die Grundtatsache, dass etwas die anderen heranzieht und dass etwas sich angezogen fühlt.[8] Der Wille zur Macht erweist sich damit auch im Unorganischen. Im Organischen ist aber nicht bloß die Konstanz der Energie am Werk, sondern auch die „Maximal-Ökonomie des Verbrauchs: so daß das Stärker-werden-wollen von jedem Kraftcen-

---

1 Nachlass 1888, KSA 13, 14[174], S. 360.
2 Nachlass 1887, KSA 12, 9[151], S. 424.
3 Nachlass 1885/86, KSA 12, 2[68], S. 92.
4 Nachlass 1885, KSA 11, 35[58], S. 537.
5 Nachlass 1885, KSA 11, 35[53], S. 536.
6 Nachlass 1885, KSA 11, 38[10], S. 608.
7 Nachlass 1885, KSA 11, 36[21], S. 560.
8 Vgl. Nachlass 1885, KSA 11, 34[247], S. 504.

https://doi.org/10.1515/9783110751413-009

trum aus die einzige Realität ist, – nicht Selbstbewahrung, sondern Aneignung, Herr-werden-, Mehr-werden-, Stärker-werden-wollen"[9]. Das Perspektivische und „Egoistische" des Lebewesens besteht insofern im Reich der Unorganischen, als ein Kraftatom nur seine Nachbarschaft in Betracht zieht und sich die Kräfte in der Ferne ausgleichen.

Da der Wille zur Macht die organische und unorganische Welt beherrscht, ist jene nicht anders als diese: „Wir können uns unsern Leib räumlich auseinanderlegen, und dann erhalten wir ganz dieselbe Vorstellung davon wie vom Sternensysteme, und der Unterschied von organisch und unorganisch fällt nicht mehr in die Augen."[10] Diesen Gegensatz zählt Nietzsche noch zur mechanistischen Auslegung der Welt. Die Mechanik ist für ihn nur auf die Oberfläche der Welt anzuwenden und verkörpert „eigentlich nur eine Schematisir- und Abkürzungskunst, eine Bewältigung der Vielheit durch eine Kunst des Ausdrucks, – kein ‚Verstehen', sondern ein Bezeichnen zum Zweck der Verständigung"[11]. Der Mechanismus hält die Welt für berechenbar und versucht, sie aufgrund des Augenscheins und des Tastgefühls fest zu konstruieren. Solcher Vereinfachung und Feststellung widerspricht ontologisch der Vorgang des Willens zur Macht, der weder kausalmechanistisch noch teleologisch gilt.[12]

Die mechanistische Denkweise übersetzt die Welt der Wirkung, die durch den Kampf der Machtquanten gekennzeichnet wird, in eine sichtbare Welt der Bewegung. Die Übersetzung in die Sinnensprache hält Nietzsche für ein „Sinnen-Vorurtheil". Und hinter der Bewegung und der Tätigkeit wird das Subjekt fingiert. Durch die Gewohnheit der Sprache wird noch dazu verleitet, „Subjekt, Objekt, ein Thäter zum Thun, das Thun und das, was es thut" zu differenzieren. Dies bezeichnet allerdings „eine bloße Semiotik und nichts Reales". Damit wird auch der Begriff des Ichs als Einheit imaginiert. Indem der Mensch sich für eine Einheit hält, hat er die Begriffe Ding und Atom gebildet. Durch die ursächlichen Einheiten bleibt die Wirkung der Dinge konstant. Solche Erfindung wird von Nietzsche als psychologisches Vorurteil charakterisiert und bildet zusammen mit dem Sinnen-Vorurteil die Voraussetzung des Mechanismus.[13]

In einer Notiz entlarvt Nietzsche die Kausalitäts-Interpretation als eine Täuschung. Sein Ausgangspunkt liegt darin, dass der Wille zur Macht der Ursprung der Bewegung ist. Insofern kann man das Problem der mechanistischen Welt-Auslegung vermeiden, weil der Mechanismus immer ein Mobile voraussetzt. Aber bei Nietzsche kommt dies gar nicht infrage, da die Bewegung „nicht von außen her bedingt" wird.

---

9 Nachlass 1888, KSA 13, 14[81], S. 261.
10 Nachlass 1883/84, KSA 10, 24[16], S. 653.
11 Nachlass 1886/87, KSA 12, 5[16], S. 190.
12 Vgl. dazu Abel 1982, vor allem S. 374–377.
13 Nachlass 1888, KSA 13, 14[79], S. 257–259.

Was er dafür braucht, sind „Bewegungsansätze und -Centren, von wo aus der Wille um sich greift".[14]

Damit stellt Nietzsche fest, dass der Mensch im Wesentlichen über keine Erfahrung hinsichtlich einer Ursache verfügt und selbst keine Ursache für seine Handlung ist.

> : psychologisch nachgerechnet, kommt uns der ganze Begriff aus der subjektiven Überzeugung, daß wir Ursache sind, nämlich, daß der Arm sich bewegt ... Aber das ist ein Irrthum
> : wir unterscheiden uns, die Thäter, vom Thun und von diesem Schema machen wir überall Gebrauch, – wir suchen nach einem Thäter zu jedem Geschehen ...
> : was haben wir gemacht? wir haben ein Gefühl von Kraft, Anspannung, Widerstand, ein Muskelgefühl, das schon der Beginn der Handlung ist, als Ursache mißverstanden
> : oder den Willen, das und das zu thun, weil auf ihn die Aktion folgt, als Ursache verstanden – Ursache d. h. –[15]

Deswegen wird die ‚Ursache' als eine Selbsttäuschung nachgewiesen, die der Mensch doch zum Verständnis des Geschehens für wahr hält. Um die Welt zu verstehen, muss man sich ein Subjekt erfinden und es dafür verantwortlich machen, „daß etwas geschah und wie es geschah". Dabei werden das Willens-Gefühl, das Freiheits-Gefühl, das Verantwortlichkeits-Gefühl und die Absicht einer Handlung in dem Begriff „Ursache" zusammengefasst.[16] Deswegen meint Nietzsche: „causa efficiens und finalis ist in der Grundconception Eins." Zudem kennt der Mensch nur die Wirkung in einem aufgezeigten Zustand. Umgekehrt vermag er nicht „von irgend einem Ding voraus zu sagen, was es ‚wirkt'". Denn die Ursache ist bloß eine Erfindung „nach dem Schema der Wirkung". Sie umfasst das Ding, das Subjekt, den Willen und die Absicht. Aber im Willen zur Macht gibt es kein Ding als Subjekt, sondern „ein ‚Ding' ist eine Summe seiner Wirkungen, synthetisch gebunden durch einen Begriff, Bild". Deshalb umfasst die Kausalität keine Wirklichkeit: „Aus einer nothwendigen Reihenfolge von Zuständen folgt nicht deren Causal-Verhältniß". Gibt es keine Ursache, dann ist auch keine Rede von der Wirkung. „Sprachlich wissen wir davon nicht loszukommen. Aber daran liegt nichts. Wenn ich den Muskel von seinen ‚Wirkungen' getrennt denke, so habe ich ihn negirt ... / In summa: ein Geschehen ist weder bewirkt, noch bewirkend." Aber Nietzsches Verneinung der Kausalität besagt nicht, dass es keinen Kausalitäts-Sinn im Menschen gibt. Denn der Mensch verspürt noch die Furcht vor dem Ungewohnten und sucht in ihm das Bekannte zu finden, welches zur Erklärung des Unbekannten dient. Dadurch besiegt er

---

14 Nachlass 1888, KSA 13, 14[98], S. 274.
15 Nachlass 1888, KSA 13, 14[98], S. 274.
16 Vgl. Gerhardt 1996, S. 308: „Im wirklichen Geschehen kommen Ursachen gar nicht vor. Es gibt nur verschiedene Gradationen von Machtgefühl, und es gibt Veränderungen. Aus der Koinzidenz von Veränderungsfolgen mit bestimmten Machtgefühlen (‚Willens-Gefühl', ‚Verantwortlichkeits-Gefühl', ‚Absicht') folgern wir die Ursächlichkeit des einen Zustands für einen anderen [...]. Aber das Gesuchte ist nirgendwo vorhanden."

die Furcht und gewinnt sein Sicherheitsgefühl. Für Nietzsche ist das Erkennen darauf ausgerichtet, im Unbekannten das Bekannte zu suchen und damit die Gewissheit als Wahrheit zu erhalten. Es steht auf dem Boden des Kausalitäts-Instinkts, der die Identität der Falle annimmt, „daß in zwei Complexen Zuständen (Kraftconstellationen) die Quanten Kraft gleich blieben".[17] Der Kausalität liegen damit die vorausgesetzte Wiederholung und die Wiederholbarkeit der Fälle zugrunde.

Mit der Herabsetzung der Kausalität als einer bloßen Perspektive verlieren die Naturgesetze ihre allgemeine zeitlose Gültigkeit und werden von Nietzsche als „nur lange Angewohnheiten"[18] beurteilt. Sie seien „Formel[n] für die unbedingte Herstellung der Macht-Relationen und -Grade"[19]. Daher lehnt Nietzsche die These ab, dass sich die unabänderliche Aufeinanderfolge gewisser Erscheinungen als Gesetz erweist. Denn diese Aufeinanderfolge beweist nur „ein Machtverhältniß zwischen 2 oder mehreren Kräften". Dabei handelt es sich „nicht um ein Nacheinander, – sondern um ein Ineinander, einen Prozeß, in dem die einzelnen sich folgenden Momente nicht als Ursachen und Wirkungen sich bedingen".[20] Aber das Machtverhältnis ist nicht immer stabil und unwandelbar, weil „jede Macht in jedem Augenblicke ihre letzte Consequenz zieht"[21]. Es gibt im Wesentlichen ausschließlich dynamische Machtverhältnisse unter den Machtquanten, worin jedoch keine Notwendigkeit zu einem Gesetz begründet ist.

So tritt die mechanistische Unterscheidung von organischer und unorganischer Welt außer Kraft. Das organische Leben gilt als „eine Spezialisirung" und Perspektivierung der unorganischen Welt, welche aber keine perspektivische Beschränktheit bzw. keinen Irrtum wie die organische Welt kennt, welche damit „die größte Synthesis von Kräften und deshalb das Höchste und Verehrungswürdigste" ist.[22]

Merkwürdig ist jedoch, dass Nietzsche in den ersten 1880er Jahren das Organische vom Unorganischen noch so unterscheidet, dass es Erfahrungen sammelt und „in seinem Prozesse" „niemals sich selber gleich ist"[23]. Im Unorganischen ist nur die Einheit von allem „Fühlen und Vorstellen und Denken"[24] vorhanden. Aber im Organischen kommt die Trennung bereits vor und die Sinnesempfindung ist eine erst später entwickelte Einzelerscheinung. Beide können zum Missverständnis in der organischen Welt führen, welches aber in der unorganischen fehlt, denn „die Mittheilung scheint vollkommen"[25]. Der in der organischen Welt bestehende Irrtum, nämlich die Erfindung der „Dinge", „Substanzen", „Eigenschaften", „Tätigkeiten", ist

---

17 Nachlass 1888, KSA 13, 14[98], S. 274–276.
18 Nachlass 1883, KSA 10, 15[50], S. 493.
19 Nachlass 1885/86, KSA 12, 1[30], S. 17.
20 Nachlass 1885/86, KSA 12, 2[139], S. 135–136.
21 JGB 22, KSA 5, S. 37.
22 Nachlass 1885/86, KSA 12, 1[105], S. 35–36.
23 Nachlass 1883, KSA 10, 12[31], S. 406.
24 Nachlass 1883, KSA 10, 12[27], S. 404.
25 Nachlass 1885/86, KSA 12, 1[28], S. 16.

sogar eine Abkürzung der Zeichen im Gegensatz zu den Zeichen selbst. Die Bewegung ist Zeichen für das innere Geschehen. Aber „die Bildung von Formen, welche viele Bewegungen repräsentieren" können, ist „die Erfindung von Zeichen für ganze Arten von Zeichen". Deswegen ist für Nietzsche das Denken als das Bilden von Formen kein inneres Geschehen selbst, sondern bloß „eine Zeichensprache für den Machtausgleich von Affekten".[26]

Aber die Entlarvung der organischen Denkweise als Irrtum bedeutet nicht, dass diese Denkweise für den Menschen entbehrlich ist. Auch Nietzsche selbst erteilt diesen spezifischen Irrtümern die Anerkennung der Bedeutsamkeit dahin gehend, dass mit ihnen die Organismen ein höheres Leben führen können. Solange das Lebendige in der Welt existiert und sich für eine Einheit zu halten genötigt ist, muss auch die organische Weltauslegung als eine unverzichtbare Perspektive am Werk sein.

In seiner metaphysischen Interpretation der Welt als Wille zur Macht bemüht sich Nietzsche später darum, den Gegensatz zwischen organisch und unorganisch aufzuheben. Metaphysisch ist es dem Satz „Diese Welt ist der Wille zur Macht – und nichts außerdem!"[27] geschehen, das Werden der Welt ohne jedwede Ursache bzw. ohne stabile Einheit, Ding, Subjekt, Wille oder Absicht auszulegen und die Unschuld des Werdens bzw. die Immoralität der Natur hervorzuheben. Zur Auslegung der Welt, und zwar sowohl im organischen als auch im unorganischen Bereich, gilt der Wille zur Macht unmittelbar, sodass alles in einem stets veränderlichen Machtverhältnis zueinander steht.

Der Wille zur Macht gilt als eine allgemeine Formel für die Interpretation der Welt. Er vermag, auf den formgebenden[28] Charakter der Welt derart hinzudeuten, dass alles im Werden liegt und nach der Übermacht, Überlegenheit oder Herrschaft über andere strebt. Metaphorisch lässt sich die Welt bei Nietzsche als ein Fluss verstehen. Als Wille zur Macht kennzeichnet sich der Fluss durch das Fließen. Der Fluss ist aber keine Substanz. Er besteht aus dem fließenden Wasser und ist nichts ande-

---

26 Nachlass 1885/86, KSA 12, 1[28], S. 17. Vgl. zur Thematisierung des Zeichens in Nietzsches Gedanken Stegmaier 2000. „Gedanken, in denen das Wirkliche gedacht wird, werden von Zeichen nicht nur bezeichnet, sondern sind selbst Zeichen, Zeichen von etwas, das seinerseits nicht faßbar ist, und auch das Subjekt, das das Wirkliche denkt, ist die erdichtete Einheit einer selbstgeschaffenen Bilderwelt, in der gleiche Zeichen als gleiche Dinge gelten." (S. 51) Insofern gründet der als Wahrheit bezeichnete Gedanke sich auch auf Zeichen. Vgl. dazu Abel 2010. Abel konzipiert nach der Kritik des traditionellen Wahrheitsbegriffs anhand eines dreistufigen Modells der Zeichen- und Interpretationsverhältnisse die „Wahrheit als Funktion des Zeichen- und Interpretationssinns" (S. 36).
27 Nachlass 1885, KSA 11, 38[12], S. 611.
28 Zur Zusammenfassung der formgebenden Momente des Willens zur Macht bzw. der werdenden Welt vgl. Gerhardt 1996. Es gibt nach Gerhardt zwölf formgebende Momente. Sie besteht in: 1. der agonalen Verfassung, 2. der Pluralität des Geschehens, 3. der Individualität, 4. der Mobilität, 5. der Gleichzeitigkeit, 6. dem räumlichen Verhältnis, 7. der Relativität bzw. der Gleichwertigkeit, 8. der Intentionalität, 9. der Perspektivität, 10. den Machtordnungen bzw. den Rangstufen, 11. der Instrumentalität des Machtgeschehens, und schließlich 12. der Repräsentativität des Machtgeschehens. (S. 322–327)

res als dieses. Kein Fluss ohne Wasser. Fließendes Wasser als der fundamentale und einzige Teil des Flusses ist auch der Wille zur Macht. Denn in ihm ist gleichzeitig das Fließen am Werk. Das Wasser besteht aus Teilchen und die Teilchen aus Kräften, die im Hinblick auf den Willen zur Macht als die Machtquanten gelten. Damit ist das Wasser auch keine Substanz. Zudem existieren im Fluss noch viele vorläufige instabile Schichten und Strecken, die durch das Fließen auch als Willen zur Macht bezeichnet werden können. Insofern ist das fließende Wasser, das die Schichten und Strecken ausmacht, deren Machtquantum. Im Verhältnis zum Fluss als ganzer Welt und dem Willen zur Macht sind die Schichten und Strecken kleinere Welten und Machtquanten. Aber sie zeigen sich als Willen zur Macht im Vergleich zum Wasser als Machtquantum. Jedes Machtquantum hat seine Perspektive außer der Welt, die bloß als ein Zeichen für die Gesamtheit der Machtquanten fungiert, aber kein Machtquantum ist.[29]

In den kleineren Welten[30] offenbaren sich mannigfaltige Formen und Bereiche des Willens zur Macht. Insofern redet Nietzsche von einer Morphologie des Willens zur Macht: „Wille zur Macht als ‚Natur' / als Leben / als Gesellschaft / als Wille zur Wahrheit / als Religion / als Kunst / als Moral / als Menschheit"[31]. Außerdem ist der Wille zur Macht noch als „Naturgesetz" im Sinne der mechanischen Auslegung, als Wissenschaft und als Politik zu verstehen.[32] Da die kleineren Welten unvermeidlich über verschiedene Machtquanten und Perspektiven verfügen, versteht es sich, dass sie durch den Kampf und die Pluralität gekennzeichnet sind. Es gibt damit z. B. nicht nur Religion, Kunst, Moral, sondern auch Religionen, Künste, Moralen.

8.2 Die Menschen als Machtquanten in der Welt

8.2.1 Die Ungleichheit und die Rangordnung unter den Menschen

Ist die Welt der Wille zur Macht, dann sind die Menschen darin nichts anderes als Machtquanten, obwohl das Individuum selbst einen Willen zur Macht verkörpert. Es wurde darauf hingewiesen, dass es sich beim Willen zur Macht auf ein Herrschaftsgefüge handelt, in dem es unter den Machtquanten die Ungleichheit als Dynamik und die Hierarchie als Ergebnis des Kampfs geben muss. Dies gilt auch unter den

---

29 Der Wille zur Macht ist insofern nicht monadologisch, wie Kaulbach 1979 annimmt, dass Nietzsche die Welt „nach dem Modell der Monade" (S. 155) interpretiert. Vgl. außerdem zum Unterschied des Willens zur Macht von Dynamis, Energeia, Entlecheia bei Aristoteles und von Monade bei Leibniz Müller-Lauter 1971, S. 30–33.
30 Es existieren nur die kleinen Welten. Eine Welt aller kleinen Welten gibt es allerdings nicht. Dies erinnert an die Sinnfeldontologie von Gabriel 2016c, der die These vertritt, dass die Welt als „Sinnfeld aller Sinnfelder" gar nicht existiert.
31 Nachlass 1888, KSA 13, 14[72], S. 254.
32 Vgl. Nachlass 1888, KSA 13, 14[71], S. 254.

Menschen, seien sie einzelne Willen zur Macht oder Machtquanten innerhalb einer Form des Willens zur Macht.

In dem jeweiligen Kampf zwischen zwei oder mehreren Menschen erringt ein Mensch die Herrschaft. Dabei handelt es sich nicht nur um einen gewalttätigen Kampf oder Konflikt, sondern auch um den Wettkampf oder Agon um Überlegenheit oder Übermacht. Mit der hergestellten Herrschaft kommt die Ungleichheit unter den Menschen zum Ausdruck. Denn zwischen dem Befehlenden und dem Gehorchenden, dem Überlegenen und dem Unterlegenen kann keine Rede von Gleichheit sein. Insofern ist die Ungleichheit unter den Lebendigen eine nicht zu eliminierende Gegebenheit. Schon in den Zellen sind die Aristokratie und die Ungleichheit zu finden. Eine Zelle kann sich „in die Funktion einer stärkeren Zelle"[33] verwandeln und von dieser assimiliert werden. Unerlässlich ist die Differenzierung zwischen stärkerer und schwächerer Zelle. Für Nietzsche kann es in einem Organismus einen gesunden und einen entarteten Teil geben. Insofern erkennt das Leben keine Solidarität, keine Gleichheit an und der entartete Teil muss herausgeschnitten werden, wenn das Ganze nicht zugrunde gehen will.[34]

Ebenso wie die Ungleichheit der Teile im Organismus im Hinblick auf die Gesundheit gibt es auch Menschen mit ungleicher Gesundheit.

> Denn eine Gesundheit an sich giebt es nicht, und alle Versuche, ein Ding derart zu definiren, sind kläglich missrathen. Es kommt auf dein Ziel, deinen Horizont, deine Kräfte, deine Antriebe, deine Irrthümer und namentlich auf die Ideale und Phantasmen deiner Seele an, um zu bestimmen, was selbst für deinen L e i b Gesundheit zu bedeuten habe.[35]

Deswegen sind zahlreiche Arten Gesundheit aufgrund der Perspektivität der Bestimmung zu finden. Deshalb kann von einer Gleichheit der Gesundheit und der Menschen auch keine Rede sein. Nietzsche verhehlt nicht, höhere und niedere Menschen, also „einen Typus des aufsteigenden Lebens und einen anderen des Verfalls, der Zersetzung, der Schwäche"[36], zu unterscheiden.

Auf die Rangordnung unter den Menschen gründet Nietzsche seine praktische Philosophie, die zwar nur das Individuum vor Augen hat, aber nicht individualistisch ist. Der Individualismus kennt nämlich keine Rangordnung noch Ungleichheit zwischen den Menschen und will „dem Einen die gleiche Freiheit geben wie allen"[37]. Entsprechend der Rangordnung der Zellen, nämlich, dass die stärkere Zelle die schwächere ausbeutet und sich aneignet, dürfen die niederen Menschen für Nietzsche zur Genese des höheren Typus geopfert werden.

---

33 FW 118, KSA 3, S. 476.
34 Nachlass 1888, KSA 13, 23[1], S. 600.
35 FW 120, KSA 3, S. 477.
36 Nachlass 1888, KSA 13, 15[120], S. 481.
37 Nachlass 1886/87, KSA 12, 7[6], S. 280.

Die Rangordnung ist ein wichtiges Thema in Nietzsches Gedanken. Er hat selbst in einer Notiz eingestanden, dass, was ihn angeht, „das Problem der Rangordnung innerhalb der Gattung Mensch, [...] das Problem der Rangordnung zwischen menschlichen Typen [ist], die immer dagewesen ‹sind› und immer dasein werden"[38]. Damit will er eine Aristokratie des Geistes herstellen. Für ihn kommt es in Bezug auf die Zukunft der Menschen auf die unbedingte Herrschaft der aristokratischen Werte an, was auch als ein „aristokratischer Radikalismus"[39] gilt.

Nietzsche findet die Rangordnung auch als Faktum in der menschlichen Natur, dass der Mensch nämlich im Gegenüber zu anderen stets seine Überlegenheit und Einzigkeit hervorheben will. Es gibt „einen Instinkt für den Rang, welcher, mehr als Alles, schon das Anzeichen eines hohen Ranges ist"[40]. Der Instinkt für die Ungleichheit und Wertverschiedenheit des Lebens, das Gefühl der Rangverschiedenheit zwischen den Menschen erweisen sich als das Pathos der Distanz. Es bildet die Voraussetzung für die aristokratische Gesellschaft und die Erhöhung des Typus „Mensch" als vornehmer Kaste.

> Ohne das Pathos der Distanz, wie es aus dem eingefleischten Unterschied der Stände, aus dem beständigen Ausblick und Herabblick der herrschenden Kaste auf Unterthänige und Werkzeuge und aus ihrer ebenso beständigen Übung im Gehorchen und Befehlen, Nieder- und Fernhalten erwächst, könnte auch jenes andre geheimnissvollere Pathos gar nicht erwachsen, jenes Verlangen nach immer neuer Distanz-Erweiterung innerhalb der Seele selbst, die Herausbildung immer höherer, seltnerer, fernerer, weitgespannterer, umfänglicherer Zustände, kurz eben die Erhöhung des Typus „Mensch", die fortgesetzte „Selbst-Überwindung des Menschen", um eine moralische Formel in einem übermoralischen Sinne zu nehmen.[41]

Zudem sind in der aristokratischen Gesellschaft die Sklaverei und die Arbeitsteilung für Nietzsche unentbehrlich, die zur Verstärkung des Typus „Mensch" dient, welcher „nur möglich durch Herunterdrückung eines niederen auf eine Funktion"[42] ist.

---

[38] Nachlass 1888, KSA 13, 15[120], S. 481.
[39] Vgl. Nietzsches Brief an Georg Brandes vom 2. Dezember 1887, KSB 8, Nr. 960, S. 206. Dabei übernimmt Nietzsche den Ausdruck „aristokratischer Radikalismus" von Brandes. Insofern ist die Behauptung, dass Nietzsche für Demokratie plädiere, offensichtlich nicht plausibel. Zur Kritik an dieser Behauptung vgl. Cristi 2014.
[40] JGB 263, KSA 5, S. 217.
[41] JGB 257, KSA 5, S. 205.
[42] Nachlass 1885/86, KSA 12, 2[76], S. 96. Vgl. dazu Huddleston 2014. Därmann 2019 deutet wohl falsch, dass Nietzsche „sein Unbehagen an der Demokratie mithilfe antidemokratischer Provokationen und anthropogenetischer Verlustrechnungen", z. B. des Plädoyers für Sklaverei, exponiere, „um ein politisches Begehren nach einer anderen, künftigen Demokratie anzustacheln" (S. 57). Nietzsches Kritik an der Demokratie zielt nicht auf derer Verbesserung ab, sondern auf die Wiederherstellung der Aristokratie. Auch Schrift 2000 hat Nietzsche als Vertreter der Demokratie so missverstanden, dass dieser mit agon „conceptual resources for working out a politics of radical democracy" (S. 222) bietet. Siemens 2013 hat zutreffend die Absicht von „agonistic democratic theorists" gezeigt: „Their concern is not to interpret his [Nietzsche's] texts in a way that does justice to their

In Nietzsches Philosophie der Rangordnung zeigt sich der Gegensatz zwischen den Wenigsten und den Meisten, dem Einzelnen und der Gattung, den Starken und den Schwachen, den Lebensreichen und den Lebensarmen. Dabei legt er den Wert allein auf das Erstere des Gegensatzpaars. Die Individuen erfüllen eher die Aufgabe der Zukunft als die Massen und die Gattung. Selbst die Gattung wird von Nietzsche verneint, denn es gibt nur „lauter verschiedene Einzelwesen" und die Natur will nicht die „Gattung erhalten"[43]. In der Hervorhebung der stärksten Individuen ist Nietzsches Heroismus offenkundig. Als Arterhaltende haben die stärksten und bösesten Geister für ihn „bis jetzt die Menschheit am meisten vorwärts gebracht"[44]. Und es komme in der Geschichte der Menschen sogar allein auf die großen Verbrecher an, was sich nicht bloß als eine Provokation, sondern auch als eine Überzeugung von Nietzsche zeigt. Weniger radikal behauptet er, dass der höhere Mensch an der Spitze des Staates stehen und seine Autorität bekommen soll.

Im Hinblick auf die Ungleichheit und Rangordnung erteilt Nietzsche eine Antwort auf die Frage, was der Sinn oder der Wert der Menschheit sein soll. Das Schicksal der Menschheit liegt nicht in der Dauerfähigkeit der Gattung, sondern „**am Gerathen ihres höchsten Typus**"[45]. Ihm ist die moderne Idee völlig gleichgültig und sogar verächtlich, dass möglichst viele Menschen möglichst lange leben. Denn der Sinn des Lebens sei die Rechtfertigung des tragischen Daseins. Aber das Glück der Massen kann dieser Aufgabe nicht gerecht werden. Dagegen soll das Individuum die Frucht des Gemeinwesens verkörpern und damit muss „die Menschheit als Masse dem Gedeihen einer einzelnen **stärkeren** Species Mensch geopfert"[46] werden.

Als Philosoph der Zukunft soll man sich nach Nietzsche die Aufgabe stellen, die Ungleichheit und die Rangordnung der Menschen und der Werte neu zu bestimmen. Mit Blick auf den Leib unterscheidet Nietzsche die lebensbejahenden starken Menschen von den schwachen. Zu den Merkmalen starken Charakters zählt er den Stolz, die Freude, die Gesundheit, die Liebe der Geschlechter, die Feindschaft, die Ehrfurcht, die schönen Gebärden, den starken Willen, die Zucht der hohen Geistigkeit, den Willen zur Macht, die Dankbarkeit gegen die Erde und das Leben. In summa, „alles, was reich ist und abgeben will und das Leben beschenkt und vergoldet und verewigt und vergöttlicht – die ganze Gewalt **verklärender** Tugenden … alles Gutheißende, Jasagende, Jathuende –"[47].

Dementsprechend gibt es die Menschen, die reich oder arm an Lebenskraft sind. Als „der dionysische Gott und Mensch" kann sich der Reichste an Lebenskraft sowohl „den Anblick des Fürchterlichen und Fragwürdigen" als auch selbst „die

---

specificity, but to take from them and adapt what is needed for their own ‚post-Nietzschean' democratic projects." (S. 87)
43 Nachlass 1881, KSA 9, 11[178], S. 508.
44 FW 4, KSA 3, S. 376.
45 Nachlass 1884, KSA 11, 26[75], S. 168.
46 GM II 12, KSA 5, S. 315.
47 Nachlass 1888, KSA 13, 14[11], S. 223.

fürchterliche That und jeden Luxus von Zerstörung, Zersetzung, Verneinung" gönnen"; „bei ihm erscheint das Böse, Unsinnige und Hässliche gleichsam erlaubt", da er den Überschuss von „zeugenden, befruchtenden Kräften" besitzt. Im Gegensatz dazu haben die Ärmsten an Lebenskraft als die Leidendsten sowohl im Denken als auch im Handeln meistens „die Milde, Friedlichkeit, Güte" und „womöglich einen Gott" nötig. Ihnen sollte noch die Logik als „begriffliche Verständlichkeit des Daseins", welche dem Leben Beruhigung und Vertrauen vermittelt, nicht fehlen. In summa, was sie brauchen, sind „eine gewisse warme furchtabwehrende Enge und Einschliessung in optimistische Horizonte". Daraus resultiert der Unterschied beider Arten des Schaffens: das Schaffen aus Mangel und aber aus Überfluss an Lebenskraft. Während jenes nach „Starrmachen, Verewigen, nach Sein" verlangt, strebt dieses aus „der übervollen, zukunftsschwangeren Kraft" „nach Zerstörung, nach Wechsel, nach Neuem, nach Zukunft, nach Werden".[48]

In den Notizen aus dem Jahr 1884 skizzierte Nietzsche ausführlich die Sphären der neuen Rangordnung als eine Vorrede zur Philosophie der ewigen Wiederkunft. Er stellt drei Sphären der Ungleichheit dar: die Ungleichheit der Menschen, die der Schaffenden und die der höheren Menschen. In der ersten Sphäre (I) gibt es die folgenden Gegensätze: 1) Führer und Herde, 2) vollständige Menschen und Bruchstücke, 3) Geratene und Missratene und 4) Schaffende und „Gebildete". Darunter sollen allein die Schaffenden als höhere Menschen gelten. In der Rangordnung der Schaffenden (II) sind zu finden: 1) die Künstler, die als die kleinen Vollender aber noch von allen Wertschätzungen abhängig sind, 2) die Philosophen, die als die Umfänglichsten, die Überblicker, Beschreiber im Großen, von allen Wertschätzungen abhängig und schon sehr viel missratener sind, 3) die Herden-Bildner, die als Gesetzgeber und Herrschende jedoch zu einem sehr missratenen Typus gehören, da sie sich selbst zum Wertmesser nehmen und nur eine kurze Perspektive haben, 4) die Werte-Setzenden, die als Religionsstifter äußerstes Missraten und Fehlgreifen zeigen, 5) die höchsten Menschen, die als Erd-Regierer und Zukunft-Schöpfer noch nicht angekommen sind. Denn die höchsten Menschen befehlen am stärksten, führen die anderen, setzen neue Werte, urteilen am umfänglichsten über die gesamte Menschheit, kennen die Mittel zu deren Gestaltung und opfern die Menschheit unter Umständen für ein höheres Gebilde. Aber erst dann, wenn eine Regierung der Erde hervorgebracht worden ist, würden die höchsten Menschen entstehen. Deshalb sind sie wahrscheinlich noch sehr lange im höchsten Maß missratend. (III) Darüber hinaus wird die Ungleichheit der höheren Menschen nach dem Grad der Kraftmenge bestimmt, die sich zeigt 1) als das Gefühl der Unvollkommenheit, das höher oder schwächer unterscheidet und den Wert der Sündengefühle verdeutlicht, 2) als das Gefühl nach Vollkommenheit, das ein vorherrschendes Bedürfnis ist und den Wert der Frommen, der Einsiedler, Klöster und Priester repräsentiert, 3) als die Kraft, etwas Vollkommenes irgendworin gestalten zu können, die den Wert der Künstler und der Staatsmän-

---

[48] FW 370, KSA 3, S. 620–621.

ner verdeutlicht, 4) als die höchste Kraft, alles Unvollkommene, Leidende für notwendig zu halten, die aus einem Überdrang der schöpferischen gestaltenden Kraft resultiert, welche als das Dionysische immer wieder zerbrechen muss und sich für die übermütigsten schwersten Wege entscheidet.[49]

Von der Ungleichheit aus erhebt Nietzsche außerdem provokant den antidemokratischen Anspruch auf das Vorrecht der höheren Menschen in der Fortpflanzung und wendet sich gegen die Monogamie. „Einzelne ausgezeichnete Männer sollten bei mehreren Frauen Gelegenheit haben, sich fortzupflanzen; und einzelne Frauen, mit besonders günstigen Bedingungen, sollten auch nicht an den Zufall Eines Mannes gebunden sein."[50] Obwohl er einzelnen Frauen das Vorrecht gibt, nehmen sie bei ihm im Wesentlichen nicht die gleiche Stellung wie die Männer ein. Er redet auch unverhohlen von der Ungleichheit zwischen Männern und Frauen. Die Frauen platziert er als schwach den Männern als stark gegenüber. Für ihn sind unleugbar der scharfe Antagonismus und „die Nothwendigkeit einer ewig-feindseligen Spannung" zwischen Männern und Frauen gegeben. Als „ein typisches Zeichen von Flachköpfigkeit" und als Mensch „flach im Instinkte" stuft Nietzsche denjenigen ein, der „von gleichen Rechten, gleicher Erziehung, gleichen Ansprüchen und Verpflichtung" zwischen Männern und Frauen träumt. Außerdem soll nach der antiken griechischen und asiatischen Kultur ein sowohl in seinem Geist als auch in seinen Begierden tiefer Mann, dem weder Strenge noch Härte fehlen dürfen, „das Weib als Besitz, als verschliessbares Eigenthum, als etwas zur Dienstbarkeit Vorbestimmtes und in ihr sich Vollendendes fassen"[51].

Die Frau fungiert nach Nietzsche sogar als bloßes Mittel der Fortpflanzung. Denn es gehöre „zu ihrem ersten und letzten Berufe", „kräftige Kinder zu gebären"[52], und so will Zarathustra seine Lehre von Mann und Weib verkünden: „kriegstüchtig den Einen, gebärtüchtig das Andre"[53]. Und Nietzsche selbst hat seiner Notiz zufolge „vor keinem Weibskopfe bisher Respekt gehabt"[54]. Es liegt auf der Hand, dass er die „Weibs-Emancipation" entschieden verweigert und dazu noch als décadence bezeichnet.[55] Als Grund führt er dafür an, dass die Emanzipation der Frauen nur den

---

[49] Vgl. Nachlass 1884, KSA 11, 26[243], S. 212–214 und 26[258], S. 217–218.
[50] Nachlass 1881, KSA 9, 11[179], S. 508–509.
[51] JGB 238, KSA 5, S. 175.
[52] JGB 239, KSA 5, S. 177.
[53] Za III, Von alten und neuen Tafeln 23, KSA 4, S. 264.
[54] Nachlass 1885, KSA 11, 34[7], S. 425.
[55] Vgl. Nachlass 1888, KSA 13, 15[32], S. 427. Obwohl Behler 1989 meint: „Nietzsche sees modern attempts to emancipate woman and make her more like man as a denaturing and debasing of her inherent qualities, a desexing which will rob her of her unique capacities and ideality just as he perceived the loss of dionysian vitality in the decline of Greek tragedy" (S. 375), sieht sie nicht, dass die Frauen nach Nietzsche von Natur aus mit den Männern ungleich sind. Sie dienen nach Nietzsche zur Erzeugung des großen Mannes. Aus Nietzsches Affirmation der Bedeutsamkeit der Frauen, vor allem in seiner frühen Zeit, ist aber nicht abzuleiten, dass er die Frauen für gleich den Männern hält. Insofern ist nicht plausibel, dass Behler 1993 noch mit Nietzsches frühem Bild der antiken Frauen

Instinkthass der missratenen, nämlich der gebäruntüchtigen Frauen gegen die wohlgeratenen zum Ausdruck bringt.

> Sie wollen, indem sie sich hinaufheben, als „Weib an sich", als „höheres Weib", als „Idealistin" von Weib, das allgemeine Rang-Niveau des Weibes herunterbringen; kein sichereres Mittel dazu als Gymnasial-Bildung, Hosen und politische Stimmvieh-Rechte. Im Grunde sind die Emancipirten die Anarchisten in der Welt des „Ewig-Weiblichen", die Schlechtweggekommenen, deren unterster Instinkt Rache ist ...[56]

So scheint Nietzsche die Emanzipation der Frauen verachtenswert und verwerflich zu sein, insofern sie aus Rache und Ressentiment die Rangordnung und Ungleichheit zwischen Männern und Frauen beseitigen wollen.

Außerdem erkennt Nietzsche noch die Ungleichheit und Rangordnung unter den Moralen[57], Kulturen und „Rassen". Dabei wendet er sich gegen die Theorie vom „Milieu". Die Rasse ist für ihn „unsäglich wichtiger" und das Milieu ergibt nur „Anpassung", innerhalb derer „die ganze aufgespeicherte Kraft"[58] spielt. Von der Ungleichheit der „Rassen" oder der Völker aus nimmt er an, dass die Polen „als die begabtesten und ritterlichsten unter den slavischen Völkern"[59] gelten. Zudem wähnt er sogar, dass seine Herkunft auf polnische Edelleute zurückzuführen ist. Rassistisch behauptet er mit Blick auf die angeblich niedereren Völker z. B., dass „der Chinese langsamer als der Europäer" reagiere, wie die Frau langsamer sei als der Mann, und dass der letzte Mensch „eine Art Chinese" sei.[60]

Es muss weiter auch Nietzsches Haltung gegenüber Juden infolge der Ungleichheit und Rangordnung der Völker erwähnt werden. Die Juden gehören für ihn keineswegs zu den vornehmen Rassen, unter denen „römischer, arabischer, germanischer, japanesischer Adel, homerische Helden, skandinavische Wikinger"[61] zu finden sind. Nietzsche setzt sie den Römern entgegen, in dem Satz als Symbol des großen Kampfs in der Geschichte: „Rom gegen Judäa, Judäa gegen Rom". In diesem todfeindlichen Gegensatz empfinde Rom im Juden „Etwas wie die Widernatur selbst, gleichsam sein antipodisches Monstrum". Und es ist für Nietzsche selbstverständlich, dass die römischen Werte Recht haben und die Zukunft der Menschen bestim-

---

seine spätere Verachtung gegen Frauen widerlegt und ihn sogar in der Nähe des Postfeminismus rückt. Vgl. dagegen zu Nietzsches Haltung zu Frauenemanzipation im Vergleich mit John S. Mill Brose 1974, vor allem S. 155–166.
56 EH, Warum ich so gute Bücher schreibe 5, KSA 6, S. 306. Gabriel 2016b hat treffend gezeigt, dass Nietzsche „selber ein Frauenfeind und eher unsympathischer Zeitgenosse" (S. 300) ist.
57 Vgl. JGB 228, KSA 5, S. 165.
58 Nachlass 1886/87, KSA 12, 7[33], S. 306.
59 Nachlass 1882, KSA 9, 21[2], S. 682.
60 Nachlass 1888, KSA 13, 14[67], S. 252; Nachlass 1882/83, KSA 10, 4[204], S. 169. Zur ausführlichen Darstellung von Nietzsches Verhältnis mit chinesischer Kultur vgl. Hsia/Cheung 2008.
61 GM I 11, KSA 5, S. 275.

men können. Im Gegensatz dazu zeigten die Juden sich als „jenes priesterliche Volk des Ressentiment par excellence".[62]

Aber die Juden gehörten dabei wie die wissenschaftlichen Menschen eher zu einer mittleren Art Mensch als zu einer niedrigen. In ihren Instinkten sieht man weder das Aristokratische noch das Anarchistische. Sie könnten „die Macht der Mitte" durch „den Handel, vor allem den Geldhandel" aufrechterhalten, da ihr „Instinkt der Großfinanciers" sich gegen alles Extreme wende. Deshalb seien sie „einstweilen die conservirendste Macht in unserem so bedrohten und unsicheren Europa. [...] Aber ihr Instinkt selbst ist unwandelbar conservativ – und ‚mittelmäßig' ... Sie wissen überall, wo es Macht giebt, mächtig zu sein: aber die Ausnützung ihrer Macht geht immer in Einer Richtung."[63]

Obwohl Nietzsche den Juden Mittelmäßigkeit und Konservativismus bescheinigt und seine Feindlichkeit und Verachtung gegenüber ihnen äußert, kann man ihn nicht zur Partei des Antisemitismus zählen. Denn er polemisiert viel heftiger gegen die Antisemiten als gegen die Juden. Als einen Namen der „Schlechtweggekommenen" sieht er den Antisemitismus an, weil die Antisemiten es den Juden nicht vergeben können, dass diese „Geist" und Geld haben.[64] In Bezug auf die Antisemiten formuliert er eine Definition: „Neid, ressentiment, ohnmächtige Wuth als Leitmotiv im Instinkt: der Anspruch des ‚Auserwählten'; die vollkommene moralistische Selbst-Verlogenheit – diese hat die Tugend und alle großen Worte beständig im Munde." So sind die Antisemiten nicht besser als die Juden. Deshalb ist ein Antisemit nach Nietzsche „ein ‚neidischer' d. h. stupidester Jude".[65] Insofern haben die Juden im Verhältnis zu den Antisemiten bloß keinen Neid und sind nicht viel höher als diese. Damit ist festzustellen, dass Nietzsche zwar kein Antisemit ist und sich selbst für einen Anti-Antisemiten hält, aber den Juden die Gleichheit mit den sogenannten vornehmen Rassen nicht anerkennt.[66]

Hinsichtlich der Ungleichheit und Rangordnung der Menschen und der Völker verfolgt Nietzsche die Absicht, durch „die Verschärfung aller Gegensätze und Klüfte"[67] den Übermächtigen, den höheren Menschen und den Übermenschen zu schaffen. Dabei würden zwei Arten von Menschen nebeneinander entstehen: der große Mensch und der Herdenmensch. Sie sollten möglichst voneinander getrennt werden

---

62 GM I 16, KSA 5, S. 286.
63 Nachlass 1888, KSA 13, 14[182], S. 368–369.
64 Nachlass 1888, KSA 13, 14[182], S. 365.
65 Nachlass 1888, KSA 13, 21[7], S. 581.
66 Von dem Namen „Anti-Antisemit" ist aber nicht hinreichend abzuleiten, dass Nietzsche den Juden einen hohen Rang verleiht und verleihen will. Insofern scheint mir der Versuch nicht plausibel zu sein, durch die Darstellung von Nietzsche als Anti-Antisemit dessen Verachtung der Juden und damit dessen Rassismus zu verneinen. Dazu vgl. z. B. Niemeyer 2012; Ottmann 1987, S. 249–253. Nietzsche ist dagegen im Wesentlichen weder Philosemit noch Antisemit. Vgl. dazu noch Brömsel 2011. Holub 2016 macht auch deutlich, dass Nietzsches Anti-Antisemitismus nicht die gleiche Bedeutung wie „opposition to anti-Semitism in the twentieth or twenty-first centuries" (S. 208) hat.
67 Nachlass 1883, KSA 10, 7[21], S. 244.

und sich nicht umeinander kümmern. Deswegen hält Nietzsche die Forderung der Herdenmenschen, die den Gehorsam verlernt hätten, nach Gleichheit und auch Herrschaft für unerträglich.

> Auf der anderen Seite giebt sich heute der Heerdenmensch in Europa das Ansehn, als sei er die einzig erlaubte Art Mensch, und verherrlicht seine Eigenschaften, vermöge deren er zahm, verträglich und der Heerde nützlich ist, als die eigentlich menschlichen Tugenden: also Gemeinsinn, Wohlwollen, Rücksicht, Fleiss, Mässigkeit, Bescheidenheit, Nachsicht, Mitleiden.[68]

Es bedürfe sogar einer „Kriegs-Erklärung der höheren Menschen an die Masse"[69]. Denn die Mittelmäßigen wollen sich zu Herren machen und in ihrer Herrschaft die höheren Menschen verweichlichen und schwach machen. Deswegen lehnt Nietzsche zweifelslos den Gleichheitsanspruch der Demokratie und auch die Demokratie selbst ab. Ihn faszinieren keineswegs die Forderungen nach gleichen Rechten der Menschen, nach freier Gesellschaft und nach der Aufhebung der Sklaverei. Denn die Gleichheit verbürgt für ihn gar keine Zunahme des Glückes des Einzelnen, sondern „bahnt [nur] den Weg zur Schmerzlosigkeit Aller"[70]. Am Ende der Demokratie ist neben der Schmerzlosigkeit auch die Glückslosigkeit zu finden, was für ihn keinen wertvollen Beitrag zur Steigerung des Menschen leisten kann. Die Menschen sind dabei nivelliert worden. Damit hält er den demokratischen Gleichheitsanspruch für eine „pöbelmännische Feindschaft gegen alles Bevorrechtete und Selbstherrliche"[71], mit der man allein „das allgemeine grüne Weide-Glück der Heerde, mit Sicherheit, Ungefährlichkeit, Behagen, Erleichterung des Lebens für Jedermann"[72] erstreben wollte.

Das Streben der „Freiheits- und Gleichheits-Societät" führt auch zur Abnahme der psychologischen Kräfte, zu denen „der Wille zur Selbstverantwortlichkeit", „die Wehr- und Waffentüchtigkeit, auch im Geistigsten" bzw. „die Kraft zu commandiren", „der Sinn der Ehrfurcht, der Unterordnung, des Schweigen-könnens", und „die große Leidenschaft, die große Aufgabe, die Tragödie, die Heiterkeit"[73] gehören. Insofern macht es den Menschen zum Pöbel und führt die Menschheit in den Niedergang. In der demokratischen Wertschätzung könnte „zuletzt der Glaube an große Dinge und Menschen sich in Mißtrauen, endlich in Unglauben"[74] verwandeln und damit das Aussterben der großen Kultur verursachen.

---

68 JGB 199, KSA 5, S. 120.
69 Nachlass 1884, KSA 11, 25[174], S. 60. Vgl. zum politischen Charakter des höheren Menschen Marti 1989. Nach Marti hat der Begriff des höheren Menschen bei Nietzsche die folgenden Bedeutungen: „Staatenlenker, Schöpfer, Vornehme, Weitsichtige, Unausgerechnete, Menschen, die sich durch ihr Anderssein auszeichnen" (S. 571).
70 Nachlass 1880, KSA 9, 3[144], S. 94.
71 JGB 22, KSA 5, S. 37.
72 JGB 44, KSA 5, S. 61.
73 Nachlass 1887/88, KSA 13, 11[142], S. 66.
74 Nachlass 1885, KSA 11, 35[22], S. 518.

Nietzsches Kritik an der Demokratie als Symptom der décadence, als Nivellierung und Vermittelmäßigung der Menschen, gilt nicht bloß für die Politik, sondern auch für die organisierende Kraft des Lebens. Die Demokratie macht für ihn den Menschen müde, entartet die „Rassen", bevorzugt jedoch die Missratenen vor den Starken und führt sogar den Nihilismus herbei. „Die europäische D‹emokratie› ist zum kleinsten Theile eine Entfesselung von Kräften: vor Allem ist sie eine Entfesselung von Faulheiten, von Müdigkeiten, von Schwächen."[75] Die moralische Verbesserung der Menschen in der Demokratie charakterisiert Nietzsche als bloße Verzärtelung. Das Gleiche gelte für die Zivilisation im Hinblick auf ihre Verweichlichung des Menschen. Für Nietzsche erweisen die Sozialisten sich mit ihrem Wahlspruch, ausgerichtet auf den „Menschen der Zukunft", auch als Tölpel und Flachköpfe. Das sozialistische Ideal, dass alle Menschen die gleichen Rechte besitzen sollen, bringt nur die „Entartung und Verkleinerung des Menschen zum vollkommenen Heerdenthiere" hervor und vermag mit seiner „Verthierung des Menschen zum Zwergthiere"[76] die große Kultur gar nicht zu erschaffen.

Dagegen will Nietzsche drängend in dem Zeitalter des *suffrage universel* die Rangordnung wiederherstellen. Es ist ihm äußerst unerträglich, dass „Jeder über Jeden und Jedes zu Gericht sitzen darf"[77]. Und bezüglich der großen Kultur beklagt er sich darüber, dass jede Person lesen lernen darf und liest. Nach seiner Ansicht soll das Lesen ein Vorrecht der Wenigen sein und bleiben. Aber dass alle lesen dürfen, „verdirbt auf die Dauer nicht allein das Schreiben, sondern auch das Denken" und somit gehen „nicht nur die Schriftsteller[,] sondern sogar die Geister überhaupt" zugrunde.[78]

8.2.2 Der Wille zur Macht als Entstehungsgrund des Rechts und der sozialen Gerechtigkeit

Aus der Ungleichheit der Menschen und dem Machtkampf resultiert das Recht, das als ein Produkt des Willens zur Macht zu verstehen ist. Im Kampf kommt es zu einem vorläufigen Gleichgewicht und das Recht wird als Vertrag zwischen den Gleichmächtigen verwendet, um den Kampf abzubrechen und Frieden zu schließen. Im Frieden braucht man seine Kraft nicht mehr für einen vergeblichen Kampf zu verschwenden und kann vielmehr die Chance zum Wachstum seiner Kraft und Macht nutzen. Der Frieden ist aber kein endgültiger, sondern nur ein kurzfristiger Zustand, weil die Konstellation der Macht verwandelbar ist. Er wird von den Gleichmächtigen bloß als ein Mittel zum Ausruhen verwendet.

---

[75] Nachlass 1885, KSA 11, 34[164], S. 476.
[76] JGB 203, KSA 5, S. 127–128.
[77] Nachlass 1884, KSA 11, 26[9], S. 152.
[78] Za I, Vom Lesen und Schreiben, KSA 4, S. 48; Nachlass 1882/83, KSA 10, 4[70], S. 132.

Rechtszustände als Mittel. – Recht, auf Verträgen zwischen Gleichen beruhend, besteht, solange die Macht Derer, die sich vertragen haben, eben gleich oder ähnlich ist; die Klugheit hat das Recht geschaffen, um der Fehde und der nutzlosen Vergeudung zwischen ähnlichen Gewalten ein Ende zu machen. Dieser aber ist ebenso endgültig ein Ende gemacht, wenn der eine Theil entschieden schwächer, als der andere, geworden ist: dann tritt Unterwerfung ein und das Recht hört auf, aber der Erfolg ist der selbe wie der, welcher bisher durch das Recht erreicht wurde. Denn jetzt ist es die Klugheit des Ueberwiegenden, welche die Kraft des Unterworfenen zu schonen und nicht nutzlos zu vergeuden anräth: und oft ist die Lage des Unterworfenen günstiger, als die des Gleichgestellten war. – Rechtszustände sind also zeitweilige Mittel, welche die Klugheit anräth, keine Ziele. –[79]

Sobald es zum Ungleichgewicht der Machtquanten kommt, ist der Rechtzustand am Ende und der Kampf fängt wieder an. Der dynamische Kampf ist der Normalzustand der Welt, während die „Rechtszustände immer nur Ausnahme-Zustände sein dürfen"[80]. Dabei ist der Machtwille des einzelnen Machtquantums beschränkt worden, um die gemeinsame Machtsteigerung der Mitglieder voranzutreiben. Der Rechtszustand erfüllt nicht bloß die Funktion des Ausruhens der gegenwärtig mehr oder weniger gleichen Machtquanten, sondern auch die Funktion zur Bildung einer größeren Einheit der Machtquanten. Deswegen gilt er mit dem Vertrag als das Fundament der Gesellschaft. Er verbürgt den Frieden unter den Machtquanten sowie deren Zusammenhalt und Gemeinschaft. Aber im Hinblick auf den Rechtszustand als Ausnahmezustand sollte die Gesellschaft kein ein für alle Mal festgelegter Zustand sein, sondern ein sich andauernd veränderndes Machtverhältnis, ein dynamisches Gleichgewicht. Es werden immer neue Verträge in den neu entstandenen Rechtszuständen und damit Transformationen in der Gesellschaft abgeschlossen. Dabei ist der Kampf „das Mittel des Gleichgewichts"[81] und dient zur Feststellung des Rechts.

Aber es stellt sich die Frage, wie der Vertrag zwischen den Menschen geschlossen wird und wie das Recht im Kampf siegt. In einer Analyse der Naturgeschichte von Pflicht und Recht schildert Nietzsche das Recht im Hinblick auf das Machtverhältnis. Im Kampf unter den Menschen mit fast gleicher Macht kann es einem zum Bewusstsein kommen, dass die anderen über die gleiche oder ähnliche Macht wie er verfügen. Aber es sollte nicht nur ein Mensch solche Vorstellung haben, sondern alle. Die Menschen empfinden im Kampf gegenseitig die gleiche[82] oder ähnliche Macht der anderen wie ihre eigene. In der gegenseitigen Anerkennung der gleichen Macht sind sie dazu bereit, den Kampf zu beenden und einen Friedensvertrag abzu-

---

79 MA II, WS 26, KSA 2, S. 560.
80 GM II 11, KSA 5, S. 312–313.
81 Nachlass 1885/86, KSA 12, 1[31], S. 18.
82 Vgl. Gerhardt 1983. Die „Gleichheit" besteht nach Gerhardt in der Schätzung der Machtquanten, nicht in einem neutralen Beobachter von außen. „Da in diese Schätzung notwendig Mutmaßungen über eigene und fremde Wirkungsmöglichkeiten eingehen, und da die Schätzungen auch abhängig von jeweiligen Umständen und Absichten sind, kann man nur von einer ‚ungefähren Gleichheit' oder, wie Nietzsche auch sagt, von einer ‚Art Gleichheit' sprechen. Gleichheit ist also Vergeltung und Austausch unter der Voraussetzung einer ungefähr gleichen Machtstellung." (S. 117)

schließen. Dabei zeigen die Menschen ihre „Klugheit und Furcht und Vorsicht", dass sie die gleiche Erwartung der anderen, sich vor Schaden zu schützen, erkennen, dass sie den weiteren Kampf für gefährlich oder unzweckmäßig halten, dass sie die Verringerung der Kraft der anderen als einen Nachteil begreifen, wenn sie mit diesen ein Bündnis gegen eine feindselige dritte Macht schließen wollen. Deswegen schenken und verbürgen sie durch einen Vertrag einander einiges ihrer Macht, wobei sie auch ein Machtgefühl bekommen. Meine Rechte sind „jener Theil meiner Macht, den mir die Anderen nicht nur zugestanden haben, sondern in welchem sie mich erhalten wollen". Damit resultieren die Rechte als „anerkannte und gewährleistete Machtgrade".[83]

Wenn die Machtverhältnisse sich wesentlich verschoben haben, dann verschwinden die Rechte. Mit den neu festgestellten Machtverhältnissen kommen neue Rechte zum Ausdruck. Nimmt die Macht einer Person erheblich ab, dann verändert sich die Haltung der anderen gegen sie, sofern die Abnahme empfunden wird. Dabei brauchen die anderen für ihre Macht nicht mehr die Anerkennung dieser Person und leugnen damit deren Rechte. Umgekehrt gilt dies in gleicher Weise für die beträchtliche Zunahme der Macht. Kurzum, wo man den Friedensvertrag abgeschlossen hat und das Recht waltet, da werden „ein Zustand und Grad von Macht aufrecht erhalten, eine Verminderung und Vermehrung abgewehrt. Das Recht Anderer ist die Concession unseres Gefühls von Macht an das Gefühl von Macht bei diesen Anderen."[84]

Genauso wie das Recht hat auch die Pflicht ihren Platz in den Machtverhältnissen. Die Pflichten sind nach Nietzsche „die Rechte Anderer auf uns". Im Rechtzustand halten die anderen Menschen uns für „vertrags- und vergeltungsfähig", für „gleich und ähnlich" mit ihnen. Wir können unsere Pflicht erfüllen, indem wir anderen unsere Macht zeigen wollen: „wir rechtfertigen jene Vorstellung von unserer Macht, auf welche hin uns Alles erwiesen wurde, wir geben zurück, in dem Maasse, als man uns gab." Durch die Erfüllung der Pflicht wollen wir unsere Macht als „Selbstherrlichkeit wiederherstellen". Denn, dass andere Personen für uns etwas als ihre Pflicht tun, ist ein Eingriff „in die Sphäre unserer Macht". Dagegen können wir auch eine „Wiedervergeltung" üben und in ihre Macht eingreifen, indem wir etwas in gleicher Weise als unsere Pflicht für sie tun.[85]

---

[83] M 112, KSA 3, S. 101. Gerhardt 1983 macht klar, dass die Macht nicht rohe Stärke oder bloße Überlegenheit ist. „Es ist also nicht einfach die Gewalttat, keineswegs bloß die physische Stärke, welche das Recht installiert, sondern seine Geburtsstunde ist die Erkenntnis des Machtgleichgewichts verständiger Partner. Das Recht geht aus dem Zusammenspiel mehrerer Mächte hervor und ist ein Bindeglied zwischen mindestens zwei Machtgrößen, die sich dadurch in eine abgestimmte Balance zu bringen versuchen. Die Kräfterelation – nicht die einzelne Kraft! – wird als die Quelle der Gerechtigkeit angesehen." (S. 115)
[84] M 112, KSA 3, S. 101.
[85] M 112, KSA 3, S. 100.

Damit wird deutlich, dass Recht und Pflicht allein unter den Gleichmächtigen entstehen können. Dasselbe gilt für die Gerechtigkeit.[86] Denn das „Gleichgewicht ist die Basis der Gerechtigkeit"[87]. Insofern gehen das Recht und die Gerechtigkeit auf „ein vorangehendes Wägen" zurück. Dabei lehnt Nietzsche das allgemeine Gleichnis der absolut objektiven Gerechtigkeit ab, dass man die Gerechtigkeit mit einer Waage in der Hand darstellt. Nach ihm ist es das richtige Gleichnis, „die Gerechtigkeit auf einer Waage stehen zu machen dergestalt, daß sie die beiden Schalen im Gleichgewicht hält"[88]. Das Ziel der Gerechtigkeit sei nicht darauf ausgerichtet: „jedem das Seine", sondern immer ausschließlich darauf: „wie du mir, so ich dir". Die Gerechtigkeit setzt das Gleichgewicht der Menschen voraus und will dieses mithilfe der Vergeltung bzw. der Strafe wiederherstellen und erhalten, nachdem es innerhalb des Rechtszustands von dem Vertragspartner gestört worden ist. Insofern erweist sie sich als eine Gerechtigkeit des Ausgleiches. „Gerechtigkeit auf dieser ersten Stufe ist der gute Wille unter ungefähr Gleichmächtigen, sich mit einander abzufinden, sich durch einen Ausgleich wieder zu ‚verständigen' – und, in Bezug auf weniger Mächtige, diese unter sich zu einem Ausgleich zu zwingen. – "[89]

Damit kritisiert Nietzsche denjenigen, der neutral gerecht sein und möglichst jedem das Seine geben will. Für ihn ist eine solche Gerechtigkeit nicht erstrebenswert, denn „das wäre die Gerechtigkeit wollen und das Chaos erreichen"[90]. Es fehlt nämlich die genaue Art und Weise, wie man es vermag, mit Objektivität jedem das Seine festzustellen und zu geben. Dagegen wollte Nietzsche lieber äußern: „Ich gebe Jedem das Meine: das ist genug für einen, der nicht der Reichste ist."[91] Damit ist gemeint, dass nur eine perspektivische Gerechtigkeit gegen die Menschen möglich ist. Eingefordert wird danach ein Verhalten, „das die persönliche Kraft aufbringen kann, den situativen und persönlichen Differenzen in jedem einzelnen Fall gerecht zu werden"[92]. Nicht ein allgemeingültiger Maßstab ist die Voraussetzung für die Gerechtigkeit, sondern die persönliche Differenz. Insofern steht Nietzsche der Gerechtigkeit als der „Gleichheit aller Menschen vor dem Gesetz" gegensätzlich gegenüber

---

86 Die Gerechtigkeit verwendet Nietzsche nicht nur rechtsphilosophisch, sondern auch im Hinblick auf Erkenntnis. Vgl. dazu Kaulbach 1981. Kaulbach zeigt, für Nietzsche „philosophisches Erkennen der Forderung der Gerechtigkeit zu genügen" (S. 59). Stevens 1980 verweist aber auf „Nietzsche's varied thinking on justice" (S. 225), nicht wie Heideggers Interpretation der Gerechtigkeit bei Nietzsche nur als Wesen der Wahrheit. Außerdem vgl. zur Gerechtigkeit als ethischer Lebensform Piazzesi 2010. Nach Piazzesi setzt Nietzsche Liebe und Gerechtigkeit als „zwei Prinzipien einander entgegen und siedelt in ihrer Spannung die menschliche Lebensform, und zwar zunächst die des Erkennenden, an" (S. 365).
87 MA II, WS 22, KSA 2, S. 556.
88 Nachlass 1886/87, KSA 12, 5[82], S. 221.
89 GM II 8, KSA 5, S. 306–307. Vgl. dazu Kerger 1988, S. 37–44. Nach Kerger ist „Ausgleich" dabei genauso wie „Austausch" das „Merkmal der ‚Vergeltung'" (S. 43).
90 Nachlass 1882, KSA 10, 3[1], S. 72.
91 Nachlass 1882, KSA 10, 3[1], S. 67.
92 Müller 2019, S. 157.

und behauptet, dass der Sinn der Gerechtigkeit in der Anerkennung der Ungleichheit besteht. Denn ihm gilt: Was ein großer Mensch will, dürften aber die Massen nicht wollen. Der Anspruch auf gleiche Rechte für alle sei „die ausbündigste Ungerechtigkeit"[93]. Dabei könnten die höheren Menschen vergemeinert und vermittelmäßigt werden.

Nietzsche bildet den Begriff der Gerechtigkeit dadurch um, dass das Leben und das menschliche Handeln wesentlich und notwendig ungerecht sind. Die Gerechtigkeit ist kein Ideal der Gemeinschaft, sondern ein Inbegriff vom Willen zur Macht mit der Bevorzugung der stärkeren Machtquanten. „Gerechtigkeit, als Funktion einer weit umherschauenden Macht, welche über die kleinen Perspektiven von gut und böse hinaus sieht, also einen weiteren Horizont des Vortheils hat – die Absicht, etwas zu erhalten, was mehr ist als diese und jene Person."[94]

Nietzsche nimmt außerdem an, dass der Ursprung des Gerechtigkeitsanspruches auf dem Boden des aktiven Gefühls gründet, und kritisiert den umgekehrten Versuch, den Ursprung im reaktiven Gefühl zu suchen. Zu den aktiven Gefühlen, die sich bei dem Sieger im Machtkampf zeigen, gehören etwa Herrschsucht, Habsucht, Aggressivität und Egoismus. Der Herrschende stellt nachher die Gerechtigkeit fest, d. h., dass er das Maß der Dinge sein soll. „[W]enn er sehr mächtig ist, kann er sehr weit gehen im Gewährenlassen und Anerkennen des versuchenden Individuums [...]."[95]

Deswegen darf die Gerechtigkeit nicht aus den reaktiven Gefühlen, wie Ressentiment und Rache, entstammen. Das Rachegefühl kennzeichnet die schwächeren Menschen, die ohne die Vergeltungsfähigkeit jedoch mit der Forderung nach Gerechtigkeit auch die gleiche Macht wie die Stärkeren haben wollen, wenn ihnen eine Übermacht nicht möglich ist. Dieser Wille zur Gerechtigkeit gilt als ein ohnmächtiger Wille zur Macht.[96] Er will die Differenz zwischen den Ungleichmächtigen nur verleugnen, aber kann sie nicht beseitigen. Danach dürfen die schwächeren Menschen keinen Anspruch auf Gerechtigkeit gegenüber den stärkeren erheben. In der natürlichen Ungleichheit ist das Unrecht selbstverständlich, weil „das Leben essentiell, nämlich in seinen Grundfunktionen verletzend, vergewaltigend, ausbeutend, vernichtend fungirt und gar nicht gedacht werden kann ohne diesen Charakter"[97]. In *Zarathustra* vergleicht Nietzsche die Schwachen mit den Taranteln, die mit Rache in die Seele anderer beißen und deren Leben vergiften wollen. Als „Prediger der Gleichheit" seien sie „versteckte Rachsüchtige". Damit besagt ihre Gerechtigkeit, dass die Welt voller Rache sein soll. Sie wollen ihre Rache an allen üben, die ihnen nicht gleich sind und sie nicht für gleich halten. Ihr Wille zur Gleichheit erweise sich

---

[93] Nachlass 1883, KSA 10, 22[1], S. 619.
[94] Nachlass 1884, KSA 11, 26[149], S. 188.
[95] Nachlass 1884, KSA 11, 26[359], S. 245.
[96] Vgl. Petersen 2008, S. 208–209.
[97] GM II 11, KSA 5, S. 312.

als Ohnmacht gegenüber der Übermacht. Obwohl sie sich selbst als „die Guten und Gerechten" lobpreisen, wollen sie paradoxerweise den Mächtigen wehtun und diese als böse verurteilen.[98] Ihr Gerechtigkeitsanspruch verhindert die Verstärkung des Menschen und das Hervorbringen des Übermenschen.

Als Gemeinheit bezeichnet Nietzsche auch die Gerechtigkeit bei John Stuart Mill, der äußert: „was dem Einen recht ist, ist dem Andern billig; was du nicht willst usw., das füge auch keinem Andern zu". Für ihn begründet diese Art Gerechtigkeit „den ganzen menschlichen Verkehr auf Gegenseitigkeit der Leistung". Damit scheint „jede Handlung als eine Art Abzahlung" „für etwas, das uns erwiesen ist". Die Voraussetzung als Äquivalenz der Werte von Handlungen annulliert einfach den persönlichsten Wert einer Handlung, die „durch Nichts ausgeglichen und bezahlt werden kann". Nietzsche stuft diese Gegenseitigkeit als eine Verleugnung der Ungleichheit der Menschen ein und hebt die Unmöglichkeit des Ausgleiches unter den Menschen, aber mit Ausnahme von *inter pares*, hervor. Insofern zielt seine Philosophie allein auf die wenigen, nicht auf die Menge ab, „weil die Menge an ‚Gleichheit' und folglich Ausgleichbarkeit und ‚Gegenseitigkeit' glaubt".[99]

Bei Nietzsche gibt es allerdings keine absolute Ungleichheit der Menschen. Die Rede von *inter pares* kann als eine Art Gleichheit gelten. Mit der Ungleichheit stellt er zwar die Rangordnung der Menschen fest. Aber mit der bedingten Gleichheit, nämlich mit der Gleichheit unter den ungefähr Gleichmächtigen kann er die „Kasten" als Herrschaftsstände in der aristokratischen Gesellschaft schaffen. In Bezug auf verschiedene Typen von Menschen redet er von Ungleichheit, Ungleichwertigkeit und Rangordnung als Gerechtigkeit. Unter demselben Typ betont er dagegen die Gleichheit und die Gerechtigkeit des Ausgleiches. Dabei affirmiert er die Notwendigkeit der Abscheidung der drei Typen zur Erhaltung und Verstärkung der Gesellschaft, zur möglichen Schaffung höherer und höchster Menschen.

> Die Ordnung der Kasten, das oberste, das dominierende Gesetz, ist nur die Sanktion einer Natur-Ordnung, Natur-Gesetzlichkeit ersten Ranges, über die keine Willkür, keine „moderne Idee" Gewalt hat. Es treten in jeder gesunden Gesellschaft, sich gegenseitig bedingend, drei physiologisch verschieden-gravitirende Typen auseinander, von denen jeder seine eigne Hygiene, sein eignes Reich von Arbeit, seine eigne Art Vollkommenheits-Gefühl und Meisterschaft hat. Die Natur, nicht Manu, trennt die vorwiegend Geistigen, die vorwiegend Muskel- und Temperaments-Starken und die weder im Einen, noch im Andern ausgezeichneten Dritten, die Mittelmässigen, von einander ab, – die letzteren als die grosse Zahl, die ersteren als die Auswahl.[100]

Zur obersten Kaste gehören nur die wenigsten und zur untersten die meisten. Unter den drei Kasten bildet die Ungleichheit die Bedingung für das Recht, das Nietzsche

---

98 Za II, Von den Taranteln, KSA 4, S. 128–129.
99 Nachlass 1887/88, KSA 13, 11[127], S. 60–61.
100 AC 57, KSA 6, S. 242.

in ein Vorrecht umdeutet. „In seiner Art Sein hat Jeder auch sein Vorrecht."[101] So sind die eigenen Rechte einer Kaste auch deren Vorrechte. Denn es gilt: Je weniger Rechte der Mensch hat, desto weniger Pflichten hat er zu erfüllen. Damit hält Nietzsche diejenigen, die wenige Pflichten zu erfüllen haben, für Bevorrechtigte. Nach ihm ist eine Gesellschaft mit einer großen Kultur eine Pyramide, die auf einem breiten Boden stehe und eine starke, konsolidierte Mittelmäßigkeit habe. Je höher der Mensch steigt, desto härter wird das Leben für ihn. In der Höhe der Gesellschaft bedarf es auch wichtiger Verantwortlichkeit. So sei es für die Mittelmäßigen ein Glück und sogar ein Vorrecht, mittelmäßig zu sein. Sie brauchen und vermögen nicht wie die oberste Kaste, die strenge Kälte in der Höhe zu ertragen. Damit erweist sich die Gerechtigkeit als die Anerkennung und Erhaltung der Ungleichheit der Rechte unter den verschiedenen Typen. Im Gegenteil besteht das Unrecht ausgerechnet in dem Anspruch auf gleiche Rechte aller Menschen.

Nach Nietzsches Gerechtigkeit soll jeder das Seine immer bewusst und freiwillig tun und sich damit begnügen. Was zu seinem nicht gehört, dürfte er nicht anstreben. Die Absicht auf gleiche Rechte und Bedürfnisse aller Menschen sei ungerecht. „Den Gleichen Gleiches, den Ungleichen Ungleiches – das wäre die wahre Rede der Gerechtigkeit: und, was daraus folgt, Ungleiches niemals gleich machen."[102]

Aber Nietzsche scheint dabei zu übersehen, wie jeder das Seine erkennen und sich davon überzeugen und es noch anerkennen kann. Es existiert diesbezüglich keine höchste Instanz, die über ein Panorama verfügt und allen Menschen die Zugehörigkeit zu einer gewissen Kaste zuweisen kann. Fungieren alle Menschen als Machtquanten im ewigen Machtkampf, dann besitzen sie stets die Möglichkeit, darin ihre Stellung zu verändern oder zu steigern, weil der Rechtszustand ein nicht endgültiger und noch zu bestimmender Ausnahmezustand ist. Deswegen sind die Schwankung des Individuums zwischen den Kasten und die Umordnung aller Menschen nicht auszuschließen. Die Offenheit der Gerechtigkeit ist durch den Kampf gekennzeichnet, mit dem sich immer neue Anerkennungen und Rechtszustände bilden können.

---

[101] AC 57, KSA 6, S. 243. Im Hinblick auf die natürliche Ungleichheit, Ungleichwertigkeit der Menschen und die Rangordnung mit drei Ständen im Staat gibt es eine Gemeinsamkeit zwischen Nietzsche und Platon. Damit behauptet Knoll 2009, dass Platons Gerechtigkeitsbegriff für Nietzsche als „antikes Vorbild" (S. 158) fungiert. Aber Knoll sieht wohl nicht, dass die Gerechtigkeit bei Nietzsche mit dem Kampf verbunden ist, welcher bei Platon nicht vorkommt. Insofern ist die Gerechtigkeit bei Nietzsche dynamisch und nicht festgestellt oder vorbestimmt wie bei Platon. Sie besteht innerhalb der Machtquanten, ist aber keine Außensicht.
[102] GD, Streifzüge eines Unzeitgemässen 48, KSA 6, S. 150.

9 Nietzsches Kritik an der christlichen Moral im Hinblick auf die Physiologie der Schwachen

9.1 Das asketische Ideal als Lebensverneinung der Krankhaften

In der Welt der von Nietzsche beschriebenen Gerechtigkeit, nach welcher die Schwachen sich den Starken unterordnen und ihnen dienen sollen, kann das Leben der Schwachen kaum mit dem Glück der Starken verbunden sein. Das unterdrückte Leben der Schwachen kann sich als Mittel zur Machtsteigerung der Starken und zur Erzeugung des großen Menschen mit Leiden und Schmerz erfüllen. Was können sie als Leidende tun, um ihr Leben von Unterdrückung, Ausbeutung und Tortur zu befreien, wenn sie es nicht vermögen, ihre Passion, Erregung und Rache, ihren tiefen Schmerz und Hass gegenüber den Herrschern herauszulassen? Nach Nietzsche können sie nicht anders, als sich an sich selbst und damit an ihrem Leben für ihre Lebensnot und ihr Unbehagen rächen. Dabei erweist sich die rückwärts gerichtete Grausamkeit als die physio-psychologische Herkunft des asketischen Ideals der christlichen Moral.

Die Askese stuft Nietzsche zuerst im Stoizismus als ein Verhalten gegen den Schmerz und die Unlust ein: „[E]ine gewisse S c h w e r e D r u c k k r a f t und T r ä g h e i t wird auf das äußerste gesteigert, um den Schmerz wenig zu empfinden: S t a r r h e i t und K ä l t e sind der Kunstgriff, Anaesthetika also."[1] Der Stoizismus zielt auf das Vernichten der leichten Erregbarkeit, das Einschränken der „Zahl der Gegenstände, die überhaupt b e w e g e n dürfen," auf die Überzeugung von der Verächtlichkeit und Minderwertigkeit der meisten erregenden Dinge und auf die „Feindschaft gegen die Erregung, die Passion selber[,] als ob sie eine Krankheit o d e r etwas Unwürdiges sei". Die Stoiker wollen die „V e r s t e i n e r u n g" des Lebens als „Gegenmittel gegen das Leiden" benutzen und die „Unempfindlichkeit" vor diesem hervorbringen. Nietzsche wirft dieser Denkweise vor, dass sie den Wert des Schmerzes und Leidens, der Erregung und Leidenschaft unterschätzt, welche aber genauso „nützlich und förderlich"[2] wie die Lust sind. Die Stoiker können außerdem den Notstand deshalb nicht beseitigen, weil sie ihre Empfindung für Notstände fast inaktiviert haben. Sie bieten keine Lösung zu einem Problem, sondern wollen die Augen blind machen, um es nicht zu sehen. Noch schlimmer ist die Tatsache, dass sie mit ihren blinden Augen die Lebensgefahr nicht mehr zu sehen vermögen.[3]

---

1 Nachlass 1881, KSA 9, 15[55], S. 653.
2 Nachlass 1881, KSA 9, 15[55], S. 653.
3 So steht Nietzsche nicht in der Nähe der Stoiker und sieht eben in der Askese deren Gemeinsamkeit mit dem Christentum, dass beide den Selbstschutz wollen und nicht fähig zur aktiven Vergeltung sind. Diese Einsicht von Nietzsche ist von Nussbaum 1993 völlig übersehen worden. Auch im Hinblick auf die Natur steht Nietzsche im Gegensatz zu den Stoikern. Nach Horn 2014 verstehen die Stoiker Tugend und Glück als „Affektfreiheit" (S. 89) und „gemäß der Natur leben" als „gemäß der

Im Christentum sieht Nietzsche das asketische Ideal ausgerüstet mit drei großen Prunkworten: Armut, Demut und Keuschheit. Damit hält er das asketische Leben mit der Verachtung gegen den eigenen Leib für einen Selbstwiderspruch:

> [H]ier herrscht ein Ressentiment sonder Gleichen, das eines ungesättigten Instinktes und Machtwillens, der Herr werden möchte, nicht über Etwas am Leben, sondern über das Leben selbst, über dessen tiefste, stärkste, unterste Bedingungen; hier wird ein Versuch gemacht, die Kraft zu gebrauchen, um die Quellen der Kraft zu verstopfen; hier richtet sich der Blick grün und hämisch gegen das physiologische Gedeihen selbst, in Sonderheit gegen dessen Ausdruck, die Schönheit, die Freude; während am Missrathen, Verkümmern, am Schmerz, am Unfall, am Hässlichen, an der willkürlichen Einbusse, an der Entselbstung, Selbstgeisselung, Selbstopferung ein Wohlgefallen empfunden und gesucht wird.[4]

Diese Paradoxie und Zwiespältigkeit des Lebens, sich selbst im Leiden zu genießen und damit sich der Selbstgewissheit bewusst zu werden, gehen von der Voraussetzung aus, dass die physiologische Lebensfähigkeit abnimmt. Damit stellt Nietzsche fest, „das asketische Ideal entspringt dem Schutz- und Heil-Instinkte eines degenerirenden Lebens"[5]. Ein solches Leben will sich trotz seines Verfalls mit allen Mitteln halten und um seine Erhaltung kämpfen. Das asketische Ideal dient zum Kampf gegen die physiologische Hemmung und Ermüdung, welche als fundamentale Symptome der Krankhaftigkeit gelten. Die Menschen mit dem ihnen unverträglichen Überdruss am Leben wünschen sich nach Nietzsche bloß ein „Ende", ein Anderssein, ein Anderswo, ohne die physiologische Krankhaftigkeit überwunden zu haben. Ein Ende, dass sie nicht mehr die Vorstellung von ihrem Leid haben.

Für die Verkörperung und den höchsten Grad dieses Wunsches des asketischen Ideals[6] hält Nietzsche den christlichen Priester, der mit der „Macht seines Wünschens" sich verbindlich zum Werkzeug für die Arbeit macht, „günstigere Bedingungen für das Hiersein und Mensch-sein zu schaffen", der damit als Hirte „die ganze Heerde der Missrathnen, Verstimmten, Schlechtweggekommnen, Verunglückten, An-sich-Leidenden jeder Art am Dasein"[7] festhalten kann. In dieser Hinsicht gehört der asketische Priester eher zum Konservierenden und Bejahenden des Lebens als zum Verneinenden. Aber worin liegen seine wesentliche Eigenschaft und Gefahr als Lebensverneinung?

Tugend leben" (S.142). Außerdem betonen sie mit dem Begriff oikeiôsis, der Selbstaneignung oder Selbstaffirmation bedeutet, die Natur aller Lebewesen als Selbsterhaltung. „Jedes Lebewesen beginne gleich nach seiner Geburt, sich zu sich selbst zu verhalten, und zwar in der Form, daß es nach seiner Selbsterhaltung strebe." (S. 220) Zum Begriff oikeiôsis bei den Stoikern vgl. Horn 2003a.
4 GM III 11, KSA 5, S. 363.
5 GM III 13, KSA 5, S. 366.
6 Nietzsche gebraucht das asketische Ideal im Singular als das Ideal des asketischen Priesters. Vgl. zur Bedeutung des asketischen Ideals und der asketischen Ideale bei Nietzsche Brusotti 2001, vor allem S. 107–110.
7 GM III 13, KSA 5, S. 366.

Nietzsche weist zuerst auf die größte Gefahr der Kranken für die Gesunden hin, nämlich dass jene bei diesen den großen Ekel vor Menschen auslösen und das große Mitleid, den Willen zum Nichts und somit den Nihilismus verursachen. Die Kranken verleumden die Gesunden und bezeichnen sich als die Guten, die Gerechten. Sie wollen mit dem Wort „Gerechtigkeit" eine Überlegenheit und eine Tyrannei über die Gesunden erhalten. Im Kampf gegen diese verfolgen sie die Absicht, „in Maskeraden der Rache" „ihr eignes Elend, alles Elend überhaupt den Glücklichen in's Gewissen zu schieben". Damit können sie die Gesunden und Glücklichen dazu verführen, eigenes „Recht auf Glück" anzuzweifeln. Auf diese Weise machen sie krank, sodass man vor dem Leben Ekel empfindet. Dabei betont Nietzsche den „oberste[n] Gesichtspunkt auf Erden [...], dass die Gesunden von den Kranken abgetrennt bleiben, behütet selbst vor dem Anblick der Kranken, dass sie sich nicht mit den Kranken verwechseln". Insofern verweigert er mit aller Entschiedenheit die Aufgabe, dass die Gesunden aus Mitleid als Krankenwärter oder Ärzte für die Kranken tätig sind. Denn „das Höhere soll sich nicht zum Werkzeug des Niedrigeren herabwürdigen". Die Gesunden haben ihre ausschließliche Aufgabe, die sie nicht mit der der Kranken verwechseln sollen. Sie seien allein „die Bürgen der Zukunft" und hätten ihre eigenen Pflichten im Blick auf die Zukunft der Menschheit zu erfüllen. Wenn sie auf das Vorrecht verzichten und sich zum Arzt, Trostbringer und „Heiland" der Kranken machen, kann die Zukunft mit großer Kultur und großen Menschen nicht gewährleistet werden.[8]

Danach dürfen nur die Menschen, die selber krank sind, Ärzte und Heilande der kranken Herde sein. Eben darin bestehe der Sinn des asketischen Priesters. Um sich mit den Kranken zu verständigen und auch die Herrschaft über sie zu bekommen, sollte der asketische Priester sowohl krank als auch stärker als die kranke Herde sein. Er steht insofern zwischen den Gesunden und den Kranken. Als Hirte sollte er seine Herde gegen die Gesunden und gegen den Neid auf die Gesunden verteidigen und selbst „der natürliche Widersacher und Verächter aller rohen, stürmischen, zügellosen, harten, gewaltthätig-raubthierhaften Gesundheit und Mächtigkeit sein"[9]. Zwar fungiert der asketische Priester als Anführer der Herde, der Kranken und Leidenden, aber er ist selbst nicht vornehm[10] und führt den Krieg gegen die Gesunden. In seinem Willen zur Macht, um immer Arzt zu sein, versteht er sich, „alles Gesunde nothwendig krank und alles Kranke nothwendig zahm" zu machen. Er schützt die Herde sowohl vor den Starken als auch vor der Selbstauflösung. Seine höchste Nützlichkeit und Raffiniertheit bestehen darin, den Sprengstoff der Herde bzw. das Ressentiment der Kranken gegeneinander zu entladen. Dabei verweist

---

8 GM III 14, KSA 5, S. 370–371.
9 GM III 15, KSA 5, S. 372.
10 Vgl. Loeb 2018. Loeb führt dabei seine Kritik an der Interpretation aus, dass die Priester bei Nietzsche vornehm seien.

Nietzsche auf die wesentliche Funktion des asketischen Priesters als „Richtungs-Veränderer des Ressentiment".[11]

Um das Ressentiment deutlich zu machen, muss zuerst Nietzsches Entlarvung des schlechten Gewissens erklärt werden. Im Kampf zwischen dem Starken und dem Schwachen wird der Instinkt der Freiheit vom Schwachen direkt zurückgedrängt. Dieser Instinkt tritt spontan zurück, um weiterer Gewalt zu entgehen. Insofern steht er im Stau und kann sich nicht mehr nach außen entladen. Deswegen wendet er sich unvermeidlich nach innen.[12] Mit der unentbehrlichen, jedoch nach innen gerichteten Kraftauslassung und Affektentladung foltert er sich selbst. Daraufhin entsteht das schlechte Gewissen als verinnerlichte Grausamkeit.

> Dieser gewaltsam latent gemachte Instinkt der Freiheit – wir begriffen es schon – dieser zurückgedrängte, zurückgetretene, in's Innere eingekerkerte und zuletzt nur an sich selbst noch sich entladende und auslassende Instinkt der Freiheit: das, nur das ist in seinem Anbeginn das schlechte Gewissen.[13]

Im schlechten Gewissen als einer Erkrankung sieht Nietzsche die physio-psychologische Ursächlichkeit des Ressentiments. „[I]n dem Defensiv-Gegenschlag, einer blossen Schutzmaassregel der Reaktion, einer ‚Reflexbewegung' im Falle irgend einer plötzlichen Schädigung und Gefährdung" verlange der Leidende allein „nach Betäubung von Schmerz durch Affekt", dass er seinen „quälenden, heimlichen, unerträglich-werdenden Schmerz durch eine heftigere Emotion irgend welcher Art betäuben und für den Augenblick wenigstens aus dem Bewusstsein schaffen"[14] will, was jedoch irrtümlich sei, weil man kein weiteres Beschädigtwerden verhindern will. Zu der Betäubung braucht man „einen Affekt, einen möglichst wilden Affekt und, zu dessen Erregung, den ersten besten Vorwand". Der Leidende sucht insofern zu seinem Leid die Ursache und den Übeltäter, der an seinem Leid schuldig sein soll und an den sich sein Ressentiment richtet, und zwar selbst dann, wenn die Ursache eine physiologische Erkrankung ist. Aber der asketische Priester verändert ausgerechnet hierbei die Richtung des Ressentiments, indem er dem Leidenden mitteilt, dass dieser an seiner Krankheit, an seinem Leid und unglücklichen Leben allein schuldig ist.[15] Insofern richtet man in der Herde das Ressentiment gegen sich selbst und nicht gegeneinander, damit die Herde nicht zur Selbstauflösung geführt wird.[16]

Mit den Begriffen, wie „Schuld", „Sünde", „Sündhaftigkeit" und „Verderbnis", als Medikation kommt es nach Nietzsche gar nicht zu einer wirklichen physiologischen Heilung, sondern dadurch werden die Kranken bloß unschädlich gemacht. Der asketische Priester ist deshalb kein echter Arzt, weil er nur das Leiden, die Un-

---
11 GM III 15, KSA 5, S. 373.
12 Zur ausführlichen Darstellung vgl. Brusotti 1992, S. 101–102.
13 GM II 17, KSA 5, S. 325. Zum Begriff des Gewissens bei Nietzsche vgl. Mohr 1977.
14 GM III 15, KSA 5, S. 374.
15 GM III 15, KSA 5, S. 372–375.
16 Vgl. Risse 2003, S. 149.

lust des Leidenden, aber nicht die Ursache des Leidens, das eigentliche Kranksein, bekämpft. Er bietet lediglich ein Narkotikum und Trostmittel zur Milderung des Leidens. Damit entlarvt Nietzsche die Hauptsache aller großen Religionen, vor allem des Christentums, als „Bekämpfung einer gewissen, zur Epidemie gewordnen Müdigkeit und Schwere". Und im Kampf gegen das Hemmungsgefühl, welches „verschiedenster Abkunft" sein kann, wird „das Lebensgefühl überhaupt auf den niedrigsten Punkt" herabgesetzt, dass man möglichst kein Wollen, keinen Wunsch mehr hat. Die christliche „Entselbstung", „Heiligung" und „Erlösung" hält Nietzsche für eine psychologische Hypnotisierung des Lebens und „Aushungerung der Leiblichkeit und der Begierde".[17]

Neben der Hypnotisierung gibt es im Kampf gegen die Depression noch ein leichtes Training als „die machinale Thätigkeit", mit der ein Leidender „in einem nicht unbeträchtlichen Grade erleichtert wird". Durch eine beständige Tätigkeit kann „das Interesse des Leidenden von dem Leiden abgelenkt" werden. Außerdem richtet der asketische Priester große Aufmerksamkeit auf „die Freude des Freud-Machens" bzw. die „Nächstenliebe" als ein anderes Mittel der Bekämpfung der Depression. Darunter sind Wohltun, Nützen, Beschenken, Erleichtern, Helfen, Zureden, Trösten, Loben und Auszeichnen zu finden. Die Nächstenliebe, die Nietzsche auch als eine Erregung des Willens zur Macht begreift, kann mit sich das Glück der „kleinsten Überlegenheit" bringen, das den physiologischen Krankhaften oft als „das reichlichste Trostmittel" erscheint. In dieser Hinsicht tun die schwachen Menschen sich gegenseitig wohl und gruppieren sich zur Gemeinde. „[D]ie Heerdenbildung ist im Kampf mit der Depression ein wesentlicher Schritt und Sieg."[18] Außerdem erwacht im Wachstum der Gemeinde das Machtgefühl des Einzelnen, das dessen Depression betäuben kann.

Von diesen unschuldigen Trostmitteln unterscheidet Nietzsche zudem noch die Ausschweifung des Gefühls als „schuldiges" Mittel, welches die Absicht verfolgt, „[d]ie menschliche Seele einmal aus allen ihren Fugen zu lösen, sie in Schrecken, Fröste, Gluthen und Entzückungen derartig unterzutauchen, dass sie von allem Kleinen und Kleinlichen der Unlust, der Dumpfheit, der Verstimmung wie durch einen Blitzschlag loskommt". Durch die Loslassung einiger Affekte des Krankhaften unter der religiösen Interpretation und der Rechtfertigung durch den asketischen Priester kann das Unlustgefühl gelindert werden, aber die Krankheiten werden im Wesentlichen noch nicht geheilt. Jede Ausschweifung des Gefühls macht sich offenkundig „hinterdrein bezahlt" und damit wird der Kranke noch kränker. Dafür führt Nietzsche viele Fälle in der Geschichte als Beweise an, wie z. B. die St. Veit- und St. Johnn-Tänzer des Mittelalters. Deswegen scheint ihm die Ausschweifung des Gefühls in der Tat als eine „schuldige" Art von „Remeduren des Schmerzes".[19] Die an-

---

17 GM III 17, KSA 5, S. 377–379. Vgl. zur Nietzsches Deutung des Priesters Trillhaas 1983.
18 GM III 18, KSA 5, S. 382–383.
19 GM III 20, KSA 5, S. 388.

gebliche Verbesserung des Menschen im Behandlungssystem des asketischen Priesters hält er wegen der Entkräftung allerdings für eine Zähmung, Schwächung, Entmutigung und Raffinierung.

Damit besteht die Gefahr des asketischen Ideals darin, dass es die seelische Gesundheit und den guten Geschmack des starken Menschen verdirbt. Als Schule der hieratischen Manieren hege es die Todfeindschaft gegen alle guten Manieren und gleichzeitig einen Mangel an und auch Widerwillen gegen das Maß. Nach dem asketischen Ideal sollen alle Interessen des menschlichen Lebens kleinlich und eng erscheinen und allein die christliche Interpretation der Welt das Vorrecht und die Autorität besitzen. Es verkleinert, verarmt und verneint das diesseitige Leben, bietet den Menschen jedoch ein Jenseits zum Trost und zur Erleichterung des Unlustgefühls, was aber den Kern des Leidens nicht trifft.

Nietzsche zeigt darüber hinaus, dass das asketische Ideal den Menschen, vor allem den Leidenden, einen Sinn für das Leiden gegeben hat. Ohne den Begriff Schuld, durch den das asketische Ideal eine Auslegung zum Leiden bietet, fehlt die Antwort auf die Frage nach der Bedeutung des Leidens für den Leidenden und dieser gerät in die Furcht vor der Leere und in den Nihilismus. Dagegen kann der Leidende erst mit der Sinngebung des asketischen Ideals etwas wollen und weiterleben, ohne den Halt des Daseins zu verlieren. Trotzdem stimmt dieses Wollen mit der Bejahung und Steigerung des Lebens nicht überein. Denn es bezieht sich auf die Verneinung des Leiblichen.

> Man kann sich schlechterdings nicht verbergen, was eigentlich jenes ganze Wollen ausdrückt, das vom asketischen Ideale her seine Richtung bekommen hat: dieser Hass gegen das Menschliche, mehr noch gegen das Thierische, mehr noch gegen das Stoffliche, dieser Abscheu vor den Sinnen, vor der Vernunft selbst, diese Furcht vor dem Glück und der Schönheit, dieses Verlangen hinweg aus allem Schein, Wechsel, Werden, Tod, Wunsch, Verlangen selbst – das Alles bedeutet, wagen wir es, dies zu begreifen, einen Willen zum Nichts, einen Widerwillen gegen das Leben, eine Auflehnung gegen die grundsätzlichsten Voraussetzungen des Lebens, aber es ist und bleibt ein Wille!... Und, um es noch zum Schluss zu sagen, was ich Anfangs sagte: lieber will noch der Mensch das Nichts wollen, als nicht wollen ...[20]

Das Wollen des asketischen Ideals ist bloß eine ohnmächtige Reaktion auf das Leiden und die physiologischen Krankheiten. Aber Nietzsche deutet auch darauf hin, dass die eigentlich asketischen Gewohnheiten und Übungen von solcher widernatürlichen und daseinsfeindlichen Gesinnung, Entartung und Krankheit weit entfernt liegen.[21]

Der ursprünglichen Askese misst Nietzsche eine positive Bedeutung zu, weil sie mit natürlicher Nützlichkeit im Dienst der „Erziehung der Willenskraft" für die Menschen unentbehrlich ist. Wegen des Mangels an Zucht bedarf man noch starker Askese „für die Stärkung des Willens, das freiwillige Sich-Versagen". Dabei verbirgt

---
20 GM III 28, KSA 5, S. 412.
21 Vgl. Nachlass 1886, KSA 12, 7[5], S. 271.

Nietzsche nicht seine Absicht, „auch die Asketik wieder vernatürlichen" zu lassen, welche als „eine Gymnastik des Willens", als „eine Entbehrung und eingelegte Fastenzeiten jeder Art, auch im Geistigsten", als „eine Casuistik der That in Bezug auf unsere Meinung die wir von unseren Kräften haben", und als eine Prüfung „für die Stärke im Worthalten-können" gelten soll.[22]

Für die starken Menschen entwirft Nietzsche zudem einen Asketismus als „Natur, Bedürfnis, Instinkt"[23], der allerdings nicht als Ziel, sondern allein als eine „Durchgangs-Schulung" dient, sodass man sich „von den alten Gefühls-Impulsen der überlieferten Werthe" freimacht, als Schaffender ohne Mitleid und hart wird und zuletzt den vornehmen Weg jenseits von Gut und Böse zum Übermenschen geht. Die erste Stufe des Asketismus ist „Atrocitäten aushalten" und auch „Atrocitäten thun". Zu der zweiten und zwar schwererer Stufe gehören „Miserabilitäten aushalten" und „Miserabilitäten thun". Das Letztere enthält die Vorübung als „lächerlich werden" und „sich lächerlich machen". Die Ausführung des Asketismus umfasst im Detail:

> – Die Verachtung herausfordern und durch ein (unerrathbares) Lächeln aus der Höhe die Distanz trotzdem festhalten
> – eine Anzahl Verbrechen, welche erniedrigen, auf sich nehmen, z. B. Gelddiebstahl, um sein Gleichgewicht auf die Probe zu stellen
> eine Zeitlang nichts thun, reden, erstreben, was nicht Furcht oder Verachtung erregt, was nicht die Anständigen und Tugendhaften nothwendig in Kriegszustand versetzt, – was nicht ausschließt…
> das Gegentheil davon darstellen, was man ist (und besser noch: nicht gerade das Gegentheil, sondern bloß ein Anderssein: letzteres ist schwerer)
> – auf jedem Seile gehn, auf jeder Möglichkeit tanzen: sein Genie in die Füße bekommen
> – seine Ziele zeitweilig durch seine Mittel verleugnen, – selbst verleumden
> – ein für alle Mal einen Charakter darstellen, der es verbirgt, daß man fünf sechs andere hat
> – sich vor den fünf schlimmen Dingen nicht fürchten, der Feigheit, dem schlechten Ruf, dem Laster, der Lüge, dem Weibe –[24]

Es liegt auf der Hand, dass der Asketismus mit Verachtung und Provokation bei Nietzsche in der Nähe der kynischen Askese mit der lachenden und beißenden Haltung steht.

9.2 Das Christentum als Widerspruch zum gesunden Leben

Das Christentum betrachtet Nietzsche nicht als eine Gegenbewegung, sondern als die letzte Konsequenz des Judentums, welches durch „die radikale Fälschung aller Natur, aller Natürlichkeit, aller Realität, der ganzen inneren Welt so gut als der äus-

---

[22] Nachlass 1887, KSA 12, 10[165], S. 552; Nachlass 1887, KSA 12, 9[33], S. 350; Nachlass 1887, KSA 12, 9[93], S. 387–388.
[23] AC 57, KSA 6, S. 243.
[24] Nachlass 1888, KSA 13, 15[117], S. 476.

seren"[25] im Widerspruch zu den Naturwerten, in der Verneinung zur Macht, Schönheit und zur aufsteigenden Bewegung des Lebens, im Ressentiment gegen die starken gesunden Menschen, in summa, in der décadence steht.

Die Geschichte Israels deutet Nietzsche als fünf Tatsachen der Entnatürlichung der Naturwerte an: die Fälschung der Religion, der Moral, der Geschichte, des Kultus und der Psychologie.[26] Die Fälschung der Religion erweist sich als eine Fälschung des Gottesbegriffs. Ursprünglich sei der Gott Israels Javeh „der Ausdruck des Macht-Bewusstseins, der Freude an sich, der Hoffnung auf sich", mit dem das Volk der Natur vertraut, sich selbst bejaht, Sieg und Heil erwartet. Aber mit dem Verlust der politischen Macht der Juden gerät der alte Gott für den Menschen in Ohnmacht und damit wird sein Begriff verändert und entnatürlicht als „ein Werkzeug in den Händen priesterlicher Agitatoren, welche alles Glück nunmehr als Lohn, alles Unglück als Strafe für Ungehorsam gegen Gott, für ‚Sünde', interpretiren". Aus dem Machtgefühl ist Gott in eine „sittliche Weltordnung" verwandelt worden. An die Stelle der naturgemäßen Machtverhältnisse tritt nun eine widernatürliche Gerechtigkeit mit Lohn und Strafe als Gott. Danach wird der Moralbegriff gefälscht, sodass die Moral nicht mehr für die Bedingungen der Machtsteigerung und des Wachstums des ganzen Volks steht, sondern als Abstraktion und Gegensatz zum Leben gilt. Der Zufall verliert dabei seinen Wesenszug von Unschuld und das menschliche Unglück verbindet sich mit dem Begriff „Sünde". Die Fälschung der Geschichte Israels ist von den Priestern vorgenommen worden. Diese haben die Geschichte des eigenen Volks „gegen jede Überlieferung, gegen jede historische Realität ins Religiöse übersetzt" und einen „Heils-Mechanismus von Schuld gegen Javeh und Strafe, von Frömmigkeit gegen Javeh und Lohn" erfunden. Die Fälschung des Kultus ist insofern als eine Verabsolutierung der „sittlichen Weltordnung" zu verstehen, dass der Wert eines Volks, eines Einzelnen allein nach dem Grad des Gehorsams gegen den Willen Gottes bemessen wird, den allerdings nur die Priester dem Volk vermitteln dürfen. Um ihn in autoritärer Weise bekannt zu machen, bedürfen die Priester einer „Offenbarung" Gottes. Deswegen hält Nietzsche die Entdeckung der „Heiligen Schrift" für „eine grosse literarische Fälschung". Durch die Heiligung aller natürlichen Vorkommnisse im Leben, wie Geburt, Krankheit, Tod, entnatürlichen die Priester die Sitten und Institutionen, den Staat, die Ehe z. B., entwerten jedoch die Natur selbst. In der Fälschung der Psychologie mit Sünden und Erlösung wird der Ungehorsam gegen Gott und dessen Advokaten bzw. die Priester mit dem berüchtigten Namen „Sünde" tituliert. Aber die Mittel zur Versöhnung mit Gott bzw. zur Erlösung erhält der Sünder, insofern er sich dem Priester unterwirft.[27]

---

25 AC 24, KSA 6, S. 191.
26 Stegmaier 1994, S. 112, Anm. 59, interpretiert die fünf Tatsachen als Stufen der Entnatürlichung. Zur Kritik daran vgl. Havemann 2002, S. 252, Anm. 574.
27 AC 24–26, KSA 6, S. 191–197.

Auf dem Boden der Entwertung der Natur im Judentum wächst das Christentum. Deshalb hat es den Charakterzug der Fälschung der Welt und der menschlichen Natur, der Nietzsche Falschmünzerei vorwirft. Damit bringt es die Gegenbewegung und den Krieg gegen die gesunden starken Menschen und gegen die vornehme Moral des Privilegiums[28] hervor, welche für Nietzsche eben naturgemäß ist.

> Man soll das Christenthum nicht schmücken und herausputzen: es hat einen Todkrieg gegen diesen höheren Typus Mensch gemacht, es hat alle Grundinstinkte dieses Typus in Bann gethan, es hat aus diesen Instinkten das Böse, den Bösen herausdestillirt, – der starke Mensch als der typisch Verwerfliche, der „verworfene Mensch". Das Christenthum hat die Partei alles Schwachen, Niedrigen, Missrathnen genommen, es hat ein Ideal aus dem Widerspruch gegen die Erhaltungs-Instinkte des starken Lebens gemacht; es hat die Vernunft selbst der geistigstärksten Naturen verdorben, indem es die obersten Werthe der Geistigkeit als sündhaft, als irreführend, als Versuchungen empfinden lehrte.[29]

Auch historisch ist das Christentum „für die grosse Masse der Sclaven"[30] in der Antike ausgerichtet. Nietzsche hält es für eine große Pöbel-Bewegung des Römischen Reiches, die aus den niedersten Ständen und Völkern bestand. Dazu zählt er die Schlechten, Ungebildeten, Unterdrückten, Kranken, Irrsinnigen, Armen, Sklaven, die alten Weiber, die feigen Männer. Diese Menschen hätten Nietzsche zufolge ihr eigenes Leben auslöschen sollen, aber es fehlt ihnen der Mut dazu. Sie bedienen sich des Christentums als eines Trostmittels, um „ihr Leben auszuhalten und aushaltenswerth zu finden"[31].

Im Hinblick auf den „Sklavenaufstand" gegen die antike Aristokratie charakterisiert Nietzsche das Christentum als „eine Umwerthung aller antiken Werthe"[32]. Das Christentum garantiert den Menschen, vor allem den Leidenden, die apodiktische Gleichheit vor Gott und verspricht den Frommen die Seligkeit, verurteilt aber die Starken und die Ungläubigen als Böse. Es strebt Nietzsche zufolge nach der Erhaltung der Kranken, Leidenden, Unterdrückten, Verzweifelnden und führt insofern auch den Kampf gegen die Mächtigen.

---

28 Nietzsches Kritik am Christentum gilt vor allem der christlichen Moral als décadence-Moral. Vgl. dazu Salaquarda 1973. Durch die Untersuchung der Bedeutung des „Antichrist" als Buchtitel bei Nietzsche stellt Salaquarda fest: „‚Christentum' ist für Nietzsche wesentlich ein Moralsystem, nur *ein*, wenn auch der mit Abstand geschichtswirksamste Ausdruck der Sklaven- oder Herdenmoral. Das ‚Antichristliche' ist für Nietzsche daher wesentlich etwas ‚Anti*moralisches*' – ‚Moral' immer als Herdenmoral gefaßt" (S. 100). Und „das Antichristliche" ist „primär der ‚*wohlgeratene* Mensch', der Starke, der die Mittelmäßigkeit und den décadence-Ursprung der (Herden-)Moral durchschaut" und sekundär „alles, was *dieser* Mensch schafft und was als das von ihm Geschaffene eo ipso der (Herden-)Moral feindlich gegenübertritt" (S. 102).
29 AC 5, KSA 6, S. 171.
30 M 546, KSA 3, S. 317.
31 Nachlass 1880, KSA 9, 3[20], S. 52.
32 JGB 46, KSA 5, S. 67.

> Und die Starken zerbrechen, die grossen Hoffnungen ankränkeln, das Glück in der Schönheit verdächtigen, alles Selbstherrliche, Männliche, Erobernde, Herrschsüchtige, alle Instinkte, welche dem höchsten und wohlgerathensten Typus „Mensch" zu eigen sind, in Unsicherheit, Gewissens-Noth, Selbstzerstörung umknicken, ja die ganze Liebe zum Irdischen und zur Herrschaft über die Erde in Hass gegen die Erde und das Irdische verkehren – das stellt sich die Kirche zur Aufgabe und musste es sich stellen, bis für ihre Schätzung endlich „Entweltlichung", „Entsinnlichung" und „höherer Mensch" in Ein Gefühl zusammenschmolzen.[33]

So erweist sich das Christentum mit seiner Verkleinerung des Menschen zum Herdentier und kranken Tier als die verhängnisvollste Selbstüberhebung. Es bringt darüber hinaus alle Freiheit, allen Stolz, alle Selbstgewissheit des Geistes zum Opfer, verarmt das Leben und vernichtet die Größe der Menschheit.

Das Christentum verdirbt nach Nietzsche das Individuum und macht es dekadent, indem es dafür sorgt, dass dieses seine wilden Instinkte verliert und das für seine Machtsteigerung Nachteilige bevorzugt. Das Leben erweist sich eigentlich als Instinkt für Wachstum, für Dauer und Steigerung des Machtgefühls. Im Widerspruch dazu steht das Christentum, das den Menschen vor allem Demut, Armut, Fasten und geschlechtliche Enthaltsamkeit gebietet und die leibliche Leidenschaft, die Sinnlichkeit, Herrschsucht, Habsucht und Rachsucht mit „Ausschneidung in jedem Sinne" bekämpft. In diesem „Castratismus"[34] als Ausrottung der Begierde fehlt der Wille zur Macht und das Leben wird in den Niedergang geführt.

Ein weiterer dekadenter widernatürlicher Zug des Christentums ist der Anspruch auf das Mitleiden, das für Nietzsche eine völlig depressive Haltung ist und im Gegensatz zu den starken Affekten steht. Beim Mitleiden verliert man deshalb die Kraft, weil es selbst das Leiden anstecken kann. Damit führt es zu einer gemeinsamen Einbuße an Machtgefühl und Lebenskraft sowohl bei Bemitleideten als auch bei Bemitleidenden und vermehrt das gesamte Leiden in der Welt. Der lebensgefährliche Charakter des Mitleidens stehe im Gegensatz zum Gesetz der Entwicklung, nämlich dem „Gesetz der Selection". Das Mitleiden erhält das, was für Nietzsche des Lebens nicht würdig und zum Untergang reif ist, und bringt „dem Leben selbst einen düsteren und fragwürdigen Aspekt"[35] entgegen. Nietzsche verneint nicht nur das Mitleiden als Tugend, sondern hält es auch für eine depressive und kontagiöse Schwäche und zählt es zu den „kleinsten niederträchtigsten Gefühlen"[36]. Aber er macht noch einen weiteren Schritt dahin gehend, dass er die angeblich mitleidigen Handlungen auf das Motiv der Nützlichkeit, d. h. Schaden zu vermeiden, zurückführt.

> Ein Übel geschehen lassen, das man hindern kann, heißt beinahe es thun, deshalb retten wir das Kind, das spielend auf den offenen Brunnen zuläuft, nehmen den Stein aus dem Wege, der auf eine glatte Bahn gefallen ist, stellen einen Stuhl zurecht, der umzufallen droht, – Alles

---
33 JGB 62, KSA 5, S. 82.
34 GD, Moral als Widernatur 1, KSA 6, S. 83.
35 AC 7, KSA 6, S. 173.
36 Legrand 2011, S. 297.

nicht aus Mitleid, sondern weil wir uns hüten, Schaden anzurichten. Daran haben wir uns gewöhnt; was auch die Motive für diese Gewohnheit sein mögen, jetzt handeln wir nach Gewohnheit und nicht mehr nach jenen Motiven.[37]

Aus seiner Verneinung des starken Lebens im Mitleid und aus dem Hass gegen Natürliches fundiert das Christentum die Moral als Instanz diesseitiger Welt und erfindet ein jenseitiges Leben als wahres. In dieser Fiktionswelt muss sich der Begriff „Gott" als Gegenbegriff zur „Natur" erweisen und damit steht das Wort „natürlich" für „verwerflich". Aber der christliche Gottbegriff drückt nach Nietzsche eine widernatürliche Kastration eines Gottes aus, auf den die Menschen ursprünglich ihre Lust an sich, ihr Machtgefühl projiziert haben, und deutet auf einen Gott bloß der Guten hin. Für Nietzsche ist allerdings ein solcher Gott unerlässlich, der sowohl gut als auch böse sein kann. Gott wird insofern unverständlich und nutzlos, als er nur Toleranz, Menschfreundlichkeit, Liebe hat, aber nicht Zorn, Rache, Neid, Hohn, List kennt. Das Volk, das an einen guten Gott glaubt, das „zum ‚Frieden' der Seele, zum Nicht-mehr-Hassen, zur Nachsicht, zur ‚Liebe' selbst gegen Freund und Feind"[38] bereit ist, das zuletzt die Aggressivität, die aktive Vergeltungsfähigkeit und den Machtdurst verliert, drückt keineswegs den Willen zur Macht aus, sondern die Ohnmacht zur Macht und die Neigung zum Niedergang, den Willen zum Nichts.

Der Gottesbegriff ist die unentbehrlichste höchste Symbolik der Lebensmüden und Schwachen, welche sich jedoch als Gute bezeichnen und eines Heilands, eines Erlösers, bedürfen. Um das Heil zu bekommen, bekämpfen sie mit den Begriffen „Schuld", „Sünden", „Gewissen" die gesunden starken mächtigen Menschen, die Sinne und die Sinnlichkeit. In dieser Umwertung der alten Werte liegt die Grausamkeit gegen das Leben begründet. Das Christentum wollte über das Raubtier Mensch Herr werden, indem es das zivilisiert, zahm, schwach und krank macht. Es hasst die Andersdenkenden, verbietet den Geschmack und die Wertschätzung der Mächtigen und verengt den Horizont des Lebens und der Kultur.

Die drei christlichen Tugenden Glaube, Liebe, Hoffnung werden von Nietzsche als Klugheiten und Verlogenheiten uminterpretiert. Es kommt beim Glauben nicht darauf an, ob etwas an sich wahr ist oder nicht, sondern dass etwas als wahr geglaubt werden muss, auch wenn es wider die Wirklichkeit ist. Je mehr Glaube, desto mehr Verlogenheit. Die christliche Hoffnung bietet eine „Jenseits-Hoffnung", ohne das diesseitige Leid abtun zu können. Die Liebe ist die illusorische, versüßende und verklärende Kraft, denn sie „ist der Zustand, wo der Mensch die Dinge am meisten so sieht, wie sie nicht sind"[39].

Die Ohnmacht des Christentums entlarvt Nietzsche noch insbesondere mit seiner psychologischen Analyse des Typus Jesus. Jesus verkörpert kein Genie und keinen Helden, sondern zeigt sich als „der Gegensatz zu allem Ringen, zu allem Sich-

---

[37] Nachlass 1880, KSA 9, 3[126], S. 88.
[38] AC 16, KSA 6, S. 183.
[39] AC 23, KSA 6, S. 191.

in-Kampf-fühlen", und als Symptom für „die Unfähigkeit zum Widerstand", für „die Seligkeit im Frieden, in der Sanftmuth, im Nicht-feind-sein-können". Er sei insofern ein Idiot[40], als er mit einer krankhaften Reizbarkeit des Tastsinns „vor jeder Berührung, vor jedem Anfassen eines festen Gegenstandes zurückschaudert".[41] Aus dem Typus des Erlösers erschließt Nietzsche zwei psychologische Symptome für décadence.

> Der Instinkt-Hass gegen die Realität: Folge einer extremen Leid- und Reizfähigkeit, welche überhaupt nicht mehr „berührt" werden will, weil sie jede Berührung zu tief empfindet.
> Die Instinkt-Ausschliessung aller Abneigung, aller Feindschaft, aller Grenzen und Distanzen im Gefühl: Folge einer extremen Leid- und Reizfähigkeit, welche jedes Widerstreben, Widerstreben-Müssen bereits als unerträgliche Unlust (das heisst als schädlich, als vom Selbsterhaltungs-Instinkte widerrathen) empfindet und die Seligkeit (die Lust) allein darin kennt, nicht mehr, Niemandem mehr, weder dem Übel, noch dem Bösen, Widerstand zu leisten, – die Liebe als einzige, als letzte Lebens-Möglichkeit ...[42]

Daraus werden die Furcht des Erlösers vor dem Schmerz und die folgende Flucht in eine Religion der Liebe verständlich. Aufgrund der Unfähigkeit zum Zürnen, Tadeln und Widerstehen ist dem Erlöser das Verneinen unter allen Umständen unmöglich. Aber dem Jesus fehlen noch die Begriffe von Schuld, Strafe und Lohn. Bei ihm werden die „Sünde", „jedwedes Distanz-Verhältniss zwischen Gott und Mensch" abgeschafft, worin eben das „Evangelium" liegen sollte. Die damit einhergehende Seligkeit ist auch kein Versprechen, sondern „die einzige Realität – der Rest ist Zeichen, um von ihr zu reden". Der Erlöser versteht als großer Symbolist nach Nietzsche nur „innere Realitäten als Realitäten, als ‚Wahrheiten'" und nach seiner symbolischen Deutung ist das „Himmelreich" wesentlich „ein Zustand des Herzens", nämlich „eine Erfahrung an einem Herzen", nicht jedoch etwas Jenseitiges oder Überweltliches. Und nicht der Glaube, sondern die evangelische Praktik nach dem Vorbild Jesus kennzeichnet den echten Christen und unterscheidet diesen von dem Ungläubigen.[43]

---

40 Es bleibt umstritten, ob Nietzsche das Wort Idiot in Anlehnung an Dostojewskijs Roman *Der Idiot* verwendet. Stellino 2007 hält es für „sehr enthüllend" (S. 206) und untersucht die Ähnlichkeiten der Bedeutung des Worts Idiot bei Nietzsche und bei Dostojewskij. Zum Gegenargument vgl. Sommer 2000, S. 317: „Eine Nachlassnotiz vom Frühjahr 1888 macht alle Spekulationen darüber, ob Nietzsche von Dostojewskijs *Idiot* gehört hat, hinfällig". Noch Morillas 2012 zeigt, dass Dostojewskijs Begriff des Idioten „von dem Nietzsches deutlich verschieden" ist und dass der Begriff Idiot bei Nietzsche „als Folge physiologischer Degenerescenz" auf „die von Charles Féré in *Dégénérescence et criminalité* entwickelte *dégénérescence*-Lehre" (S. 354) zurückzuführen ist. Aber gleichgültig, ob Nietzsche in Verwendung des Wortes Dostojewskij verpflichtet ist, lässt sich sein Jesusbild, wie Kühneweg 1986 gezeigt hat, „leichter mit negativen als mit positiven Begriffen erfassen" (S. 386).
41 AC 29, KSA 6, S. 199–200.
42 AC 30, KSA 6, S. 200–201.
43 AC 33–34, KSA 6, S. 205–207.

Die „frohe Botschaft" ist nach Nietzsche die Lehre, welche darauf ausgerichtet ist, eine glückselige Lebensform auszuwählen und durchzuführen. Dies sei der ursprüngliche Symbolismus des Erlösers und des Evangeliums, was in der Geschichte des Christentums allerdings schrittweise immer gröber von den Christen missverstanden worden sei. Selbst das Wort „Christentum" ist nach Nietzsche ein tiefes Missverständnis. „[I]m Grunde gab es nur Einen Christen, und der starb am Kreuz. Das ‚Evangelium' starb am Kreuz." Hinterdrein verstehen die Christen falscherweise „Jesus als im Aufruhr gegen die Ordnung"[44]. Aus ihm werde ein Revolutionär gemacht. Damit wird der kriegerische verneinende Zug des Christentums deutlich. Und im Gegensatz zum Evangelium als Freiheit von jedem Gefühl des Ressentiments verzeihen die Christen den Tod Jesu nicht und erfüllten sich mit dem Gefühl der Rache. Nach dem Tod Jesu folgte umgekehrt eine „schlimme Botschaft", sodass alle Begriffe der Kirche, wie „Schuld", „Strafe", „Gericht", „Sünde", „Erlöser", „freier Wille", als Lügen die Natur und Naturwerte entwerten und damit Rache am gesunden Leben nehmen wollten. Die Kirche forderte nicht mehr die evangelische Praktik, sondern nur den Glauben an Gott, an die Erlösung nach dem Tod. Dabei polemisiert Nietzsche gegen Paulus als den Gegensatz-Typus zu Jesus, als den Genius im Hass, weil dieser die Lehren von dem Jüngsten Gericht, von der Auferstehung und dem jenseitigen Dasein erfand. Er ist der eigentliche Stifter des Christentums als einer Religion des Ressentiments und „der entscheidende Promotor der décadence-Moral"[45].

In summa ist das Christentum für Nietzsche ein zu überwindender Widerspruch zum gesunden Leben. Es besteht vor allem aus den niedrigsten Stufen der Gesellschaft, dient hauptsächlich den Krankhaften, den Schwachen, bekämpft aus Ressentiment die Starken und Vornehmen. Auch in der Politik untergrabe es mit dem Anspruch auf gleiche Rechte für alle die geistige Aristokratie und führe einen Aufstand des Niedrigen gegen das Große an. Der Jesus verfügt als „Idiot" zwar über kein Ressentiment, aber er erweist sich für Nietzsche psychologisch noch als décadence, als Ohnmacht zur Macht, was sich keineswegs in Einklang mit der Verwirklichung des Willens zur Macht, mit der Entladung der starken Instinkte bringen lässt. Die Kirche sei als eine Korruption des Erlösers nach dessen Tod zu bezeichnen, da sie sich mit Heuchelei und Ressentiment anfüllt. Insofern ist sie dekadenter als der Erlöser. Sie beschränkt sich auf ihren eigenen Glauben, ihre Herden-Moral. Jede fremde Perspektive in Bezug auf Werte, Moral und Wahrheit, vor allem die der Starken und Mächtigen, wird von ihr entschieden abgelehnt, was Nietzsche für ein Verbrechen am Leben hält.

---

[44] AC 39, KSA 6, S. 211; AC 40, KSA 6, S. 213.
[45] Salaquarda 1974, S. 105. Es ist zu bemerken, dass Nietzsches Angriff nicht der historischen Gestalt Paulus, sondern dem Typus Paulus gilt. Vgl. dazu Havemann 2001. Mit dem Typus Paulus drückt Nietzsche „in bewußten Übertreibungen seine Moralkritik" (S. 179) aus. Zur Thematisierung des Paulusbildes im 19. Jahrhundert und bei Nietzsche vgl. Havemann 2002.

Aber Nietzsches Kriegserklärung gegen die christliche Moral und die Moral als solche hat nicht die Absicht, diese zu vernichten, sondern er wollte mit dem Einwand „gegen ihre *allgemeine* Begründung"[46] ihre Tyrannei beseitigen. Damit kann man sich einen freien Platz für neue Werte und Ideale verschaffen. Es scheint Nietzsche auch äußerst wünschenswert zu sein, dass das Ideal des Christentums fortdauert. Denn die Immoralisten müssen starke Gegner haben, um sich stark zu machen. Ihr Selbsterhaltungstrieb braucht die „Macht der Moral" und will, dass ihre „Gegner bei Kräften bleiben"[47], um zur Herrschaft über diese zu gelangen. Der Ausdruck der Kraft und das Bewusstsein hinsichtlich der eigenen Macht können den Gegner nicht entbehren. Sollte man den Gegner, den Feind verloren haben, ist dies für die Macht tödlich. „Eine Macht kann sich zu Tode siegen, dann nämlich, wenn ihr kein adäquater Gegner mehr übrig bleibt."[48]

---

46 Simon 2000, S. 187. Zur systematischen Darstellung von Nietzsches Kritik an der Moral vgl. Rohrmoser 1982; Heller 1992.
47 Nachlass 1887, KSA 12, 10[117], S. 523.
48 Niehues-Pröbsting 2013, S. 100.

10 Die Annullierung der wahren und scheinbaren Welt und das Verschwinden des Absoluten in der Perspektivität der Welt

10.1 Die wahre Welt aus décadence: Nietzsches Kritik an Sokratismus und Idealismus

Der Kampf mit Sokrates zeigt sich in der gesamten Lebenszeit von Nietzsche. In seiner frühen Zeit betrachtet er Sokrates und den Sokratismus, nämlich den Rationalismus und den logischen Optimismus, schon als Feinde des Lebens und der Kunst, welche beim späten Nietzsche wieder als Vorbild des genuinen Schaffens den höchsten Rang gewinnt. Außer seiner Kritik am Sokratismus im Hinblick auf die Kunst entlarvt er Sokrates, oder genauer formuliert den Typus Sokrates und dessen Anhänger, unter denen er vor allem Platon vor Augen hat, noch physio-psychologisch als décadent.[1]

Aus den letzten Worten des Sokrates vor dem Tod, dass er dem Heilande Asklepios einen Hahn schuldig ist, schlussfolgert Nietzsche, dass das Leben dem Sokrates als eine Krankheit gilt. Krank sei auch die sogenannte Weisheit aller Zeiten, dass das Leben bzw. der Leib nichts taugt. Von diesem Pessimismus aus vernimmt Nietzsche „einen Klang voll Zweifel, voll Schwermuth, voll Müdigkeit am Leben, voll Widerstand gegen das Leben"[2]. Er stuft eben die Weisen, denen das leibliche Leben als unheilbare Krankheit erscheint, physio-psychologisch als schwache, kranke Menschen, als décadent ein.

Als ein Symptom des Verfalls ist das Vorurteil gegen das Leben durch die Person Sokrates gekennzeichnet. Dieser entstammt aus dem niedersten Volk und ist für Nietzsche ein Angehöriger des Pöbels. Auch seine Hässlichkeit sollte meistens als „der Ausdruck einer gekreuzten, durch Kreuzung gehemmten Entwicklung" oder einer niedergehenden Entwicklung begriffen werden. Dahinter stehen im Hinblick auf die Physiognomie alle schlimmen Laster und Begierden. Die décadence bei Sokrates erweist sich nicht nur als „Wüstheit und Anarchie in den Instinkten", sondern

---

[1] Nietzsches Auseinandersetzung mit Sokrates vollzieht sich noch in anderer Hinsicht. Zu Sokrates als Nietzsches Problem vgl. Müller 2005, S. 188–220. „Die in den Konzepten von sprachlich-sachlicher Rechtfertigung (λόγον διδόναι), permanenter Selbstreflexion (γνῶθι σαυτὸν) und individueller, lebensweltlicher Selbstvergewisserung (ἐπιμέλεια ψυχῆς) angelegte Spannung markiert die Grenzen jenes Raumes, in dem Nietzsche seine lebenslange Auseinandersetzung mit Sokrates austrägt." (S. 189) Müller verweist auch auf Sokrates als „philosophische Vorlage, Folie und Antifolie" (S. 189) für Nietzsches Philosophieren. Insofern kann in der lebenslangen Auseinandersetzung auch die Rede von der Identifikation Nietzsches mit Sokrates sein. Nach Gerhardt 2001 wollte Nietzsche in sich die Wiederkehr des Sokrates sehen. Nach Wollek 2004 ist „Nietzsches Verhältnis zu Sokrates" „wesentlich als *projektives* Verständnis" (S. 242) darzustellen.
[2] GD, Das Problem des Sokrates 1, KSA 6, S. 67.

auch als „die Superfötation des Logischen und jene Rhachitiker-Bosheit, die ihn auszeichnet". Dabei entlarvt Nietzsche die ins Religiöse interpretierte „Dämonion des Sokrates" als bloße „Gehörs-Hallucinationen".[3]

Die sokratische Dialektik verdirbt für Nietzsche den vornehmen Geschmack der Griechen und führt den Aufstieg der Pöbelbewegung herbei. Sie sollte in der vornehmen Gesellschaft als schlechte Manier abgelehnt werden. „Was sich erst beweisen lassen muss, ist wenig werth."[4] Denn die Dialektik sei das letzte Mittel, um Recht zu erhalten. Sokrates als Dialektiker rächt sich an den vornehmen Menschen, indem er sie durch Dialektik besiegt, bloßstellt, irritiert und auch fasziniert. Mit der Faszination[5] verfolgt er die Absicht, als Arzt bei den Griechen zu erscheinen. Denn als ein großer Erotiker glaubt er, dass die Griechen genauso wie er selbst auch im Verfall stehen und sich in einer allgemeinen Gefahr befinden, obwohl er nur ein extremer Fall ist. Da überall sich die Instinkte in Anarchie befinden, versteht er sein Mittel, seine Kur der Selbsterhaltung als unentbehrlich für die Welt. Um die Triebe und Begierden, welche „den Tyrannen machen" wollen, zu überwinden, muss Sokrates einen stärkeren Gegentyrannen erfinden, und zwar einen der Vernunft ist und dessen Herrschaft die Anarchie der Instinkte beenden kann. Erst durch die Vernünftigkeit können die „Kranken" gerettet werden und dann ein tugendhaftes Leben führen. Nachfolgend kann man das Glück erwarten. Insofern kommt die dialektische Gleichsetzung des Sokratismus Vernunft = Tugend = Glück zum Ausdruck. Darin besteht für Nietzsche gerade die Gefahr des moralischen Fatalismus, welcher der Ansicht ist, dass die Menschen ausschließlich mit Moral verbessert werden können. Der Sokratismus stellt despotisch die Menschen vor die Alternative, entweder in der Gefahr der Sinnlichkeit zugrunde zu gehen oder „absurd-vernünftig zu sein". In der unbedingten Vernünftigkeit muss „ein Tageslicht in Permanenz"[6] gegen die dunklen Begehrungen angezündet werden, das für Nietzsche allerdings als Selbstbetrug der Philosophen und Moralisten und als eine andere Form der décadence gilt, weil es die décadence gar nicht beseitigen kann.

> Das grellste Tageslicht, die Vernünftigkeit um jeden Preis, das Leben hell, kalt, vorsichtig, bewusst, ohne Instinkt, im Widerstand gegen Instinkte war selbst nur eine Krankheit, eine andre Krankheit – und durchaus kein Rückweg zur „Tugend", zur „Gesundheit", zum Glück ... Die

---

[3] GD, Das Problem des Sokrates 2–3, KSA 6, S. 68–69.
[4] GD, Das Problem des Sokrates 5, KSA 6, S. 70.
[5] Zum Begriff der Faszination bei Platon und bei Nietzsche im Hinblick auf Sokrates vgl. Degen 2011. Nach Degen ist der Begriff Faszination „Teil von Nietzsches Theorie der Dekadenz" (S. 28). Im Hinblick auf die Faszination sieht Stegmaier 2019 Nietzsche in der Nähe von Sokrates. „Sokrates hat in der Philosophie wie kein anderer eine solche Irritation und Faszination vorgeführt, als eine Faszination *durch* Irritation. Nietzsche blieb von ihr seinerseits bis zuletzt irritiert und fasziniert, und er irritiert und fasziniert selbst bis heute mit einer vergleichbaren Faszination durch Irritation immer neue junge Generationen – gerade dadurch, dass und wie er auf die sokratische Vernunftidee wieder verzichten konnte." (S. 107–108)
[6] GD, Das Problem des Sokrates 10, S. 72.

> Instinkte bekämpfen müssen – das ist die Formel für décadence: so lange das Leben aufsteigt, ist Glück gleich Instinkt. –[7]

Die décadence zeigt sich auch bei Platon, der als Typus auch im Fokus von Nietzsches Kritik am Sokratismus steht. Der Moral-Fatalismus wird zwar inauguriert durch Sokrates, aber universalisiert durch Platon[8], der als ein Mensch „der überreizbaren Sinnlichkeit und Schwärmerei" doch von dem Begriff verzaubert ist und unwillkürlich diesen als „eine Idealform" verehrt und vergöttert. Solche „Dialektik-Trunkenheit" entlarvt Nietzsche „als das Bewußtsein, mit ihr eine Herrschaft über sich auszuüben". Sie dient „als Werkzeug des Machtwillens".[9]

Platon verspüre nämlich auch die Furcht vor übermächtigen Sinnlichkeiten und Sinnen, welche die Seele nach unten verführen und geistige Gesundheit beeinträchtigen können. Er entfremdet sich damit dem sinnlichen Anschauen und erhebt sich zum Abstrakten. Aus der tiefen Verachtung der sinnlich verführerischen, bösen Welt erfindet er sich die Ideen als unsichtbare, unhörbare, unfühlbare Wesen in einer anderen Welt. Diese Welt ist höher wahrer und besser als die sinnliche. Der philosophische Gegensatz zwischen Diesseits und Jenseits erreicht damit seinen Höhepunkt. Nach Nietzsche kommt darin „das Ungriechische" an Platon, also „die Verachtung des Leibes, der Schönheit"[10], zum Ausdruck. Die Platonische Denkweise glaubt an die „ewigen Begriffe, ewigen Werthe, ewigen Formen, ewigen Seelen"[11]. Aber all diese Schemata widersprechen der Welt des Werdens. Die Metaphysik[12] mit den Grundsätzen, dass die Vernunft die höchste Instanz der Erkenntnis ist, dass allein die Ideen als vorgegeben, unveränderlich und allgemeingültig gelten, dass die Ideen der diesseitigen Welt die Sinnhaftigkeit verleihen, denunziert Nietzsche als „Folge einer Unzufriedenheit am Menschen eines Triebes nach einer höheren, übermenschlichen Zukunft". Solche Menschen vermögen nicht „an der Zukunft zu bauen"[13], sondern wollen sich in die jenseitige Welt flüchten, um sich das Gefühl der Gewissheit zu verschaffen. In dem Missverständnis in Bezug auf Leib sind eben die Ohnmacht und die décadence des Platon zu erkennen.

---

7 GD, Das Problem des Sokrates 11, S. 73.
8 Bremer 1979, S. 54.
9 Nachlass 1885/86, KSA 12, 2[104], S. 112.
10 Nachlass 1884, KSA 11, 25[40], S. 21.
11 Nachlass 1885, KSA 11, 38[14], S. 613.
12 Es wäre auch möglich, dass man Nietzsches Kritik an Platon als Ideologiekritik liest. Vgl. dazu Maurer 1979. Aber Maurer verengt dabei Nietzsches Philosophie. Seine Frage, „ob der positive Zukunftsanspruch von Nietzsches praktischer Philosophie, die Aufforderung zu neuen Wertsetzungen, überhaupt zu dem totalen Relativismus und Skeptizismus seiner theoretischen Philosophie passe" (S. 123), hat meines Erachtens den Perspektivismus Nietzsches missverstanden. Dieser beansprucht keinen „totalen Relativismus und Skeptizismus", sondern wendet sich gegen die Verabsolutierung jeder Perspektive. Offenkundig und zweifellos ist Nietzsches Philosophie eine Perspektive und eben in dieser Hinsicht zielt sie nicht auf alle Menschen, sondern auf die wenigen.
13 Nachlass 1884, KSA 11, 27[74], S. 293.

Der Platonismus dreht damit die Realität und Wirklichkeit der Welt herum: „je mehr ‚Idee', desto mehr Sein."[14] Die sinnliche Welt verliert ihren eigentlichen Wert und wird zum Schein herabgesetzt. Dagegen befindet sich die Wahrheit in der Sphäre der Ideen und hat keine Verbindung zum Sinnlichen; sie wird zur obersten Bestimmung des menschlichen Lebens verabsolutiert. Die Erfindung des reinen Geistes und des Guten an sich ist insofern „der schlimmste, langwierigste und gefährlichste aller Irrthümer", der die Wahrheit auf den Kopf stellt und „das Perspektivische, die Grundbedingung alles Lebens"[15] verleugnet. Damit strebt Nietzsche nach der Befreiung des Denkens, das durch den Platonismus „dem Joch der Rationalisierung und Logisierung des Lebens unterstellt ist"[16].

Für Verleumder des Lebens hält Nietzsche auch die Idealisten, die im „Gegensatz des redlichen und furchtlosen Erkennenden"[17] stehen. Denn sie bewundern am Himmel das Maß, die Ordnung, das System und das Absolute und erfinden sich den höchsten Wert im Jenseits. Nietzsche unterscheidet sich außerdem psychologisch von ihnen. „[S]ie haben das Herz voll anderer Begierden als ich: sie suchen andere Luft, andere Nahrung, anderes Behagen. Sie sehen hinauf, – ich sehe hinaus, – wir sehen nie das Gleiche."[18]

Die Idealisten als Entsagende dieser Welt streben nach einer höheren jenseitigen Welt, während die Menschen als Sensualisten mit der Bejahung der Sinne allein der Erde treu zu bleiben wissen. Auf dem Flug ins Jenseits sind sie dazu gezwungen, alles, was ihre heilige Fahrt ver- und behindert, wegzuwerfen und zu opfern. Zu solchen Unnötigen zählen sie die Leiblichen. Insofern versteht Nietzsche in dem Aphorismus „Warum wir keine Idealisten sind." in *Die fröhliche Wissenschaft* die Idealisten als „herzlos", als „eine Art Vampyrismus"[19].

> In summa: aller philosophische Idealismus war bisher Etwas wie Krankheit, wo er nicht, wie im Falle Plato's, die Vorsicht einer überreichen und gefährlichen Gesundheit, die Furcht vor übermächtigen Sinnen, die Klugheit eines klugen Sokratikers war.[20]

Die Idealisten als Metaphysiker betrachten die Welt aus dem Jenseits heraus, nämlich „von hinten"[21]. Damit seien sie Hinterweltler.[22] Ihnen erweist sich die sinnli-

---

14 Nachlass 1886/87, KSA 12, 7[2], S. 253.
15 JGB, Vorrede, KSA 5, S. 12.
16 Lossi 2006, S. 49.
17 Nachlass 1882, KSA 10, 1[71], S. 28.
18 Nachlass 1885, KSA 11, 34[135], S. 465.
19 Zur Verwendung des Wortes „Vampyrismus" bei Nietzsche vgl. Sommer 2016a.
20 FW 372, KSA 3, S. 624. Zur ausführlichen Interpretation dieses Aphorismus vgl. Stegmaier 2004.
21 Za III, Von alten und neuen Tafeln 14, KSA 4, S. 256.
22 Im Hinblick auf die Erkenntnis weist Gabriel 2013b auf die Herkunft der Hinterwelt hin: „Demnach entfernt die Wissensform des Verstandes die Dinge wiederum so weit von der Wahrnehmung, daß wir sie nicht mehr wahrnehmen können. Vielmehr werden sie in ein potentielles Jenseits, in eine ‚Hinterwelt' verschoben [...]." (S. 141)

che Welt als bloßer Schein, als Werk eines „leidenden und zerquälten Gottes". Sie schaffen eine Welt des Seienden durch die apriorischen Vorstellungen, welche für Nietzsche als einverleibte Irrtümer gelten[23]. In der Wirklichkeit entstammen Gott und die wahre Welt aus dem Wahnsinn und der Müdigkeit, „die mit Einem Sprunge zum Letzten will, mit einem Todessprunge, eine arme unwissende Müdigkeit, die nicht einmal mehr wollen will: die schuf alle Götter und Hinterwelten"[24].

Insofern ist der Idealismus für Nietzsche nicht anders als der Sokratismus und Platonismus im Hinblick auf die gemeinsame Verachtung des Leibes und der Instinkte. Die Idealisten wollen durch die Entsinnlichung eine reine und heilige Welt allein mit Ideen, Vernunft und Begriffen schaffen. In der Verabsolutierung einer solchen Welt verneinen sie die andere Perspektive aus Leib und Sinnlichkeit. Dabei polemisiert Nietzsche nicht gegen die idealistische Weltauslegung, denn als eine Perspektive ist sie, wie alle anderen, nicht zu leugnen, sondern vor allem gegen deren absoluten Anspruch auf allgemeine Gültigkeit. Für ihn sind die Ideen weniger fruchtbar als die Sinne. Denn sie entstammen aus der décadence und mit ihnen kann man die Krankheit und das Leiden nicht beseitigen.

10.2 Die Perspektivität der Welt und das Verschwinden des Absoluten

Seit der Antike existiert bereits eine Unterscheidung zwischen zwei Welten: der wahren und dagegen der scheinbaren. Die wahre Welt als Jenseits, als Idee, als „die Welt ohne Zuschauer"[25] ist für Nietzsche bloß eine Erfindung vor allem der schwachen Menschen. Denn es gibt keine Welt des Seins, sondern die einzige Welt des Werdens. Insofern deutet Nietzsche die scheinbare Welt im Sinne des Idealismus in die wirkliche um.

Die Herkunft der „wahren" Welt sieht Nietzsche im psychologischen Fehlgriff der Philosophen begründet. Bei diesen steht das Sein als das Wahre im Gegensatz zum Werden, Wandel und Wachstum. Sie glauben nur an das Seiende, aber können dessen nicht habhaft werden. Der Grund dafür sei die Betrügerei der Sinnlichkeit. Mit den Sinnen gewinne man keinen Einblick ins Sein, sondern nur die Vorstellung vom Schein. Deswegen wollte man von dem Sinnentrug loskommen und sich an die Vernunft, die Begriffe, die Ideen wenden.

Es erscheint Nietzsche gefährlich, dass die Philosophen das Letzte und das Erste verwechselt haben. „Sie setzen Das, was am Ende kommt – leider! denn es sollte gar nicht kommen! – die ‚höchsten Begriffe', das heisst die allgemeinsten, die leersten Begriffe, den letzten Rauch der verdunstenden Realität an den Anfang als An-

---

23 Salaquarda 1985, S. 44.
24 Za I, Von den Hinterweltlern, KSA 4, S. 36.
25 Gabriel 2013c, S. 15.

fang."[26] Sie können keine Annahme derart aushalten, dass das Höhere aus dem Niederen, das Unbedingte aus dem Bedingten, das Wahre aus dem Unwahren, das Gute aus dem Bösen resultiert. Für sie müssen die höchsten Begriffe causa sui sein, deren immanente Vollkommenheit durch die Herkunft aus dem Gegenteil beschädigt werden müsste. Damit gilt der Begriff „Gott" als erster Ursprung der Welt, als Ursache an sich. Nietzsche bezeichnet diese Verwechselung provokant als „Gehirnleiden kranker Spinneweber"[27] und kritisiert das Vernunft-Vorurteil, dass das Werden für Scheinbarkeit, für Ungewissheit stehe. Die Begriffe Einheit, Identität, Dauer, Substanz, Sein gehören dagegen als psychologische Irrtümer zur Metaphysik der Sprache. Physiologisch ist die Unterscheidung von zwei Welten noch auf die Suggestion der décadence, auf den Instinkt der Verleumdung, Verkleinerung und Verdächtigung des Lebens und auf die Rache am Leib zurückzuführen.

Nietzsche entlarvt die „wahre Welt" als Fabel ferner durch die Ausführung ihrer Entstehungsgeschichte. In der Antike wird eine andere Welt erfunden und als „wahre Welt", „göttliche Welt", „freie Welt"[28] angesehen. Sie ist für den Weisen, den Frommen und den Tugendhaften deshalb erreichbar, weil sie mit der Subjektivität des Weisen, den Platon verkörpert, völlig übereinstimmt, d.h., ihre Wahrheit von dem Weisen verliehen ist. Insofern lebt der Weise in der wahren Welt und ist ihr Inbegriff. Als „[ä]lteste Form der Idee" ist sie „relativ klug, simpel, überzeugend". Später im Christentum ist sie zwar unerreichbar für die jetzigen Menschen, aber sie bleibt bestehen als ein Versprechen für den Weisen, den Frommen, den Tugendhaften und „für den Sünder, der Busse thut". In diesem Fortschritt wird die Idee „feiner, verfänglicher, unfasslicher" und christlich. Obwohl die wahre Welt sich in der Aufklärung und im transzendentalen Idealismus bei Kant als „unerreichbar, unbeweisbar, unversprechbar" erweist, wird sie noch als „ein Trost, eine Verpflichtung, ein Imperativ" für die Menschen gedacht. Weil die Idee der Skepsis nicht entkommen kann, ist sie „sublim geworden, bleich, nordisch, königsbergisch". Aber erst im Positivismus wird die wahre Welt nicht nur als unerreichbar, sondern auch als unerreicht und damit als letztlich unbekannt gezeigt. Eine unbekannte Welt kann die Menschen nicht verpflichten, geschweige denn trösten und erlösen. Bei den freien Geistern ist danach die wahre Welt eine nutzlose, nicht verpflichtende und somit überflüssig gewordene Idee, welche als widerlegt abgeschafft werden muss. Sie ist endlich zur Fabel geworden. Trotz ihrer Abschaffung bleibt ihr Gegenteil, die scheinbare Welt, nicht übrig. Denn mit der wahren Welt ist die scheinbare auch abgeschafft worden. Der Gegensatz hat sich aufgelöst. Insofern ist dies das „Ende des längsten Irrthums"[29].

---

26 GD, Die „Vernunft" in der Philosophie 4, KSA 6, S. 76.
27 GD, Die „Vernunft" in der Philosophie 4, KSA 6, S. 76.
28 Nachlass 1888, KSA 13, 14[168], S. 353.
29 GD, Wie die „wahre Welt" endlich zur Fabel wurde, KSA 6, S. 80–81.

Die Abschaffung bedeutet, dass die jenseitige „wahre" Welt nicht mehr existiert und zur Fiktion herabgesetzt worden ist und dass die diesseitige „scheinbare" Welt als die eigentlich wirkliche Welt rehabilitiert wird. Es gibt allein die Welt des Werdens, die weder als wahr, als an sich, als objektiv, noch als scheinbar beschrieben werden darf, denn sie ist chaotisch. Sofern das Chaos von Menschen als „Welt" festgelegt und festgehalten wird, ist sie mit den menschlichen Perspektiven verbunden.

Das Perspektivische ist zwar durch den Charakter der „Scheinbarkeit" gekennzeichnet, die als eine „spezifische Aktions-Reaktions-thätigkeit" aber gerade das Wesentliche der Welt ausdrückt. Denn als Kraftzentrum hat jedes Individuum im Machtkampf „für den ganzen Rest seine Perspektive d. h. seine ganz bestimmte Werthung, seine Aktions-Art, seine Widerstandsart". Als Individualität besteht die Scheinbarkeit eben in der spezifischen Verkehrsart des Machtzentrums mit den anderen. Die scheinbare Welt ist seine Welt. Verwendet man das Machtzentrum im Sinne der Gattung, liegt die Scheinbarkeit noch in der Perspektive der Gattung. Deswegen äußert Nietzsche, dass die Welt „nach dem Nützlichkeits-Gesichtspunkt in Hinsicht auf die Erhaltung und Macht-Steigerung einer bestimmten Gattung von Animal" angesehen, geordnet und ausgewählt wird. Mit der Abrechnung alles Perspektivischen und Scheinbaren wird die Welt endlich abgeschafft. Die angeblich wahre Welt reduziert sich damit auf „Nichts", während die „scheinbare" als die reale gilt, da die Welt allein in der Aktivität ihre Existenz findet. Und die Realität besteht „exakt in dieser Partikulär-Aktion und Reaktion jedes Einzelnen gegen das Ganze" und offenbart sich im Machtkampf. Aber die ganze Welt als Wille zur Macht ist „nur ein Wort für das Gesammtspiel dieser Aktionen".[30] Eine „wahre Welt" als wesentliches Sein ohne Aktion und Reaktion gibt es nicht. Sie ist nichts, sofern sie nicht vom Machtwillen erlebt, erfahren, interpretiert worden ist. Damit reduziert Nietzsche den Gegensatz zwischen scheinbarer und wahrer Welt auf den zwischen ‚Welt' und ‚Nichts'.

Für Nietzsche ist die Welt mit Perspektivität eine „Relations-Welt". „[S]ie hat, unter Umständen, von jedem Punkt aus ihr verschiedenes Gesicht: ihr Sein ist essentiell an jedem Punkte anders: sie drückt auf jeden Punkt, es widersteht ihr jeder Punkt – und diese Summirungen sind in jedem Falle gänzlich incongruent."[31] Das Bild von der Welt ist von dem Subjekt abhängig, das seinerseits die Umwelt betrachtet. Eine Welt ohne Subjekt ist unvorstellbar. So ist das Weltbild im Wesentlichen subjektiv und menschlich.

Nietzsche weist noch auf die Verschiedenheit der Empfindung von Zeit und Raum zwischen Menschen und Tieren, Mensch und Mensch hin. „Eine Stunde ist nie gleich einer anderen Stunde in einem anderen Kopfe: ja auch nie für uns selber wieder. Aber auch die Durchschnittsempfindung einer Stunde ist für jeden Menschen anders! und für alle Menschen zusammen **anders** als für eine Amei-

---

[30] Nachlass 1888, KSA 13, 14[184], S. 370–371.
[31] Nachlass 1888, KSA 13, 14[93], S. 271.

se."³² Die Verschiedenheit der Perspektiven ist eine Gegebenheit. Jedes Individuum nimmt seine eigene Perspektive ein und stellt sich die Welt perspektivisch vor.³³ Ein Rundblick ist nicht erreichbar, denn es gibt keine Position außerhalb der Welt, von der aus man die Welt einschätzen kann, wie Markus Gabriel mit Blick auf Theodizee oder Ontodizee zeigt.³⁴

Aus der Welt als Perspektive der Menschen heraus scheint Nietzsche das „Schöne an sich" auch „bloss ein Wort, nicht einmal ein Begriff" zu sein. Das Gefühl des Schönen kann „nicht von der Lust des Menschen am Menschen" losgelöst werden. Der unterste Instinkt, nämlich „der der Selbsterhaltung und Selbsterweiterung", kommt im Schönen zur Sublimierung. „Im Grunde spiegelt sich der Mensch in den Dingen, er hält Alles für schön, was ihm sein Bild zurückwirft: das Urtheil ‚schön' ist seine **Gattungs-Eitelkeit**…"³⁵ Die Verschönung der Welt ist eine Folge der Vermenschlichung. Insofern ist „jede *so-und-so* gesehene Welt Produkt logisch-ästhetischer Interpretations-Prozesse"³⁶.

Die Verschiedenheit der Perspektiven lässt sich auf die der Affekt-Interpretationen zurückführen. Weil die Triebe immer die Welt auslegen wollen, ist die Auslegung ein menschliches Bedürfnis. „Jeder Trieb ist eine Art Herrschsucht, jeder hat seine Perspektive, welche er als Norm allen übrigen Trieben aufzwingen möchte."³⁷ Die Verschiedenheit der Triebe bestimmt die Perspektivität der Weltauslegung. Nach dem Perspektivismus existieren keine Tatsachen, sondern nur Interpretationen. Dies kann man als interpretatorischen oder perspektivischen Realismus³⁸ bezeichnen. Der Mensch kann „kein Factum ‚an sich' feststellen" und die Strebung danach ist Unsinn. Gegen den Vorwurf, dass alle Interpretationen subjektiv sind,³⁹ verweist Nietzsche auf die interpretatorische Eigenschaft des Wortes „Subjekt", das „nichts Gegebenes, sondern etwas Hinzu-Erdichtetes, Dahinter-Gestecktes"⁴⁰ ist. Der Inter-

---

32 Nachlass 1880, KSA 9, 6[420], S. 306.
33 Vgl. Abel 1987, S. 119: „Die Strukturen der Welt und unseres Selbst haben wir immer nur *in und als* Interpretation. Das, was Welt und was Selbst genannt wird, kann als eine Gesamtheit und als ein besonders verdichteter Ausdruck sich fortwährend gegeneinander verschiebender Interpretationsprozesse aufgefaßt werden. Von daher liegt es nahe, unsere Welt-und-Selbst-*Interpretationen* als unsere *Welten* zu behandeln."
34 Gabriel 2013a, S. 61: „There ist no position outside of the world from which one could assess the world's – or, rather, one life's – value as a whole."
35 GD, Streifzüge eines Unzeitgemässen 19, KSA 6, S. 123.
36 Abel 1987, S. 118.
37 Nachlass 1886/87, KSA 12, 7[60], S. 315.
38 Vgl. Abel 2012, S. 497. Abel verweist noch auf die Bedeutsamkeit des Perspektivismus von Nietzsche: „Das ältere Konfrontations-Modell von Idealismus und Realismus wird hier mithin durch ein zeichen- und interpretationsphilosophisches Drehtür-Modell ersetzt." (S. 498)
39 Gabriel 2013c hält Nietzsches Perspektivismus für einen subjektiven Perspektivismus, der „die Perspektiven als eine Art Fiktion [betrachtet], die wir uns etwa zu Überlebenszwecken schaffen" (S. 239). Nietzsches Perspektivismus ist allerdings in erster Linie im Sinne der Metaphysik zu verstehen, d.h., dass die Perspektivität der Welt eine Gegebenheit ist.
40 Nachlass 1886/87, KSA 12, 7[60], S. 315

pretationsakt des einzelnen Menschen setzt das Gesamt- und Zusammenspiel seiner Triebe voraus.

Außerdem vollzieht sich die Interpretation des Willens zur Macht schon im Organismus. „Der Wille zur Macht interpretirt: bei der Bildung eines Organs handelt es sich um eine Interpretation; er grenzt ab, bestimmt Grade, Machtverschiedenheiten." Ohne Interpretation lässt sich die Differenzierung der Organe nicht durchführen. Denn die Machtverschiedenheiten können als solche erst dann empfunden werden, wenn „ein wachsen-wollendes Etwas" da ist, welches „jedes andere wachsen-wollende Etwas auf seinen Wert hin interpretirt"[41]. Es muss durch die Interpretation sein Macht-Bewusstsein erhalten. Insofern dient die Interpretation zur Erlangung der Herrschaft. Nietzsche stuft dabei das fortwährende Interpretieren als Voraussetzung für den organischen Prozess ein.

Der Perspektivismus macht darüber hinaus die Erkenntnis perspektivisch. Denn „die Einheit einer Sache gibt es nur im Interpretieren, nicht an ihr selbst"[42]. Das Erkennen kann keineswegs objektiv sein, sondern muss sich stets nur der Objektivität nähern, indem man beim Erkennen möglichst viele Perspektiven in Betracht zieht.

> [U]nd je mehr Affekte wir über eine Sache zu Worte kommen lassen, je mehr Augen, verschiedne Augen wir uns für dieselbe Sache einzusetzen wissen, um so vollständiger wird unser „Begriff" dieser Sache, unsre „Objektivität" sein. Den Willen aber überhaupt eliminiren, die Affekte sammt und sonders aushängen, gesetzt, dass wir dies vermöchten: wie? hiesse das nicht den Intellekt castriren? ...[43]

Dabei gibt Nietzsche zu verstehen, dass die Sinne und die Sinnlichkeit für das Erkennen unverzichtbar sind. Das Erkennen ohne Interesse ist ihm unmöglich. Der Gegenstand des Erkennens befindet sich deshalb immer in der Unvollkommenheit der Definition, weil eine objektive Definition der gesamten Relationen und der unendlichen Perspektiven aller Wesen bedarf.

Wenn im Perspektivismus kein Tatbestand existiert, kein Ding an sich und wenn alles flüssig ist, dann ist von Sinn an sich gar keine Rede. Denn dieser hat nur in den Perspektiven sein Spektrum. Da keine absolute Gesamt-Perspektive existiert, die alle anderen umfasst und die ohne Beschränkung als Welt im Ganzen gilt, besteht auch kein absoluter Sinn, sondern nur perspektivische Sinne. Jedes Machtquantum im Willen zur Macht interpretiert sich und andere im Hinblick auf das Machtverhältnis. In seiner Deutung vollzieht sich die Sinngebung. Es kann außerdem noch eine Sinnverschiebung zustande kommen, indem sich der Rang eines Machtquantums im Prozess des Machtkampfs verändert. Das Machtquantum erfüllt dann neue Funktion und nimmt eine neue Perspektive ein. Dabei deckt sich „eine neue Auslegung über eine alte unverständlich gewordene Auslegung, die jetzt selbst

---

[41] Nachlass 1885/86, KSA 12, 2[148], S. 139–140.
[42] Figal 2000, S. 4.
[43] GM III 12, KSA 5, S. 365.

nur Zeichen ist"[44]. Es liegt auf der Hand, dass Macht mit der Interpretation eng verbunden ist, weil „jede Erhöhung der Menschen die Überwindung engerer Interpretationen mit sich bringt", „jede erreichte Verstärkung und Machterweiterung neue Perspektiven aufthut und an neue Horizonte glauben heißt"[45].

Mit der Perspektivität der Welt verneint Nietzsche allerdings auf keinen Fall die Bedeutsamkeit und Nützlichkeit jeder Perspektive für die Menschen. Es ist damit kein negativer Relativismus, sondern ein positiver. Mit der Entlarvung der Perspektivität und Relativität aller Werte kann man als freier Geist aus der Beschränktheit seiner eigenen Perspektive ausbrechen und immer neue Perspektiven einnehmen und wendet sich gegen jeden Versuch der Verabsolutierung. Der Perspektivismus hat eine kritische Invention. Er dient zur Abwehr dogmatischer Behauptungen über die Welt, indem er auf die Grundbedingung des Lebens verweist. „Deshalb betont sie [die Perspektive des Perspektivismus] die *Endlichkeit* der menschlichen Existenz und die prinzipiell undurchschaubare *Bedingtheit* aller unserer Leistungen."[46]

Der Perspektivismus bejaht das vernünftige Denken als unverzichtbar für die Menschen, obwohl es „ein Interpretiren nach einem Schema"[47] ist und seinen unbedingten Anspruch auf Gültigkeit erhebt. Mit dem Schema kann die Welt zeitweilig berechenbar gemacht werden. Dabei wird die Identität der Fälle als Gegebenheit qualifiziert und somit werden Erwägen, Zählen, Vergleichen und Beschließen ermöglicht. Erst in einer zurechtgemachten vereinfachten Welt können die Menschen leben. Aber Nietzsche verleiht überdies noch der Unwahrheit und Fiktion[48] die Bedeutsamkeit, da diese auch zur Lebensbedingung gehören. Das Verzichtleisten auf sie kann nur zur Despotie der vernünftigen Perspektive führen.

Daraufhin ist die auf dem Glauben an Gewissheit und Wahrheit basierende Moral auch eine Perspektive. Es gibt aber viele Moralen. Mit der Relativität der Moralen wird die absolute Moralität außer Kraft gesetzt. Denn es gibt sowohl moralische als auch amoralische und immoralische Perspektiven. Danach verschwindet das Absolute als höchste Instanz der Welt, das aber als Orientierung derjenigen dient, die eines endgültigen Halts für das Leben bedürfen.

Der Perspektivismus betont die Unendlichkeit der Interpretationen. Es kann auch sein, dass andere Arten ihre eigenen Perspektiven einnehmen. Ihre Beschaffenheit zu erkennen, steht aber außer der Kraft der Menschen. Für Nietzsche ist es lächerlich, eine Auslegung als die einzig wahre Erklärung und andere dagegen als falsche zu bezeichnen.

---

[44] Nachlass 1885/86, KSA 12, 2[82], S. 100.
[45] Nachlass 1885/86, KSA 12, 2[108], S. 114.
[46] Gerhardt 1989, S. 271. Gerhardt betont, dass die Perspektive des Perspektivismus „die einer *kritischen Metaphysik* [ist], die es für keine geringe Aufgabe hält, unerweisliche Erkenntnisansprüche abzuwehren" (S. 271).
[47] Nachlass 1886/87, KSA 12, 5[22], S. 194.
[48] Zur Thematisierung der Fiktionen in der Sinnfeldontologie vgl. Gabriel 2020a.

> Aber ich denke, wir sind heute zum Mindesten ferne von der lächerlichen Unbescheidenheit, von unsrer Ecke aus zu dekretieren, dass man nur von dieser Ecke aus Perspektiven haben dürfe. Die Welt ist uns vielmehr noch einmal „unendlich" geworden: insofern wir die Möglichkeit nicht abweisen können, dass sie **unendliche Interpretationen in sich schliesst**.[49]

Alles hat insofern seinen Sinn, aber nicht den Sinn. Ohne gesamte und endgültige Perspektive gibt es keinen absoluten Sinn, kein gemeinsames letztes Ziel. Das Absolute verliert mithin seine Funktionen als Ursprung und Grund der Welt, denn die Welt ist Chaos und braucht keine Ursache; als die höchste Instanz der Menschen, denn jede Instanz als eine Perspektive wird wiederum von anderen Perspektiven überwunden; als das Sein der Welt, denn diese als Wille zur Macht steht ewig im Werden; als das letzte Ziel der Menschen, denn der Machtkampf findet kein Ende; als der einzige Sinn der Welt, denn die Perspektivität bedeutet nur die Relativität.

Die Sinngebung wird dann nicht mehr durch eine oberste Instanz vorgenommen und besteht nun allein in der Perspektive des Individuums. Die heteronome Sinngebung ist in eine autonome übergegangen. Der Mensch ist völlig für sich selbst verantwortlich, indem er sich einen Sinn und ein Gesetz verleiht, was in ihm das Freiheitsbewusstsein hervorbringt. Zwar wollte Nietzsche mit dem Perspektivismus die Autonomie des Individuums hervorheben, die aber am Ende den Nihilismus zur Folge haben muss, da der oberste Wert an Geltung verliert. Auch wenn eine Sinngebung bei jedem Individuum noch möglich ist, hat die Menschheit nicht mehr ein Ziel und einen gemeinsamen Sinn. Wäre alles endlich zum Nichts geworden, dann hat die individuelle Sinngebung keinen Sinn mehr. Der Perspektivismus vermag insofern das Leben nicht aus dem Schatten des Nihilismus herauszubringen.[50]

---

49 FW 374, KSA 3, S. 627. Gabriel 2009 liest dabei noch die Unmöglichkeit der Eliminierung von „contingency": „In other words, contingency, the constant possibility of being other, cannot be eliminated on any layer of reality accessible to our understanding, including *this* one." Er hat außerdem herausgearbeitet, dass Nietzsche die Kontingenz als „the possibility-to-be-other of a certain arrangement of elements" vor der Notwendigkeit als „the impossibility-to-be-other of a certain arrangement of elements" bevorzugt. (S. 51)
50 Dabei teile ich nicht die Interpretation von Ibáñez-Noé 1999, dass der Perspektivismus Nietzsches „the key for the overcoming of nihilism" (S. 43) ist. Problematisch ist auch, Nietzsches Perspektivismus als Folge des Nihilismus und Nihilismus als „the result of the discovery of the human origin of the world-constituting categories" (S. 54–55) zu begreifen. Denn die Tatsache, dass der Mensch Maß aller Dinge ist, muss nicht unbedingt zum Nihilismus führen. Dabei kann die Vernunft noch als höchste Instanz der Welt gelten. Der Perspektivismus kann den Nihilismus nicht überwinden, sondern verursachen. Es existiert nach ihm kein oberster Sinn für alle und die Welt ist somit sinnlos. Ibáñez-Noés Argumentation lautet: Im Nihilismus gibt es keinen Sinn; aber im Perspektivismus gilt die Weltauslegung als „a new world founding" (S. 78); insofern hat man eine neue Wahrheit hergestellt und den Nihilismus überwunden. Aber die neue Wahrheit ist perspektivisch und bedingt gültig. Es gibt noch keinen obersten Wert.

Teil III: **Der Verfall des Kynismus in den Zynismus und die Überwindung im Übermenschen**

11 Der Tod Gottes aus dem Mund des tollen Menschen: Zarathustra und der Kyniker Diogenes

Mit dem Verschwinden des Absoluten setzt Nietzsche seinen berühmten Satz „Gott ist todt" ins Werk.[1] Aber es lässt sich noch bemerken, dass dieser Satz vor allem durch den Mund eines tollen Menschen ausgesprochen wird, der mit einer Laterne am hellen Vormittag an den Kyniker Diogenes erinnert. Beiden hilft die Laterne beim Suchen. Während der tolle Mensch Gott suchen will, versucht Diogenes, einen echten Menschen zu finden.

Der tolle Mensch läuft laut der Erzählung auf dem Markt[2] herum, teilt unaufhörlich, laut schreiend, denjenigen, die als Vernunftmenschen an keinen Gott glauben, mit, dass er Gott sucht. Bei diesen erntet er Unverständnis und großes Gelächter. Die Menschen halten ihn für „verloren gegangen" oder „versteckt". Trotzdem springt er mitten unter sie und will ihnen noch verkünden, dass er und sie Gott getötet haben. So seien alle anwesenden Menschen Mörder Gottes. Danach stellt er den Zuschauern eine Reihe von schwierigen Fragen, z. B., wie die Menschen Gott getötet haben, wohin sie nach dem Tod Gottes gehen sollen, wie sie das Nichts und den leeren Raum ertragen können. Nachdem die Erde von der Sonne, die für die höchste Idee und Gott steht, losgekommen ist, sollte es „immerfort die Nacht und mehr Nacht" geben. Deswegen ist für den tollen Menschen unerlässlich, eine Laterne am helllichten Vormittag anzuzünden. Erst mit einer Laterne kann man den rechten Weg in der Dunkelheit finden. Aber die anwesenden Zuschauer können die Botschaft gar nicht verstehen. Sie schweigen und blicken „befremdet" auf den tollen Menschen. Das Ereignis vom Tod Gottes ist ihnen noch zu weit, ganz zu schweigen von der Folge und den zu ergreifenden Maßnahmen dazu. Der Ausweg und der Trost des Lebens kommen ihnen keineswegs in den Sinn. Sie wollen in der Überzeugung verbleiben, dass die Welt hell bleibt oder sogar noch immer heller wird.

Vom Unverständnis, von der Schweigsamkeit und Ahnungslosigkeit der Menschen auf dem Markt enttäuscht, wirft der tolle Mensch seine Laterne auf den Boden, sodass sie „in Stücke" springt und erlischt.

> „Ich komme zu früh, sagte er dann, ich bin noch nicht an der Zeit. Diess ungeheure Ereigniss ist noch unterwegs und wandert, – es ist noch nicht bis zu den Ohren der Menschen gedrun-

---

1 In *Die fröhliche Wissenschaft* folgt der Aphorismus 125 „Der tolle Mensch", in dem Gottes Tod ausdrücklich verkündet wird, direkt dem 124 „Im Horizont des Unendlichen" über den Perspektivismus. Zu biographischen und werkgeschichtlichen Kontexten vom „Tod Gottes" bei Nietzsche vgl. Figl 2000. Zu den Lesarten und Deutungen der Rede vom Tod Gottes vgl. Heit 2016a, vor allem S. 226–229.
2 Nach Türcke 2014 gibt es zwei philosophische Voraussetzungen dafür, dass der Markt die Szenerie für das Drama des tollen Menschen ist. „Erste Voraussetzung, wenn Nietzsche einen tollen Menschen auf den Marktplatz laufen und Gott suchen läßt: Der Markt ist der angestammte Ort der Metaphysik. Zweite Voraussetzung: Der Inbegriff aller Metaphysik ist Gott." (S. 16–17)

gen. Blitz und Donner brauchen Zeit, das Licht der Gestirne braucht Zeit, Thaten brauchen Zeit, auch nachdem sie gethan sind, um gesehen und gehört zu werden. Diese That ist ihnen immer noch ferner, als die fernsten Gestirne, – **und doch haben sie dieselbe gethan!**"[3]

Später an demselben Tag soll er noch in verschiedene Kirchen eingedrungen sein und sein *Requiem aeternam deo* angestimmt haben. Zu den Menschen sagt er immer dieselben Worte: „Was sind denn diese Kirchen noch, wenn sie nicht die Grüfte und Grabmäler Gottes sind?"

Der tolle Mensch ist zweifelsohne durch den Zug des Diogenes gekennzeichnet, obwohl dieser bloß den echten Menschen sucht. Der Kyniker glaubt an keinen Gott und zieht allein die Menschen in Betracht. Dabei impliziert die Laterne eher die Übertreibung der kynischen Figur als einen inhaltlichen Sinn. Einen „echten Menschen" zu finden, dies Vorhaben besteht unabhängig davon, ob man eine Laterne in der Hand hat oder nicht. Es kommt vielmehr darauf an, dass man erst durch den Verkehr mit einem Menschen erkennen kann, ob dieser ein echter ist oder ob dieser die Erwartung an einen echten Menschen erfüllt. Die Laterne erfüllt nicht die Funktion, den erwünschten Menschen zu identifizieren. Sie kann höchstens dem Kyniker zu einer helleren Sicht verhelfen. Durch die Laterne sind lediglich die Besonderheit, die Absurdität und die Tollheit des Kynikers Diogenes charakterisiert.

Der tolle Mensch ist zuerst als eine Sublimierung des Kynikers zu verstehen. Mit der gleichen Tollheit wie Diogenes verneint er das Dasein Gottes und will auch mit der Laterne sein Ziel erreichen. Aber noch einen weiteren Schritt geht er mit der Verkündung, dass alle Menschen dabei für den Tod Gottes und für das Verschwinden des Absoluten verantwortlich sind. Er weist darauf hin, dass die Welt unendlich geworden ist und dass keine externe authentische Orientierung, wie man das Leben gestalten soll, mehr existiert. Die auf dem Markt stehenden Ungläubigen „haben sich nicht bewusst gemacht, dass die Menschen eine völlig neue Bürde auf ihren Schultern tragen, wenn sie all das auf sich nehmen müssen, was bisher Gott ihnen abnahm"[4]. Die Menschen können nun „rückwärts, seitwärts, vorwärts, nach allen Seiten"[5] gehen. Ohne feste Werte und gesicherten Boden müssen sie eine neue Form von Leben, d. h. ein Lebensexperiment, führen.

Außerdem ist der tolle Mensch noch aktiver und absichtsvoller als Diogenes. Sein Geschrei zeigt die Dringlichkeit seiner Mitteilung im Lärm auf dem Markt. Er qualifiziert sich dabei als Verkünder und wohl Prophet des großen Ereignisses sowie als Lehrer der Menschen. Weil die Menschen Mörder Gottes sind, sollen sie über ihre Zukunft nachdenken. Und nach seiner Rede auf dem Markt dringt der tolle Mensch noch in verschiedene Kirchen ein und will den Gläubigen den Tod Gottes ankündigen. Aufgrund des Todes sollen die Kirchen nun bloß als Grüfte Gottes dienen. Ist Gott im Sinne des Christentums zu verstehen, expliziert die Herausforderung des tol-

---

[3] FW 125, KSA 3, S. 481–482.
[4] Sommer 2010a, S. 18.
[5] FW 125, KSA 3, S. 481.

len Menschen die Forderung nach dem Untergang, dem Ende des Christentums. Der tolle Mensch erklärt damit bereits als Kämpfer den Krieg gegen das Christentum.

Die Laterne ist nützlicher für den tollen Menschen als für Diogenes. Nach dem Tod Gottes, der die Quelle des Lichtes ist, verdunkelt sich die Welt. Deshalb bedarf man stets einer Laterne in der Dunkelheit, um seinen Weg zu finden und die Menschen zu erkennen. Die Laterne ist nicht nur unverzichtbar für den tollen Menschen, sondern auch für alle Menschen. Ohne Licht kann weder das private noch das öffentliche Leben geführt werden. Aber die Lichtquelle ist von nun an nicht mehr Gott, sondern die leuchtende Laterne. Es muss allerdings nicht allein die Laterne des tollen Menschen sein. Sonst ist sie nicht anders als Gott, wenn sie ebenfalls den Anspruch auf die einzige Absolutheit erhebt. Nicht eine Laterne, sondern viele Laternen können die Welt erst hell erleuchten. Deswegen fragt der tolle Mensch: „Müssen nicht Laternen am Vormittage angezündet werden?"[6] Dabei können die Laternen als Zeichen für die verschiedenen Perspektiven des Menschen verstanden werden. Jeder Mensch besitzt seine eigene Laterne, in deren Licht er seine Welt sieht und betrachtet. Jede Laterne kann nur ihre nächste kleine Umgebung beleuchten. Der Mensch kann seine eigene Laterne als seine persönliche Perspektive nicht wegwerfen und aufgeben. Der Übergang von der Singularität der Laterne bei Diogenes zur Pluralität der Laternen beim tollen Menschen stellt eine sinnvolle Erhebung dar. Auch bemerkenswert ist, dass die Laternen von den Menschen „angezündet" werden müssen. Damit ist gemeint, dass man nicht auf seine eigene Autonomie verzichten kann. Die Lichtquelle liegt eigentlich in den Händen des Individuums selbst. Wer auf seine auszulegende Welt blicken will, der muss vor allem seine Laterne anzünden. Der Mensch muss den Mut haben, gegenüber der Dunkelheit und der Angst vor dem Nichts zu stehen und zum Experiment des Lebens sich das Licht mitzubringen. Dabei ist ein Imperativ des Perspektivismus bei Nietzsche zu erkennen.

Aber fragwürdig ist, dass der tolle Mensch nach dem Tod Gottes noch Gott sucht. Ihm ist schlechthin klar, dass Gott tot ist und dass auch die Götter verwest sind. Dass darin seine Tollheit besteht, kann sein, ist aber nicht ohne Zweifel. Für ihn ist der Mord an Gott das größte Ereignis in der menschlichen Geschichte. Damit die Menschen als Mörder Gottes ihrer Größe würdig erscheinen, müssen sie selbst zu Göttern werden.[7] Insofern liegt es auf der Hand, dass der tolle Mensch keineswegs Gott im alten Sinne suchen will, sondern die Menschen, die nach dem Tod Gottes mit vollem Bewusstsein zu Gott werden. Gemeint ist damit nicht ein Gott, sondern viele Götter. Das Zu-Gott-Werden ist freilich nicht ein Wie-Gott-Sein. Denn es ist ein ständiger Progress, welcher sich durch die Steigerung des Lebens kennzeichnet. Die-

---

6 FW 125, KSA 3, S. 481.
7 Bergoffen 1990 liest in der Pluralität der Götter und in dem Personalpronomen „Wir" „the communal context of the speech of perspectivism" (S. 69), was mir nicht plausibel erscheint. Mit dem Wort „Wir" betont der tolle Mensch vielmehr, dass alle Menschen im Schatten nach dem Tod Gottes stehen und dass sie sich darüber klar sein und den Sinn des Lebens neu denken und anstreben müssen.

ser Vorgang ist nichts anderes als die Selbstüberwindung des Menschen zum Übermenschen. Der Aufruf des tollen Menschen gilt als eine sittliche Forderung[8]. Deswegen wird dabei nicht nach Gott im Sinne der Religion, sondern nach dem Übermenschen als Sinn des Daseins gesucht. Eben den Marktstehern als Vernunftmenschen fehlt dieser Sinn. Die Wahrheit, welche die Vernunftmenschen fokussieren, kann ihnen keinen Sinn bieten, sondern führt sie sogar zum Nihilismus. Die Auflösung des Glaubens an Gott macht die Wissenschaft und deren Glauben an die Wahrheit auch fragwürdig. Der tolle Mensch will damit eine Aufklärung der Aufklärung vornehmen.[9] Im Hinblick auf die Suche nach dem Übermenschen geht er offensichtlich über den Kyniker Diogenes hinaus.

Ein anderer Mensch, der den Menschen über den Tod Gottes informiert und auch den Übermenschen herbeiruft, ist Zarathustra. Aber lässt sich der tolle Mensch mit Zarathustra identifizieren? Offenkundig ist, dass Zarathustra keine Laterne in seiner Hand hat. Doch ist es nicht zu leugnen, dass der tolle Mensch ursprünglich Zarathustra sein sollte.[10] Alles, was er verkündet hat, wollte Zarathustra auch den Menschen bekannt machen. Der tolle Mensch ist zwar nicht identisch mit Zarathustra, aber die Absichten von beiden widersprechen sich nicht und sind sogar fast gleich. Gemeinsam ist ihnen das Ziel des Übermenschen. Beide stehen sich sehr nahe, auch im Hinblick auf die Lebensgeschichte.

Am Ende der Geschichte des tollen Menschen auf dem Markt springt die Laterne in Stücke, denn es kommt dem Protagonisten zum Bewusstsein, dass sein Hervorrufen von neuen Göttern wirkungslos bleibt. Er ist daran gescheitert, hat bei den Marktstehern kein Verständnis gewonnen. Die Laterne ist überflüssig für ihn und er hat sie vor Wut auf den Boden geworfen. Ihm ist klar geworden, dass er zu früh kommt und dass es noch nicht an der Zeit ist, Laternen überall in der Welt anzuzünden. Der Schatten ist weit von den Menschen entfernt. Nach dem Löschen seiner Laterne verliert er sein eigenes Licht, seine Sicht, seinen Verstand und hüllt sich selbst in Dunkelheit ein. Erst von nun an setzt sich seine Tollheit ins Werk. Seine Narrheit[11] besteht nicht im Anzünden der Laterne am hellen Tag, sondern in deren Löschen. Toll scheint er dahin gehend zu sein, dass er später sogar provokant den Theisten den Tod Gottes verkündet.

Darüber hinaus ist der tolle Mensch als das Vorspiel Zarathustras aufzufassen. Zarathustra hat nämlich eine ähnliche und dazu eine weitere Lebenserfahrung gemacht. Er weiß am Anfang seines Untergangs genauso wie der tolle Mensch, dass

---

8 Heit 2014a, S. 80.
9 Stegmaier 2010 betont: „Diese Aufklärung der Aufklärung ist das Programm der *Fröhlichen Wissenschaft* und damit auch der Kontext des Aphorismus vom tollen Menschen." (S. 8) Auch Pütz 1974 sieht, dass „Nietzsche den Gedanken der Aufklärung auf den Höhepunkt und bis zum Umschlagen weitergetrieben" (S. 180) hat.
10 Vgl. Montinari 1982, S. 4. Gerhardt 2011c behauptet noch: „In dieser Rede des ‚tollen Menschen' spricht Nietzsche offenkundig selbst." (S. 343)
11 Zur Narrheit des tollen Menschen vgl. Niehues-Pröbsting 1988, S. 332–333.

Gott schon tot ist, aber er verkündet es dem einsamen Heiligen im Wald nicht. Er spricht allein zu seinem Herzen: „Sollte es denn möglich sein! Dieser alte Heilige hat in seinem Walde noch Nichts davon gehört, dass Gott todt ist!"[12] Der Grund dafür könnte sein, dass er einerseits die Menschen liebt und den Heiligen nicht in einen Schock geraten lassen will. Andererseits könnte er dem Heiligen als wahnsinnig erscheinen, indem er frevelhaft den Tod Gottes verkündet. Das Vorspiel des tollen Menschen ist eine Tragödie und als dessen Nachfolger hat Zarathustra sie auch erlebt. Danach braucht er die Verkündung nicht zu wiederholen und soll über den tollen Menschen hinausschreiten.

Trotzdem hat er auch eine unglückliche Erfahrung bei den Menschen gemacht wie der tolle Mensch. Nachdem er den Heiligen verlassen hat, gelangt er in eine Stadt. Ebenfalls auf einem Markt[13], auf dem sich viel Volk versammelt, lehrt er den Übermenschen. Obwohl er dabei mitteilt, dass „Gott starb"[14], gehört die Tatsache schon zur Vergangenheit und steht nicht im Zentrum seiner Rede. Darüber hinaus verläuft es hier parallel zum Szenario des tollen Menschen. Denn beides fordert die Menschen dazu auf, über sich selbst hinauszugehen, und zwar unabhängig davon, ob sie zu Gott oder zum Übermenschen werden. Aber beides wird in gleicher Weise von den anwesenden Menschen nicht ernst genommen. Nach seiner Rede hat Zarathustra bei ihnen keine Resonanz gefunden und spricht dann zu sich selbst: „da lachen sie: sie verstehen mich nicht, ich bin nicht der Mund für diese Ohren."[15] Die Enttäuschung zeigt sich auch beim tollen Menschen, der äußert, dass er zu früh kommt. Aber Zarathustra begreift dabei, dass er seine Rede nur auf die Minderheit, auf ein spezielles Publikum zielen sollte.

Später denunziert Zarathustra in der Rede *Von den Fliegen des Marktes* das Volk als Fliege und kritisiert dessen Blindheit für den Schaffenden, der damit eher in seine Einsamkeit als auf den Markt gehen soll.

> Wo die Einsamkeit aufhört, da beginnt der Markt; und wo der Markt beginnt, da beginnt auch der Lärm der grossen Schauspieler und das Geschwirr der giftigen Fliegen.
> In der Welt taugen die besten Dinge noch Nichts, ohne Einen, der sie erst aufführt: grosse Männer heisst das Volk diese Aufführer.
> Wenig begreift das Volk das Grosse, das ist: das Schaffende. Aber Sinne hat es für alle Aufführer und Schauspieler grosser Sachen.
> Um die Erfinder von neuen Werthen dreht sich die Welt: – unsichtbar dreht sie sich. Doch um die Schauspieler dreht sich das Volk und der Ruhm: so ist es der Welt Lauf.[16]

---

[12] Za, Vorrede 2, KSA 4, S. 14.
[13] Es kann auch sein, dass Zarathustra und der tolle Mensch auf demselben Markt stehen. Vgl. dazu Skowron 2002, S. 5: „Offenbar ist es derselbe Markt, derselbe Menschentypus und dasselbe Unverständnis, denen auch Zarathustra begegnet, wenn er seine Lehre vom Übermenschen zum ersten Male vorträgt."
[14] Za, Vorrede 3, KSA 4, S. 15.
[15] Za, Vorrede 5, KSA 4, S. 18.
[16] Za I, Von den Fliegen des Marktes, KSA 4, S. 65.

Dem tollen Menschen gleich gerät Zarathustra auch in Tollheit für ein paar Tage. „Eines Morgens, nicht lange nach seiner Rückkehr zur Höhle, sprang Zarathustra von seinem Lager auf wie ein Toller, schrie mit furchtbarer Stimme und gebärdete sich, als ob noch Einer auf dem Lager läge, der nicht davon aufstehn wolle [...]."[17] Erst nach sieben Tagen gelangt er zu sich selbst und zu seiner Genesung als Überwindung der Tollheit. Danach wird dem Genesenden sein Schicksal als „**der Lehrer der ewigen Wiederkunft**"[18] hervorgehoben. Der Zeitraum von Tollheit und Krankheit erinnert an den des tollen Menschen nach dem Löschen der Laterne. Es ist nämlich die Zeit, in welcher der Schatten Gottes nach dem Tod noch da ist und in welcher der Nihilismus schon deshalb anfängt, weil die Laternen der Menschen noch nicht angezündet worden sind. Aber Zarathustra muss den Nihilismus als eine Krankheit durchleben und somit überwinden, indem er sich als Lehrer der ewigen Wiederkunft begreift. Darin besteht eben der Sinn seines Untergangs und damit vollendet er seine Aufgabe. „Die Stunde kam nun, dass der Untergehende sich selber segnet. Also – **endet** Zarathustra's Untergang."[19]

Resümierend lässt sich konstatieren, dass Zarathustra selbst eine Lebensgeschichte vom Kyniker zum Zyniker und endlich zu dessen Überwindung darstellt. Am Anfang steht er in der Nähe des tollen Menschen, der als ein Kyniker gilt. Nach seinem Untergang ist der Verfall seines Lebens als Krankheit und am Ende noch als Tollheit zu verzeichnen. Der Verfall des Kynikers ist als Zyniker aufzufassen und in dem damit einhergehenden Nihilismus liegt der Zynismus begründet. Durch die Heilung der Krankheit und Tollheit werden der Nihilismus und Zynismus am Ende überwunden, indem die Lehre der ewigen Wiederkunft ertragen und verkündet wird.

Dasselbe gilt für Nietzsches Philosophieren. Mit der Umwertung aller Werte, die als eine höhere Variante von *paracharattein to nomisma* des Diogenes gilt, und mit der Natur als Ausgang seines Philosophierens steht Nietzsche mehr oder weniger in der Nähe des Kynismus. Er hat selbst die Besorgnis über das Missverständnis geäußert, dass man seine Umwertung als Falschmünzerei denunziert. Die metaphysische Umkehrung vom Sein zum Werden, vom Unbedingten zum Bedingten, von der Wahrheit zu den Wahrheiten, vom Panorama zu den Perspektiven führt unvermeidlich zur décadence und Anarchie der Welt. Zweifellos stehen da im Schatten nach dem Tod Gottes der Nihilismus und der toll gewordene Kynismus als Zynismus. Die Menschen verspüren noch das Bedürfnis nach dem Absoluten als Grund der Sinngebung und nach der höchsten Instanz als Garant des moralischen Lebens. Wo die Umwertung als eine sublimierte Art des Kynismus am Werk ist, weicht sie auch nicht Verdacht des Nihilismus ab. Damit stößt Nietzsches Philosophie unvermeidlich auf

---

17 Za III, Der Genesende 1, KSA 4, S. 270. Himmelmann 2012 liest in dem zweiten Teil des *Zarathustra* auch die Tollheit, dass Zarathustra sich als „ein neuer ‚rasender Sokrates'" (S. 21) bzw. ein neuer Diogenes zeigt, da er von einer „wilden Weisheit" erfüllt ist.
18 Za III, Der Genesende 2, KSA 4, S. 275.
19 Za III, Der Genesende 2, KSA 4, S. 277.

Unverständnis dahin gehend, dass in ihr Nihilismus und Zynismus stecken. Einerseits bietet die Umwertung aller Werte keinen festen Halt am Abgrund nach dem Verschwinden des Absoluten. Der Wille zur Macht kann in der unaufhörlichen Dynamik jedoch das Dasein des Einzelnen nicht vorherbestimmen. Und der Perspektivismus überlässt andererseits zwar dem Individuum die Autonomie und die Freiheit zur Steigerung der Lebenskraft. Aber es kommt dabei vor allem auf den Leib, jedoch nicht auf die Vernunft als Lebensbedingung an.

Nietzsche ist sich der Folge seiner Umwertung dahin gehend bewusst, dass der vollendete Nihilismus dazwischen zum Ausdruck kommt. Es ist eine notwendige Folge als „Schatten über Europa"[20], die allerdings überwunden werden muss. Als Überwindung gilt die Lehre der ewigen Wiederkunft des Gleichen, welche den Nihilismus über die Grenze hinausbringt. Es zeigt sich dabei auch die innere Logik des Cynismus bei Nietzsche. Als Umwertung aller Werte muss der raffinierte Kynismus über alle Maßen hinausgehen. Daraus ist die immoralische Konsequenz zu ziehen: Nichts ist wahr, alles ist erlaubt. Der Kynismus verwandelt sich mit der Tollheit endlich in den Zynismus und Nihilismus. Im Werk Nietzsches, vor allem in *Zarathustra*, ist der Konflikt zwischen Kyniker und Zyniker deutlich zu finden. Nietzsche spielt bewusst durch das Maskenspiel zwischen beidem den Nihilismus aus, in dem sich die letzte décadence des Kynismus und die größte Gefahr seiner Philosophie erweisen. Nach der Überwindung des Nihilismus konstituiert er durch die Herrenmoral eine neue Randordnung. Dabei kommt sein Cynismus als Synthese von Kynismus und Zynismus zum Ausdruck. In dieser Hinsicht kann dann die Rede von Nietzsche als einem Cyniker sein, welcher jedoch weder Kyniker noch Zyniker ist.

---

20 FW 343, KSA 3, S. 573.

12 Die Redlichkeit und der Verfall des Kynismus in Zynismus: Die zynischen Figuren von Zarathustra

Als Redlichkeit kennzeichnet Parrhesie[1] den Hauptzug des Kynikers dahin gehend, dass dieser mit vollem Mut nichts verhehlt und verhehlen will, was in seinen Ansichten verankert ist. Ohne Rücksicht auf die Wirkung, sei es positiv oder negativ, antwortet Diogenes unverzüglich auf die Fragen und Vorwürfe anderer Personen. Er will allein seinerseits die Wahrheit sagen, sei es Vorschlag, Kritik, Provokation oder auch Widerrede. Dass der Kyniker ehrlich und schonungslos die Wahrheit sagt, erweist sich überdies als eine Entlarvung ohne Scham. Er entlarvt einerseits sich selbst, indem er seine eigenen und privaten Ansichten mit anderen Menschen teilt, auch wenn seine Worte ungemäß, unverschämt, unmoralisch und sittenlos erscheinen mögen. Andererseits kompromittiert er durch seine Äußerung seine Gesprächspartner, indem er auf ihre schwere Situation hinweist oder ihre angeblich vornehme Absicht als psychologisch unanständige Motivation entlarvt und sie damit zum Schamgefühl oder zur Empörung veranlasst.

Die Redlichkeit erweist sich eher als eine Maßlosigkeit denn als eine Art von Mut zur Wahrheit. Denn das, was eine Person für wahr hält, gilt unter Umständen für die anderen nicht so oder sogar umgekehrt. Es geht dem Kyniker meistens um den Mut zum Aussprechen dessen, was er für wahr hält. Aber von der Wahrheit selbst kann dabei nicht die Rede sein. Damit bringt sich die Maßlosigkeit als Schamlosigkeit zum Ausdruck: Einerseits versteht der Kyniker seine Perspektive als die Wahrheit, andererseits äußert er sie ohne Rücksicht auf die Folgen sowohl für sich als auch für andere betroffene Personen. Seine Wahrheit muss auf jeden Fall ausgesprochen werden, auch wenn sie zum Missverständnis oder sogar zur Gefahr für sein eigenes Leben führt.

Die Schamlosigkeit kann unter zwei Aspekten betrachtet werden. Beim Kyniker verweist sie mehr auf eine Entlarvung gegenüber sich selbst, dass der Kyniker seine Ansichten und Motivationen, seien sie moralisch oder unmoralisch, und seine Urteile über die Sache nicht verbirgt. Er spricht direkt und offen aus, was er denkt. Aber beim Zyniker handelt es sich um die Schamlosigkeit nach außen, da er meistens eher andere Menschen als sich selbst entlarvt und ihre vornehme Handlung auf eine niedrige Motivation zurückführt. Zwar hält Nietzsche die Redlichkeit für eine unausweichliche Tugend der freien Geister: „wir wollen mit aller Bosheit und Liebe an ihr arbeiten und nicht müde werden, uns in unsrer Tugend, die allein uns übrig blieb,

---

[1] Vgl. zum Wahrsprechen bei den Kynikern Foucault 2012, S. 217–230. Zur Einverleibung der Wahrheit bei den Kynikern und bei Nietzsche vgl. Lemm 2014, vor allem S. 209–213. Für Lemm ist das Wahrsprechen bei den Kynikern und bei Nietzsche „a function of community where life and truth, difference and equality, otherness and identity are understood as part of a shared continuity of life, as elements of a politics of community" (S. 212).

zu ‚vervollkommnen'"[2]. Aber er sieht auch ein, dass eine „ausschweifende Redlichkeit" mit „Grausamkeit"[3] verbunden ist.

Im Hinblick auf die Übermäßigkeit ist die Schamlosigkeit als Tollheit zu verstehen. Dabei gilt der tolle Mensch als ein Kyniker, der den Mut zur Wahrheit hat und anderen Menschen allein die Wahrheit sagen will. Ob sie die ‚Wahrheit' oder seine Wahrheit, nämlich dass Gott tot ist, verstehen können und aufnehmen wollen, lässt er völlig außer Betracht. Am Ende gerät er zwar in Verzweiflung, aber noch nicht in den Ekel und Hass gegen die Menschen. Im Gegenteil führt der Zyniker in seiner schweifenden Redlichkeit sich selbst und anderen Menschen ohne Beschönigung die animalische Erbärmlichkeit vor Augen. In *Jenseits von Gut und Böse* verfasst Nietzsche eine wesentliche Charakteristik des Zynikers in Bezug auf die Redlichkeit und weist auf dessen Bedeutsamkeit und Nützlichkeit für den auserlesenen und höheren Menschen[4] hin:

> Jeder auserlesene Mensch trachtet instinktiv nach seiner Burg und Heimlichkeit, wo er von der Menge, den Vielen, den Allermeisten e r l ö s t ist, wo er die Regel „Mensch" vergessen darf, als deren Ausnahme: – den Einen Fall ausgenommen, dass er von einem noch stärkeren Instinkte geradewegs auf diese Regel gestossen wird, als Erkennender im grossen und ausnahmsweisen Sinne. Wer nicht im Verkehr mit Menschen gelegentlich in allen Farben der Noth, grün und grau vor Ekel, Überdruss, Mitgefühl, Verdüsterung, Vereinsamung schillert, der ist gewiss kein Mensch höheren Geschmacks; gesetzt aber, er nimmt alle diese Last und Unlust nicht freiwillig auf sich, er weicht ihr immerdar aus und bleibt, wie gesagt, still und stolz auf seiner Burg versteckt, nun, so ist Eins gewiss: er ist zur Erkenntniss nicht gemacht, nicht vorherbestimmt. Denn als solcher würde er eines Tages sich sagen müssen „hole der Teufel meinen guten Geschmack! aber die Regel ist interessanter als die Ausnahme, – als ich, die Ausnahme!" – und würde sich h i n a b begeben, vor Allem „hinein". Das Studium des d u r c h s c h n i t t l i c h e n Menschen, lang, ernsthaft, und zu diesem Zwecke viel Verkleidung, Selbstüberwindung, Vertraulichkeit, schlechter Umgang – jeder Umgang ist schlechter Umgang ausser dem mit SeinesGleichen –: das macht ein nothwendiges Stück der Lebensgeschichte jedes Philosophen aus, vielleicht das unangenehmste, übelriechendste, an Enttäuschungen reichste Stück. Hat er aber Glück, wie es einem Glückskinde der Erkenntniss geziemt, so begegnet er eigentlichen Abkürzern und Erleichterern seiner Aufgabe, – ich meine sogenannten Cynikern, also Solchen, welche das Thier, die Gemeinheit, die „Regel" an sich einfach anerkennen und dabei noch jenen Grad von Geistigkeit und Kitzel haben, um über sich und ihres Gleichen v o r Z e u g e n reden zu müssen: – mitunter wälzen sie sich sogar in Büchern wie auf ihrem eignen Miste. Cynismus ist die einzige Form, in welcher gemeine Seelen an Das streifen, was Redlichkeit ist; und der höhere Mensch hat bei jedem gröberen und feineren Cynismus die Ohren aufzumachen und sich jedes Mal Glück zu wünschen, wenn gerade vor ihm der Possenreisser ohne Scham oder der wissenschaftliche Satyr laut werden. Es giebt sogar Fälle, wo zum Ekel sich die Bezauberung mischt: da nämlich, wo an einen solchen indiskreten Bock und Affen, durch eine Laune der Natur, das Genie gebunden ist, wie bei dem Abbé Galiani, dem tiefsten, scharfsichtigsten und

---

[2] JGB 227, KSA 5, S. 162.
[3] JGB 230, KSA 5, S. 169. Gadamer 1986 zeigt, dass die „ausschweifende Redlichkeit" bei Nietzsche „stets vom Drang in die Extreme getrieben" (S. 3) ist. Zur „ausschweifenden Redlichkeit" als „Grausamkeit" gegen sich selbst beim Erkennenden vgl. Brusotti 2013, vor allem S. 273–275.
[4] Zu den Modellen des höheren Menschen für Nietzsche vgl. Campioni 1999.

vielleicht auch schmutzigsten Menschen seines Jahrhunderts – er war viel tiefer als Voltaire und folglich auch ein gut Theil schweigsamer. Häufiger schon geschieht es, dass, wie angedeutet, der wissenschaftliche Kopf auf einen Affenleib, ein feiner Ausnahme-Verstand auf eine gemeine Seele gesetzt ist, – unter Ärzten und Moral-Physiologen namentlich kein seltenes Vorkommniss. Und wo nur Einer ohne Erbitterung, vielmehr harmlos vom Menschen redet als von einem Bauche mit zweierlei Bedürfnissen und einem Kopfe mit Einem; überall wo Jemand immer nur Hunger, Geschlechts-Begierde und Eitelkeit sieht, sucht und sehn will, als seien es die eigentlichen und einzigen Triebfedern der menschlichen Handlungen; kurz, wo man „schlecht" vom Menschen redet – und nicht einmal schlimm –, da soll der Liebhaber der Erkenntniss fein und fleissig hinhorchen, er soll seine Ohren überhaupt dort haben, wo ohne Entrüstung geredet wird. Denn der entrüstete Mensch, und wer immer mit seinen eignen Zähnen sich selbst (oder, zum Ersatz dafür, die Welt, oder Gott, oder die Gesellschaft) zerreisst und zerfleischt, mag zwar moralisch gerechnet, höher stehn als der lachende und selbstzufriedene Satyr, in jedem anderen Sinne aber ist er der gewöhnlichere, gleichgültigere, unbelehrendere Fall. Und Niemand lügt soviel als der Entrüstete. –[5]

Die Cyniker dabei sind als solche Zyniker zu verstehen, die als gemeine Seelen die Redlichkeit, die Gemeinheit und das Tierische im Menschen und in sich selbst mit Drastik darstellen. Insofern sind sie für den auserlesenen Menschen hilfreich, dass diese ihren Ausnahmecharakter aufrechterhalten und damit sich nicht regulär und gemein machen können. Nietzsche fordert in diesem Zusammenhang die Ausnahmemenschen auf, Ekel und Leiden am Menschen zu überwinden, indem sie sich ganz in die Mittelmäßigkeit hineinbegeben, um sich als Menschen höheren Geschmacks zu erweisen. Für die Empfehlung zum Umgang mit den Zynikern gibt er zwei Gründe an: Einerseits können die Zyniker durch ihre Drastik die unentbehrliche Aufgabe zur Beschäftigung mit den durchschnittlichen Menschen verkürzen und erleichtern, „weil sie deren Garstigkeit *in nuce* auf den Punkt bringen"; andererseits vermögen die Ausnahmemenschen in der Konfrontation mit den Zynikern, „den Ekel bis zum Äußersten zu steigern und auf diese Weise paradoxerweise womöglich zu überwinden"[6].

Unvermeidlich und unentbehrlich sind die Zyniker für den höheren Menschen in Bezug auf die Selbststeigerung. Ihre Redlichkeit kann ihm zur Überwindung des Ekels vor den durchschnittlichen Menschen verhelfen. Gilt die kynische Figur, der tolle Mensch, als ein höherer Mensch, dann müsste ihm der Zyniker auf dem Weg zur Selbstüberwindung begegnen. Aber es kann auch sein, dass aus dem Kyniker selbst ein Zyniker wird, falls jener diesem unterlegen ist und dann sich gemein und dekadent macht, da der Zynismus zu den „typischen Décadence-Formen"[7] gehört. Der Zyniker ist damit als Verfall des Kynikers zu begreifen. Insofern zeigt sich die Überwindung des Ekels in zweierlei Aspekten: Einerseits überwindet der Kyniker als höherer Mensch den Ekel vor den durchschnittlichen Menschen, indem er dem Zyni-

---

[5] JGB 26, KSA 5, S. 43–45.
[6] Sommer 2016b, S. 229. Zur Darstellung der ausführlichen Vorarbeit des Abschnitts JGB 26 und zu dessen Interpretation vgl. S. 228–234.
[7] Nachlass 1888, KSA 13, 14[94], S. 272.

ker begegnet und mit Überlegenheit über den Zynismus hinausgegangen ist; andererseits kann er sich selbst als Zyniker überwinden, denn es besteht die Möglichkeit, dass er wegen des tiefen Ekels vor den Menschen in Zynismus verfällt. Eben in dieser großen Gefahr besteht die Selbstüberwindung des höheren Menschen.

Den Gegensatz zwischen Kynismus und Zynismus gibt Nietzsche noch im eigenen Leben zu. Er will im Hinblick auf Wahrheit und Lüge, Redlichkeit und Verlogenheit „kein Heiliger sein, lieber noch ein Hanswurst" und sagt: „Vielleicht bin ich ein Hanswurst"[8]. Nach seinem Bekenntnis ist er zwar „ein décadent", aber „auch dessen Gegensatz"[9], indem er eben sich selbst beschreibt. Mit der Betrachtung und Entlarvung seiner selbst als décadence verwirklicht man die Selbstüberwindung.

Die Überwindung des Ekels vor den Menschen und des Zynismus bringt Nietzsche insbesondere durch die Erfahrung Zarathustras zum Ausdruck. Zarathustra sieht einmal im Spiegel nicht sich selbst, „sondern eines Teufels Fratze und Hohnlachen". Dies versteht er zwar als „Zeichen und Mahnung"[10], dass seine Lehre in Gefahr ist. Aber es kann auch als die Gefahr seines Verfalls zum Zyniker verstanden werden. Es ist nicht unwahrscheinlich, dass er aus Ekel vor den Menschen zynisch wird. Insofern muss er noch im Spiegel den Zyniker in sich selbst betrachten und überwinden. Man kann hauptsächlich drei zynische Figuren finden, die sich als zu überwindende Herausforderungen an Zarathustra zeigen und als dessen décadence zu fassen sind: der Possenreißer auf dem Markt, der Narr als Zarathustras Affe und der Zwerg als Zarathustras Teufel und Erzfeind.

Als Zarathustra nach seinem Untergang auf den Markt gekommen ist, fängt er an, seine Lehre dahin gehend zu verbreiten, dass der Übermensch der Sinn der Erde ist.

> Als Zarathustra so gesprochen hatte, schrie Einer aus dem Volke: „Wir hörten nun genug von dem Seiltänzer; nun lasst uns ihn auch sehen!" Und alles Volk lachte über Zarathustra. Der Seiltänzer aber, welcher glaubte, dass das Wort ihm gälte, machte sich an sein Werk.[11]

Merkwürdig ist dabei, dass das Volk mit Spott den Übermenschen für einen Seiltänzer hält. Der Übermensch wird also als ein Mensch, der über den Menschen ist, begriffen. Als höherer Mensch stößt Zarathustra auf Unverständnis und Missverständnis, was bei ihm Ekel vor dem Volk auslösen könnte. Laut seiner Rede ist der Mensch „ein Seil, geknüpft zwischen Tier und Übermensch, – ein Seil über einem Abgrunde"[12]. Insofern ist der Übermensch gar nicht als ein Mensch auf dem Seil zu verstehen. Der Seiltänzer steht aber für den höheren Menschen wie Zarathustra, da er den Menschen die Kunst der Bewegung in der Höhe und das Wahren des Gleich-

---

8 EH, Warum ich ein Schicksal bin 1, KSA 6, S. 365.
9 EH, Warum ich so weise bin 2, KSA 6, S. 266.
10 Za II, Das Kind mit dem Spiegel, KSA 4, S. 105.
11 Za, Vorrede 3, KSA 4, S. 16.
12 Za, Vorrede 4, KSA 4, S. 16.

gewichts durch die Überwindung der Schwere zeigt. In der Vorarbeit für *Zarathustra* lässt Nietzsche Zarathustra sprechen: „Ich kann auf der schmalsten Stufe des Lebens noch stehen: aber wer wäre ich, wenn ich diese Kunst euch zeigte? Wollt ihr einen Seiltänzer sehn?"[13] Zarathustra hält sich selbst für einen Seiltänzer und betrachtet diesen von Anfang bis Ende als einen Genossen. Es ist damit nicht erstaunlich, dass er den Leichnam des Seiltänzers nach dessen Tod noch als seinen Gefährten trägt und sich auch als Leichnam ansieht.[14] Wohl erkennt er im Tod des Seiltänzers seine Tragödie. Oder impliziert Nietzsche dabei durch den Fall des Seiltänzers die Tragödie Zarathustras?

Das Szenario des Seiltänzers stellt die tragische Erfahrung des höheren Menschen mit dem Zyniker dar. Als ein „höherer" Mensch begegnet der Seiltänzer während seiner Aufführung plötzlich einem Possenreißer, der zweifelsohne als ein Zyniker gilt. Dieser Leichtsinnige springt aus der kleinen Tür heraus und geht schnell und geschickt „dem Ernsten" nach. Mit fürchterlicher Stimme beschimpft und verspottet er den Seiltänzer als „Lahmfuss", „Faulthier", „Schleichhändler" und „Bleichgesicht"[15], da er sich für besser als diesen hält und von diesem nicht aufgehalten werden will. Tatsächlich kann er besser, schneller seiltanzen, was jedoch zum Unheil des Seiltänzers führt. Als der Seiltänzer den Possenreißer über sich hinwegspringen und siegen sieht, verliert er den Verstand, fällt dann vom Seil auf die Erde[16] und liegt eben neben Zarathustra. Das Gespräch vor seinem Tod mit Zarathustra verweist auf seinen kynischen Charakter, dass er sich „nicht viel mehr als ein Thier, das man tanzen gelehrt hat, durch Schläge und schmale Bissen"[17], ansieht, sofern Zarathustras Worte wahr sind, dass das Leben leiblich ist und dass die Seele schneller tot sein wird als der Leib.

---

13 Nachlass 1882, KSA 10, 5[1], S. 204.
14 Vgl. Za IV, Vom höheren Menschen 1, KSA 4, S. 357: „Des Abends aber waren Seiltänzer meine Genossen, und Leichname; und ich selber fast ein Leichnam."
15 Za, Vorrede 6, KSA 4, S. 21.
16 Der Sieg des Possenreißers führt im Wesentlichen zum Tod des Seiltänzers. Obwohl der Seiltänzer an den „Teufel" glaubte, ist der christliche Glaube nicht die direkte Ursache seines Todes. Insofern scheint mir die Interpretation von Pieper 2010 nicht plausibel. Nach Pieper nimmt der Seiltänzer „die Gefahr auf sich, sich ins Ungewisse, Unbekannte vorzuwagen, getrieben von seiner Sehnsucht nach Höherem" (S. 74). Aber m. E. ist er nicht auf dem Weg nach Höherem, sondern schon in der Höhe. Pieper geht auch darin zu weit, dass es sich dabei um die Selbstbefreiung des Seiltänzers von seiner Vergangenheit bzw. den Glaubenslehren des Christentums gehe. Denn beim Seiltänzer ist von der Befreiung gar keine Rede. Es kommt nicht auf den Glauben an, sondern auf den Konflikt zwischen Seiltänzer und Possenreißer. Auch wenn man wie Pieper den christlichen Glauben für die Ursache und den Teufel für den Sieger über den Seiltänzer halten würde, ist nicht zu schließen: „Der Absturz des Seiltänzers symbolisiert den Triumph der christlichen Moral, die jeden Verstoß gegen ihr Prinzip als Sündenfall geißelt, auf den die Todesstrafe steht." (S. 77) Vielmehr steht der Tod für den Triumph des Teufels und somit für die Ohnmacht der christlichen Moral.
17 Za, Vorrede 6, KSA 4, S. 22.

Am Abend verlaufen sich die Menschen auf dem Markt. Außer Zarathustra kümmert sich niemand um den verstorbenen Seiltänzer. Noch tragischer ist, dass der Possenreißer und die Totengräber den Seiltänzer als toten Hund beschimpfen. Das Erlebnis des Seiltänzers, der am Ende den Namen Hund wie der Kyniker erhält, ist ein Querschnitt des Schicksals des höheren Menschen, wie z. B. des tollen Menschen und des Zarathustra. Mit großer Ernsthaftigkeit will er die Kunst des Lebens auf der schmalen Stufe zeigen, wird von den Zuschauern jedoch nicht ernst genommen. Dies gilt auch für die Erfahrung des tollen Menschen und des Zarathustra. Beide kommen zu früh und sprechen umsonst ihre Wahrheiten aus. Der eine verliert danach den Verstand und der andere erlebt den Untergang. Eben darin besteht der Ekel des höheren Menschen vor den durchschnittlichen Menschen, bei denen er ausschließlich auf Misstrauen, Unverständnis, Hohn, Zorn und Gefahr stößt.

Die Steigerung des Ekels findet man beim Zyniker, welcher den Ernst des Kynikers verloren hat und völlig in Garstigkeit gerät. Er ist eine große Gefahr für den höheren Menschen und denjenigen, der gezwungen ist, sich mit ihm zu konfrontieren. Sofern man wie der Seiltänzer den Possenreißer nicht überwinden kann, muss er selbst zugrunde gehen. Darüber klagt Zarathustra: „Unheimlich ist das menschliche Dasein und immer noch ohne Sinn: ein Possenreisser kann ihm zum Verhängniss werden."[18] Er muss als eine Mitte zwischen einem Narren und einem Leichnam das Unheil am Anfang seines Untergangs und den Verfall in den Zyniker vermeiden.

Aber Zarathustra ist dabei nicht nur als ein Seiltänzer zu verstehen, sondern hat auch einen Possenreißer in sich selbst.[19] Die Vorarbeit des Buches zeigt nämlich, dass „Zarathustra selber der Possenreißer, der über den armen Seiltänzer hinwegspringt"[20], ist. Später gesteht er noch: „Wer meiner Art ist, dem werden auch die Erlebnisse meiner Art über den Weg laufen: also, dass seine ersten Gesellen Leichname und Possenreisser sein müssen."[21] Der Possenreißer gilt als der Verfall des Seiltänzers bzw. des höheren Menschen. Zarathustra muss damit die décadence als seine Gefahr und den Zyniker als die entartete Spiegelung seiner selbst überwinden. Es besteht im Hinblick auf die Haltung zu den Menschen ein wesentlicher Unterschied zwischen Zarathustra und Possenreißer. Der Mensch ist für Zarathustra das, was zu überwinden ist, während der Possenreißer denkt: „der Mensch kann auch übersprungen werden."[22] Zarathustra muss sich und seine Gefahr gegenüber der Negativität des Possenreißers erkennen und über den Weg seines Untergangs nachdenken.

---

[18] Za, Vorrede 7, KSA 4, S. 23.
[19] Vgl. Stegmaier 2012b, S. 150: „Seiltänzer, Possenreißer, Zarathustra gehen ineinander über." Auch Gerhardt 2000 sieht im Hinblick auf die „Selbst-Überwindung" ein, dass „Seiltänzer, Possenreißer und Zarathustra *eine* Person [sind], die sich in verschiedenen Rollen begreift" (S. 116).
[20] Nachlass 1883, KSA 10, S. 531.
[21] Za III, Von den Abtrünnigen 1, KSA 4, S. 227.
[22] Za III, Von alten und neuen Tafeln 4, KSA 4, S. 249.

Insofern sind die Worte, welche der Possenreißer Zarathustra ins Ohr flüstert, als Warnung und Hohn Zarathustras gegen sich selbst zu verstehen. Der Possenreißer ist kein fremder Mensch für Zarathustra, sondern dessen Schatten[23], weil er unerwartet vor Zarathustra sowohl auftauchen als auch verschwinden kann. Er erinnert zwar an den Dämon, der als innere Stimme Sokrates abrät, aber seine Worte sind voll höhnischer drohender Stimme:

> „Geh weg von dieser Stadt, oh Zarathustra, sprach er; es hassen dich hier zu Viele. Es hassen dich die Guten und Gerechten und sie nennen dich ihren Feind und Verächter; es hassen dich die Gläubigen des rechten Glaubens, und sie nennen dich die Gefahr der Menge. Dein Glück war es, dass man über dich lachte: und wahrlich, du redetest gleich einem Possenreisser. Dein Glück war es, dass du dich dem todten Hunde geselltest; als du dich so erniedrigtest, hast du dich selber für heute errettet. Geh aber fort aus dieser Stadt – oder morgen springe ich über dich hinweg, ein Lebendiger über einen Todten."[24]

Das außergewöhnliche Merkmal des Possenreißers besteht eben darin, dass er einerseits von dem tragischen Schicksal und „Untergang" Zarathustras vorher weiß, der von zu vielen Menschen in der Stadt gehasst und als deren Feind und Verächter bezeichnet wird. Die Illusionslosigkeit des Possenreißers im Blick auf die Welt stellt damit deutlich seinen Zynismus dar. Andererseits hat seine Warnung keine böse Absicht, sei es mit Provokation oder mit Einschüchterung. Ein Possenreißer, der den Tod des Seiltänzers verursacht hat und sich diesbezüglich dennoch frei von Schuld und Scham fühlt, schlägt vielmehr Zarathustra ausdrücklich vor, sofort die Stadt zu verlassen, und warnt vor der Gefahr des Todes, sofern dieser in der Stadt bleiben würde. Merkwürdiger ist, dass Zarathustra in seinem Auge auch gleich einem Possenreißer redet, dessen Glück es ist, dass man über ihn lacht. Das anormale Verhalten des Possenreißers ist insofern zu verstehen, als er den Zwiespalt des Zarathustras widerspiegelt und dessen Dämon verkörpert. Zarathustra selbst hat Furcht vor dem Scheitern des Verschenkens seiner Weisheit und Lehre. Seine Rede vom Übermenschen auf dem Markt erweist sich schon als Misserfolg. Die Menschen dabei sind keineswegs seine Zuhörer, geschweige denn seine Gefährten.

Zarathustra erwidert auf die Warnung nichts und geht „weiter durch die dunklen Gassen"[25]. Er verlässt die Stadt nicht deshalb, weil er den Worten des Possenrei-

---

[23] Nach Pieper 2010, S. 391–392, Anm. 24, hat die Figur des Possenreißers viele Deutungen erfahren. Sie wird als „der utopische Philosoph", als „Vertreter gewissenloser Demagogie", als einer der „aufreizenden und radikalen Agitatoren", als Eduard von Hartmann oder als Richard Wagner verstanden. Aber Pieper scheinen diese Deutungen nicht plausibel. Dagegen sei der Possenreißer der Teufel, der „die über-menschliche Anstrengung des Seiltänzers lächerlich machen und durch das Überspringen zugleich eine Macht demonstrieren [will], die ihre Effektivität aus dem Common sense-Vorurteil bezieht, daß es größer sei, andere zu überwältigen, als sich selbst zu überwinden" (S. 392). Aber Pieper hat dabei die Warnung des Possenreißers vor Zarathustra übersehen, welche nicht zu unterschätzen ist.
[24] Za, Vorrede 8, KSA 4, S. 23.
[25] Za, Vorrede 8, KSA 4, S. 23.

ßers folgt, sondern weil er den Seiltänzer begraben will. Er ist sich darüber im Klaren, dass diese Stadt nicht der geeignete Ort ist, an dem er seine Reden halten und Lehren verbreiten kann. Insofern schweigt er gegenüber dem Possenreißer und später noch auf den Spott der Totengräber am Tor der Stadt. Er verlässt entschieden die Stadt und den Zyniker. Dabei hat er sich dahin gehend überwunden, dass er nicht in den großen Ekel vor den durchschnittlichen Menschen in der Stadt gerät, dass er sich von dem Zyniker trennt,[26] dass er den Drang nach Märtyrertum beherrscht hat. Aber er bricht danach seine Predigt nicht ab. Insofern ist von einer Überwindung des Zynismus zu reden. Danach kommt der Possenreißer als Zarathustras Selbstzweifel nicht mehr vor. Und den Leichnam des Kynikers, sofern der Seiltänzer mit dem Schimpfnamen von „dem todten Hunde" als Kyniker gelten kann, lässt Zarathustra als Totengräber auch hinter sich, so wie seine eigene Vergangenheit. Er braucht nach dem Verwirrspiel der Selbsterkenntnis[27] weder einen „toten" Kynismus noch dessen Verfall in Zynismus.

Als eine andere zynische Figur, die für den Verfall des Zarathustra steht, erscheint der Narr im Kapitel „Vom Vorübergehen" in *Zarathustra* III. Dabei geht es um ein Gespräch zwischen Zarathustra und einem schäumenden Narren, den das Volk „den Affen Zarathustra's" nennt, denn dieser hat Zarathustra „Etwas vom Satz und Fall der Rede abgemerkt" und borgt „wohl auch gerne vom Schatze seiner Weisheit"[28]. Aber was ihn von Zarathustra unterscheidet, ist die décadence seines Lebens. Insofern kann er auch den Verfall Zarathustras widerspiegeln und als eine zynische Herausforderung gelten, welche Zarathustra überwinden soll.

Auf Umwegen zurück zu seinem Gebirge und seiner Höhle gelangt Zarathustra unversehens an das Stadttor einer großen Stadt. Da springt plötzlich der Narr vor ihn und warnt ihn, in die Stadt zu gehen. Genauso wie der Possenreißer sieht der Narr auch voraus, dass Zarathustra eine schlimme Erfahrung mit den Menschen in der Stadt machen würde. Als Nachahmer Zarathustras sollte er beim Verschenken der Weisheit solches Unglück schon erlebt haben. Denn für ihn ist die Stadt ein Schlamm, durch den man nicht waten soll. „Hier ist die Hölle für Einsiedler-Gedanken: hier werden grosse Gedanken lebendig gesotten und klein gekocht."[29] Der Narr hat eine klare Auffassung von der Größe des Geistes und der Seele, kennt auch gut die Gemeinheit des Volkes und der Stadt. Das Volk, gegen das er seinen heftigen Vorwurf erhebt, stimmt nämlich nahezu mit Zarathustras Beschreibung von dem letzten Menschen überein. Die Menschen in der Stadt machen nach dem Narren Zeitungen aus den schlaffen schmutzigen Lumpen der Seele und hängen von den öf-

---

26 Vgl. Schubert 2011. „Auch dies kann letztendlich Zarathustra noch vom gefährlichen Possenreißer-Zynismus trennen: dass er sich Schauspieler-Tricks und Menschen-Klugheiten erfand, mit deren Hilfe er am Menschen zu ankern weiß, um nicht ein Verachtender zu werden." (S. 197)
27 Söring 1979, S. 353. Söring verweist auch auf „die Affinität zwischen Seittänzer und Zarathustra" und „die Affinität Zarathustras zum Possenreißer" (S. 352).
28 Za III, Vom Vorübergehen, KSA 4, S. 222.
29 Za III, Vom Vorübergehen, KSA 4, S. 222.

fentlichen Meinungen ab. Der Geist wird hier zum Wortspiel, alle „Lüste und Laster sind hier zu Hause" und es gibt „viel anstellige angestellte Tugend". Die Heerscharen werden durch Geld und Gold gelenkt. Die Stadt ist ein großer „Abraum", eine Stadt „der Aufdringlinge, der Unverschämten, der Schreib- und Schreihälse, der überheizten Ehrgeizigen"[30].

Insofern scheint der Narr deutlich kein Narr zu sein, sondern ein Weiser oder ein Kyniker. Allerdings ist bei Nietzsche die Erwähnung des Narren meistens positiv gemeint. Zarathustra hat den Narren schon viel gelobt. Nach ihm ist ein Weiser „auch ein Narr"[31]. In der Zeit des Pöbels sucht allein ein Narr „mit Glück nach Grösse"[32]. „Kluge Narren reden besser" und auch der Mensch, der „des Geistes zu viel hat", „möchte sich wohl in die Dumm- und Narrheit selber vernarren"[33]. Auf gleiche Art und Weise sollte sich Zarathustra verhalten.[34] Auch Nietzsche selbst verspürt Sympathie für den Narren. In den nachgelassenen Fragmenten vom Jahr 1882 ist der Buchtitel „NARREN-BUCH"[35] zu finden. Zudem kommt in *Die fröhliche Wissenschaft* die Zwischenrede eines Narren vor, der zwar „dies Buch geschrieben hat", aber „kein Misanthrop ist". Im Unterschied zu diesem hasst der Narr nicht „timonisch, im Ganzen, ohne Abzug, aus vollem Herzen, aus der ganzen Liebe des Hasses"[36] die Menschen, denn für ihn muss man im Menschenhass auf das Verachten Verzicht leisten, das ihn gerade charakterisiert und dem viel seiner feinen „Freude", seiner „Geduld" und „Gütigkeit" zu verdanken ist. „Der Hass dagegen stellt gleich, stellt gegenüber, im Hass ist Ehre, endlich: im Hass ist Furcht, ein grosser guter Theil Furcht."[37] Der Narr ist insofern ein Furchtloser, als er keinen Hass, sondern Verachtung verspürt. Auch unentbehrlich ist für ihn die Verachtung gegenüber den Menschen auf dem Weg zum Glück. Dies zeigt sich im Gespräch zwischen einem Narren und einem Weisen. Dabei erinnern die Worte des Narren leicht an den Kyniker Diogenes.

> Der Weg zum Glücke. – Ein Weiser fragte einen Narren, welches der Weg zum Glücke sei. Dieser antwortete ohne Verzug, wie Einer, der nach dem Wege zur nächsten Stadt gefragt wird: „Bewundere dich selbst und lebe auf der Gasse!" „Halt, rief der Weise, du verlangst zu viel, es genügt schon sich selber zu bewundern!" Der Narr entgegnete: „Aber wie kann man beständig bewundern, ohne beständig zu verachten?"[38]

---

[30] Za III, Vom Vorübergehen, KSA 4, S. 224.
[31] Za IV, Das Nachtwandler-Lied 10, KSA 4, S. 402.
[32] Za IV, Der Zauberrer 2, KSA 4, S. 320.
[33] Za IV, Mittags, KSA 4, S. 344; Za IV, Das Eselsfest 1, KSA 4, S. 392.
[34] Vgl. Nachlass 1884/85, KSA 11, 33[1], S. 419. Zarathustra hält sich selbst für einen Narren. „Es muß wohl Einer zu euch kommen, der euch lachen macht – / – ein guter fröhlicher Hanswurst, ein Tänzer mit Kopf und Beinen, ein Wind und Wildfang, irgend ein alter Narr und Zarathustra – was dünket euch?"
[35] Nachlass 1882, KSA 9, 20[1], S. 680.
[36] FW 379, KSA 3, S. 631–632.
[37] FW 379, KSA 3, S. 632.
[38] FW 213, KSA 3, S. 508.

Festzustellen ist, dass der Narr kein durchschnittlicher Mensch ist. Er ist sogar als ein weiser, höherer Mensch zu verstehen. Denn für Nietzsche ist die Narrheit bisweilen „selbst die Maske für ein unseliges allzugewisses Wissen"[39]. Auch in einem Plan zu *Zarathustra* sollte der Narr als einer der „große[n] Menschen in Verzweiflung"[40] zu Zarathustra kommen. Ebenso wie der tolle Mensch hat er als Zarathustras Affe bei den Menschen weder Verständnis noch Anerkennung gefunden. Und der Umgang mit den durchschnittlichen Menschen hat wohl seinen Charakter verdorben.[41]

Der Narr verspürt daher großen Ekel vor dem Volk in der Stadt. Damit gerät er in den Zynismus, sodass er über die Verachtung hinausgegangen und von Zorn und Hass gegen die Stadt erfüllt ist, da nach ihm Zarathustra auf die Stadt spucken und umkehren soll. Insofern fungiert er für Zarathustra als eine zynische Versuchung, sich in Hass gegen die Menschen hineinzusteigern. Aber Zarathustra errät das Schäumen des Narren als Rache, da dieser nicht sich selbst, sondern nur ihn warnt. Vor Ekel erwidert er, dass der Narr sein „Lob der Narrheit" verdirbt. Für ihn soll man mit der Verachtung die Stadt einfach verlassen, falls man nicht in Hass geraten möchte. Der Narr tut es nicht und warnt vielmehr die Weisen, wie Zarathustra, der Stadt Lehren und Weisheit mitzubringen. Daraufhin lehnt Zarathustra entschlossen ab, ihn für seinen Affen zu halten, bezeichnet ihn als sein „Grunze-Schwein" und entlarvt dessen Ressentiment als Folge der Eitelkeit, weil niemand ihm „g e n u g g e s c h m e i c h e l t h a t"[42].

Zarathustra hat die zynische Narrheit überwunden, obwohl er Ekel vor der großen Stadt und dem Narren verspürt. Er gerät nicht in die Versuchung des Narren, Hass auf die Menschen in der Stadt zu haben. Den Zynismus des Narren, dass man die Menschen nicht mehr liebt und ihnen jedoch noch unverschämt mit Hass und Rache begegnet, soll man nach Zarathustra einfach durch das Vorübergehen überwinden. „Diese Lehre aber gebe ich dir, du Narr, zum Abschiede: wo man nicht mehr lieben kann, da soll man – v o r ü b e r g e h e n !"[43] Er geht dann an dem Narr und der großen Stadt vorüber. Daraus wird deutlich, wieso er am Anfang dem Possenreißer aufs Wort zu gehorchen schien und wortlos aus der Stadt gegangen ist. Der Abschied gilt auch als ein Mittel, dem Ekel, Hass und Ressentiment gegen Menschen zu entgehen.

Die letzte und die gefährlichste zynische Figur ist ein Zwerg. Anders als die ersten beiden Zyniker, belästigt er Zarathustra nicht nur in Worten, sondern auch mit Handlungen. Er verhindert den Aufgang Zarathustras, indem er als der „Geist der Schwere"[44] dessen Fuß abwärts zieht. Insofern bezeichnet Zarathustra ihn als seinen

---

[39] JGB 270, KSA 5, S. 226.
[40] Nachlass 1883, KSA 10, 15[46], S. 491.
[41] Vgl. Za I, Von der Nächstenliebe, KSA 4, S. 78: „Also spricht der Narr: ‚der Umgang mit Menschen verdirbt den Charakter, sonderlich wenn man keinen hat.'"
[42] Za III, Vom Vorübergehen, KSA 4, S. 224.
[43] Za III, Vom Vorübergehen, KSA 4, S. 225.
[44] Za III, Vom Gesicht und Räthsel 1, KSA 4, S. 198.

Teufel und Erzfeind und muss ihn überwinden, damit das Leben leicht tanzt und in die Höhe steigt.

Der Zwerg, der auf den Schultern Zarathustras lastet, vermittelt ihm das Gefühl der Schwere und verhöhnt, dass Zarathustra als „Stein der Weisheit" aufgrund der Kraft der Schwere fallen muss, wie hoch auch er sich wirft. Die Metapher von dem Zurückfallen des hochgeworfenen Steins bedrückt zwar Zarathustra, verleiht ihm aber auch den Mut zu seinem „abgründlichen Gedanken", welchen der Zwerg nicht ertragen kann. Dabei kommt der Gedanke der ewigen Wiederkunft zum Ausdruck, den Zarathustra mit dem Symbol und Rätsel des Torwegs verkündet.

> „Siehe diesen Thorweg! Zwerg! sprach ich weiter: der hat zwei Gesichter. Zwei Wege kommen hier zusammen: die gieng noch Niemand zu Ende.
> Diese lange Gasse zurück: die währt eine Ewigkeit. Und jene lange Gasse hinaus – das ist eine andre Ewigkeit.
> Sie widersprechen sich, diese Wege; sie stossen sich gerade vor den Kopf: – und hier, an diesem Thorwege, ist es, wo sie zusammen kommen. Der Name des Thorwegs steht oben geschrieben: „Augenblick".
> Aber wer Einen von ihnen weiter gienge – und immer weiter und immer ferner: glaubst du, Zwerg, dass diese Wege sich ewig widersprechen?" –[45]

Aber der Zwerg zeigt nur sein Missverständnis und seine Verachtung. Für ihn besteht die Ewigkeit lediglich darin, dass „alles Gerade lügt", dass „alle Wahrheit krumm" ist und dass die Zeit selbst als ein Kreis erscheint. Damit kann er den Gedanken der ewigen Wiederkunft nicht ertragen, dass das, „was geschehn kann von allen Dingen, schon einmal geschehn, gethan, vorübergelaufen sein"[46] muss, und ist dann vor den Augen Zarathustras verschwunden, der dabei plötzlich einen Hund in der Nähe heulen hört. Hier taucht noch das Motiv des Zynismus auf. Als Zyniker ist der Zwerg insofern überwunden worden, als er sich in einen Hund verwandelt hat, der nicht mehr mit Spott, Lachen und Verachtung Zarathustra beißen, sondern nur gesträubt, zitternd, erbärmlich heulen kann.

Dass der Zwerg alles für gleich hält, steht zwar für die Kleinheit des Menschen und für das Umsonst allen Wollens, den Pessimismus[47] und Nihilismus. Zudem kann er noch als der letzte Mensch gelten, „der alles klein und alles gleich macht" und „keine höheren Ziele mehr kennt"[48]. Aber er ist auch als die dunkle Seite oder

---

45 Za III, Vom Gesicht und Räthsel 2, KSA 4, S. 199–200.
46 Za III, Vom Gesicht und Räthsel 2, KSA 4, S. 200.
47 Lampert 1986 sieht in dem Zwerg „the modern or Schopenhauerian pessimism" (S. 162).
48 Winteler 2014, S. 62. Nach Winteler ist dem Zwerg als einem Menschen, „der besonders stolz ist auf seine Bildung und sich allem Vergangenen überlegen dünkt", „Zarathustras abgründlicher Gedanke bloß ein theoretisches Gedankenexperiment, ein langweiliges, längst gelöstes obendrein". Diese Auslegung geht meines Erachtens zu weit und von einem Gedankenexperiment ist auch keine Rede. Der Narr erweist sich im Kontext überhaupt nicht als Bildungsphilister. Auch nicht treffend ist, dass er „keine Augen für die Abgründe und Ausblicke [habe], die sich Zarathustra hier eröffnen und ihn im Innersten erschüttern". (S. 62) Denn ausgerechnet der Narr hat den abgründlichen Ge-

der Verfall Zarathustras[49] zu verstehen. Denn es ist zu bemerken, dass Zarathustras Gedanke eine Entwicklung durchmacht und nicht am Anfang schon reif und vollendet ist. Nach seinem Eingeständnis hat er selbst Furcht vor seinen eigenen Gedanken und Hintergedanken. Später ist er sogar deshalb sieben Tage krank, weil auch ihm selbst der Abgrund seiner Gedanken kaum erträglich ist. Erst nach seiner Genesung von der décadence kann er den Gedanken der ewigen Wiederkunft ertragen, aufnehmen, aussprechen und dann sich für deren rechten Lehrer halten. Im Zwerg spiegeln sich der Verzug, der Zweifel und die Furcht vor diesem Gedanken ab und die décadence ist klar zu erkennen. Er gilt dabei noch als der Zwiespalt Zarathustras, d. h. der kranke Zarathustra. Könnte dieser sich bzw. seinen inneren Gegner nicht überwinden, muss aus ihm ein Zyniker wie der Zwerg werden. Zarathustra muss krank sein, d. h., dass er einen schweren Kampf mit sich selbst auszufechten hat, um die Selbstüberwindung zu erreichen und die große Gesundheit zurückzugewinnen. Außerdem kann seine schwerste Krankheit nur in ihm selbst den Erreger haben, dessen Rolle der Zwerg spielt. Insofern ist der Zwerg sein Schatten. Er zeigt sich als Spiegel sowohl für Zarathustra als auch für die höheren Menschen, die sich stets vor demjenigen Selbstverfall in den Zynismus behüten müssen, der in dem *Eselsfest* seinen Höhepunkt erreicht. Die höheren Menschen in Zarathustras Höhle, die den Geist der Schwere nicht ertragen können und in ihrer Tollheit töricht einen Esel anbeten, sind damit nichts anderes als „Schalks-Narren", sie sind zu „Possenreisser [n]"[50] geworden.

Ein Beleg für diese zynische Selbstmahnung des höheren Menschen findet sich in *Die fröhliche Wissenschaft*. Dabei wird der Gedanke der ewigen Wiederkunft zum ersten Mal durch den Mund eines Dämons ausgesprochen. Der Dämon, der als eine mahnende oder warnende Stimme in Erscheinung tritt, ist genauso wie bei Sokrates als der Geist des Menschen selbst am Werk. Auch nicht bloß zufällig ist, dass der

---

danken Zarathustras hervorgerufen. Er hat einen klaren Begriff von diesem Gedanken, aber er kann ihn nur nicht ertragen. Insofern scheint mir die Interpretation von Loeb 2010 auch nicht plausibel, denn er meint, dass der Zwerg für den sokratischen Menschen stehe, welcher „the Platonic reasons for thinking escape from life's eternal recurrence" (S. 52) für möglich hält. Außerdem führt Loeb 2002 noch eine Interpretation zum Zwerg im Hinblick auf Wagners *Der Ring des Nibelungen* vor.
49 Ob der Zwerg mit der persönlichen Erfahrung Nietzsches zu tun hat, kann dabei nicht festgestellt werden. Aber die Leseart von Niemeyer 2007, dass „Nietzsches Mutter in der Rolle des ‚Zwergs'" (S. 67) auftrete, scheint mir nicht plausibel zu sein.
50 Za IV, Eselsfest 2, KSA 4, S. 393. Nach Himmelmann 2012 „fallen die ‚höheren Menschen' auf deren früheste Stufen zurück: auf die Götzenanbetung, auf den Tanz um das goldene Kalb" (S. 34). Aber meines Erachtens geht es dabei um eine neue Stufe, also den radikalen Nihilismus bzw. Zynismus. Zur Symbolik des Esels vgl. Salaquarda 1966. In dem Symbol des Esels sieht Salaquarda „die Bewegung zum ‚letzten Menschen' hin" (S. 205), die auch als Verfall des höheren Menschen bezeichnet werden kann. Aber Baier 1984 liest noch, dass der Esel „der dritte König [ist], der sich nach der Anbetung und Unterwerfung unter das göttliche Kind am Tag von Bethlehem zum Lasttier des neuen Königs in Israel verwandelt hat" (S. 49). Diese Interpretation scheint mir nicht plausibel.

Aphorismus, in dem der Dämon seine Rede hält, unmittelbar dem über den sterbenden Sokrates folgt. Der Dämon spricht als „eine innere Stimme"[51] in der „einsamste[n] Einsamkeit" des Menschen. Er weist den Menschen oder genauer formuliert den Leser auf die äußerst belastende Wahrheit des Lebens mit den folgenden Worten hin:

> „Dieses Leben, wie du es jetzt lebst und gelebt hast, wirst du noch einmal und noch unzählige Male leben müssen; und es wird nichts Neues daran sein, sondern jeder Schmerz und jede Lust und jeder Gedanke und Seufzer und alles unsäglich Kleine und Grosse deines Lebens muss dir wiederkommen, und Alles in der selben Reihe und Folge – und ebenso diese Spinne und dieses Mondlicht zwischen den Bäumen, und ebenso dieser Augenblick und ich selber. Die ewige Sanduhr des Daseins wird immer wieder umgedreht – und du mit ihr, Stäubchen vom Staube!"[52]

Damit soll man an sich die Anfrage „willst du diess noch einmal und noch unzählige Male?" richten, welche „das grösste Schwergewicht" auf das menschliche Handeln legt. Der Mensch steht mit der Mahnung vor der Alternative, entweder mit der Sinnlosigkeit des Lebens in den Nihilismus als Zyniker zu geraten oder sich durch die Überwindung der décadence in seiner Göttlichkeit auf den schweren und unendlichen Weg zum Übermenschen zu bringen.[53]

In summa gilt der Zyniker als die extreme Darstellung des Verfalls des höheren Menschen. Darin besteht eben seine Rolle als Mahnung für diesen, um die décadence zu verhindern und die Selbstüberwindung zu verwirklichen. Der Zynismus erweist sich dann als eine Gefahr des Nihilismus beim höheren Menschen, wenn dieser kein Verständnis bei den durchschnittlichen Menschen findet und danach bloß Ekel und Verachtung vor ihnen empfindet. Solange der höhere Mensch, wie z. B. der tolle Mensch, mit seiner Wahrheit zu früh bei den Menschen ankommt, kann er dieser Gefahr nicht ausweichen. Er kann sich sogar nach dem Scheitern der kynischen Umwertung aller Werte in den Zyniker verwandeln. Und die Sinnlosigkeit nach dem Tod Gottes muss auch zuerst von den höheren Menschen verinnerlicht werden. Dann ist von einer neuen Sinngebung in der Perspektivität der Welt auszugehen, was voraussetzt, dass der höhere Mensch den zynischen Nihilismus überwindet. Als Prüfstein dafür dient bei Nietzsche offenkundig der Gedanke der ewigen Wiederkunft.

---

51 Salaquarda 2012, S. 56: „Der ‚Dämon' repräsentiert wohl eine innere Stimme, die in der Zurückgezogenheit der ‚einsamsten Einsamkeit' ausspricht, was sich in einem Menschen seit langem vorbereitet hat. Bisher unbewußt Gebliebenes läßt sich nicht mehr abdrängen, die Auseinandersetzung damit nicht mehr aufschieben." Und Salaquarda sieht auch, dass es sich bei dem Dämon „um einen inneren Gegner" (S. 59) handelt.
52 FW 341, KSA 3, S. 570.
53 Vgl. Salaquarda 1989. Salaquarda versteht damit den Dämon als „diejenige Instanz in einem Menschen, der bereits seine alten Bindungen abgeworfen hat und versuchend-experimentierend lebt, die ihn dazu ermuntert, einerseits nicht ziellos zu leben und dem Nihilismus zu verfallen, andererseits auch nicht an ein ihm vorgegebenes Ziel zu glauben, sondern sich sein eigenes, der Realisierung harrendes Selbst zum Ziel zu nehmen" (S. 330).

13 Zynismus als negativ extremster Nihilismus im Bewusstsein der ewigen Wiederkunft und dessen Überwindung im Übermenschen

Der Nihilismus gewinnt bei Nietzsche seine Vollendung und soll damit überwunden werden. Dies liegt nicht nur daran, dass Nietzsche den europäischen Nihilismus durch die Entlarvung der inneren Konsequenz der christlichen Moral an den Tag bringt, sondern auch daran, dass der Nihilismus seiner Philosophie des Willens zur Macht und des Perspektivismus immanent ist. Damit kommt die Doppelheit seiner Gedanken von und unter dem Nihilismus[1] zum Ausdruck, nämlich dass er einerseits durch die Darstellung des Nihilismus als katastrophale Folge der europäischen Werte und als dekadentes Symptom der Modernität auf die Notwendigkeit und Dringlichkeit der Umwertung aller Werte verweist. Andererseits kann er erst durch die Überwindung des Nihilismus, der als Schatten des toten Gottes aus seiner Umwertung resultiert und hinter seinem Perspektivismus verbirgt, den Ausweg aus dem Paradoxon seiner Philosophie finden.

Nach Nietzsche bedeutet der europäische Nihilismus, „daß die obersten Werthe sich entwerthen"[2]. Damit kommt unvermeidlich die Entwertung aller bisherigen Werte vor. Dies ist der wesentliche Charakterzug des Nihilismus.[3] Dabei verneint Nietzsche ausdrücklich die sozialen Notstände, die physiologische Entartung oder die geistige Korruption als Ursache des Nihilismus: „Noth, seelische, leibliche, intellektuelle Noth ist an sich durchaus nicht vermögend, Nihilismus d. h. die radikale Ablehnung von Werth, Sinn, Wünschbarkeit hervorzubringen"[4]. Vielmehr

---

[1] Zur Darstellung des Nihilismus in Nietzsches Philosophie vgl. Djurić 1980. Nach Djurić hat Nietzsche „sehr viel für die Sache der praktischen Selbstbesinnung unter den Bedingungen der Übermacht des nihilistischen Geistes getan" (S. 172).
[2] Nachlass 1887, KSA 12, 9[35], S. 350. Zur Quelle des Begriffs Nihilismus bei Nietzsche vgl. Kuhn 1984.
[3] Insofern kann ich die Ansicht von Gabriel 2020b, vor allem S. 86–93, nicht teilen, dass der Nihilismus Nietzsches die Auffassung sei, „dass in Wirklichkeit überhaupt nichts einen objektiven Wert hat, nicht einmal das Leben" (S. 86). Gabriel beschränkt sich dabei bloß auf die Paragrafen in GM und meint, dass Nietzsche einen Fehler bzw. die Äquivokation begeht. Er hält damit den Gedanken von Nietzsche, dass alle moralischen Werte erfunden sind, für falsch und unterstreicht dagegen ausdrücklich, dass es moralische Werte und Tatsachen an sich gibt. Aber in Nietzsches Metaphysik gibt es keine Tatsache, sondern bloß Interpretationen der Welt. Deswegen sind alle moralischen Werte auch unvermeidlich interpretatorisch. Auch wenn Gabriel dabei Recht hat, dass es objektive moralische Werte gibt, kann er den Nihilismus noch nicht widerlegen. Im Hinblick auf den Nihilismus bei Nietzsche kommt es vor allem auf die Entwertung der obersten Werte an, nicht darauf, ob es objektive Werte gibt. Aus den Tatsachen der moralischen Werte ist nicht abzuleiten, dass der oberste Wert oder das höchste Ziel der Menschheit gilt. Der Mensch kann sich ohne Zweifel moralisch verhalten, was allerdings nicht besagt, dass er den höchsten Zweck und Sinn im Leben hat. In dieser Hinsicht kann er auch ein Nihilist sein.
[4] Nachlass 1885/86, KSA 12, 2[127], S. 125.

https://doi.org/10.1515/9783110751413-014

besteht die Entwertung der Werte im Untergang der christlichen Moral, der sich als die Konsequenz des Christentums erweist.

Die christliche „Moral-Hypothese" liegt nach Nietzsche im Gegensatz zur Welt des Werdens und Vergehens. In der eigentlichen Welt der Zufälligkeit wird dem Menschen bloß eine Kleinheit zugeschrieben, da er auch ein Zufälliger ist, was zur Sinnlosigkeit des Lebens und somit zum praktischen und theoretischen Nihilismus führt. Dagegen wollte die christliche Moral den Menschen ein großes Gegenmittel bieten. Statt der Welt des Werdens, muss es insofern eine des Seins geben. Die christliche Moral verleiht den Menschen noch einen absoluten Wert, damit er den Sinn des Daseins erhält und aus der Verzweiflung herauskommt. Sie dient außerdem „den Advokaten Gottes, insofern sie der Welt trotz Leid und Übel den Charakter der Vollkommenheit"[5] lässt, zu der noch die Freiheit gehört. Damit scheint das Übel voller Sinn zu sein. Denn für den Menschen ist nicht das Leiden ein Problem, sondern der Sinn und das Ziel seines Leidens. „Die Sinnlosigkeit des Leidens, nicht das Leiden, war der Fluch, der bisher über der Menschheit ausgebreitet lag, – und das asketische Ideal bot ihr einen Sinn!"[6] Die christliche Moral setzt noch ein Wissen um die absoluten Werte für die Menschen an und lässt die adäquate Erkenntnis als die wichtigste gelten. Die von ihr mitgebrachten Werte, die Nietzsche als Vorteile betrachtet, können damit verhüten, dass der Mensch in der Verachtung seiner selbst am Leben verzweifelt. Der christlich-moralische Wert dient insofern als Erhaltungsmittel des Menschen.

Zwar hat die christliche Moral-Hypothese eine positive Bedeutung, weil sie einen absoluten Sinn als Grund des Daseins erfunden und die Menschheit aus dem ursprünglichen Nihilismus, d. h. dem Zustand des Mangels an Sinn bzw. der Vorgeschichte der Sinngebung, herausgeführt hat. Aber ihr Paradox liegt gerade in dem von ihr großgezogenen Wert der Wahrhaftigkeit begründet, die sich schließlich gegen sie selbst wendet und ihre Teleologie und interessierte Betrachtung als die „lange eingefleischte Verlogenheit [entdeckt], die man verzweifelt, von sich abzuthun". Diese Einsicht wirkt gerade als Stimulans und führt zu einem unlösbaren Konflikt.

> Wir constatiren jetzt Bedürfnisse an uns, gepflanzt durch die lange Moral-Interpretation, welche uns jetzt als Bedürfnisse zum Unwahren erscheinen: anderseits sind es die, an denen der Werth zu hängen scheint, derentwegen wir zu leben aushalten. Dieser Antagonismus, das was wir erkennen, nicht zu schätzen und das, was wir uns vorlügen möchten, nicht mehr schätzen zu dürfen: – ergiebt einen Auflösungsprozeß.[7]

Aber dieser Prozess geht nicht mit der Kritik der Aufklärung am Christentum einher, sondern erfasst „das Innerste des christlichen Gottesglaubens"[8].

---

5 Nachlass 1886/87, KSA 12, 5[71], S. 211.
6 GM III 28, KSA 5, S. 411.
7 Nachlass 1886/87, KSA 12, 5[71], S. 211–212. Nach Zittel 1995 ist dieser Auflösungsprozess „der fünfte Akt der Selbstaufhebungs-Tragödie" (S. 95).
8 Riedel 2000, S. 74.

Für Nietzsche ist die Moral als ein Gegenmittel gegen den ersten Nihilismus nicht ganz unentbehrlich. Er schreibt nämlich dem Leben die Ungewissheit, Zufälligkeit und Unsinnigkeit zu. Insofern ist die Ermäßigung des absoluten Wertes auch erträglich. Dagegen gilt „Gott" bloß als eine viel zu extreme Hypothese. Aber Nietzsche weist in dem Zusammenhang außerdem darauf hin, dass die extreme Position nur durch umgekehrte Extreme abgelöst werden kann. Deswegen muss „der Glaube an die absolute Immoralität der Natur, an die Zweck- und Sinnlosigkeit der psychologisch nothwendige Affekt" zum Ausdruck kommen. Er steht dem Glauben „an Gott und eine essentiell moralische Ordnung"[9] gegenüber und erscheint als eine Art von Nihilismus, dass man gegen den angeblichen Sinn im Übel und im Leben Misstrauen hegt. Dabei geht zwar bloß eine moralische Interpretation zugrunde. Aber mit der Undurchführbarkeit und Ungültigkeit einer Moral sind alle anderen Weltauslegungen auch verdächtig und falsch geworden. Insofern scheint sogar alles sinnlos und vergeblich zu sein.

> Das Mißtrauen gegen unsere früheren Werthschätzungen steigert sich bis zur Frage „sind nicht alle ‚Werthe' Lockmittel, mit denen die Komödie sich in die Länge zieht, aber durchaus nicht einer Lösung näher kommt?" Die Dauer, mit einem „Umsonst", ohne Ziel und Zweck, ist der lähmendste Gedanke, namentlich noch wenn man begreift, daß man gefoppt wird und doch ohne Macht ‹ist›, sich nicht foppen zu lassen.[10]

Der „lähmendste Gedanke" kann den Menschen leicht in Verzweiflung und Zynismus stürzen, sodass man als Ohnmächtiger von der nackten Wahrheit der Welt enttäuscht ist und danach alles mit Spott und Verachtung betrachtet.

Dieser Gedanke wird noch „in seiner furchtbarsten Form" gezeigt, nämlich, dass das Leben, das zwar ohne Sinn und Ziel ist, aber unvermeidlich immer wiederkehrt. So erweist sich „die ewige Wiederkehr" als „die extremste Form des Nihilismus", dass das Nichts bzw. das Sinnlose ewig ist.[11] In diesem Fall verliert man alle Heilmittel gegen die Verzweiflung und findet keinen Trost mehr.

Es ist außerdem bemerkenswert, dass der Verlust der Moral nach Nietzsche eher für die Schwachen als für die Starken schlimme Folgen hat. Die Schlechtweggekommenen werden normalerweise von den Starken niedergedrückt und ihre Ohnmacht gegenüber den Mächtigen generiert die Verzweiflung am Leben. Die Moral bietet ihnen Schutz vor den Gewalthabern und denunziert diese als Feinde der Gerechten. Dabei erhält ihr Leben einen Sinn, einen metaphysischen Wert, eine Ordnung und gerät nicht in den Nihilismus. Geht ihr Glaube an die Moral zugrunde, dann gerät der Sinn ihres Lebens mit dem Verlust des Trostes außer Kraft. Nach Nietzsche erweist sich das „Zu-Grunde-Gehen" als ein „Sich-zu-Grunde-Richten", als eine Selbstzerstörung, in der man alles auslöschen will. Im Nihilismus steckt die Zerstörungs-

---

9 Nachlass 1886/87, KSA 12, 5[71], S. 212.
10 Nachlass 1886/87, KSA 12, 5[71], S. 213.
11 Nachlass 1886/87, KSA 12, 5[71], S. 213.

lust, d. h., dass man das Nein nicht nur sagt, sondern auch tut. Dagegen können die Starken und Gesunden für Nietzsche den moralischen Nihilismus überwinden. Aber die Stärksten von ihnen sind nicht die Radikalsten, sondern die Mäßigsten.

> Welche werden sich als die Stärksten dabei erweisen? Die Mäßigsten, die, welche keine extremen Glaubenssätze nöthig haben, die, welche einen guten Theil Zufall, Unsinn nicht nur zugestehen, sondern lieben, die welche vom Menschen mit einer bedeutenden Ermäßigung seines Werthes denken können, ohne dadurch klein und schwach zu werden: die Reichsten an Gesundheit, die den meisten Malheurs gewachsen sind und deshalb sich vor den Malheurs nicht so fürchten – Menschen die ihrer Macht sicher sind, und die die erreichte Kraft des Menschen mit bewußtem Stolze repräsentiren.[12]

Der Nihilismus veranschaulicht insofern auch den physio-psychologischen Zustand der Menschen. Gemeint sind verschiedene Reaktionen auf die Tatsache der Wertlosigkeit und Zwecklosigkeit des Daseins und der Welt, weil die Menschen im Hinblick auf die psychologische Stärke und leibliche Gesundheit ungleich sind. So versteht es sich, dass verschiedene Arten von Nihilisten am Werk sind. Erst insofern kann die Rede von verschiedenen Formen des Nihilismus sein, der im Wesentlichen nur zwei Bedeutungen hat. Der erste Nihilismus wird als ursprünglicher und vorgeschichtlicher Zustand dahin gehend bezeichnet, dass die Menschheit sich dabei weder Werte noch Sinne noch Zwecke zugeschrieben hat, ganz zu schweigen von den obersten Werten und dem letzten Ziel. Derjenige Mensch wird deshalb als unbewusster Nihilist charakterisiert, der in Urzeiten in der Wüste der Sinngebung wohnte und für den die Öde des Daseins gar nicht infrage kam. Ein solcher Mensch als zeitlich erster Nihilist kommt nicht mehr vor, sobald er in der Zeit der Zivilisation, der Kultur oder in der moralisierten Welt lebt und mit den Werten und Sinnen des Lebens vertraut ist.

Der zweite und zwar letzte Nihilismus als „ein **normaler** Zustand"[13] in einer geschichtlichen Welt, die als ein kulturelles Zeichen mit Moralen, Werten, Sinnen und Zielen ausgerüstet worden ist, bedeutet die Entwertung der obersten Werte. Und erst in diesem Kontext ist die Differenzierung der verschiedenen Arten des Nihilismus von Belang. Denn es kommt dabei allein auf die Reaktionen der Menschen auf den Tod Gottes als Verlust des Unbedingten an. Der den Menschen vertraute und von ihnen festgehaltene Urgrund der Sinngebung ist nicht mehr zu finden. Die Vernunft-Kategorien verlieren als angeblich unhinterfragbare Maßstäbe auch ihre Absolutheit. Nach dem Auslöschen des ewigen Lichts und dem Niedergang des höchsten Ideals ist die Menschheit nun von Dunkelheit umgeben. Unter dieser Voraussetzung treten die Formen des Nihilismus und die verschiedenen Nihilisten in Erscheinung. Das Bewusstwerden des normalen Nihilismus steht nach Nietzsche im Verhältnis zu der physiologischen Kraft des Menschen.

---

12 Nachlass 1886/87, KSA 12, 5[71], S. 217.
13 Nachlass 1887, KSA 12, 9[35], S. 350.

Der Nihilism als normales Phänomen kann ein Symptom wachsender Stärke sein oder wachsender Schwäche.
theils daß die Kraft zu schaffen, zu wollen so gewachsen ist, daß sie diese Gesammt-Ausdeutungen und Sinn-Einlegungen nicht mehr braucht („nähere Aufgaben", Staat usw.)
theils, daß selbst die schöpferische Kraft, Sinn zu schaffen, nachläßt, und die Enttäuschung der herrschende Zustand ‹wird›. Die Unfähigkeit zum Glauben an einen „Sinn", der „Unglaube"[14]

In dieser Hinsicht sind vier Arten von Nihilisten[15] bzw. Nihilismus zu unterscheiden: der active, der aktive, der passive und der passivische Nihilismus.

Der active und aktive Nihilismus gelten als „Zeichen der gesteigerten Macht des Geistes". Der active Nihilismus steht für eine solche Stärke, dass die Kraft des Geistes so angewachsen ist, dass ihr „die bisherigen Ziele", die Überzeugungen und Glaubensartikel „unangemessen" sind. Aber der Nihilismus kann auch „ein Zeichen von nicht genügender Stärke" sein, dass man „nicht produktiv sich nun auch wieder ein Ziel, ein Warum? einen Glauben zu setzen" vermag. „Sein **Maximum** von relativer Kraft erreicht er als gewaltthätige Kraft der **Zerstörung**: als aktiver Nihilism."[16]

Dagegen repräsentieren der passive und passivische Nihilismus den „Niedergang und Rückgang der Macht des Geistes". Der passive Nihilismus ist ein Zeichen von Schwäche dahin gehend, dass der ermüdete erschöpfte Geist die bisherigen Ziele und Werte unangemessen findet und damit keinen Glauben mehr hat. Nach Nietzsche kann die Lösung der Synthesis der Werte und Ziele zum Krieg zwischen den einzelnen Werten, nämlich zur „Zersetzung", führen. Aber der extreme Fall des schwachen Geistes ist „der müde Nihilism, der nicht mehr angreift: seine berühmteste Form der Buddhismus: als passivischer Nihilism"[17]. Dieser steht nach Nietzsche im Gegensatz zu dem aktiven. Beide gelten als radikal physiologische Zustände des Menschen.

Außerdem existieren fünf Stufen des Nihilismus bezüglich der verschiedenen Reaktionen und Handlungsarten von Menschen auf den normalen Nihilismus: der unvollständige, der radikale, der vollkommene, der negativ extremste bzw. der zynische und der positiv extremste Nihilismus.[18]

---

14 Nachlass 1887, KSA 12, 9[60], S. 367.
15 Zur Einordnung einiger Nihilisten in die philosophische Anthropologie von Nietzsche vgl. Gillespie 1999. Es geht dabei allerdings lediglich um drei Arten des Nihilismus: active nihilism, passive nihilism, incomplete nihilism.
16 Nachlass 1887, KSA 12, 9[35], S. 350–351.
17 Nachlass 1887, KSA 12, 9[35], S. 351.
18 Zur anderen Typologie des Nihilismus bei Nietzsche vgl. Kuhn 1992, S. 244–250. Nach Kuhn „erscheint die den alten Werten innewohnende Logik ihrer Entwertung" „[a]ls unvollständiger, als vollkommener, als passiver, als aktiver, als radikaler und als extremster Nihilismus" (S. 244). Diese Logik erscheint mir nicht so deutlich. Außerdem vgl. Brock 2015, S. 288–311: a) unvollständiger und vollkommener Nihilismus, b) radikaler Nihilismus, c) extremer Nihilismus als progressive Form des Nihilismus, d) aktiver und passiver Nihilismus als zwei praktischen Formen des Nihilis-

Der unvollständige Nihilismus erweist sich als „die Versuche, dem N‹ihilismus› zu entgehn, ohne jene Werthe umzuwerthen: bringen das Gegentheil hervor, verschärfen das Problem"[19]. Der Mensch erkennt zwar den Tod Gottes und den Verlust der unbedingten Werte, aber er sucht noch Zuflucht bei der Wahrheit, um vor dem Nihilismus auszuweichen. Aber gerade die Wahrheit soll man auch umwerten und als einen alten metaphysischen Wert entlarven. Je mehr man an der Wahrheit hängt, desto zwangsläufiger gerät man illusionslos in die Verzweiflung. Denn die Wahrheit liegt für Nietzsche eben im Glauben an die christlich-moralischen Werte. Danach ist die Heraufkunft des vollständigen Nihilismus notwendig. In ihm ziehen die bisherigen Werte selbst „ihre letzte Folgerung" und damit vollendet sich „die zu Ende gedachte Logik unserer großen Werthe und Ideale"[20].

Als „eine Folge der großgezogenen ‚Wahrhaftigkeit'" und „somit selbst eine Folge des Glaubens an die Moral" fungiert der radikale Nihilismus.

> Der radikale Nihilismus ist die Überzeugung einer absoluten Unhaltbarkeit des Daseins, wenn es sich um die höchsten Werthe, die man anerkennt, ‹handelt›, hinzugerechnet die Einsicht, daß wir nicht das geringste Recht haben, ein Jenseits oder ein An-sich der Dinge anzusetzen, das „göttlich", das leibhafte Moral sei.[21]

Der Glaube an die Wahrheit und Moral führt gerade umgekehrt zum Verurteilen des Daseins, dass nämlich das Leben haltlos, sinnlos und wertlos ist. Insofern geht der radikale Nihilismus noch einen Schritt weiter als der unvollendete, indem er nicht nur die obersten Werte, sondern auch alle moralischen Werte verneint. Damit ist der radikale Nihilist ein Mensch, „welcher von der Welt, wie sie ist, urtheilt, sie sollte

---

mus und e) Nihilismus des gegenwärtigen und künftigen Umsonst. Leider hat Brock dabei nicht auf die innere Logik der Stufen des Nihilismus hingedeutet.
19 Nachlass 1887, KSA 12, 10[42], S. 476.
20 Nachlass 1887, KSA 13, 11[411], S. 190.
21 Nachlass 1887, KSA 12, 10[192], S. 571. Vgl. zur Interpretation des radikalen Nihilismus Brock 2015. Brock ist gegen die Interpretation des radikalen Nihilismus als Verneinung der moralischen Weltauslegungen. Aber meines Erachtens zeigt sich der radikale Nihilismus als die Entwertung aller moralischen Werte, nicht nur die der obersten Werte. Denn Nietzsche zeigt nicht nur die höchsten Werte, wie Brock herausgearbeitet hat, sondern die Moral überhaupt. Und der Glaube an die Moral sorgt für das Verneinen des Lebens: „Dies ist die Antinomie: so fern wir an die Moral glauben, verurtheilen wir das Dasein. / Die Logik des Pessimismus bis zum letzten **Nihilimus** [sic]: was treibt da? – Begriff der Werthlosigkeit, Sinnlosigkeit: in wiefern moralische Werthungen hinter allen sonstigen hohen Werthen stecken. / – Resultat: die moralischen Werthurtheile sind Verurtheilungen, Verneinungen, Moral ist die Abkehr vom Willen zum Dasein... / Problem: was ist aber die **Moral**?" (Nachlass 1887, KSA 12, 10[192], S. 571) Dabei ist offenkundig, dass Nietzsche mit dem radikalen Nihilismus hauptsächlich nach der Moral überhaupt fragen will. Und die absolute Unhaltbarkeit des Daseins im Hinblick auf die höchsten Werte bildet beim radikalen Nihilismus den Ausgangspunkt seiner Verneinung der Werte und der Wahrheit. Denn das Jenseits und das An-Sich der Dinge sind gerade die Gründe des Seins und damit der Wahrheit, der Moral und der Werte. Darin besteht eben die Radikalität dieses Nihilismus.

nicht sein und von der Welt, wie sie sein sollte, urtheilt, sie existirt nicht"[22]. Nietzsche bezeichnet das Pathos der Sinnlosigkeit als einen Nihilisten-Pathos, in dem die Inkonsequenz des Nihilisten offenkundig wird. Denn die Verneinung des Lebens muss zu dem Schluss gelangen, dass der Nihilist letztlich Verzicht auf sein eigenes Leben leistet. Aber er will das nicht ausführen und hält noch am Leben fest. Der radikale Nihilismus entspricht dabei der kynischen Philosophie Nietzsches, die von der Natur ohne Moral ausgegangen ist und die moralischen Werte der Welt als Gegebenheiten verleugnet. Er ist bei Nietzsche allerdings nur als Ausgangspunkt der Umwertung aller Werte zu verstehen.

Die weitere Erscheinungsform des Nihilismus ist der vollkommene Nihilismus. Der vollkommene Nihilist besitzt das Auge, „das ins Häßliche idealisirt, das Untreue übt gegen seine Erinnerungen". Er lässt seine Vergangenheit „fallen, sich entblättern" und schützt sie nicht mehr. Aber „was er gegen sich nicht übt, das übt er auch gegen die ganze Vergangenheit des M‹enschen› nicht"[23]. Insofern verhält sich der vollkommene Nihilismus nicht so restlos gegen das Leben wie der radikale. Er verneint sich selbst nicht und hat immer noch das Interesse am Dasein. Im Hinblick auf seine Angemessenheit sollte der vollkommene Nihilismus eigentlich nicht als eine weitere Form nach dem radikalen gelten. Denn die Entwertung der höchsten Werte muss schließlich dazu führen, dass das Leben selbst keinen Sinn und Wert mehr hat. Aber in dem vollkommenen Nihilismus gehört diese Radikalität der Weltansicht in der Tat zu der Vergangenheit. Man hat sie insofern überwunden, als man „den Nihilismus selbst schon in sich zu Ende gelebt hat" und ihn „hinter sich, unter sich, außer sich hat"[24]. In diesem Zusammenhang bezeichnet Nietzsche sich selbst als den ersten Nihilisten Europas und will mit der Lehre des Willens zur Macht bzw. mit der Durchführung der Umwertung aller Werte[25] „eine Gegenbewegung" zum Ausdruck bringen, „in Absicht auf Princip und Aufgabe: eine Bewegung, welche in irgend einer Zukunft jenen vollkommenen Nihilismus ablösen wird; welche ihn aber voraussetzt, logisch und psychologisch, welche schlechterdings nur auf ihn und aus ihm kommen kann"[26]. Erst nachdem man den Nihilismus durchlebt hat, kann man den Wert aller Werte, die Unentbehrlichkeit neuer Werte erkennen und damit diese schaffen.

---

[22] Nachlass 1887, KSA 12, 9[60], S. 366.
[23] Nachlass 1887, KSA 12, 10[43], S. 476.
[24] Nachlass 1887/88, KSA 13, 11[411], S. 190.
[25] Aber allein der Wille zur Macht kann den Nihilismus nicht überwinden, denn er dient bloß als neue Interpretation der Welt und nicht als höchster Wert. Deswegen stimme ich nicht mit Ibáñez-Noé 1996 überein. Nach Ibáñez-Noé ist der Wille zur Macht „the highest value" (S. 18) und „the unity of culture" gründet auf „the only available Foundation: the will to power itself" (S. 22). Aber in der Lehre des Willens zur Macht betont Nietzsche auch die Perspektivität der Werte. Vom Perspektivismus ist kein absoluter Wert abzuleiten. Außerdem vgl. zum vollkommenen Nihilismus als Umwertung aller Werte Born 2010, S. 167–169.
[26] Nachlass 1887/88, KSA 13, 11[411], S. 190.

Nach Nietzsche verfügt der vollkommene Nihilismus über drei psychologische Symptome, nämlich drei große Affekte: die große Verachtung, das große Mitleid und die große Zerstörung. Auch sein Kulminationspunkt erweist sich als „eine Lehre, welche gerade das Leben, das Ekel, Mitleid und die Lust zur Zerstörung rege macht, als absolut und ewig lehrt"[27]. Mit der zweifachen Haltung zum Leben, welche einerseits Verachtung und Verneinung und andererseits auch Bejahung und Förderung in sich einschließt, erweist sich der vollkommene Nihilismus als eine Synthese aus dem unvollständigen als These und dem radikalen als Antithese. Er verweist mit der wieder erworbenen Einsicht in die Notwendigkeit der Werte und der Sinngebung auf den möglichen Ausweg aus dem radikalen Nihilismus. Im Einklang mit dieser Stufe steht Nietzsches Philosophie des Willens zur Macht und des Perspektivismus. Für ihn ist es eine ontologische Tatsache, dass die Werte, die aus den perspektivischen Auslegungen der Machtquanten im ewigen Machtkampf stammen, der Menschheit immanent und nicht wegzuwerfen sind.

Die oben genannten drei Stufen entsprechen den ersten drei Perioden des europäischen Nihilismus, die sich in einem Entwurf „**Zur Geschichte des europäischen Nihilismus**" von Nietzsche finden. Der unvollständige Nihilismus gilt als „[d]ie Periode der **Unklarheit**", die versucht, „das Alte zu conserviren und das Neue nicht fahren zu lassen". „Die Periode der **Klarheit**" ist danach als der radikale Nihilismus zu verstehen. Zwar begreift man dabei den Gegensatz zwischen dem Alten und dem Neuen, erkennt die Geburt der alten Werte aus dem niedergehenden Leben und die der neuen aus dem aufsteigenden, findet keine Zuflucht mehr bei der Erkenntnis der Natur und der Geschichte, versteht auch die Lebensfeindlichkeit der alten Ideale, ist aber „lange nicht stark genug zu einem Neuen". Der Nihilist in dieser Periode steckt in der Radikalität seiner Kritik an allen Werten. Er ist allerdings nicht dazu in der Lage, neue Werte zu schaffen. Seine Unfähigkeit zum Ausweg aus der Zerstörung besteht eben darin, dass er die Affekte des Lebens nicht gutheißt. Insofern geht es dabei um die bloße Verneinung des Lebens. „Die Periode der **drei großen Affekte**"[28], nämlich der vollkommene Nihilismus, kommt als eine Aufwärtsbewegung des radikalen vor und erweist sich als dessen Überwindung.

Trotzdem kommt die Geschichte des Nihilismus nicht zum Ende. Im Anschluss an die Periode der drei Affekte steht „[d]ie Periode der **Katastrophe**". Dabei setzt sich nach Nietzsche eine Lehre ins Werk, „welche / die Menschen aussiebt... welche / die Schwachen zu Entschlüssen treibt / und ebenso die Starken"[29]. Und charakteristisch für die Katastrophe ist die Aussiebung der schwachen und starken Menschen. Darin treten die letzten beiden Arten des Nihilismus in Erscheinung, welche die gegensätzlichen Reaktionen der Schwachen und Starken widerspiegeln.

---

[27] Nachlass 1887/88, KSA 13, 11[149], S. 71.
[28] Nachlass 1887/88, KSA 13, 11[150], S. 71.
[29] Nachlass 1887/88, KSA 13, 11[150], S. 71.

Zunächst stellt sich allerdings die Frage, was mit der Katastrophe gemeint ist. Offenkundig ist, dass hier nicht auf eine natürliche oder soziale Katastrophe verwiesen wird. Es handelt sich vielmehr um die Katastrophe des Gedankens, deren Grundzug die ungeheure Unerträglichkeit für den Geist ist. Könnten die Menschen etwas sehr leicht ertragen und beherrschen, gilt es ihnen überhaupt nicht als eine Katastrophe. Damit versteht sich, dass die Katastrophe für Nietzsche als das größte Schwergewicht des Geistes zu verstehen ist, welches durch die Lehre der ewigen Wiederkunft zum Ausdruck kommt. Auch in der Periode der drei großen Affekte, nämlich auf der Stufe des vollkommenen Nihilismus, ist der Gedanke der ewigen Wiederkunft impliziert worden. Die kardinale Lehre darin gibt den Menschen bereits zu verstehen, dass das Leben absolut und ewig ist. Aber die Ewigkeit des Lebens gelangt erst im Gedanken der ewigen Wiederkunft zu ihrem Höhepunkt. Bei den letzten beiden Arten des Nihilismus handelt es sich eben um die Reaktion auf diesen katastrophalen Gedanken.

Der negativ und der positiv extremste Nihilismus bilden einen starken Gegensatz im Hinblick auf die Haltung zum Gedanken der ewigen Wiederkunft.[30] Der negativ extremste ist ein zynischer, der im Schatten jenes Gedankens den Ausweg aus der Sinnlosigkeit nicht zu finden vermag. Nach ihm ist das Leben sinnlos und bleibt auch der Versuch, der Welt einen Sinn zu vermitteln, vergeblich; das Umsonst müsse in gleicher Weise ewig wiederkommen, sofern die Welt ewig wiederkehrend ist. Er ist damit die extremste Art des radikalen Nihilismus. Der radikale Nihilist verlässt sich allein auf das Urteil, dass das Dasein weder Sinn noch Grund hat. Wenn er aber das Unternehmen des vollkommenen Nihilisten sieht, die Ewigkeit des Lebens zu lehren und damit neue Werte anzusetzen, und dies danach noch mit Spott als umsonst beurteilt, verwandelt er sich dann in den negativ extremsten bzw. zynischen Nihilisten. Insofern erweist sich der zynische Nihilismus als eine negative spöttische Reaktion des radikalen Nihilisten auf den furchtbarsten Gedanken der ewigen Wiederkehr: „das Nichts (das ‚Sinnlose') ewig!"[31] Er bleibt unter allen Umständen immer misstrauisch gegenüber jedem Versuch der Sinngebung und verneint unter der Herrschaft der Desillusion alle Möglichkeiten der Interpretation in Bezug auf Leben und Welt. Der zynische Nihilist gehört insofern zu den schwachen Menschen, als er gar nicht dazu in der Lage ist, das größte Schwergewicht des Geistes zu überwinden. Er unterliegt der Gewalt des Wiederkunftsgedankens und will noch verhindern, dass die starken Menschen durch die Einverleibung dieses Gedankens das Positive hervorbringen. Der Possenreißer und der Narr stellen ihren Zynismus deshalb dar, weil sie Zarathustras Lehren für vergeblich halten und ihn verspotten und zur décadence

---

30 Kuhn 1992 unterscheidet die zwei Arten des extremsten Nihilismus nicht, während Brock 2015 sie ausdrücklich in seiner Typologie des Nihilismus als „letzten nihilistischen Gedanken" (S. 308) ansieht. Der negativ extremste Nihilist wird zwar von Brock als „*Nihilist des gegenwärtigen und zukünftigen Umsonst*" (S. 310) bezeichnet. Aber der innere Zusammenhang zwischen beiden Arten wird nicht dargestellt.
31 Nachlass 1886/87, KSA 12, 5[71], S. 213.

verführen wollten. Aber sie zählen noch nicht zu den zynischen Nihilisten. Im Gegensatz dazu ist der Zwerg zweifellos ein zynischer Nihilist, weil er alles als umsonst verurteilt und Zarathustras Lehre verderben will.

Ganz im Gegenteil zeigt der positiv extremste Nihilismus seine Stärke gegenüber der Schwermut im Wiederkunftsgedanken und will das ewige Umsonst keineswegs aufnehmen, dessen letzte Konsequenz im Verzichtleisten auf jedwede Handlung und sogar auf das eigene Leben begründet liegt. Der starke Mensch stellt sich im Schatten der Sinnlosigkeit um der Zukunft des Daseins willen die Frage: „ist es so, daß ich es unzählige Male thun will?"[32] Sofern er sie mit einem Nein beantwortet, beginnt er schon, das größte Schwergewicht des Lebens zu ertragen. Er muss nämlich sein Leben bejahen, falls er nicht von dem zynischen Nihilismus zerrissen werden und diesen überwinden will. So springt der positiv extremste Nihilismus ins Auge.

> Daß es keine Wahrheit giebt; daß es keine absolute Beschaffenheit der Dinge, kein „Ding an sich" giebt
> – dies ist selbst ein Nihilism, und zwar der extremste. Er legt den Werth der Dinge gerade dahinein, daß diesem Werthe keine Realität entspricht und entsprach, sondern nur ein Symptom von Kraft auf Seiten der Werth-Ansetzer, eine Simplification zum Zweck des Lebens[33]

Der positiv extremste Nihilismus erkennt die absolute Wertlosigkeit der Welt und aller Dinge, hält jeden Glauben, jedes Für-wahr-Halten für notwendigerweise falsch, genauer formuliert, für nicht absolut wahr. Die wahre Welt ist ihm „ein perspektivischer Schein, dessen Herkunft in uns liegt"[34]. Aber eben darin sieht er die Unentbehrlichkeit der Wertsetzung des Menschen selbst, obwohl jede Schätzung bloß perspektivisch ausgerichtet ist. Den Sinn des Lebens will er aus dem Schaffen der Werte und aus der „Kunst der Transfiguration"[35] herausfinden, was nur durch die Überwindung der décadence und mit dem Mut der Verzweiflung erreicht werden kann, was in das Gefühl der Machtsteigerung eingebettet ist. Insofern orientiert sich der positiv extremste Nihilist an der Steigerung der Lebenskraft mit dem Ausblick auf den Übermenschen, denn in diesem ist die Inkarnation der höchsten Möglichkeit des Lebens und des obersten Sinns der Erde zu erkennen.

Daraufhin gehören die beiden Arten des extremsten Nihilismus zum Januskopf des Gedankens der ewigen Wiederkunft, an dem der Mensch auf die Stärke des Lebens geprüft wird. Mit der Einteilung der Menschen in zwei Gruppen zielt Nietzsche darauf ab, dass die Starken schließlich die Herrschaft über die Schwachen gewinnen.

---

[32] Nachlass 1881, KSA 9, 11[143], S. 496.
[33] Nachlass 1887, KSA 12, 9[35], S. 351–352.
[34] Nachlass 1887, KSA 12, 9[41], S. 354.
[35] Tongeren 2016, S. 144. Tongeren sieht dabei „die Kunst und namentlich die Musik" (S. 144) als die Lösung für die Problematik des Nihilismus bei Nietzsche an.

> Ich mache die große Probe: wer hält den Gedanken der ewigen Wiederkunft aus? – Wer zu vernichten ist mit dem Satz „es giebt keine Erlösung", der soll aussterben. Ich will Kriege, bei denen die Lebensmuthigen die Anderen vertreiben: diese Frage soll alle Bande auflösen und die Weltmüden hinaustreiben – ihr sollt sie ausstoßen, mit jeder Verachtung überschütten, oder in Irrenhäuser sperren, sie zur Verzweiflung treiben usw.[36]

Für Nietzsche muss nach dem Untergang der alten Rangordnung eine neue errichtet werden, die den Gradationen der Lebenskraft der Menschen entspricht. Dabei ist auch der zynische Nihilismus von dem positiv extremsten überwunden worden. Bemerkenswert ist, dass die letzte Art Nihilismus noch Nihilismus im Sinne der Zwecklosigkeit der Welt ist, obwohl sie positiv erscheint und den Versuch zu einer neuen Lebensform ermöglicht.

Beide Arten des extremsten Nihilismus erkennen den abgründlichen Gedanken an, dass alles notwendig ewig wiederkehrt oder wiederkommt. Weil der Gedanke in seiner dekadentesten und erhabensten Form zum Ausdruck kommt, ist er mit Blick auf die gegensätzlichen Haltungen des Menschen zu ihm jeweils als die ewige Wiederkehr und als die ewige Wiederkunft zu bezeichnen.[37] Gemeinsam ist beiden die als neutral erscheinende ewige Wiederholung, die allerdings der Frage nicht ausweichen kann, ob sie wirklich plausibel oder vielmehr ein von Hans Blumenberg genannter Mythos mit dem rhetorischen Wesen[38] oder bloß eine von Nietzsche geglaubte Mystik, wie bei Heraklit und den Stoikern[39], ist. Wird der Wiederkunftsgedanke eher als eine bloß wahnsinnige Fiktion denn als eine überzeugende „Wahrheit" betrachtet, verliert er ohne Zweifel seine Zwangskraft für die Menschen. Hält man ihn für eine falsche Hypothese und legt ihn somit gleichgültig beiseite, verharrt der Nihilismus noch auf der Stufe der Radikalität und kann nicht in den weiteren Erscheinungsformen überwunden werden. Um die Wirklichkeit und Plausibilität dieser Hypothese zu gewährleisten, muss Nietzsche dazu Beweise vorlegen. Er bringt das Problem offenkundig zum Bewusstsein und wollte den Wiederkunftsgedanken keineswegs als einen Deus ex machina vor das Auge der Menschen bringen, sondern mit den logischen Beweisen einen starken Zwang auf den Nihilisten ausüben, obwohl diese nur in seinen Notizen stehen und nicht in seinen Werken er-

---

[36] Nachlass 1884, KSA 11, 25[290], S. 85.
[37] Vgl. zur Unterscheidung der ewigen Wiederkehr als negativ von der ewigen Wiederkunft als positiv Skirl 2011. Nach Riedel 2012 gilt die ewige Wiederkehr als „gesetzlich notwendiger Zwang", die ewige Wiederkunft als „frei bejahte Erwartung des Gleichen" und beide „sind die äußersten Pole, die der Aufbau des Lehrbegriffs zwischen mechanistischer Physik und pantheistischer Metaphysik in Nietzsches Spätwerk umspannt" (S. 115). Aber es ist zu bemerken, dass die ewige Wiederkehr als negativ nicht die Lehre Zarathustras ist, denn mit ihr kann man das Leben keineswegs bejahen. Sie steht vielmehr für die negative Wirkung des Gedankens der ewigen Wiederholung auf den Menschen. Nach Skowron 2004 entspricht „die Wieder*kunft* dem ‚Aufgang', die Wieder*kehr* dagegen dem ‚Niedergang'" (S. 87).
[38] Vgl. zu Blumenbergs Kritik an Nietzsche Niehues-Pröbsting 2011, S. 198–199.
[39] Vgl. Djurić 1979.

schienen sind. Zuerst auf die damalige wissenschaftliche Wärmelehre hin bringt er seine Argumentation im Sinne der Kosmologie vor.

> Die Welt der Kräfte erleidet keine Verminderung: denn sonst wäre sie in der unendlichen Zeit schwach geworden und zu Grunde gegangen. Die Welt der Kräfte erleidet keinen Stillstand: denn sonst wäre er erreicht worden, und die Uhr des Daseins stünde still. Die Welt der Kräfte kommt also nie in ein Gleichgewicht, sie hat nie einen Augenblick der Ruhe, ihre Kraft und ihre Bewegung sind gleich groß für jede Zeit. Welchen Zustand diese Welt auch nur erreichen kann, sie muß ihn erreicht haben und nicht einmal, sondern unzählige Male.[40]

Dieser Beweis scheint nicht plausibel zu sein und ob Nietzsche damit zufrieden war, kann man auch nicht feststellen. Außerdem liefert er noch eine andere Argumentation für seine schwerste Lehre.

> Das Maaß der All-Kraft ist bestimmt, nichts „Unendliches": hüten wir uns vor solchen Ausschweifungen des Begriffs! Folglich ist die Zahl der Lagen Veränderungen Combinationen und Entwicklungen dieser Kraft, zwar ungeheuer groß und praktisch „unermeßlich", aber jedenfalls auch bestimmt und nicht unendlich. Wohl aber ist die Zeit, in der das All seine Kraft übt, unendlich d. h. die Kraft ist ewig gleich und ewig thätig: – bis diesen Augenblick ist schon eine Unendlichkeit abgelaufen, d. h. alle möglichen Entwicklungen müssen schon dagewesen sein. Folglich muß die augenblickliche Entwicklung eine Wiederholung sein und so die, welche sie gebar und die, welche aus ihr entsteht und so vorwärts und rückwärts weiter! Alles ist unzählige Male dagewesen, insofern die Gesammtlage aller Kräfte immer wiederkehrt.[41]

Die Beweisführung durch die endlichen Kombinationen der endlichen Kräfte in der unendlichen Zeit ist mehr oder weniger überzeugender als die durch die Wärmelehre. Trotzdem kann sie auch nicht als strikt wissenschaftliche Wahrheit gelten.[42]

Nietzsche hat wohl keinen Zweifel an der Beweisbarkeit der ewigen Wiederkunft. Denn in dieser Lehre bestehen gerade die Vollendung und somit die Überwindung des europäischen Nihilismus. Außerdem verfolgt er offenkundig nicht die Absicht, eine wissenschaftliche Theorie der Physik und Kosmologie hinzufügen. Sonst würden die beiden Beweise in seinen veröffentlichten Büchern vorkommen. Als Entwürfe sind sie schon im Jahr 1881 verfasst worden, als sich Nietzsche auf *Die fröhliche Wissenschaft* vorbereitete. Sie gehören nicht zu der Entstehungszeit des Willens zur Macht als Systemprogramm, auf das er später in dieser Fassung verzichtet hat. Sein Aufgeben der Erscheinung der beiden Beweise macht damit deutlich, dass es ihm weniger um eine naturwissenschaftliche Theorie als um eine philosophische Überzeugung oder Lehre geht.[43] Insofern lehrt Zarathustra bloß den Wiederkunftsge-

---

40 Nachlass 1881, KSA 9, 11[148], S. 498.
41 Nachlass 1881, KSA 9, 11[202], S. 523.
42 Zur Diskussion über die wissenschaftliche Wahrheit von Nietzsches Beweisen der ewigen Wiederkunft vgl. Sterling 1977. Ausführlicher noch Spiekermann 1988.
43 Abel 1982 deutet ausdrücklich darauf hin, dass „auch die wissenschaftlich-theoretisch durchsetzten Gedankenführungen Nietzsches zur Wiederkunftslehre kein *Beweis*argument, sondern ein *Überzeugungs*argument, ein persuasives Argument darstellen" (S. 383).

danken und hat dessen Beweise gar nicht im Sinn. Mit dieser Lehre wollte er den Menschen zwingen, in der nihilistischen Situation zu stehen, sodass dieser sich überlegen muss, wie er handeln würde, wenn er aus der Notwendigkeit der Wiederholung aller Dinge und Fälle nicht herausgehen kann. Nietzsche orientiert sich damit vor allem an der Entscheidung des Menschen zum Blühen des Lebens trotz des Schwergewichts.

> Prüfen wir, wie der Gedanke, daß sich etwas wiederholt, bis jetzt gewirkt hat (das Jahr z. B. oder periodische Krankheiten, Wachen und Schlafen usw.) Wenn die Kreis-Wiederholung auch nur eine Wahrscheinlichkeit oder Möglichkeit ist, auch der Gedanke einer Möglichkeit kann uns erschüttern und umgestalten, nicht nur Empfindungen oder bestimmte Erwartungen! Wie hat die Möglichkeit der ewigen Verdammniß gewirkt![44]

So liegt es auf der Hand, dass es der Hypothese der Wiederkunft im Wesentlichen auf ihre Wirkung der Erschütterung und der danach folgenden Umgestaltung bei den Menschen ankommt. Auch in seinem ersten Beweis spricht Nietzsche anschließend direkt zum Leser in der Anrede „du":

> Dein ganzes Leben wird wie eine Sanduhr immer wieder umgedreht werden und immer wieder auslaufen – eine große Minute Zeit dazwischen, bis alle Bedingungen, aus denen du geworden bist, im Kreislaufe der Welt, wieder zusammenkommen. Und dann findest du jeden Schmerz und jede Lust und jeden Freund und Feind und jede Hoffnung und jeden Irrthum und jeden Grashalm und jeden Sonnenblick wieder, den ganzen Zusammenhang aller Dinge.[45]

Deshalb dient für Nietzsche die Lehre der ewigen Wiederkunft als „das stärkste Mittel" zur Einverleibung „der Grundirrthümer", „der Leidenschaften", „des Wissens und des verzichtenden Wissens"[46]. Der Mensch ist ihm nach unschuldig und sollte sich für ein Experiment des Lebens halten. Mit der Wiederkunftslehre weist Nietzsche auf die „höchste Formel der Bejahung, die überhaupt erreicht werden kann"[47], auf das höchste Ziel des Lebens hin. Deswegen handelt es sich nicht um die naturwissenschaftliche Wahrheit dieser Lehre, sondern um deren Platzierung in Nietzsches Philosophie, vor allem um deren Verhältnis zu Nihilismus und Übermensch.[48]

---

[44] Nachlass 1881, KSA 9, 11[203], S. 523–524.
[45] Nachlass 1881, KSA 9, 11[148], S. 498.
[46] Nachlass 1881, KSA 9, 11[141], S. 494.
[47] EH, Also sprach Zarathustra 1, KSA 6, S. 335.
[48] Zu den Interpretationsansätzen der Wiederkunftslehre in Nietzsches Philosophie vgl. z. B. Müller-Lauter 1971. Er zeigt in Anlehnung an Heidegger: „Das Ja zur ewigen Wiederkehr konstituiert das In-der-Welt-sein des Übermenschen." (S. 159) Die gleiche Auffassung vertritt auch Magnus 1979, S. 374: „[E]ternal recurrence is emblematic of the attitude of *Übermenschlichkeit* and is the being-in-the-world of *Übermenschen*." Abel 1998 behauptet dagegen, dass „die Wiederkunftslehre den Übermenschen erfordert, – nicht umgekehrt", und liefert außerdem die „*geschehens-logische Deutung* der Wiederkunftslehre" (S. 261). Zur Interpretation der Wiederkunft im Hinblick auf „die große Politik" vgl. McIntyre 1996. Zur Wiederkunftslehre als innerer dialektischer Bewegung vgl. Dier 2001. Zur Interpretation der Wiederkunft als Konzeptualisierung von Verstandes- und Willensakten

Sofern man sich überzeugt in die Wiederkunftslehre verwickelt hat, muss man gründlich über die Möglichkeit der Sinngebung nachdenken. Dabei steht man vor der Alternative, entweder ein zynischer oder ein positiver Nihilist zu sein. Aber wo besteht die Möglichkeit, dass man gegenüber dem dunkelsten Gedanken noch die schwere, aber positive Entscheidung treffen kann und will, immer wieder sich selbst zu überwinden und sein Gefühl der Macht zu verstärken? Kehrt alles notwendigerweise ewig wieder, ist die Bejahung des Lebens nicht mehr nötig und sinnlos nach der Lehre: „so leben, daß du wünschen mußt, wieder zu leben ist die Aufgabe – du wirst es jedenfalls!"[49]

Aber bei Nietzsche darf nicht missverstanden werden, dass sich die ewige Wiederkunft des Gleichen ausschließlich auf die gleichen Kreisläufe der Welt, die Wiederholung der „Gesammtlage aller Kräfte" bezieht. Das heißt, nach den endlichen Kombinationen aller Kräfte kehren erst die gleichen Gesamtlagen wieder. Nietzsche zweifelt daran, dass „es in Einer Gesammtlage etwas Gleiches geben kann, z. B. zwei Blätter"[50], da dies ganz unnachweislich ist.

Zu konstatieren ist damit, dass die Welt in ewigen unendlichen Kreisläufen steht und dass es innerhalb des einen Kreislaufs nichts Gleiches gibt. Nur unter den Kreisläufen kann von dem Gleichen geredet werden. Es existieren nämlich nur gleiche Kreisläufe. Deswegen kommt die Wiederkunft des Gleichen innerhalb einer bestimmten Periode der Welt nicht vor. In einer Periode besteht keine Notwendigkeit der Wiederholung, sondern existieren zahlreiche Möglichkeiten der Zusammensetzung der Kräfte. So wird klar gemacht, dass der gegenwärtige Moment des menschlichen Lebens schon in vorigen Kreisläufen der Welt dagewesen ist und noch in späteren Kreisläufen unzählige Male wiederkehren wird. Das Modell der ewigen Wiederkunft des Gleichen lautet:

Weltkreislauf	ungleiche und endliche Kreisläufe				
	Minimalzustand	Zwischenstadium			Maximalzustand
gleiche und unendliche Kreisläufe	WKα	WKβ	WKγ	...	WKω
	WKα_1	WKβ_1	WKγ_1	...	WKω_1
	WKα_2	WKβ_2	WKγ_2	...	WKω_2
	WKα_3	WKβ_3	WKγ_3	...	WKω_3
	...	...	...	...	...

WKα und WKω stehen jeweils für Minimal- und Maximalzustand der Macht und zwischen beiden sind die zahlreichen, aber endlichen Zustände nicht gleich. Denn die unterschiedlichen Kombinationen aller Kräfte können ungleiche Machtzustände bil-

---

im Hinblick auf Erkenntnis und Lust vgl. Bornedal 2006. Zum Zusammenhang der Wiederkunft mit Typologie und Eschatologie vgl. Harst 2017.
49 Nachlass 1881, KSA 9, 11[163], S. 505.
50 Nachlass 1881, KSA 9, 11[202], S. 523.

den. Insofern machen alle Kreisläufe zwischen WKα als Tiefpunkt und WKω als Höhepunkt eine Reihenfolge der zunehmenden Machtzustände aus.

> – mechanistisch betrachtet, bleibt die Energie des Gesammt-werdens constant; ökonomisch betrachtet, steigt sie bis zu einem Höhepunkt und sinkt von ihm wieder herab in einem ewigen Kreislauf; dieser „Wille zur Macht" drückt sich in der Ausdeutung, in der Art des Kraftverbrauchs aus – Verwandlung der Energie in Leben und Leben in höchster Potenz erscheint demnach als Ziel.[51]

Dagegen sind in der senkrechten unendlichen Reihe alle Kreisläufe, z. B. WKα, WKα$_1$, WKα$_2$, WKα$_3$ usw., gleich. Das Modell der ewigen Wiederkunft enthält insofern zwei widersprüchliche Momente, Notwendigkeit und Möglichkeit.[52] Als Notwendigkeit erweist sich die Wiederkunft des gleichen Kreislaufs in der senkrechten Reihe. Dagegen ist die Möglichkeit in der horizontalen Reihenfolge zwischen ungleichen Kreisläufen zu erschließen. Gerade in dieser Hinsicht unterscheidet sich der negativ extremste Nihilist von dem positiv extremsten. Ersterer erkennt nur die Notwendigkeit des gleichen Kreislaufs der Welt, kann sie nicht ertragen und hält somit ausweglos alles für sinnlos, während Letzterer nicht bloß die Notwendigkeit aufnimmt, sondern auch die Möglichkeit der ungleichen Kreisläufe versteht. Für den Ersteren muss der Kreislauf, in dem er lebt, immer als der gleiche und bestimmte wiederkehren. Deshalb meint er, dass alle menschlichen Handlungen daran nichts verändern können. Im Gegensatz dazu betrachtet Letzterer den Kreislauf, in dem er lebt, als unbestimmt. Für ihn besteht die Möglichkeit, dass dieser Kreislauf schließlich zum Höhepunkt der Welt führt. Er ist davon überzeugt, dass selbst seine kleine Handlung zur Erhöhung des Machtzustands beitragen kann.

Auf die menschliche Welt als Wille zur Macht übertragen, kann WKα die Welt des letzten Menschen und WKω dagegen die des Übermenschen repräsentieren. Aber als Extremfälle sind die beiden Zustände zwar theoretisch möglich, aber praktisch kaum zu erreichen. Sie fungieren für den Menschen als zwei gegenseitige Orientierungsziele. Er kann sich bei der Einsicht in die Möglichkeit des Ungleichen entschließen, trotz des Schwergewichts des Wiederkunftsgedankens sein Leben immer höher zu steigern und zum Zweck des maximalen Machtzustands seine jetzige Handlung wünschenswert zu machen. Mit der Ungewissheit in einem notwendigen Kreislauf erhält der Mensch eben die Freiheit, furchtlos „[i]n Ketten [zu] tanzen"[53], sein Leben zu bejahen, seine Selbstüberwindung zu vollziehen und damit auf eine immer höhere Stufe des Lebens und der Kultur zu gelangen.

---

51 Nachlass 1887, KSA 12, 10[138], S. 535.
52 In Bezug auf die Konstellation von Notwendigkeit und Möglichkeit zeigt Gabriel 2018a, S. 81: „Was *möglich* ist, ist mindestens in einer möglichen Welt der Fall. Was *notwendig* ist, ist in allen möglichen Welten der Fall und damit natürlich auch wirklich, da es in unserer Welt der Fall ist. Was notwendig ist, ist natürlich auch möglich, da es ja in mindestens einer möglichen Welt der Fall ist, was nicht ausschließt, dass es in allen möglichen Welten der Fall ist."
53 MA II, WS 140, KSA 2, S. 612. Zur Tanzmetapher bei Nietzsche vgl. Sommer 2019.

Darin besteht der Sinn der Formel amor fati als Nietzsches „innerste Natur"[54], die das Schicksal liebt, das Dasein völlig bejaht, „das Nothwendige an den Dingen als das Schöne"[55] sieht und somit die Welt verklären will. Dadurch kennzeichnet sich auch seine Experimental-Philosophie.

> Eine solche Experimental-Philosophie, wie ich sie lebe, nimmt versuchsweise selbst die Möglichkeiten des grundsätzlichen Nihilismus vorweg: ohne daß damit gesagt wäre, daß sie bei einem Nein, bei einer Negation, bei einem Willen zum Nein stehen bliebe. Sie will vielmehr bis zum Umgekehrten hindurch – bis zu einem dionysischen Jasagen zur Welt, wie sie ist, ohne Abzug, Ausnahme und Auswahl – sie will den ewigen Kreislauf, – dieselben Dinge, dieselbe Logik und Unlogik der Knoten. Höchster Zustand, den ein Philosoph erreichen kann: dionysisch zum Dasein stehn –: meine Formel dafür ist amor fati ...[56]

Mit der Liebe zum Schicksal soll man stets nach dem Höheren streben, d. h. nach der Macht und nach „einem Maximal-Gefühl von Macht", welches für „den Gesamtcharakter des Daseins"[57] steht. Zudem existiert in jedem Kreislauf der Welt ein „Maximal-zustand", der als „eine Epoche" oder als Gott[58] bezeichnet werden kann. Insofern ist nicht zu verkennen, dass Nietzsche mit dem Wiederkunftsgedanken den Menschen dazu zwingen will, sich an dem Maximalzustand der Macht bzw. der höchsten Potenz des Lebens zu orientieren. Damit ermöglicht sich die höchste Selbstsinngebung des Menschen, obwohl nicht alle den Wiederkunftsgedanken ertragen können. Die davon betroffenen Schwachen könnten auch zum zynischen Nihilisten werden. Nietzsche ist sich darüber im Klaren, dass seine schwerste Lehre nur auf die Starken abzielt. In dieser Hinsicht gilt seine Philosophie als eine esoterische Lehre, die zwar für die Minderheit gilt, aber überhaupt keiner Geheimhaltung unterliegt.[59]

---

54 NW, Epilog 1, KSA 6, S. 436.
55 FW 276, KSA 3, S. 521.
56 Nachlass 1888, KSA 13, 16[32], S. 492. Zur Experimental-Philosophie Nietzsches vgl. Kaulbach 1980. Der Überwindung des Nihilismus gilt auch die Zusammenfassung: „Die ‚Experimentalphilosophie' Nietzsches wählt den Weg der Entfremdung und des radikalen Zweifels, um aus der Einsamkeit und Abgeschlossenheit sowie der radikalen Weltlosigkeit zurück zu einer gemeinsamen, im Experiment bewährten Weltinterpretation zu finden." (S. 157) Gerhardt 1988a führt insgesamt zehn Punkte der Experimental-Philosophie bei Nietzsche aus und verweist dabei ausdrücklich auf die Kunst als „das neunte Merkmal" (S. 181).
57 Nachlass 1888, KSA 13, 14[82], S. 262.
58 Nachlass 1887, KSA 12, 10[138], S. 535: „Die einzige Möglichkeit, einen Sinn für den Begriff ‚Gott' aufrecht zu erhalten, wäre: Gott, nicht als treibende Kraft, sondern Gott als Maximal-zustand, als eine Epoche... Ein Punkt in der Entwicklung des Willens zur Macht, aus dem sich ebenso sehr die Weiterentwicklung als das Vorher, das Bis-zu-ihm erklärt ..." Zum Gottesbegriff bei Nietzsche vgl. Margreiter 1991.
59 Strobel 1998 hat treffend gezeigt: „Mit ‚esoterisch' meint Nietzsche *nicht* eine wie auch immer geartete *Geheimhaltung*, sondern die Offenbarkeit eines Nichterkannten, eine *Einsicht*, die eine *schwer zugängliche Struktur* hat und deshalb *leicht überhört* wird." (S. 46)

Im Maximalzustand des Machtgefühls ergibt sich der Sinn des Lebens, was mit dem Übermenschen als „Sinn der Erde"[60] in *Zarathustra* identisch ist. Hat der Mensch diesen Zustand erreicht, gilt er ohne Zweifel als Übermensch und auch als Gott. So steht der Begriff Übermensch nicht im Widerspruch zum Wiederkunftsgedanken.[61] Denn die ewige Wiederkunft stellt die Kreisläufe der Welt dar, welche als Gesamtlage aller Kräfte immer gleich sind. Dabei gibt es zwar weder Höhepunkt noch Tiefpunkt im Hinblick auf die Gesamtheit der Kräfte, aber beim gesamten Machtzustand ist nicht so. Auch in jedem Kreislauf können Höhepunkt und Tiefpunkt vorkommen und erscheint der Höhepunkt der menschlichen Macht als Übermensch bzw. als Gott.

Mit der wiedergewonnenen höchsten Sinngebung des Daseins sind schließlich alle Arten des Nihilismus, in die der Zynismus ein unentbehrliches wichtiges Moment hineinbringt, überwunden worden. Danach sollte der freie Geist, der am Übermenschen als dem anzustrebenden Ideal seines Lebens festhält, eine neue Moral, die jenseits von Gut und Böse verortet ist und sich als Immoralismus manifestiert, zur Geltung kommen lassen, was das Endziel der Umwertung aller Werte ist.

---

[60] Za, Vorrede 3, KSA 4, S. 14.
[61] Löwith 1986 liest z. B. in der ewigen Wiederkunft keine Freiheit, sondern nur die Notwendigkeit. Aber in der Lehre des Übermenschen wird die Freiheit des Wollens hervorgehoben. Damit enthält Nietzsches Lehre nach Löwith „einen unvereinbaren Doppelsinn eines praktisch-moralischen Postulats und einer theoretischen Feststellung" (S. 92).

14 Die Herren-Moral als Raubtiernatur mit Vornehmheit: Cynismus als Synthese von Kynismus und Zynismus

Nach dem Tod Gottes herrscht unvermeidlich die Periode des Schattens als Nihilismus, da das einzige absolute Licht ausgelöscht ist. Im Schatten verhalten sich die Menschen jedoch in ganz unterschiedlicher Weise. Sie können Enttäuschung, Wut, Vernichtungslust, Hoffnung, Verzweiflung, Gleichgültigkeit oder Zynismus verspüren. Um den Nihilismus zum Äußersten zu treiben und damit zu vollenden und zu überwinden, stellt Nietzsche den Menschen die Wiederkunftslehre vor, nach der man sich für ein Leben entscheiden soll, welches immer wünschenswert ist. Damit kann man dem Verfall nach dem Verschwinden des Absoluten entkommen.

Aber man braucht im Wesentlichen für das Leben einen Sinn, wenn auch jeder Sinn bloß eine Perspektive darstellt. Dies sieht Nietzsche auch ein. Ohne eine Sinngebung steckt seine Philosophie selbst in einer Sackgasse, was endlich dazu führt, dass sie sich von dem zynischen Nihilismus nicht unterscheiden kann. Mit dem Perspektivismus bzw. der Perspektivität der Weltauslegung hat er aber nicht im Sinn, die Notwendigkeit der Perspektive für das menschliche Leben abzulehnen. Erst damit kann seine Philosophie sich die Legalität der Sinngebung verschaffen und den Ausweg aus dem Nihilismus finden.

Nach der Überwindung des Nihilismus hebt Nietzsche den Übermenschen als das Ideal des Menschen hervor und stellt ihn an die Stelle von Gott. Der Übermensch erweist sich als die „höchste Realität", denn „in einer unendlichen Ferne liegt alles das, was bisher gross am Menschen hiess, unter ihm"[1]. Auch Zarathustra lehrt, dass man statt Gott Übermensch sagen soll, „wenn man auf ferne Meere blickte"[2]. Der Übermensch ist der höchste Sinn des menschlichen Daseins, fällt wie ein „Blitz aus der dunklen Wolke Mensch". Insofern soll man nach dem Tod Gottes, dem Tod aller Götter und nach der Götzendämmerung den Wunsch verspüren, „dass der Übermensch lebe", was nach Zarathustra „unser letzter Wille" am großen Mittag ist.[3] In einem nachgelassenen Fragment, das in der Entstehungszeit des *Zarathustra* verfasst wurde, sagt Nietzsche oder lässt Zarathustra sagen: „Ich lebe, damit ich erkenne: ich will erkennen, damit der Übermensch lebe. / Wir experimentiren für

---

[1] EH, Also sprach Zarathustra 6, KSA 6, S. 344.
[2] Za II, Auf den glückseligen Inseln, KSA 4, S. 109. Insofern scheint mir die Interpretation von Schuhmann 2014 zu eng, dass der Übermensch als Ideal für ein postmodernes Individuum gelte und „sich für Nietzsche am Übergang von der Moderne zur Postmoderne" (S. 83) manifestiere. Schuhmann hat dabei übersehen, dass der Übermensch der Sinn der Erde, nämlich der Menschheit sei.
[3] Za, Vorrede 7, KSA 4, S. 23; Za IV, Vom höheren Menschen 2, S. 357; Za I, Von der schenkenden Tugend 3, S. 102.

ihn!"⁴ Dabei wird verdeutlicht, dass der Mensch sein Leben für ein Experiment halten soll, um den Übermenschen auf der Welt hervorzubringen, der als Maximalzustand der menschlichen Kraft immer durch die Steigerung der Macht bedingt ist, dessen Geburt die Selbstüberwindung der Menschheit voraussetzt.⁵

Dabei stellt sich die Frage, ob der Übermensch nichts anderes ist als Gott, wenn er als das höchste Ideal fungiert. Nach Nietzsche sind Übermensch und Gott nicht nur ungleich, sondern stehen auch im Gegensatz zueinander; jener ist ein Ziel, dem der Mensch sich immer nähern soll und kann,⁶ während dieser bloß eine höchste Instanz verkörpert, die jenseits der Welt positioniert ist; jener vermittelt dem Leben und der Welt völlige Bejahung, während dieser das irdische Leben verneint. Zwar verfügt der Übermensch über die höchste Macht, aber er beansprucht weder Allmächtigkeit noch Allwissenheit. In ihm sieht man sein zukünftiges Leben, entweder Übermensch zu werden oder sich ihm anzunähern oder mindestens ihn zu schaffen. Dies setzt die „größte Erhöhung des Kraft-Bewußtseins des Menschen"⁷, die Selbstüberwindung der Menschheit und die Erlösung von Ressentiment voraus. Damit erweist sich der Übermensch als „Bezeichnung eines Typus höchster Wohlgerathenheit, im Gegensatz zu ‚modernen' Menschen, zu ‚guten' Menschen, zu Christen und andren Nihilisten"⁸. Im Gegensatz zu Gott verfügt er außerdem über keine moralischen Sanktionsmöglichkeiten gegenüber den Menschen.

Um des Übermenschen willen sollen die Menschen sich immer „ungleicher"⁹ werden. Denn befinden sich alle in Gleichheit, dann besteht keine Möglichkeit zur Machtsteigerung. Und solange unterschiedliche Gradationen der Macht existieren, ist die Ungleichheit unter allen Umständen unvermeidlich. Mit ihr geht außerdem

---

4 Nachlass 1882/83, KSA 10, 4[224], S. 174.
5 Haase 1984 verweist auf die Dimensionen des Übermenschen: „Überwindung der Metaphysik: Übermensch als Sinn der Erde; Umwertung aller Werte: das Impfen mit dem Wahnsinn; die Gegenbewegung gegen den Nihilismus: die Überwindung des Menschen zugunsten des Übermenschen" (S. 236) und das Ziel, „auf das hin neue Wertsetzungen erfolgen sollen" (S. 237). Visser 1999 redet von dem Übermenschen als „dem höheren organischen System" (S. 109), in dem Künstler, Heiliger und Philosoph vereinigt sind. „Hier wird vom ‚Übermenschen' als einem höheren *Menschen*-Typus gesprochen, also nicht von etwas ganz anderem als dem Menschen, sondern von einem Typus, der sich vom Typus des *Durchschnitts-Menschen* unterscheidet." (S. 115) Aber mir scheint, dass der Übermensch als höchster Typus dabei mit einem anderen Typus des höheren Menschen vermischt worden ist. Magnus 1986 behauptet, dass der Übermensch oder die Übermenschlichkeit nicht als „a normative ideal" (S. 96) gelten soll. Aber Magnus macht nicht deutlich, wozu der Übermensch da ist und wieso man ihn noch erwünschen soll, falls er kein Ideal für die Sinnstiftung des Lebens ist.
6 Vgl. zur Kritik der idealistischen Deutung des Übermenschen Winteler 2010, S. 455: „Nietzsches höchster Typus Mensch zeichnet sich nicht nur dadurch aus, dass er die Realität so konzipiert, wie sie ist: der Übermensch selber verkörpert ein Ideal, das Realität werden kann." Insofern ist der Übermensch kein „idealistischer" Typus des Menschen.
7 Nachlass 1884, KSA 11, 26[283], S. 225.
8 EH, Warum ich so gute Bücher schreibe 1, KSA 6, S. 300.
9 Nachlass 1883, KSA 10, 12[43], S. 410: „Immer ungleicher sollen sich die Menschen werden – um des Übermenschen willen! – also will es meine Liebe selber!"

die Rangordnung unter den Menschen einher, in der der Übermensch an der Spitze steht. Im Gegensatz dazu reiht Nietzsche den letzten Menschen als die unterste Stufe in die Rangordnung ein. Insofern gibt es unter den Menschen, die zwischen den beiden Polen der Rangordnung tendieren, „zwei Bewegungen": die hin „zum letzten Menschen" als Niedergang und aber die hin „zum Übermenschen"[10] als Aufgang. Charakteristisch für jede Bewegung ist ihre dominante Moral, nämlich die Herren-Moral oder die Sklaven-Moral.[11]

Die beiden Moralen schließen sich aber in einer Gesellschaft meistens nicht aus. Nietzsche weist auch darauf hin, dass in einer höheren und gemischten Kultur immer der Versuch unternommen wird, beide Moralen zu vermitteln. In einer Person kann man auch das Durcheinander und Nebeneinander beider Moralen mit gegenseitigem Missverstehen finden. Da die Moral für die physio-psychologischen Zustände steht, können aus der Veränderung des Machtgefühls unterschiedliche Moralgefühle resultieren. Da sich die Menschen in einer Gesellschaft offenkundig in verschiedenartigen Machtzuständen befinden, kommen beide Moralen notwendigerweise miteinander in Kontakt.

Die beiden Moralen kennzeichnen zwei Typen von Menschen, die den Namen der Moral entsprechend als Herren und Sklaven bezeichnet werden. Die Herren-Moral soll nach Nietzsche in der Zukunft nach der Umwertung aller Werte ihre Dominanz auf der Welt ausüben. Dagegen ist die Sklaven-Moral nicht anders als die Moral der modernen Ideen und die des Christentums; sie kommt eigentlich unter „den Beherrschten, den Sklaven und Abhängigen jeden Grades" zustande. Weil die Schwachen, mit denen „die Vergewaltigten, Gedrückten, Leidenden, Unfreien, Ihrerselbst-Ungewissen und Müden" gemeint sind, ihr schmerzhaftes Leben unter der Unterdrückung der Starken erleichtern und aus ihrem Willen zur Macht Widerstand gegen diese leisten und sogar die Herrschaft über diese erlangen wollen, bringen sie ihre eigene Moral als Mittel dazu hervor. Zu ihren moralischen Kategorien zählt vor allem der Gegensatz zwischen gut und böse, altruistisch und egoistisch. Als böse gelten die Herrscher und Mächtigen, da sie den Schwachen Gefahr und Furcht verursacht haben. Dagegen werden „das Mitleiden, die gefällige hülfbereite Hand, das warme Herz, die Geduld, der Fleiss, die Demuth, die Freundlichkeit" für gute Eigenschaften gehalten. Unter den guten Menschen sind die Elenden, Armen, Ohnmächtigen, Niedrigen, Leidenden, Entbehrenden, Kranken und Hässlichen zu nennen. Dabei sieht Nietzsche die Motivation der Nützlichkeit in der Sklaven-Moral begründet, und zwar dahin gehend, dass das, was von ihr als gut verehrt wird, bloß dazu dient, „den Druck des Daseins auszuhalten". Der gute Mensch muss nach dieser Moral un-

---

10 Nachlass 1883, KSA 10, 16[49], S. 514.
11 Zur Übereinstimmung zwischen *Zarathustra* und den späteren Werkern, wie JGB und GM, in denen beide Arten von Moral dargestellt sind, vor allem in Bezug auf den Übermenschen vgl. Loeb 2005. Loeb zeigt: „Nietzsche's supposedly immature and discarded TSZ [Thus Spoke Zarathustra] concept of the Übermensch does indeed supersede his supposedly mature and final ideas in the second essay of GM." (S. 71)

gefährlich für andere sein: „[E]r ist gutmüthig, leicht zu betrügen, ein bischen dumm vielleicht, un bonhomme." Er muss sich außerdem immer mit Rücksicht auf die Urteile von anderen über ihn gut, nett und harmlos verhalten und erweist sich damit als „Sklave" der Meinungen. Deswegen steht das Prädikat „gut" für Nietzsche umgekehrt in der Nähe zum Wort „dumm".[12]

Die Sklaven-Moral gilt als Aufstand gegen die Starken, der aus dem Ressentiment stammt. Das Ressentiment zeigt sich bei denjenigen, „denen die eigentliche Reaktion, die der That versagt ist, die sich nur durch eine imaginäre Rache schadlos halten"; es macht den Menschen verneinend zu dem, was außerhalb seiner und anders als er ist; es ist allerdings nicht aktiv, sondern reaktiv; es bedarf äußerer Reize zur Aktion, welche jedoch „von Grund aus Reaktion"[13] ist. Da man in der Unfähigkeit zur aktiven Handlung steht, will man lediglich ein passivisches Glück, das „wesentlich als Narcose, Betäubung, Ruhe, Frieden, ‚Sabbat', Gemüths-Ausspannung und Gliederstrecken" fungiert. Insofern ist der Mensch des Ressentiments „weder aufrichtig, noch naiv, noch mit sich selber ehrlich und geradezu".[14] Und um der Sicherheit seines Lebens willen verfügt er auch mit großer Geschicklichkeit über die Fähigkeit zum Schweigen, Nichtvergessen, Warten, zum vorläufigen Sich-Verkleinern und Sich-Demütigen. Aufgrund dessen ist der tierhafte Mensch in der Sklaven-Moral klug und zivilisiert geworden.

Aber Nietzsche charakterisiert die Verbesserung des Menschen in dieser Moral eben als Zähmung. Denn als die Guten gelten bloß diejenigen, „welche so streng durch Sitte, Verehrung, Brauch, Dankbarkeit, noch mehr durch gegenseitige Bewachung, durch Eifersucht inter pares in Schranken gehalten sind", welche „im Ver-

---

12 JGB 260, KSA 5, S. 209–212.
13 Vgl. zur ausführlichen Darstellung von Aktion und Reaktion und zu der tragenden Rolle dieses Gegensatzes in GM Brusotti 1992, vor allem S. 82–90. Brusotti 2012b weist noch darauf hin, dass der Gegensatz zwischen reaktiv und aktiv später in den zwischen „sich ,(unmittelbar, ungehemmt) reagieren' und je nachdem ,nicht / schwer / langsam / spät reagieren'" (S. 107) übergeht. Und mit dem Wort in GD „die Unfähigkeit, auf einen Reiz nicht zu reagieren" stellt Brusotti fest, dass unmittelbares Reagieren später von Nietzsche verneint wird. „Deshalb führt GD unmittelbares Reagieren auf ein Unvermögen zurück – auf die Unfähigkeit, nicht zu reagieren." (S. 119) Aber von dieser scheinbaren Umkehrung ist m. E. nicht abzuleiten, dass Nietzsche die aktive Handlung nicht für Stärke hält. Diese Gegensätze gehören zu zwei Stufen. Der Gegensatz zwischen aktiv und reaktiv bezieht sich auf die Lebenskraft des Menschen: Überfluss oder Mangel an Kraft. Aber der Gegensatz zwischen unmittelbarer und langsamer Reaktion verweist auf eine andere Fähigkeit bzw. Selbstüberwindung. Die Unfähigkeit, auf einen Reiz nicht zu reagieren, ist als die Unfähigkeit zur Selbstüberwindung zu verstehen. Es sind dabei insgesamt zwei Fähigkeiten. Die erste Fähigkeit ist physiologischer Natur, aktiv auf einen Reiz zu reagieren. Die Reaktivität ist dagegen eine Unfähigkeit. Dann ist die zweite geistige Fähigkeit, aktiv bzw. im klaren Bewusstsein nicht ungehemmt auf einen Reiz zu reagieren, obwohl man die erste Fähigkeit besitzt. Die Unfähigkeit besteht darin, dass man seinen Trieb zum unmittelbaren Reagieren nicht überwinden kann. Dabei ist die Selbstüberwindung als ein geistig aktives Reagieren auf das physiologisch aktive Reagieren auf einen Reiz zu begreifen.
14 GM I 10, KSA 5, S. 270–272.

halten zu einander so erfinderisch in Rücksicht, Selbstbeherrschung, Zartsinn, Treue, Stolz und Freundschaft sich beweisen".[15] Die Sklaven-Moral macht nicht nur die Schwachen immer schwächer und kränker, sondern will auch das Raubtier Mensch auf eine widernatürliche Weise in ein Herdentier verwandeln.

> Von der Stärke verlangen, dass sie sich nicht als Stärke äussere, dass sie nicht ein Überwältigen-Wollen, ein Niederwerfen-Wollen, ein Herrwerden-Wollen, ein Durst nach Feinden und Widerständen und Triumphen sei, ist gerade so widersinnig als von der Schwäche verlangen, dass sie sich als Stärke äussere.[16]

Daraus ergibt sich die Sklaven-Moral als die Falschmünzerei der Natur und als die Selbstverlogenheit der Ohnmächtigen. Mit moralischem Gewand verkleiden und verklären sich die Schwachen „in den Prunk der entsagenden stillen abwartenden Tugend"[17]. Dabei wird der Mensch allerdings immer schwächer und verfällt endlich in den letzten Menschen.

So sieht Nietzsche die Notwendigkeit ein, die Herren-Moral durch das Ideal des Übermenschen hervorzuheben. Dieser Moral liegt die Natur des Menschen als der Wille zur Macht zugrunde. Der Mensch wird dabei eher als ein Raubtier denn als ein Haustier aufgefasst. Aber allein die Raubtiernatur kann die Menschheit deshalb noch nicht charakterisieren, weil das Raubtier kein Mensch, sondern ein bloßes Tier ist. Um über das grausame ungebildete Tier in sich hinauszukommen und den Weg der Machtsteigerung zum Übermenschen zu gehen, muss der Mensch über die Tugend verfügen, die Nietzsche als Vornehmheit bezeichnet.

Die Herren-Moral entsteht unter den starken Herrschenden, die von sich aus Werte schaffen und die Rangordnung nach dem Maß der Macht bestimmen. Diese „ritterlich-aristokratische[]" Wertungsweise mit Vornehmheit und Wahrhaftigkeit hat „zu ihrer Voraussetzung eine mächtige Leiblichkeit, eine blühende, reiche, selbst überschäumende Gesundheit, sammt dem, was deren Erhaltung bedingt, Krieg, Abenteuer, Jagd, Tanz, Kampfspiele und Alles überhaupt, was starkes, freies, frohgemuthes Handeln in sich schliesst". Damit gilt in der aristokratischen Moral die Formel „gut = vornehm = mächtig = schön = glücklich = gottgeliebt".[18] Aber eben die Vornehmen in der Herren-Moral werden von den Guten in der Sklaven-Moral umgekehrt als böse verurteilt.

Außerdem existiert bei den Herrschenden kein moralischer Gegensatz zwischen „gut" und „böse", sondern nur der zwischen „gut" und „schlecht", nämlich „vornehm" und „verächtlich". Die vornehmen Menschen qualifizieren ihre „erhobenen stolzen Zustände der Seele" als „gut" und verachten dagegen diejenigen, die in gegensätzlichen bzw. ohnmächtigen Zuständen leben:

---

15 GM I 11, KSA 5, S. 274.
16 GM I 13, KSA 5, S. 279.
17 GM I 13, KSA 5, S. 280.
18 GM I 7, KSA 5, S. 266–267.

> Verachtet wird der Feige, der Ängstliche, der Kleinliche, der an die enge Nützlichkeit Denkende; ebenso der Misstrauische mit seinem unfreien Blicke, der Sich-Erniedrigende, die Hunde-Art von Mensch, welche sich misshandeln lässt, der bettelnde Schmeichler, vor Allem der Lügner: – es ist ein Grundglaube aller Aristokraten, dass das gemeine Volk lügnerisch ist.[19]

Dagegen hält der vornehme Mensch sich für wahrhaftig. Aus der Wahrhaftigkeit seiner Selbstbezeichnung resultiert seine Moral, die zunächst für seine Vorstellung von sich als einem guten vornehmen Menschen steht und danach auf die Handlungen ausgelegt worden ist. Im Zeichen der Herren-Moral vollendet sich daraufhin eine Sinnverschiebung. Der vornehme Mensch, der sich als wertbestimmend und den Dingen Ehre verleihend fühlt, beurteilt das als an sich schädlich, was für ihn schädlich ist. Dagegen verehrt er alles, was er „an sich kennt". In dieser Moral stehen im Vordergrund vor allem die Selbstverherrlichung, das Gefühl der Fülle und der Macht, das Glück der hohen Spannung und das Bewusstsein eines Reichtums, welchen man sogar noch „schenken und abgeben möchte". Damit ist der vornehme Mensch gegenüber den Unglücklichen, den Schwachen keineswegs gleichgültig, sondern hilfsbereit, was sich allerdings kaum aus Mitleid, sondern aus dem Überfluss von der eigenen Macht ins Werk setzt. Insofern steht die Moral der Vornehmen im Gegensatz zu der der Bemitleidenden. Außerdem ehrt der vornehme Mensch in sich den Mächtigen und auch denjenigen, „welcher Macht über sich selbst hat, der zu reden und zu schweigen versteht, der mit Lust Strenge und Härte gegen sich übt und Ehrerbietung vor allem Strengen und Harten hat". Er glaubt an sich, ist stolz auf sich selbst, hegt eine Grundfeindschaft und Ironie gegen „Selbstlosigkeit" und schätzt das Mitgefühl sehr gering. Nach Nietzsche soll ein vornehmer Mensch in der Herren-Moral „nur innerhalb seines Gleichen" „die Fähigkeit und Pflicht zu langer Dankbarkeit und langer Rache", „die Feinheit in der Wiedervergeltung, das Begriffs-Raffinement in der Freundschaft" und „eine gewisse Notwendigkeit" der Feindschaft haben.[20]

Deswegen ist mit dem Gut in der Herren-Moral nicht unegoistisch gemeint, sondern vornehm, edel und seelisch privilegiert. Aber die Wertbezeichnung „schlecht" bedeutet auch nicht egoistisch, wie böse in der Sklaven-Moral, sondern „gemein", „pöbelhaft" und „niedrig", weil das Wort „schlecht" nach Nietzsche mit dem Wort „schlicht" identisch ist. Ursprünglich werde der schlichte bzw. der gemeine Mensch für „einfach im Gegensatz zum Vornehmen" gehalten.[21] In der Vornehmheit wird aber den Mächtigen nicht bloß das Privileg verliehen, sondern auch die unentbehrliche Tugend der Verantwortlichkeit.

---

[19] JGB 260, KSA 5, S. 209.
[20] JGB 260, KSA 5, S. 209–211.
[21] GM I 4, KSA 5, S. 261–262.

> Zeichen der Vornehmheit: nie daran denken, unsre Pflichten zu Pflichten für Jedermann herabzusetzen; die eigne Verantwortlichkeit nicht abgeben wollen, nicht theilen wollen; seine Vorrechte und deren Ausübung unter seine Pflichten rechnen.[22]

In der Einheit von Vorrechten und Pflichten kommt bei dem vornehmen Menschen das Pathos der Distanz zum Ausdruck, aus dem genauso wie aus dem Willen zur Macht man „das dauernde und dominirende Gesammt- und Grundgefühl einer höheren herrschenden Art im Verhältniss zu einer niederen Art, zu einem ‚Unten'"[23] erlangen will.

Als Pflicht des vornehmen Menschen erscheint noch die Kühnheit, die Nietzsche als sofortiges Ressentiment bezeichnet, das sich im Gegensatz zu der nachträglich imaginären Rache bei den Schwachen als eine eigentliche Aktion nach außen präsentiert. In der vornehmen Wertungsweise agiert man spontan auf den Reiz und sucht seinen „Gegensatz nur auf, um zu sich selber noch dankbarer, noch frohlockender Ja zu sagen". Durch die Überwindung seines Gegensatzes erhöht man das Machtgefühl und bejaht das Leben. Dabei spielt jedoch die Existenzbedingung als Sicherheit keine wesentliche Rolle. Denn das Ressentiment beim vornehmen Menschen ist dagegen

> etwa das tapfre Drauflosgehn, sei es auf die Gefahr, sei es auf den Feind, oder jene schwärmerische Plötzlichkeit von Zorn, Liebe, Ehrfurcht, Dankbarkeit und Rache, an der sich zu allen Zeiten die vornehmen Seelen wiedererkannt haben. Das Ressentiment des vornehmen Menschen selbst, wenn es an ihm auftritt, vollzieht und erschöpft sich nämlich in einer sofortigen Reaktion, es vergiftet darum nicht: andrerseits tritt es in unzähligen Fällen gar nicht auf, wo es bei allen Schwachen und Ohnmächtigen unvermeidlich ist. Seine Feinde, seine Unfälle, seine Unthaten selbst nicht lange ernst nehmen können – das ist das Zeichen starker voller Naturen, in denen ein Überschuss plastischer, nachbildender, ausheilender, auch vergessen machender Kraft ist [...].[24]

Insofern erweist sich das Ressentiment des Vornehmen als Kühnheit mit Lebensfülle, sodass man Gleichgültigkeit und Verachtung gegenüber der Sicherheit verspürt. In dem Zusammenhang weist Nietzsche mit Nachdruck darauf hin, „[a]uf dem Grunde aller dieser vornehmen Rassen ist das Raubthier, die prachtvolle nach Beute und Sieg lüstern schweifende blonde Bestie nicht zu verkennen". Er sieht die Notwendigkeit der Entladung für den Menschen, dass das Tier im Menschen „wieder heraus, wieder in die Wildnis zurück" muss.[25]

Nietzsche betrachtet im Wesentlichen die Herren-Moral als „die Zeichensprache der Wohlgerathenheit, des aufsteigenden Lebens, des Willens zur Macht als Princips des Lebens"[26]. Dass diese Moral die Welt verklärt, verschönt und auch ver-

---

22 JGB 272, KSA 5, S. 227.
23 GM I 2, KSA 5, S. 259.
24 GM I 10, KSA 5, S. 273.
25 GM I 11, KSA 5, S. 275.
26 WA, Epilog, KSA 5, S. 51.

nünftig macht, stimmt völlig mit dem Ideal des Übermenschen überein. Erst in ihr kann der starke Mensch stets die Möglichkeit nutzen, sich zum Übermenschen zu steigern. Aber dabei handelt es sich nicht um eine bloße Rückkehr zur Natur, sodass alles nur der Natur gemäß sein muss. Nietzsche hat auch ergänzt, dass sein Motto „Rückkehr zur Natur" nicht auf ein Zurückgehen, sondern auf ein Hinaufkommen zielt. Deshalb fügt er der menschlichen Natur die Vornehmheit als Tugend und den Übermenschen als Ziel hinzu. Das Raubtier Mensch erhebt sich endlich in ein höheres Leben mit großem Sinn.

Daraus ist zu schlussfolgern, dass die mit dem Kynismus beginnende Philosophie Nietzsches, namentlich die von der menschlichen und natürlichen Natur ausgehende Umwertung aller Werte, nach der Radikalisierung und dem Verfall in den Zynismus, aber trotzdem mit der Vollendung und der Überwindung des Nihilismus am Ende in einer höheren Form als Cynismus wiederkehrt. Insofern gilt der Cynismus als Synthese von Kynismus und Zynismus.

Mit der Welt als Natur und der physio-psychologischen Analyse der menschlichen Natur anfangend, gilt die Umwertung aller Werte mehr oder weniger als eine Umkehr der platonischen und christlichen Weltansicht. Insofern verhält sie sich genauso wie die Feindschaft des Kynikers Diogenes gegenüber Platon. Diogenes lehnt die Ideen von Platon entschieden ab und legt den Wert eher auf das leibliche Leben als auf die Seele. Es gibt für ihn keine unsterbliche Seele. Es liegt auf der Hand, dass er eine Umkehrung des Idealismus Platons durchführen will, und zwar mit der Metapher, dass „das Untere zuoberst gekehrt werden wird"[27]. Nietzsche selbst hat schon in seiner Basler Zeit eingestanden, dass seine Philosophie ein „**umgedrehter Platonismus**"[28] ist.

Nietzsches kynische Philosophie als Umwertung aller Werte macht zunächst alle Werte wertlos. Jeder Wert stammt bloß aus der Auslegung des Machtquantums im Willen zur Macht und jedes Machtquantum tendiert zur Verabsolutierung seiner Auslegung, indem es über die anderen im Machtkampf Herr wird. Aus der Perspektivität jeder Wertung heraus setzt Nietzsche den Anspruch auf die Absolutheit und die einzige Wahrheit eines Machtquantums herab. Damit verschwindet das Absolute und es entwerten sich die obersten Werte. Dann tritt der Nihilismus in Erscheinung, der einerseits den inneren Widerspruch der christlichen Moral und andererseits die Konsequenz des Perspektivismus Nietzsches darstellt. Im Nihilismus ist der Zynismus als die negativ extremste Form zu begreifen, der sich noch als der Verfall des Kynismus erweist. Erst nach der Überwindung des Nihilismus durch die Wiederkunftslehre ist eine neue Sinngebung zu verschaffen, in der ein neues Ideal als Über-

---

27 Diogenes Laertius VI 32, S. 293.
28 Nachlass 1870/71, KSA 7, 7[156], S. 199. Im Hinblick auf das Allgemeine und das Einzelne zeigt Gabriel 2014 einen tiefen Gegensatz zwischen Platon und Nietzsche: „Während Platon die Erscheinung, d. h. die Einzelfälle, das Einzelne, als Simulakrum des Allgemeinen, des Begriffs, auffaßt, hat Nietzsche deutlich gesehen, daß das Allgemeine ein Simulakrum des Einzelnen ist: Die Einzelfälle bestimmen das Allgemeine und nicht umgekehrt." (S. 328)

mensch hervorgebracht wird und sich die Umwertung aller Werte vollendet. Der Mensch, der sein Dasein am Übermenschen orientiert, soll die Herren-Moral mit Vornehmheit verkörpern und mit Blick auf die Machtsteigerung unaufhörlich nach der Selbstüberwindung und der Erweiterung seiner eigenen Perspektive streben. Sein Leben soll wie ein Experiment ohne ein endgültiges Ergebnis stets auf dem Weg sein.

Der Cynismus bei Nietzsche überwindet letztlich sowohl den Zynismus als auch den Kynismus. Im Kynismus dient die Tugend zum Erreichen des Glücks, die Nietzsche aber „allein aus *dem lebendigen Selbstbezug des Menschen* zu gewinnen"[29] versucht und „ins Vornehme übersetzt"[30]. Der Immoralismus bei Nietzsche ist keineswegs unmoralisch oder „moralneutral"[31], sondern eine vornehme Moral mit individuellem Gesetz oder eine Tugendethik aufgrund einer naturgemäßen Rangordnung.

Insofern versteht sich die Tatsache, dass Nietzsche die Cyniker samt den Versuchern und den Eroberern zu den „neue[n] Barbaren" zählt, die in der Zeit, in der man „immer nur die schwächenden verzärtelnden verkränkelnden Wirkungen des Geistes" sieht, als „Vereinigung der geistigen Überlegenheit mit Wohlbefinden und Überschuß von Kräften" daherkommen.[32] Die Cyniker verfügen als neue Barbaren über eine Überfülle sowohl an Geist als auch an Leib und kennzeichnen sich durch das Bewusstsein der Unschuld im Vergleich zu den altmoralischen Menschen. Damit ist der Cynismus für die Menschen auf dem Weg zur Größe unentbehrlich, was Nietzsche nicht nur einmal betont hat. „Große Dinge verlangen, daß man von ihnen schweigt oder groß redet: groß, das heißt cynisch und mit Unschuld."[33]

Als dialektisch gilt das Wort „groß" beim späten Nietzsche.[34] Für ihn muss man die große Gesundheit erst dann erhalten, wenn man von langer Krankheit genesen

---

29 Gerhardt 2011d, S. 220.
30 Nachlass 1888, KSA 13, 12[1], S. 204.
31 Gerhardt 2011e, S. 239.
32 Nachlass 1885, KSA 11, 35[28], S. 520–521.
33 Nachlass 1887/88, KSA 13, 11[411], S. 189 und Nachlass 1888, KSA 13, 15[118], S. 477. Außerdem gibt es noch eine wenig veränderte Formulierung: „Große Dinge verlangen, daß man von ihnen schweigt oder groß redet: groß, das heißt mit Unschuld, – cynisch." (Nachlass 1888, KSA 13, 18 [12], S. 535)
34 Vgl. zu den Bedeutungen des Wortes „groß" bei Nietzsche Stegmaier 2012a. Stegmaier verweist auf drei Bedeutungen von „groß": „Er [Nietzsche] gebrauchte das Prädikat ‚groß' tausende Male in seinem Werk, weithin (a) im gewohnten Sinn, dem pragmatisch messenden oder quantitativen von ‚mehr als üblich', ‚überragend', häufig auch (b) in dem emphatisch wertenden oder qualitativen von ‚eindrucksvoller', ‚wirkungsvoller', ‚bedeutsamer als üblich'. ‚Große Menschen' in diesem Sinn setzen Maßstäbe. Im späten Werk kommt (c) ein dritter, dialektischer Sinn hinzu. Danach ist groß, was auch noch seinen Gegensatz, der es negiert, einbeziehen, für sich fruchtbar machen und sich dadurch steigern kann [...]." (S. 29) Nach Akiyama 1974 bedeutet das Adjektiv „groß" bei Nietzsche „nicht ein Übermaß, sondern eine synthetische Einheit verschiedener Gegensätze" (S. 108). Aber im Hinblick auf den dialektischen Sinn kommt nicht nur der Gegensatz vor, sondern auch der Verfall.

ist. Dabei ist die eigentliche Gesundheit vor der Krankheit bloß ein normaler Zustand, der als These zu begreifen ist. Die Krankheit erweist sich als Verfall des Menschen hinsichtlich seiner Gesundheit und somit als Antithese. Nach der Überwindung der décadence erscheint die wiedergewonnene große Gesundheit als Synthese. Sie ist „eine solche, welche man nicht nur hat, sondern auch beständig noch erwirbt und erwerben muss, weil man sie immer wieder preisgiebt, preisgeben muss!"[35] Auch der große Mittag kommt erst nach dem Löschen des Lichts zustande, was eine Dialektik des Lichts zeigt. Gott beleuchtet eigentlich als die einzige Quelle des Lichts und der Vernunft die Welt und die Menschheit, was als These gilt. Aber er wird aufgrund der Wahrhaftigkeit der Vernunft endlich als Nichts entlarvt. Dabei werden Vernunft und Wahrheit in der Dunkelheit des Leibes zerlegt. Dann kommt der Nihilismus als Schatten nach dem Tod Gottes vor. Dies ist als Antithese zu begreifen. Nach der Überwindung des Nihilismus kommt der große Mittag als „Augenblick des kürzesten Schattens", als „Ende des längsten Irrthums" und als „Höhepunkt der Menschheit"[36]. So gilt er als Synthese von Licht und Schatten. Dialektisch gilt dies auch für den Cynismus, der von Nietzsche sogar als „das Höchste, was auf Erden erreicht werden kann"[37], angepriesen wird. Im Cynismus bei Nietzsche sind sowohl der Kynismus, der im Ernst dem Leben einen naturgemäßen Sinn zuschreibt, als auch der Zynismus, der mit dem Verlust der Ernsthaftigkeit nur Sinnlosigkeit der Welt kennt, am Ende durch eine neue Sinngebung aufgehoben worden, womit ein großer Ernst wiederkehrt.

---

[35] FW 382, KSA 3, S. 636.
[36] GD, Wie die „wahre Welt" endlich zur Fabel wurde. KSA 6, S. 81.
[37] EH, Warum ich so gute Bücher schreibe 3, KSA 6, S. 302.

15 Der „Cyniker" in *Ecce homo*: Eine cynische Selbstentlarvung

Von der cynischen Philosophie Nietzsches soll nun der Blick auf die Person selbst geworfen werden. Dabei stellt sich die letzte Frage, ob und inwiefern man den Philosophen Nietzsche als Cyniker verstehen kann. Oder bezeichnet er sich wirklich ernsthaft als einen Cyniker? In *Die fröhliche Wissenschaft* redet er als ein Cyniker von seinen Einwänden gegen die Musik Wagners, die ihm physiologisches Unbehagen bereitet, die ihn kurzatmig, seinen Fuß böse und revoltierend macht, die sein „Bedürfniss nach Takt, Tanz, Marsch" gar nicht befriedigen kann. Sein Magen, Herz, Blutkreislauf und Eingeweide protestieren auch gegen diese Musik, sodass er unvermerkt heiser wird.

> Und so frage ich mich: was will eigentlich mein ganzer Leib von der Musik überhaupt? Ich glaube, seine Erleichterung: wie als ob alle animalischen Funktionen durch leichte kühne ausgelassne selbstgewisse Rhythmen beschleunigt werden sollten; wie als ob das eherne, das bleierne Leben durch goldene gute zärtliche Harmonien vergoldet werden sollte.[1]

Dabei sind seine Wünsche, nämlich die Erleichterung des Leibes, die Beschleunigung aller animalischen Funktionen und die Vergoldung des Lebens, offenkundig cynisch, was seiner Philosophie völlig entspricht. Deswegen darf seine Selbstbezeichnung als Cyniker nicht übersehen und unterschätzt werden. Außerdem betont er an einer anderen Stelle aus seiner eigenen Erfahrung heraus die Notwendigkeit des Cynismus zur Abwehr der Verführung durch die Musik Wagners als einer Krankheit. „Man muss Cyniker sein, um hier nicht verführt zu werden, man muss beissen können, um hier nicht anzubeten. Wohlan, alter Verführer! Der Cyniker warnt dich – cave canem..."[2] Im Gegensatz zu Wagner lobt er Bizet ausdrücklich dafür, dass dieser die Liebe „in die Natur" zurückübersetzt hat. Dabei bezieht er das Wort „cynisch" auf die Natur: „Nicht die Liebe einer ‚höheren Jungfrau'! Keine Senta-Sentimentalität! Sondern die Liebe als Fatum, als Fatalität, cynisch, unschuldig, grausam – und eben darin Natur!"[3] Weiter äußert er, „wir sind cynisch selbst gegen diese Verlogenheit und Romantik des ‚schönen Gefühls'"[4], namentlich die Vergötterung der Liebe. In summa ist festzustellen, dass Nietzsche im Hinblick auf seine Bejahung der Natur, des Leibes und Lebens eher mit dem antiken Kyniker als mit dem Zyniker übereinstimmt.

---

1 FW 368, KSA 3, S. 617. Der Aphorismus beginnt mit der Überschrift „Der Cyniker redet".
2 WA, Nachschrift, KSA 6, S. 43–44. Zur Interpretation der Dreiecksgeschichte in *Carmen* als Metapher für Nietzsches eigene Lebenskonstellation im Umkreis von Wagner vgl. Scheib 2008.
3 WA, Turiner Brief vom Mai 1888, KSA 6, S. 15. Zu Nietzsches Carmen-Rezeption vgl. Lorenz 2005. Lorenz zeigt dabei treffend, dass „Leib als Zentralinstanz" (S. 40) in Nietzsches Metaphysik-Kritik fungiert.
4 Nachlass 1888, KSA 13, 15[14], S. 414.

https://doi.org/10.1515/9783110751413-016

Aber in Nietzsche ist nicht nur der Kyniker zu finden, sondern auch der Zyniker. Dabei verkörpert der Zyniker die Narrheit, die psychologische Entlarvung der Werte und der Menschen und die Unverschämtheit mit Provokation. So sollen sich die Philosophen nach Nietzsche als Zyniker bzw. unangenehme Narren[5] betrachten und vor die wichtige Aufgabe gestellt sehen, boshaft ihre Zeit und deren Werte zu entlarven.

> Es will mir immer mehr so scheinen, dass der Philosoph als ein nothwendiger Mensch des Morgens und Übermorgens sich jederzeit mit seinem Heute in Widerspruch befunden hat und befinden musste: sein Feind war jedes Mal das Ideal von Heute. Bisher haben alle diese ausserordentlichen Förderer des Menschen, welche man Philosophen nennt, und die sich selbst selten als Freunde der Weisheit, sondern eher als unangenehme Narren und gefährliche Fragezeichen fühlten –, ihre Aufgabe, ihre harte, ungewollte, unabweisliche Aufgabe, endlich aber die Grösse ihrer Aufgabe darin gefunden, das böse Gewissen ihrer Zeit zu sein. Indem sie gerade den Tugenden der Zeit das Messer vivisektorisch auf die Brust setzten, verriethen sie, was ihr eignes Geheimniss war: um eine neue Grösse des Menschen zu wissen, um einen neuen ungegangenen Weg zu seiner Vergrösserung.[6]

Die Philosophen sollen sich zynisch gegenüber den Menschen verhalten, indem sie eine Vivisektion ihrer Zeit mit hartem Herz durchführen. Aber dies ist nicht ihr endgültiges Ziel, da sie auch dazu gezwungen sind, „die Grösse des Menschen, den Begriff ‚Grösse' gerade in seine Umfänglichkeit und Vielfältigkeit, in seine Ganzheit im Vielen zu setzen"[7]. Sie sollen den Wert und Rang im Hinblick auf die Fähigkeit des Menschen zum Tragen der Verantwortlichkeit neu bestimmen. Zu dem Begriff „Größe" gehören die Stärke des Willens, die „Härte und Fähigkeit zu langen Entschliessungen" und die Vornehmheit. Insofern fungiert der Zynismus als ein Mittel zur Kritik an den heuchelnden Tugenden und als Provokation gegen die Zeitgenossen, damit sie die umgewertete Größe ernst nehmen und anstreben. Hinter ihm steckt der große Ernst des Philosophen, um die Herren-Moral die Oberhand gewinnen zu lassen. Daraus ist zu schlussfolgern, dass der Zynismus im großen Ernst des Cynismus aufgehoben ist.

Insofern hat der Cyniker Nietzsche sowohl den Charakter des Kynikers als auch den des Zynikers in sich vereinigt. Er strebt einerseits die große Gesundheit des Leibes an und stellt anderseits durch die Provokation die neue Sinngebung des Daseins und die vornehme Moral dar, indem er in zynischer Weise den Nihilismus durch den Wiederkunftsgedanken überwindet.

---

5 Vgl. zu einer gegensätzlichen Auslegung des Narrentums bei Nietzsche Bröcker 1972. Nach Bröcker ist Nietzsches Lehre von dem Willen zur Macht, der ewigen Wiederkunft und dem Übermenschen als Sinn der Erde bloße „Narrheit" „ohne Beweis und ohne Wahrheit". Nietzsche falle in diese Narrheit „nicht, weil er ein Narr sein oder den Narren spielen will, sondern gegen seinen Willen, als Opfer seiner philosophischen Unbildung" (S. 142). Das scheint mir aber gar nicht zutreffend zu sein. Denn bei Nietzsche steckt der große Ernst in der Maske eines Narren.
6 JGB 212, KSA 5, S. 145–146.
7 JGB 212, KSA 5, S. 146.

Ebenfalls bemerkenswert ist, dass der Zynismus lediglich die anderen, jedoch nicht sich selbst physio-psychologisch entlarvt. Aber in dem überwundenen Zynismus als Cynismus kommt nicht bloß die Entlarvung anderer Menschen vor, sondern auch die Selbstentlarvung. Die Unverschämtheit zielt nicht nur nach außen, sondern auch nach innen. Ein Psychologe nämlich, der andere mit Psychoanalyse behandelt, übt am Ende auch an sich selbst die Psychotherapie aus. Insofern beschreibt Nietzsche sich in seiner Autobiografie *Ecce homo* absichtlich „mit einem Cynismus, der welthistorisch werden wird", und bezeichnet sich sogar als „Untier".[8] Damit kann die Autobiografie als „Kristallisationspunkt", als „Schlüssel zum Grundkonzept", als „Höhepunkt" seiner Philosophie gelten.[9]

Die Übertreibung und Unverschämtheit im Buch- und Kapiteltitel erinnern schon stark an den Zynismus, sodass man Nietzsche als einen Narren nicht ernst nehmen will. Der Buchtitel „Ecce homo. Wie man wird, was man ist" wirkt offenkundig sehr provokativ. „Ecce homo" ist eine Redewendung in der Bibel, die Pontius Pilatus über Jesus Christus sagt, und benennt ausschließlich den Erlöser. Aber Nietzsche meint damit sich selbst und hält sich für denjenigen, der dem Erlöser der Menschheit ebenbürtig ist. Deshalb verdeutlicht er seinen Zynismus mit der Implikation: „Siehe, welch ein Mensch, der ich bin" statt „Siehe, welch ein Mensch, der da ist". Es gibt dabei keine dritte Person zwischen ihm und dem Leser. Dementsprechend bedeutet das Wort „Wie man wird, was man ist" vor allem „Wie ich werde, was ich bin" statt „Werde, der du bist"[10]. Nietzsche veranlasst mit dem auf sich bezogenen Titel den Leser dazu, sich mit Interesse über ihn zu informieren. Insofern steckt ein großer Ernst hinter dem Zynismus und dagegen liegt in dem Titel keine bloße Parodie verborgen. Und welch ein Mensch er ist, erklärt sich in den Kapiteltiteln: „Warum ich so weise bin", „Warum ich so klug bin", „Warum ich so gute Bücher schreibe", „Warum ich ein Schicksal bin". Das übertriebene Selbstlob als Weiser und Schicksal stellt zwar einen unangenehmen Narren und Zyniker dar. Aber Nietzsche hat daran gar keinen Zweifel, dass er wirklich so ist. Es handelt sich nicht bloß um einen provokanten Zynismus, sondern um einen Cynismus, nämlich um

---

[8] Brief an Georg Brandes vom 20. November 1888, KSB 8, Nr. 1151, S. 482–483. Nach Benne 2005 greift eine Deutung dieses Werks „dann zu kurz, wenn sie Nietzsche kurzsichtig allein mit der Maske des Zynikers identifiziert, ohne darauf einzugehen, wie diese in der weiteren literarischen Konstellation aufgeht" (S. 224). Dabei wird Cynismus als Zynismus verstanden, was aber nicht der Fall ist. Im Gegenteil hat Niehues-Pröbsting 2005 treffend gezeigt: „Entweder ist der Cynismus von *Ecce homo* nicht der im landläufigen Sinne, oder, sollte der Begriff so gemeint sein, gilt er nicht dem Selbst." (S. 172)

[9] Kornberger 1998, S. 319; Heller 1992, S. 11. Dagegen übersieht Jensen 2011 die philosophische Bedeutsamkeit des Buches, da er es bloß als eine Historiografie interpretiert.

[10] Nill 1988 liest, dass es heißt: „Wie Nietzsche der Philosoph Dionysos wurde". Danach heißt es auch: „Wie ein Mensch Gott wird". Denn „Nietzsches Gedanke realisiert die Gottwerdung eines Menschen". (S. 254)

eine Übertreibung mit großem Ernst, um eine physio-psychologische Selbstentlarvung ohne jegliche Scham.[11]

Mit Stolz zieht Nietzsche als „ein Jünger des Philosophen Dionysos" vor, „eher noch ein Satyr zu sein als ein Heiliger". Beim Heiligen walten die Lüge des Ideals und „der Fluch über die Realität", während es beim Satyr um die Menschenfreundlichkeit und „das Gedeihen, die Zukunft" der Menschheit geht.[12] Der Cyniker ist insofern den Menschen freundlich, als er dabei allein vom eigenen Leben als einem Exemplar redet und sich mit Wahrhaftigkeit um die Zukunft der Menschheit kümmert. Es geht um ein Leben, welches mit Vornehmheit ausgerüstet ist, und eine Zukunft, welche von der Natur des Menschen als dem Willen zur Macht zum Übermenschen heraufkommt.

Zum Ausdruck kommt beim Cyniker Nietzsche zuerst ohne Zweifel die Natur, namentlich die leibliche Herkunft. Nach ihm hat er eine „doppelte Herkunft, gleichsam aus der obersten und der untersten Sprosse an der Leiter des Lebens, décadent zugleich und Anfang"[13]. In seiner Natur gebe es damit sowohl Aufgang als auch Niedergang. Er sei die Synthese aus beiden. Weil die Natur durch den Leib in Erscheinung tritt, präsentieren sich Aufgang und Niedergang entsprechend als Gesundheit und Krankheit. Insofern ist sein langjähriges Kranksein bzw. seine innere décadence unvermeidlich und selbstverständlich. Erst durch die tiefe Erfahrung der décadence eröffnet sich ihm in der Genesung die Perspektive der großen Gesundheit.

> Von der Kranken-Optik aus nach gesünderen Begriffen und Werthen, und wiederum umgekehrt aus der Fülle und Selbstgewissheit des reichen Lebens hinuntersehn in die heimliche Arbeit des Décadence-Instinkts – das war meine längste Übung, meine eigentliche Erfahrung, wenn irgend worin wurde ich darin Meister. Ich habe es jetzt in der Hand, ich habe die Hand dafür, Perspektiven umzustellen: erster Grund, weshalb für mich allein vielleicht eine „Umwerthung der Werthe" überhaupt möglich ist. –[14]

---

11 Die Übertreibung mit Ernst kann man noch als Satire begreifen. Vgl. dazu More 2014. Nach More ist Nietzsche „a satirist of philosophy. And satirizing philosophy constitutes his genuine pursuit of wisdom" (S. 211). Insofern ist das Buch EH gar keine bis zum Wahnsinn übersteigerte Selbsteinschätzung. Nietzsche nimmt es ernst. Vgl. dazu Stegmaier 1992. Stegmaier vertritt die These, dass Nietzsche dabei ernsthaft „eine Kritik der Vernunft seines Lebens versucht" (S. 163). Außerdem ist anzumerken, dass Scham für Nietzsche nicht unnötig ist. Vgl. Planckh 1998. Nach Planckh gibt es sowohl eine negative Scham, die zu überwinden ist, als auch eine positive, die zu bewahren ist. Nietzsches „negativer Schambegriff ist Teil seiner Moralkritik, falsche Scham überwinden heißt gesünder werden, ist ‚Siegel der erreichten Freiheit'". Der „Scham im Sinne der Diskretion, Scheu, Achtung oder Ehrfurcht ist konstitutiv für ethisches Verhalten wie auch für die Ästhetik der menschlichen Dinge" und kann den Menschen „ansehnlich" und „vornehm" machen. (S. 237)
12 EH, Vorwort 2, KSA 6, S. 258.
13 EH, Warum ich so weise bin 1, KSA 6, S. 264.
14 EH, Warum ich so weise bin 1, KSA 6, S. 266.

Die Überwindung der décadence besteht für Nietzsche darin, dass er „instinktiv gegen die schlimmen Zustände immer die rechten Mittel wählte"[15]. Er ist im Ganzen eher physiologisch gesund als décadent. Insofern behauptet er, dass eine große Philosophie aus der physiologischen Stärke und dem Willen zur Gesundheit, zum Leben resultiert.

Worauf er in seiner Natur großen Wert legt, ist seine vermeintlich väterlicherseits vornehme Herkunft.[16] Denn allein mit der vornehmen Herkunft stimmt er selbst mit seiner Philosophie der Herren-Moral überein. Er sei „ein polnischer Edelmann" und gehöre zu der angeblich vornehmen Rasse. Im Gegensatz dazu bestehe die décadence in der mütterlichen Herkunft. Trotzdem hält Nietzsche sich für ein höheres und großes Individuum und sogar für den Sohn von Julius Cäsar und Alexander dem Großen.[17]

Die Vornehmheit seiner Natur beschreibt er als die Unfähigkeit, „gegen [s]ich einzunehmen"[18], und dagegen als die Fähigkeit, dem Zufall immer gewachsen zu sein, unvorbereitet sich zu beherrschen, das Mitleiden zu überwinden. Außerdem verbietet er sich, sich gegen die an ihm begangene Torheit zu verteidigen. Er wolle nicht Gleiches mit Gleichem vergelten. „Meine Art Vergeltung besteht darin, der Dummheit so schnell wie möglich eine Klugheit nachzuschicken: so holt man sie vielleicht noch ein."[19] Unter den vornehmen Tugenden befinden sich die der Genesung zugrunde liegende „Freiheit vom Ressentiment, die Aufklärung über das Ressentiment"[20], das aus der physiologischen Schwäche geboren und dem Leben schädlich und gefährlich ist, der Instinkt zum Angreifen als „das aggressive Pathos", das durch die Widerstände sich stärken muss. Zudem kommt es der Vornehmheit noch auf die „Gleichheit vor dem Feinde" an, d. h., dass man nur über „gleiche Gegner" Herr werden soll.

> Meine Kriegs-Praxis ist in vier Sätze zu fassen. Erstens: ich greife nur Sachen an, die siegreich sind, – ich warte unter Umständen, bis sie siegreich sind. Zweitens: ich greife nur Sachen an, wo ich keine Bundesgenossen finden würde, wo ich allein stehe, – wo ich mich allein compromittire ... Ich habe nie einen Schritt öffentlich gethan, der nicht compromittirte: das ist mein Kriterium des rechten Handelns. Drittens: ich greife nie Personen an, – ich bediene mich der Person nur wie eines starken Vergrösserungsglases, mit dem man einen allgemeinen, aber schleichenden, aber wenig greifbaren Nothstand sichtbar machen kann. [...] Viertens: ich greife nur Dinge an, wo jedwede Personen-Differenz ausgeschlossen ist, wo jeder Hintergrund schlimmer Erfahrungen fehlt. Im Gegentheil, angreifen ist bei mir ein Beweis des Wohlwollens, unter Umständen der Dankbarkeit.[21]

---

15 EH, Warum ich so weise bin 2, KSA 6, S. 266.
16 Zu Nietzsches Herkunft und der angeblichen Familienlegende vgl. Müller 2002b; Devreese/Biebuyck 2006; Devreese 2012.
17 EH, Warum ich so weise bin 3, KSA 6, S. 268–269.
18 EH, Warum ich so weise bin 4, KSA 6, S. 269.
19 EH, Warum ich so weise bin 5, KSA 6, S. 271.
20 EH, Warum ich so weise bin 6, KSA 6, S. 272.
21 EH, Warum ich so weise bin 7, KSA 6, S. 274–275.

Der letzte vornehme Zug seiner Natur ist „eine vollkommen unheimliche Reizbarkeit des Reinlichkeits-Instinkts" im Umgang mit Menschen. Er könne durch die physiologische Wahrnehmung „das Innerlichste" jeder Seele riechen. Seine Humanität besteht jedoch nicht darin, „mitzufühlen, wie der Mensch ist, sondern es auszuhalten, dass ich ihn mitfühle". Insofern erweist sie sich als „eine beständige Selbstüberwindung"[22], welche auch mit der Herren-Moral im Einklang steht.

Nach der Rede von seiner vornehmen Natur spricht Nietzsche von dem Vorrang des Leiblichen vor der Seele, nämlich, dass der Leib ausschlaggebenden Einfluss auf den Geist ausübt. Dabei bringt er Ernährung, Ort, Klima, Erholung und die ganze Kasuistik der Selbstsucht zum Ausdruck, um auf den Weg zur großen Gesundheit hinzuweisen.[23] Obwohl sie als kleine Dinge erscheinen, sind sie „über alle Begriffe hinaus wichtiger als Alles, was man bisher wichtig nahm". Hier zeigt Nietzsche seine Umwertung der Werte: Was die Menschheit bisher als Realität und Großes angesehen hat, beispielsweise Gott, Seele, Tugend, Sünde, Jenseits, ist bloße Einbildung und Lüge „aus den schlechten Instinkten kranker, im tiefsten Sinne schädlicher Naturen heraus"; was die Menschen als Kleinigkeit verachtet haben, ist eben die Grundangelegenheit des Lebens und spielt eine größere Rolle.[24]

Aufgrund seiner eigenen Erfahrung verweist Nietzsche auf die Bedeutsamkeit der richtigen Ernährung, um das Maximum an Kraft, an ‚moralinfreier' Tugend zu erreichen. Die richtige Ernährung bewirkt nämlich die gesunden Eingeweide, den starken Leib und damit den freien Geist. Außer der Ernährung nehmen auch Ort und Klima großen Einfluss auf den physiologischen „Stoffwechsel, seine Hemmung, seine Beschleunigung". „Das tempo des Stoffwechsels steht in einem genauen Verhältnis zur Beweglichkeit oder Lahmheit der Füsse des Geistes; der ‚Geist' selbst ist ja nur eine Art dieses Stoffwechsels."[25] Die Wahl der Art der Erholung spielt für Nietzsche ebenfalls eine große Rolle bei der Kraftsteigerung. Dabei zeigt er seinen persönlichen Geschmack für Literatur und Musik zur Erholung seines Leibes von der Krankheit. Die Wahl von Nahrung, Ort, Klima und Erholung stellt für ihn noch den Instinkt der Selbsterhaltung bzw. der Selbstverteidigung dar, d. h., dass man vieles nicht sieht, nicht hört, nicht an sich herankommen lässt, um seine Kraft nicht zu verschwenden. Er nennt zudem eine andere Art der Selbstverteidigung, „dass man so selten als möglich reagirt und dass man sich Lagen und Bedingungen entzieht, wo man verurtheilt wäre, seine ‚Freiheit', seine Initiative gleichsam auszuhängen und ein blosses Reagens zu werden"[26]. In summa ist zu konstatieren, dass es dabei für Nietzsche um die Kraft des Lebens geht, nämlich sie zu vermehren, statt sie zu vermindern. Insofern erweist sich die Selbsterhaltung als eine Selbstsucht, als die

---

22 EH, Warum ich so weise bin 8, KSA 6, S. 275–276.
23 Domino 2002 zeigt treffend, dass „the casuistry of the little things" als „order of therapy" (S. 52) gilt. Aber ob es damit schließlich auf „world historical politics" (S. 61) zielt, ist nicht festzustellen.
24 EH, Warum ich so klug bin 10, KSA 6, S. 295–296.
25 EH, Warum ich so klug bin 2, KSA 6, S. 282.
26 EH, Warum ich so klug bin 8, KSA 6, S. 292.

Bejahung des Leibs und des Lebens. Dagegen lehnt er die selbstlose Moral ab, die zur Vermittelmäßigung, Verkleinerung und zum Untergang des Menschen führt.

Im Kapitel „Warum ich so gute Bücher schreibe" ist der Cyniker auch leicht zu erkennen. „Das Eine bin ich, das Andre sind meine Schriften". Nietzsche wollte zwar mit diesem Wort sich von seinen Schriften differenzieren, aber er verfolgte keineswegs die Absicht, seine veröffentlichten Gedanken zu verleugnen. Er wollte in der Tat nicht als ein Zyniker missverstanden werden, der sich „um Abschaffung aller anständigen Gefühle" bemüht, sondern vielmehr als ein Cyniker verstanden werden, der zwar jenseits von Gut und Böse alle Werte umwertet, aber die vornehmen Tugenden noch ausdrücklich hervorhebt und persönlich ein vornehmer Mensch ist, weil er sich gar nicht für böse hält: „es ist wenig in meinem Leben nachweisbar von ‚bösem Willen'; auch von litterarischem ‚bösen Willen' wüsste ich kaum ein Fall zu erzählen".[27]

Cynisch ist nicht nur, dass er sich als den „Antiesel par excellence und damit ein welthistorisches Unthier"[28], nämlich als einen Antichristen, betrachtet, und dass seine Bücher mit Stolz, Raffiniertheit, Ironie und Provokation ohnegleichen das Höchste auf Erde erreichen, sondern auch, dass er seinen Lesern verlangt, „keine Nerven", sondern „einen fröhlichen Unterleib" zu haben. Für ihn ist „das Bild eines vollkommenen Lesers" „ein Unthier von Muth und Neugierde", „ausserdem noch etwas Biegsames, Listiges, Vorsichtiges, ein geborner Abenteurer und Entdecker"[29]. Insofern sollten seine Leser mithilfe seiner cynischen Philosophie auch cynisch werden.

Auf den Höhepunkt des Cynismus bei Nietzsche erfolgt die Selbstbezeichnung als ein Schicksal, dass er die Zukunft der Welt und Menschheit verändern werde. Trotz seiner vermeintlich großen Bedeutung für die Menschen betont er, dass er mit einem Religionsstifter nichts zu tun hat. Denn „Religionen sind Pöbel-Affairen" und er muss sich als „der erste anständige Mensch" gegen die Verlogenheit der Religionen und die Heuchelei der Moralen wenden. Außerdem will er keine „Gläubigen" haben, da er niemals zu den Massen rede. Dass man ihn eines Tages als einen Heiligen charakterisiert, widerspricht durchaus seiner Absicht. „Ich will kein Heiliger sein, lieber noch ein Hanswurst ... Vielleicht bin ich ein Hanswurst ..."[30] Dabei äußert der Cyniker seine große Ernsthaftigkeit hinsichtlich der Umwertung aller Werte, dass es bei ihm nichts Verlogenes gibt, sondern nur die furchtbare Wahrheit, während beim Heiligen die Lüge Wahrheit heißt. Und ebenfalls cynisch ist seine Annahme, dass sein Genie sowohl in der Entdeckung der Wahrheit als auch im Riechen der Lüge als Lüge besteht, dass er sowohl widerspricht, „wie nie widersprochen wor-

---

27 EH, Warum ich so gute Bücher schreibe 1, KSA 6, S. 298–299.
28 EH, Warum ich so gute Bücher schreibe 2, KSA 6, S. 302.
29 EH, Warum ich so gute Bücher schreibe 3, KSA 6, S. 302–303.
30 EH, Warum ich ein Schicksal bin 1, KSA 6, S. 365.

den ist" als auch „trotzdem der Gegensatz eines neinsagenden Geistes"[31] ist, dass er den Menschen sowohl Hoffnung vermittelt als auch ihnen als Verhängnis gilt.

In summa ist die cynische Synthese in Nietzsche daran zu erkennen, dass er seine décadence mit vornehmer Natur verbindet, dass er nicht nur „der furchtbarste Mensch", sondern auch „der wohlthätigste" ist, dass er als der erste Immoralist das Vernichten, „das Neinthum nicht vom Jasagen zu trennen weiss"[32], dass er sein Mitleiden und seinen Ekel vor den durchschnittlichen Menschen endlich in Liebe aufhebt, dass er sich vom Ressentiment befreit. Nietzsche ist sich darüber im Klaren, dass er kynisch und zugleich zynisch ist. Durch die willentliche rücksichtslose Selbstentlarvung hat er seine décadence und somit sich selbst überwunden, was sich als Cynismus erweist.

---

[31] EH, Warum ich ein Schicksal bin 1, KSA 6, S. 366. Nach Stegmaier 2008 ist Gegensatz hier „ein existenzieller Gegensatz" (S. 102).
[32] EH, Warum ich ein Schicksal bin 2, KSA 6, S. 366. Zur Deutung von Jasagen und Verneinen vgl. Siemens 2009.

Schlussbemerkungen

Aus seiner Rezeption des Kynismus und Zynismus resultiert, dass Nietzsche weder Kyniker noch Zyniker im ursprünglichen Sinne ist. Aber es liegt auf der Hand, dass beide Einfluss auf ihn ausgeübt haben. Dabei zeigt er seine Sympathie vor allem für Diogenes, dessen Münzmetaphorik er sich angeeignet hat. Die Umwertung aller Werte ist für ihn eine sublimierte Art der Umprägung der Münze, die gleichermaßen Gefahr laufen kann, als Falschmünzerei bezeichnet zu werden. Die negative Seite erweist sich als die innere Konsequenz der Umwertung, die mit der Natur als Ausgangspunkt endlich die obersten Werte zu bloßen Perspektiven degradiert. Dies gilt auch für den Kynismus, der die Radikalisierung seiner Lebenshaltung nicht vermeiden kann. Damit versteht sich, dass aus dem Kynismus der Zynismus wird, welcher alle positiven Züge seines Protagonisten beiseitegelassen hat. Der Zynismus ist ein Kynismus ohne Tugend. Seine Schamlosigkeit besteht darin, dass er alles lediglich um der Entlarvung willen entlarvt. In ihm findet das Leben weder einen endgültigen Zweck noch einen gemeinsamen Sinn. Der Zynismus nimmt nichts mehr ernst und geht in den Nihilismus über, was der Entwicklung der Umwertung aller Werte von Nietzsche auch entspricht, die durch die Radikalisierung in Nihilismus erfolgen muss. Erst durch die Vollendung des Nihilismus kann die Umwertung aus ihrer Sackgasse bzw. der Sinnlosigkeit der Natur herauskommen. Dabei dient die Lehre der ewigen Wiederkunft als Prüfstein. Wer die Lehre ertragen kann, wer die Möglichkeit in der Wirklichkeit, die Freiheit in der Notwendigkeit erkennt, der findet das Endziel und den höchsten Sinn des Daseins. Er nimmt nun das Leben wieder ernst, wird ein freier Geist, befiehlt sich selbst, den Weg zum Übermenschen zu gehen, und strebt nach der Tugend der Vornehmheit. Insofern geht er außer über den Nihilismus noch über den Zynismus hinaus. Der überwundene Zynismus ist Cynismus, der dem Raubtier Mensch die Vornehmheit als moralinfreie Tugend zuschreibt. Damit lässt sich schlussfolgern, dass der Cynismus bei Nietzsche nicht zwischen Kynismus und Zynismus verortet liegt, sondern über beide noch hinausgeht. Er erweist sich letztlich als Synthese von Kynismus als These und von Zynismus als Antithese.

Mit der dialektischen Struktur lässt sich Nietzsches Philosophie auf systematische Weise darstellen. Aber wie bereits erwähnt, äußert Nietzsche deutlich seinen Verdacht gegen die Systematiker, obwohl er selbst vergebens versuchte, ein philosophisches System zu bilden. Nicht zu leugnen ist, dass man in seinen philosophischen Werken einen Leitfaden finden kann, und zwar einen Leitfaden des Leibes als menschlicher Natur und des Chaos als natürlicher Natur, an dem seine Umwertung aller Werte durchgeführt wird. Zur Bewältigung dieser Aufgabe gilt der Wille zur Macht als Grundformel der Weltauslegung. Dabei beinhaltet die Umwertung die Gefahr, als bloße Umkehrung zu erscheinen. Denn eine Umkehrung kann die Sinngebung, die höchste Instanz des Lebens vernichten und die Welt zur Zweck- und Sinnlosigkeit führen. Dafür bietet Nietzsche seine abgründliche Lehre der ewigen Wiederkunft des Gleichen als eine Lösung an. Eine neue Sinngebung mit Liebe zum

Schicksal kommt dann im Übermenschen vor. Auf dem Weg zu ihm bedarf man der Herrenmoral, die jenseits von Gut und Böse nur Gut von Schlecht unterscheidet und sich durch die Vornehmheit auszeichnet. So lässt sich formulieren, dass Nietzsche durch die Vornehmheit die Autonomie des Individuums ins Werk setzt. In seiner Ethik existieren keine objektiven Normen für die menschlichen Handlungen. Damit muss man der Gesetzgeber seiner selbst werden und sich gestalten. Die offene Möglichkeit seiner Zukunft liegt gerade in seiner eigenen Hand. Da kommen wir wieder auf Nietzsches cynische Definition des Menschen zurück, „dass der Mensch das **noch nicht festgestellte Thier ist**"[1]. Folglich ist es das Ziel des Menschen, zu einem immer höheren Typus zu werden. Bei seiner Selbstgestaltung spielt die Schaffung, nämlich die Kunst im weiteren Sinne, auch eine große Rolle.

Dabei kommen die Grenzen der vorliegenden Arbeit zum Vorschein, nämlich dahin gehend, dass sie die tiefe Bedeutsamkeit der Kunstschaffung in Nietzsches Philosophie nur gelegentlich erwähnt und nicht thematisiert. Außerdem wird der cynische Schreibstil, etwa wie die Satire, die Parodie, in den Schriften von Nietzsche nicht dargestellt. Neben der philosophischen Untersuchung zum Cynismus bei Nietzsche lohnt sich wohl noch eine umfangreiche literarische, in der seine Hochschätzung der Kunst für das menschliche Leben auch zum Ausdruck kommt.

Darüber hinaus könnte der systematische Auslegungsversuch mit dialektischer Struktur des Cynismus eine Perspektive eröffnen, auf konsequente Weise Nietzsches Philosophie zu verstehen, ohne deren Offenheit zu beeinträchtigen. Es entspricht seiner Absicht, die unendliche Möglichkeit des Menschen beizubehalten. Denn das Werden steht immer in dem Mittelpunkt seiner Philosophie. Das Sein ist ausschließlich ein zeitweiliges festes Zeichen für das Werden. Insofern scheint sein Plädoyer für eine feste Rangordnung und für eine geistige Aristokratie nicht so plausibel, da die Rangordnung immer im Werden steht. Zwar existiert nach ihm ein Herrschaftsgefüge im Willen zur Macht, aber die Rangordnung muss von den Machtquanten selbst im Kampf bestimmt werden. Es ist sogar möglich, dass alle Machtquanten darüber zur Übereinstimmung gelangen, die ungleiche Rangordnung durchaus abzuschaffen. In dieser Hinsicht kommt der Gegensatz beim Verstehen von Nietzsches Philosophie auf. Man kann mit Recht sowohl die konservative Seite wie Rangordnung, Antidemokratie als auch die revolutionäre wie Freiheit des Geistes, Überwindung der décadence für die Quintessenz seiner Gedanken halten. Aus dem Werden als Grundprinzip seiner Metaphysik heraus tendiert allerdings die vorliegende cynische Auslegung dazu, die Offenheit der individuellen Perspektive, die Selbstbefreiung von der autoritären Unterdrückung und die Freiheit des menschlichen Lebens hervorzuheben. Erst nach der Verwirklichung der Freiheit kann man von der Autonomie des Geistes reden. Es gilt in diesem Zusammenhang: Keine Autonomie ohne Freiheit.

---

1 JGB 62, KSA 5, S. 81.

Literaturverzeichnis

Abel, Günter (1982): „Nietzsche contra ‚Selbsterhaltung'. Steigerung der Macht und ewige Wiederkehr", in: *Nietzsche-Studien* 10, S. 367–407.
Abel, Günter (1987): „Logik und Ästhetik", in: *Nietzsche-Studien* 16, S. 112–148
Abel, Günter (1990): „Interpretatorische Vernunft und menschlicher Leib", in: Djurić, Mihailo (Hrsg.): *Nietzsches Begriff der Philosophie*, S. 100–130.
Abel, Günter (1998): *Nietzsche. Die Dynamik der Willen zur Macht und die ewige Wiederkehr*, 2. um ein Vorwort erweiterte Auflage, Berlin/New York.
Abel, Günter (2001): „Bewußtsein – Sprache – Natur. Nietzsches Philosophie des Geistes", in: *Nietzsche-Studien* 30, S. 1–43.
Abel, Günter (2010): „Zeichen der Wahrheit – Wahrheit der Zeichen", in: *Nietzsche-Studien* 39, S. 17–38.
Abel, Günter (2012): „Die Aktualität der Wissenschaftsphilosophie Nietzsches", in: Heit, Helmut/Abel, Günter/Brusotti, Marco (Hrsg.): *Nietzsches Wissenschaftsphilosophie. Hintergründe, Wirkungen und Aktualität*, S. 481–530.
Akiyama, Hideo (1974): „Nietzsches Idee des ‚grossen Stils'", in: *Nietzsche-Studien* 3, S. 105–114.
Albrecht, Jörn (1979): „Friedrich Nietzsche und das ‚Sprachliche Relativitätsprinzip'", in: *Nietzsche-Studien* 8, S. 225–244.
Babich, Babette E. (2002): „Nietzsches Chaos sive natura: Natur-Kunst oder Kunst-Natur", in: Seubert, Harald (Hrsg.): *Natur und Kunst in Nietzsches Denken*, Köln/Weimar/Wien, S. 91–111.
Baier, Horst (1984): „‚Das Paradies unter dem Schatten der Schwerter'. Die Utopie des Zarathustra jenseits des Nihilismus", in: *Nietzsche-Studien* 13, S. 46–68.
Barnes, Jonathan (1986): „Nietzsche and Diogenes Laertius", in: *Nietzsche-Studien* 15, S. 16–40.
Behler, Diana (1989): „Nietzsche's View of Woman in Classical Greece", in: *Nietzsche-Studien* 18, S. 359–376.
Behler, Diana (1993): „Nietzsche and Postfeminism", in: *Nietzsche-Studien* 22, S. 355–370.
Benne, Christian (2005): „Ecce Hanswurst – Ecce Hamlet. Rollenspiele in Ecce Homo", in: *Nietzscheforschung* 12, S. 219–228.
Bergoffen, Debra B. (1990): „Nietzsche's madman: perspectivism without nihilism", in: Koelb, Clayton (Hrsg.): *Nietzsche as postmodernist. essays pro and contra*, Albany, S. 57–71.
Bertino, Andrea Christian (2011): *„Vernatürlichung". Ursprünge von Friedrich Nietzsches Entidealisierung des Menschen, seiner Sprache und seiner Geschichte bei Johann Gottfried Herder*, Berlin/New York.
Bertino, Andrea Christian (2015): „Lichtmetaphorik und Schatten Gottes in Nietzsches neuer Aufklärung", in: *Archiv für Begriffsgeschichte* 57, S. 197–216.
Billerbeck, Margarethe (1991): „Einführung", in: Dies. (Hrsg.): *Die Kyniker in der modernen Forschung. Aufsätze mit Einführung und Bibliographie*, Amsterdam, S. 1–28.
Billerbeck, Margarethe (1996): „The Ideal Cynic from Epictetus to Julian", in: Branham, Robert Bracht/Marie-Odile, Goulet-Cazé (Hrsg.): *The Cynics. The Cynic Movement in Antiquity and Its Legacy*, S. 205–221.
Bishop, Paul (Hrsg.) (2004): *Nietzsche and Antiquity. His Reaction and Response to the Classical Tradition*, Rochester.
Bittner, Rüdiger (1987): „Nietzsches Begriff der Wahrheit", in: *Nietzsche-Studien* 16, S. 70–90.
Born, Marcus Andreas (2010): *Nihilistisches Geschichtsdenken. Nietzsches perspektivische Genealogie*, München.
Bornedal, Peter (2006): „Eternal Recurrence in Inner-Mental-Life. The Eternal-Recurrence-Thought as Describing the Conditions of the Possibility for Knowledge and Pleasure", in: *Nietzsche-Studien* 35, S. 104–165.

Bornmann, Fritz (1984): „Nietzsches Epikur", in: *Nietzsche-Studien* 13, S. 177–188.
Borsche, Tilman (1990): „Fröhliche Wissenschaft freier Geister – eine Philosophie der Zukunft?", in: Djurić, Mihailo (Hrsg.): *Nietzsches Begriff der Philosophie*, S. 53–72.
Borsche, Tilman (1992): „System und Aphorismus", in: Djurić, Mihailo/Simon, Josef (Hrsg.): *Nietzsche und Hegel*, Würzburg, S. 48–64.
Bourquin, Christophe (2009): „Die Rhetorik der antiken Mnemotechnik als Leitfaden von Nietzsches zweiter Unzeitgemäßer Betrachtung", in: *Nietzsche-Studien* 38, S. 93–110.
Brancacci, Aldo (2018): „Kyniker", in: Riedweg, Christoph/Horn, Christoph/Wyrwa Dietmar (Hrsg.): *Die Philosophie der Antike. Philosophie der Kaiserzeit und der Spätantike*, Band 5/1, Basel, S. 182–196.
Branham, Robert Bracht (2004): „Nietzsche's Cynicism: Uppercase or lowercase?", in: Bishop, Paul (Hrsg.): *Nietzsche and Antiquity. His Reaction and Response to the Classical Tradition*, S. 170–181.
Branham, Robert Bracht/Marie-Odile, Goulet-Cazé (1996): *The Cynics. The Cynic Movement in Antiquity and Its Legacy*, Berkeley/Los Angeles/London.
Bremer, Dieter (1979): „Platonisches, Antiplatonisches. Aspekte der Platon-Rezeption in Nietzsches Versuch einer Wiederherstellung des Frühgriechischen Daseinsverständnisses", in: *Nietzsche-Studien* 8, S. 39–103.
Brobjer, Thomas H. (2004): „Nietzsche's View of the Value of Historical Studies and Methods", in: *Journal of the History of Ideas* 65/2, S. 301–322.
Brobjer, Thomas H. (2011): „Züchtung", in: Ottmann, Henning (Hrsg.): *Nietzsche-Handbuch. Leben – Werk – Wirkung*, S. 360–361.
Brock, Eike (2015): *Nietzsche und der Nihilismus*, Berlin/New York.
Bröcker, Walter (1972): „Nietzsches Narrentum", in: *Nietzsche-Studien* 1, S. 138–146.
Brömsel, Sven (2011): „Judentum", in: Ottmann, Henning (Hrsg.): *Nietzsche-Handbuch. Leben – Werk – Wirkung*, S. 260–262.
Brose, Karl (1974): „Nietzsches Verhältnis zu John Stuart Mill. Eine geisteswissenschaftliche Studie", in: *Nietzsche-Studien* 3, S. 152–174.
Brusotti, Marco (1992): „Die ‚Selbstverkleinerung des Menschen' in der Moderne. Studie zu Nietzsches ‚Zur Genealogie der Moral'", in: *Nietzsche-Studien* 21, S. 81–136.
Brusotti, Marco (1997): *Die Leidenschaft der Erkenntnis. Philosophie und ästhetische Lebensgestaltung bei Nietzsche von Morgenröthe bis Also sprach Zarathustra*, Berlin/New York.
Brusotti, Marco (2001): „Wille zum Nichts, Ressentiment, Hypnose: ‚Aktiv' und ‚reaktiv' in Nietzsches Genealogie der Moral", in: *Nietzsche-Studien* 30, S. 107–132.
Brusotti, Marco (2011): „Spannung. Ein Begriff für Groß und Klein", in: Caysa, Volker/Schwarzwald, Konstanze (Hrsg.): *Nietzsche – Macht – Größe. Nietzsche – Philosoph der Größe der Macht oder der Macht der Größe*, Berlin/Boston, S. 51–74.
Brusotti, Marco (2012a): „Naturalismus? Perfektionismus? Nietzsche, die Genealogie und die Wissenschaften", in: Heit, Helmut/Abel, Günter/Brusotti, Marco (Hrsg.): *Nietzsches Wissenschaftsphilosophie. Hintergründe, Wirkungen und Aktualität*, Berlin/Boston, S. 91–112.
Brusotti, Marco (2012b): „Reagieren, schwer Reagieren, nicht Reagieren. Zu Philosophie und Physiologie beim letzten Nietzsche", in: *Nietzsche-Studien* 41, S. 104–126.
Brusotti, Marco (2013): „‚der schreckliche Grundtext homo natura': Texturen des Natürlichen im Aphorismus 230 von *Jenseits von Gut und Böse*", in: Born, Marcus Andreas/Pichler, Axel (Hrsg.): *Texturen des Denkens. Nietzsches Inszenierung der Philosophie in Jenseits von Gut und Böse*, Berlin/Boston, S. 259–278.
Bultmann, Rudolf (1984): *Der Stil der paulinischen Predigt und die kynisch-stoische Diatribe*, Nachdr. d. 1. Aufl. von 1910 mit e. Geleitw. von Hans Hübner, Göttingen.
Campioni, Giuliano u. a. (Hrsg.) (2003): *Nietzsches persönliche Bibliothek*, Berlin/New York.

Campioni, Giuliano (1999): „'Der höhere Mensch' nach dem ‚Tod Gottes'", in: *Nietzsche-Studien* 28, S. 336–355.
Caysa, Volker (1997): „Nietzsches Leibphilosophie und das Problem der Körperpolitik", in: *Nietzscheforschung* 4, S. 285–300.
Christians, Ingo (1997): „Die Notwendigkeit der Sklaverei. Eine Provokation in Nietzsches Philosophie", in: *Nietzscheforschung* 4, S. 51–84.
Church, Jeffrey (2015): „Nietzsche's Early Perfectionism. A Cultural Reading of ‚The Greek State'", in: *The Journal of Nietzsche Studies* 46/2, S. 248–260.
Conant, James (2000): „Nietzsche's Perfectionism: A Reading of Schopenhauer as Educator", in: Schacht, Richard (Hrsg.): *Nietzsche's Postmoralism*, Cambridge, S. 181–257.
Cowan, Michael (2005): „Nietzsche and the Psychology of the Will", in: *Nietzsche-Studien* 34, S. 48–74.
Crescenzi, Luca (1994): „Verzeichnis der von Nietzsche aus der Universitätsbibliothek in Basel entliehenen Bücher (1869–1879)", in: *Nietzsche-Studien* 23, S. 388–442.
Cristi, Renato (2014): „Nietzsche, Theognis and Aristocratic Radicalism", in: Knoll, Manuel/Stocker, Barry (Hrsg.): *Nietzsche as Political Philosopher*, Berlin/Boston, S. 173–194.
Därmann, Iris (2019): „Missverhältnisse. Nietzsche und die Sklaverei", in: *Nietzsche-Studien* 48, S. 49–67.
Degen, Andreas (2011): „Sokrates Fasziniert. Zu Begriff und Metaphorik der Faszination (Platon, Ficino, Nietzsche)", in: *Archiv für Begriffsgeschichte* 53, S. 9–31.
Dellinger, Jakob (2012): „Bewusstsein als Krankheit. Eine Anspielung auf Dostojewskij in die *Fröhliche Wissenschaft* Nr. 354?", in: *Nietzsche-Studien* 41, S. 333–343.
Desmond, William (2008): *Cynics*, London.
Devreese, Daniel (2012): „Friedrich Nietzsches Ur-Urgroßvater Christoph Andreas Nitzsche (um 1682–1739). Ein Beitrag zur Ahnenforschung und zur historischen Rekonstruktion der polnischen Legende", in: *Nietzsche-Studien* 41, S. 163–181.
Devreese, Daniel/Biebuyck, Benjamin (2006): „‚Il Polacco'. Überlegungen zu Nietzsches polnischer Legende im Lichte einer neuen Quelle: Ernst von der Brüggens Polens Auflösung", in: *Nietzsche-Studien* 35, S. 263–270.
Diderot, Denis (1996): *Rameaus Neffe. Ein Dialog*. Übers. von Goethe, zweisprachige Ausgabe. Frankfurt am Main.
Dier, Oliver (2001): „Die Verwandlung der Wiederkunft", in: *Nietzsche-Studien* 30, S. 133–174.
Diogenes Laertius (2015): *Leben und Meinungen berühmter Philosophen*, in der Übers. von Otto Apelt unter Mitarb. von Hans Günter Zekl, neu hrsg. sowie mit Einl. und Anm. versehen von Klaus Reich, Hamburg.
Djurić, Mihailo (1979): „Die antiken Quellen der Wiederkunftslehre", in: *Nietzsche-Studien* 8, S. 1–16.
Djurić, Mihailo (1980): „Das nihilistische Gedankenexperiment mit dem Handeln", in: *Nietzsche-Studien* 9, S. 142–173.
Djurić, Mihailo (1990): „Philosophie als fröhliche Wissenschaft", in: Ders. (Hrsg.): *Nietzsches Begriff der Philosophie*, Würzburg, S. 37–52.
Domino, Brian (2002): „The Casuistry of the Little Things", in: *Journal of Nietzsche Studies* 23, S. 51–62.
Döring, Klaus (1997): „Kaiser Julians Plädoyer für den Kynismus", in: *Rheinisches Museum für Philologie* 140 3/4, S. 386–400.
Döring, Klaus (2006): *Die Kyniker*, Bamberg.
Dudley, Donald Reynolds (1937): *A History of Cynicism. From Diogenes to the 6th Century A.D.*, London.
Düsing, Edith (2006): *Nietzsches Denkweg. Theologie – Darwinismus – Nihilismus*, München.

Ebersbach, Volker (2001): „Nietzsche im Garten Epikurs", in: *Nietzscheforschung* 8, S. 43–62.
Emundts, Dina (1997): „Aspekte des Begriffs Freiheit bei Friedrich Nietzsche", in: *Nietzscheforschung* 4, S. 85–100.
Engelbrecht, Alexander (2010): *Autonomes Lernen und Weisheit. Zur Begründung der Kynischen Pädagogik und der Idee der Liebe im pädagogischen Prozess*, Wiesbaden.
Epiktet/Teles/Musonius (1994): *Ausgewählte Schriften*, Griechisch-Deutsch, hrsg. und übers. von Rainer Nickel, Darmstadt.
Fellmann, Ferdinand (2016): „Nietzsches ‚Prügelknabe': David Friedrich Stauß", in: Gödde, Günter/Loukidelis, Nikolaos/Zirfas, Jörg (Hrsg.): *Nietzsche und die Lebenskunst. Ein philosophisch-psychologisches Kompendium*, Stuttgart, S. 133–139.
Figal, Günter (2000): „Nietzsches Philosophie der Interpretation", in: *Nietzsche-Studien* 29, S. 1–11.
Figl, Johann (2000): „‚Tod Gottes' und die Möglichkeit ‚neuer Götter'", in: *Nietzsche-Studien* 29, S. 82–101.
Forschner, Maximilian (1985): „Von Kynismus, Zynismus und Selbstbehauptung", in: *Philosophische Rundschau* 32, S. 245–250.
Forster, Michael N. (2018): *Herder's Philosophy*, Oxford.
Forti, Simona (2014): „Parrhesia between East and West: Foucault and Dissidence", in: Lemm, Vanessa/Vatter, Miguel (Hrsg.): *The Government of Life. Foucault, Biopolitics, and Neoliberalism*, New York, S. 187–207.
Foucault, Michel (2012): *Der Mut zur Wahrheit. Vorlesung am Collège de France 1983/84*, aus dem Französischen von Jürgen Schröder, Berlin.
Gabriel, Markus (2009): „The Mythological Being of Reflection – An Essay on Hegel, Schelling, and the Contingency of Necessity", in: Gabriel, Markus/Žižek, Slavoj: *Mythology, Madness, and Laughter. Subjectivity in German Idealism*, New York/London, S. 15–94.
Gabriel, Markus (2012): „Analytik der Wahrheit und Ontologie der Gegenwart? Der späte Foucault über Freiheit, Wahrheit und Kontingenz", in: Gehring, Petra/Gelhard, Andreas (Hrsg.): *Parrhesia. Foucault und der Mut zur Wahrheit*, Zürich, S. 33–47.
Gabriel, Markus (2013a): „Is the World as Such Good? The Question of Theodicy", in: Hösle, Vittorio (Hrsg.): *Dimensions of Goodness*, Newcastle upon Tyne, S. 45–65.
Gabriel, Markus (^{4}2013b): *Die Erkenntnis der Welt – Eine Einführung in die Erkenntnistheorie*, Freiburg/München.
Gabriel, Markus (^{8}2013c): *Warum es die Welt nicht gibt*, Berlin.
Gabriel, Markus (^{2}2014): *An den Grenzen der Erkenntnistheorie. Die notwendige Endlichkeit des objektiven Wissens als Lektion des Skeptizismus*, Freiburg/München.
Gabriel, Markus (2016a): „Metaphysik oder Ontologie?", in: *Perspektiven der Philosophie* 42, S. 71–93.
Gabriel, Markus (^{2}2016b): *Ich ist nicht Gehirn. Philosophie des Geistes für das 21. Jahrhundert*, Berlin.
Gabriel, Markus (2016c): *Sinn und Existenz. Eine realistische Ontologie*, Berlin.
Gabriel, Markus (2018a): „Was ist (die) Wirklichkeit?", in: Gabriel, Markus/Krüger, Malte Dominik: *Was ist Wirklichkeit. Neuer Realismus und hermeneutische Theologie*, Tübingen, S. 63–118.
Gabriel, Markus (2018b): *Der Sinn des Denkens*, Berlin.
Gabriel, Markus (2018c): *Neo-Existentialismus. How to Conceive of the Human Mind after Naturalism's Failure*, Cambridge.
Gabriel, Markus (2020a): *Fiktionen*, Berlin.
Gabriel, Markus (2020b): *Moralischer Fortschritt in dunklen Zeiten. Universale Werte für das 21. Jahrhundert*, Berlin.
Gadamer, Hans-Georg (1986): „Das Drama Zarathustras", in: *Nietzsche-Studien* 15, S. 1–15.

Geisenhanslüke, Achim (1999): „Der Mensch als Eintagswesen. Nietzsches kritische Anthropologie in der Zweiten Unzeitgemäßen Betrachtung", in: *Nietzsche-Studien* 28, S. 125–140.
Georg, Jutta (2010): „Die Kraft des Mittelmäßigen. Nietzsche, Darwin und die Evolution", in: Gerhardt, Volker/Reschke, Renate (Hrsg.): *Nietzsche, Darwin und die Kritik der politischen Theologie*, Berlin, S. 105–118.
Georg, Jutta (2011): „Zum Verhältnis von Bewusstsein, Leib und Wahrheit bei Nietzsche", in: *Nietzscheforschung* 18, S. 215–223.
Georg, Jutta/Heit, Helmut (2011): „Erinnern, Vergessen und das Große in der Geschichte bei Nietzsche", in: Caysa Volker/Schwarzwald, Konstanze (Hrsg.): *Nietzsche – Macht – Größe. Nietzsche – Philosoph der Größe der Macht oder der Macht der Größe*, Berlin/Boston, S. 367–378.
Gerhardt, Volker (1981): „Zum Begriff der Macht bei Friedrich Nietzsche", in: *Perspektiven der Philosophie* 7, S. 73–88.
Gerhardt, Volker (1982): „Macht und Metaphysik. Nietzsches Machtbegriff im Wandel der Interpretation", in: *Nietzsche-Studien* 10, S. 193–221.
Gerhardt, Volker (1983): „Das ‚Princip des Gleichgewichts'. Zum Verhältnis von Recht und Macht bei Nietzsche", in: *Nietzsche-Studien* 12, S. 111–133.
Gerhardt, Volker (1988a): „‚Experimental-Philosophie'. Versuch einer Rekonstruktion", in: Ders.: *Pathos und Distanz. Studien zur Philosophie Friedrich Nietzsches*, Stuttgart, S. 163–187.
Gerhardt, Volker (1988b): „Nietzsches ästhetische Revolution", in: Ders: *Pathos und Distanz*, S. 12–45.
Gerhardt, Volker (1989): „Die Perspektive des Perspektivismus", in: *Nietzsche-Studien* 18, S. 260–281.
Gerhardt, Volker (1992a): „Selbstbegründung. Nietzsches Moral der Individualität", in: *Nietzsche-Studien* 21, S. 28–49.
Gerhardt, Volker (1992b): *Friedrich Nietzsche*, Orig.-Ausg, München.
Gerhardt, Volker (1996): *Vom Willen zur Macht. Anthropologie und Metaphysik der Macht am exemplarischen Fall Friedrich Nietzsches*, Berlin/New York.
Gerhardt, Volker (2000): „Sensation und Existenz", in: *Nietzsche-Studien* 29, S. 102–135.
Gerhardt, Volker (2001): „Nietzsches Alter-Ego. Über die Wiederkehr des Sokrates", in: *Nietzscheforschung* 8, S. 315–332.
Gerhardt, Volker (2011a): „‚Das Thier, das versprechen darf'. Mensch, Gesellschaft und Politik bei Friedrich Nietzsche", in: Ders.: *Die Funken des freien Geistes. Neuere Aufsätze zu Nietzsches Philosophie der Zukunft*, Berlin/New York, S. 240–260.
Gerhardt, Volker (2011b): „Das Denken eines Individuums. Erneutes Nachdenken über Nietzsches zweite Unzeitgemäße Betrachtung", in: Ders.: *Die Funken des freien Geistes*, S. 261–280.
Gerhardt, Volker (2011c): „Der Sinn der Erde. Zur Kritik von Nietzsches Religionskritik", in: Ders.: *Die Funken des freien Geistes*, S. 341–359.
Gerhardt, Volker (2011d): „Die Moral des Immoralismus. Nietzsches Beitrag zu einer Grundlegung der Ethik", in: Ders.: *Die Funken des freien Geistes*, S. 193–223.
Gerhardt, Volker (2011e): „Die Tugend des freien Geistes. Nietzsche auf dem Weg zum individuellen Gesetz der Moral", in: Ders: *Die Funken des freien Geistes*, S. 224–239.
Gerhardt, Volker (2011f): „Ressentiment und Apokalypse. Nietzsches Kritik endzeitlicher Visionen", in: Ders.: *Die Funken des freien Geistes*, S. 320–340.
Gerhardt, Volker (2011g): „Monadologie des Leibes", in: Ders.: *Die Funken des freien Geistes*, S. 1–49.
Gerhardt, Volker (2012): „Die ‚grosse Vernunft' des Leibes. Ein Versuch über Zarathustras vierte Rede", in: Ders. (Hrsg.): *Friedrich Nietzsche. Also sprach Zarathustra*, 2. bearbeitete Auflage, Berlin, S. 93–122.

Gerhardt, Volker/Reschke, Renate (Hrsg.) (2010): *Nietzsche, Darwin und die Kritik der politischen Theologie* (*Nietzscheforschung* 17), Berlin.

Gerratana, Federico (1988): „Der Wahn jenseits des Menschen. Zur frühen E. V. Hartmann-Rezeption Nietzsches (1869–1874)", in: *Nietzsche-Studien* 17, S. 391–433.

Gigante, Marcello (1994): „Friedrich Nietzsche und Diogenes Laertius", in: Borsche, Tilman/Gerratana, Federico/Venturelli, Aldo (Hrsg.): *"Centauren-Geburten". Wissenschaft, Kunst und Philosophie beim jungen Nietzsche*, Berlin/New York, S. 3–16.

Gillespie, Michael Allen (1999): „Nietzsche and the Anthropology of Nihilism", in: *Nietzsche-Studien* 28, S. 141–155.

Gödde, Günter (2002): „Nietzsches Perspektivierung des Unbewußten", in: *Nietzsche-Studien* 31, S. 154–194.

Goulet-Cazé, Marie-Odile (2016): *Kynismus und Christentum in der Antike*, aus dem Französischen übersetzt von Lena R. Seehausen; herausgegeben von Marco Frenschkowski, Göttingen/Bristol.

Grätzel, Stephan (1989): *Die philosophische Entdeckung des Leibes*, Stuttgart.

Griffin, Miriam (1996): „Cynicism and the Romans: Attraction and Repulsion", in: Branham, Robert Bracht/Marie-Odile, Goulet-Cazé (Hrsg.): *The Cynics. The Cynic Movement in Antiquity and Its Legacy*, S. 190–204.

Haase, Marie-Luise (1984): „Der Übermensch in *Also sprach Zarathustra* und im Zarathustra-Nachlass 1882–1885", in: *Nietzsche-Studien* 13, S. 228–244.

Haberkamp, Günter (2000): *Triebgeschehen und Wille zur Macht: Nietzsche – zwischen Philosophie und Psychologie*, Würzburg.

Harst, Joachim (2017): „,Alle Jahrtausende ein Ende machen'. Typologie, Eschatologie und Ewige Wiederkunft bei Nietzsche", in: *Nietzscheforschung* 24, S. 341–352.

Havemann, Daniel (2001): „Evangelische Polemik. Nietzsches Paulusdeutung", in: *Nietzsche-Studien* 30, S. 175–186.

Havemann, Daniel (2002): *Der ,Apostel der Rache'. Nietzsches Paulusdeutung*, Berlin/New York.

Heit, Helmut (2005): „Wozu Wissenschaft? Nietzsches Wissenschaftskritik als Radikalisierung Kants", in: Himmelmann, Beatrix (Hrsg.): *Kant und Nietzsche im Widerstreit*, Berlin/New York, S. 47–56.

Heit, Helmut (2013): „,… was man ist'? Zur Wirklichkeit des Subjekts bei Nietzsche", in: *Nietzscheforschung* 20, S. 173–192.

Heit, Helmut (2014a): „Ende der Säkularisierung? Nietzsche und die große Erzählung vom Tod Gottes", in: Dietzsch, Steffen/Terne, Claudia (Hrsg.): *Nietzsches Perspektiven. Denken und Dichten in der Moderne*, Berlin/Boston, S. 68–84.

Heit, Helmut (2014b): „Nietzsche's Genealogy of Early Greek Philosophy", in: Jensen, Anthony K./Heit, Helmut (Hrsg.): *Nietzsche as a Scholar of Antiquity*, London, S. 217–231.

Heit, Helmut (2015): „Hegel, Zeller and Nietzsche: Alternative Approaches to Philosophical Historiography", in: Hartung, Gerald/Pluder, Valentin (Hrsg.): *From Hegel to Windelband. Historiography of Philosophy in the 19th Century*, Berlin/Boston, S. 117–139.

Heit, Helmut (2016a): „Literatur oder Lehre? Philosophisches Schreiben über und nach Gottes Tod", in: Grätz, Katharina/Kaufmann, Sebastian (Hrsg.): *Nietzsche zwischen Philosophie und Literatur. Von der Fröhlichen Wissenschaft zu Also sprach Zarathustra*, Heidelberg, S. 221–240.

Heit, Helmut (2016b): „Naturalizing Perspectives. On the Epistemology of Nietzsche's Experimental Naturalizations", in: *Nietzsche-Studien* 45, S. 56–80.

Heit, Helmut (2016c): „Wissenschaftskritik in der Genealogie der Moral", in: Heit, Helmut/Thorgeirsdottir, Sigridur (Hrsg.): *Nietzsche als Kritiker und Denker der Transformation*, Berlin/Boston, S. 252–274.

Heit, Helmut (2017): „Der Mensch als ‚Gesellschaftsbau' – Nietzsches physio-politische Anthropologie der Freiheit", in: *Internationales Jahrbuch für philosophische Anthropologie* 7/1, S. 103–120.

Heit, Helmut/Abel, Günter/Brusotti, Marco (Hrsg.) (2012): *Nietzsches Wissenschaftsphilosophie. Hintergründe, Wirkungen und Aktualität*, Berlin/Boston.

Heit, Helmut/Loukidelis, Nikolaos (2012): „Nietzsches Vermittlung von Geist und Natur – Interpretieren am Leitfaden des Leibes", in: Gödde, Günter/Buchholz, Michael B. (Hrsg.): *Der Besen, mit dem die Hexe fliegt. Wissenschaft und Therapeutik des Unbewussten*, Bd. 1, Gießen, S. 243–270.

Heller, Edmund (1992): „Diesseits und Jenseits von Gut und Böse. Zu Nietzsches Moralkritik", in: *Nietzsche-Studien* 21, S. 10–27.

Henke, Dieter (1984): „Nietzsches Darwinismuskritik aus der Sicht gegenwärtiger Evolutionsforschung", in: *Nietzsche-Studien* 13, S. 189–210.

Hennig, Matthias (2016): „Nietzsches Philosophie der Körperteile", in: *Nietzsche-Studien* 45, S. 158–177.

Hilpert, Konrad (1980): „Die Überwindung der objektiven Gültigkeit. Ein Versuch zur Rekonstruktion des Denkansatzes Nietzsches", in: *Nietzsche-Studien* 9, S. 91–121.

Himmelmann, Beatrix (2012): „Zarathustras Weg", in: Gerhardt, Volker (Hrsg.): *Friedrich Nietzsche. Also sprach Zarathustra*, S. 13–34.

Höffe, Ottfried ([7]2008): „Nihilismus", in: Ders (Hrsg.): *Lexikon der Ethik*, München, S. 327–329.

Hofmann, Johann N. (1994): *Wahrheit, Perspektive, Interpretation. Nietzsche und die philosophische Hermeneutik*, Berlin/New York.

Holub, Robert C. (2016): *Nietzsche's Jewish Problem. Between Anti-Semitism and Anti-Judaism*. Princeton/Oxford.

Horn, Anette C. (2010): „Nietzsches Décadence-Begriff und Darwins Evolutionstheorie", in: Gerhardt, Volker/Reschke, Renate (Hrsg.): *Nietzsche, Darwin und die Kritik der politischen Theologie*, S. 119–135.

Horn, Christoph (2003a): „Die stoische oikeiôsis als Konzeption der gelingenden Lebensführung und als Moraltheorie", in: Borsche, Tilman (Hrsg.): *Denkformen – Lebensformen*, Hildesheim, S. 95–114.

Horn, Christoph (2003b): *Einführung in die Politische Philosophie*, Darmstadt.

Horn, Christoph ([7]2008): „Kynische Ethik", in: Höffe, Otfried (Hrsg.): *Lexikon der Ethik*, München, S. 172–173.

Horn, Christoph (2011a): „Die verletzbare und die unverletzbare Würde des Menschen – Eine Klärung", in: *Information Philosophie* 3, S. 30–41.

Horn, Christoph (2011b): „Glück in der Antike", in: Thomä, Dieter/Henning, Christoph/Mitscherlich-Schönherr, Olivia (Hrsg.): *Glück. Ein interdisziplinäres Handbuch*, Stuttgart/Weimar, S. 117–134.

Horn, Christoph ([3]2011c): „Glück/Wohlergehen", in: Düwell, Marcus/Hübenthal, Christoph/Werner, Micha H. (Hrsg.): *Handbuch Ethik*, Stuttgart/Weimar, S. 381–386.

Horn, Christoph (2013): *Philosophie der Antike. Von den Vorsokratikern bis Augustinus*, München.

Horn, Christoph ([3]2014): *Antike Lebenskunst. Glück und Moral von Sokrates bis zu den Neuplatonikern*, München.

Horn, Christoph ([2]2017a): „Politische Philosophie", in: Horn, Christoph/Müller, Jörn/Söder, Joachim (Hrsg.): *Platon-Handbuch. Leben – Werk – Wirkung*, Stuttgart, S. 174–187.

Horn, Christoph ([2]2017b): „Tugend", in: Horn, Christoph/Müller, Jörn/Söder, Joachim (Hrsg.): *Platon-Handbuch. Leben – Werk – Wirkung*, Stuttgart, S. 351–355.

Horn, Christoph ([2]2019): *Einführung in die Moralphilosophie*, Freiburg/München.

Horn, Christoph/Löhrer, Guido (2010): „Einleitung: Die Wiederentdeckung teleologischer Handlungserklärungen", in: Dies. (Hrsg.): *Gründe und Zwecke. Texte zur aktuellen Handlungstheorie*, Berlin, S. 7–45.
Houlgate, Stephen (1993): „Kant, Nietzsche and the Thing in Itself", in: *Nietzsche-Studien* 22, S. 115–157.
Hsia, Adrian/Cheung, Chiu-Yee (2008): „Nietzsche's Reception of Chinese Culture", in: *Nietzsche-Studien* 32, S. 296–312.
Huddleston, Andrew (2014): „,Consecration to Culture': Nietzsche on Slavery and Human Dignity", in: *Journal of the History of Philosophy* 52/1, S. 135–160.
Hurka, Thomas (2007): „Nietzsche: Perfectionist", in: Leiter, Brian/Sinhababu, Neil (Hrsg.): *Nietzsche and Morality*, Oxford, S. 9–31.
Ibáñez-Noé, Javier (1996): „Nietzsche: Nihilism and Culture", in: *Nietzsche-Studien* 25, S. 1–23.
Ibáñez-Noé, Javier (1999): „World and Creation: On Nietzsche's Perspectivism", in: *Nietzsche-Studien* 28, S. 42–79.
Janz, Curt Paul (1974): „Friedrich Nietzsches akademische Lehrtätigkeit in Basel 1869–1879", in: *Nietzsche-Studien* 3, S. 192–203.
Janz, Curt Paul (1981): *Friedrich Nietzsche. Biographie*, Band 1, München.
Jensen, Anthony K. (2004): „Nietzsche's Unpublished Fragments on Ancient Cynicism: The First Night of Diogenes", in: Bishop, Paul (Hrsg.): *Nietzsche and Antiquity. His Reaction and Response to the Classical Tradition*, S.182–191.
Jensen, Anthony K. (2006): „The Rogue of All Rogues: Nietzsche's Presentation of Eduard von Hartmann's Philosophie des Unbewussten and Hartmann's Response to Nietzsche", in: *The Journal of Nietzsche Studies* 32.1, S. 41–61.
Jensen, Anthony K. (2011): „Ecce homo as Historiography", in: *Nietzsche-Studien* 40, S. 203–225.
Jensen, Anthony K. (2012): „Das Unbewusste durch die Historie enthüllt: der bejahende Einfluss Hartmanns auf Nietzsche", in: Georg, Jutta/Zittel, Claus (Hrsg.): *Nietzsches Philosophie des Unbewussten*, Berlin/Bosten, S. 157–162.
Jensen, Anthony K./Heit, Helmut (Hrsg.) (2014): *Nietzsche as a Scholar of Antiquity*, London.
Johnson, Dirk R. (2010): *Nietzsche's Anti-Darwinism*, Cambridge.
Julian (1908): *Kaiser Julians philosophische Werke*, übers. und erklärt von Rudolf Asmus, Leipzig.
Kaufmann, Sebastian (2018): „Der Wille zur Macht, die ewige Wiederkehr des Gleichen und das Sein des Seienden. Heideggers ‚Aus-einander-setzung' mit Nietzsche", in: *Nietzsche-Studien* 47, S. 272–313.
Kaulbach, Friedrich (1979): „Nietzsche und der monadologische Gedanke", in: *Nietzsche-Studien* 8, S. 127–156.
Kaulbach, Friedrich (1980): *Nietzsches Idee einer Experimentalphilosophie*, Köln/Wien.
Kaulbach, Friedrich (1981): „Die Tugend der Gerechtigkeit und das philosophische Erkennen", in: *Perspektive der Philosophie* 7, S. 59–76.
Kaulbach, Friedrich (1982): „Nietzsches Interpretation der Natur", in: *Nietzsche-Studien* 10, S. 442–481.
Kerger, Henry (1988): *Autorität und Recht im Denken Nietzsches*, Berlin.
Kirchhoff, Jochen (1977): „Zum Problem der Erkenntnis bei Nietzsche", in: *Nietzsche-Studien* 6, S. 16–44.
Knoll, Manuel (2009): „Nietzsches Begriff der sozialen Gerechtigkeit", in: *Nietzsche-Studien* 38, S. 156–181.
Kornberger, Martin (1998): „Zur Genealogie des ‚Ecce homo'", in: *Nietzsche-Studien* 27, S. 319–338.
Kuhn, Elisabeth (1984): „Nietzsches Quelle des Nihilismus-Begriffs", in: *Nietzsche-Studien*, S. 253–278.

Kuhn, Elisabeth (1992): *Friedrich Nietzsches Philosophie des europäischen Nihilismus*, Berlin/New York.
Kühneweg, Uwe (1986): „Nietzsche und Jesus – Jesus bei Nietzsche", in: *Nietzsche-Studien* 15, S. 382–397.
Kulawik, Bernd (1992): „Nietzsche und der Kynismus", in: *Jahresschrift der Förder- und Forschungsgemeinschaft Friedrich Nietzsche e. V.* Band 3, Halle, S. 125–140.
Lampert, Laurence (1986): *Nietzsche's Teaching. An Interpretation of Thus Spoke Zarathustra*, New Haven/London.
Largier, Niklaus (1997): *Diogenes der Kyniker. Exempel, Erzählung, Geschichte in Mittelalter und früher Neuzeit. Mit einem Essay zur Figur des Diogenes zwischen Kynismus, Narrentum und postmoderner Kritik*, Tübingen.
Latacz, Joachim (2014): „On Nietzsche's Philological Beginnings", in: Jensen, Anthony K./Heit, Helmut (Hrsg.): *Nietzsche as a Scholar of Antiquity*, S. 3–26.
Legrand, Camille (2011): „Nietzsches Sinn für das Kleine: eine Kritik des Mitleids", in: Caysa, Volker/Schwarzwald, Konstanze (Hrsg.): *Nietzsche – Macht – Größe. Nietzsche – Philosoph der Größe der Macht oder der Macht der Größe*, Berlin/Boston, S. 287–298.
Lemm, Vanessa (2007a): „Animality, Creativity and Historicity: A Reading of Friedrich Nietzsche's *Vom Nutzen und Nachtheil der Historie für das Leben*", in: *Nietzsche-Studien* 36, S. 169–200.
Lemm, Vanessa (2007b): „Is Nietzsche a Perfectionist? Rawls, Cavell, and the Politics of Culture in Nietzsche's ‚Schopenhauer As Educator'", in: *Journal of Nietzsche Studies* 34, S. 5–27.
Lemm, Vanessa (2008): „Nietzsches Vision einer ‚neuen Aristokratie'", in: *Deutsche Zeitschrift für Philosophie* 56/3, S. 365–383.
Lemm, Vanessa (2009): *Nietzsche's Animal Philosophy. Culture, Politics, and the Animality of the Human Being*, New York.
Lemm, Vanessa (2013a): „Introduction: Biopolitics and Community in Roberto Esposito", in: Esposito, Roberto: *Terms of the Political: Community, Immunity, Biopolitics*, translated by Noel Welch, New York, S. 1–13.
Lemm, Vanessa (2013b): „Nietzsche, *Einverleibung* and the Politics of Immunity", in: *International Journal of Philosophical Studies* 21/1, S. 3–19.
Lemm, Vanessa (2014): „The Embodiment of Truth and the Politics of Community: Foucault and the Cynics", in: Lemm, Vanessa/Vatter, Miguel (Hrsg.): *The Government of Life. Foucault, Biopolitics, and Neoliberalism*, New York, S. 208–223.
Lemm, Vanessa (2017): „Nietzsche and biopolitics: Four readings of Nietzsche as a biopolitical thinker", in: Prozorov, Sergei/Rentea, Simona (Hrsg.): *The Routledge Handbook of Biopolitics*, New York, S. 50–65.
Lemm, Vanessa (2020): *Homo Natura: Nietzsche, Philosophical Anthropology and Biopolitics*, Edinburgh.
Loeb, Paul S. (2002): „The Dwarf, the Dragon, and the Ring of Eternal Recurrence: A Wagnerian Key to the Riddle of Nietzsche's Zarathustra", in: *Nietzsche-Studien* 31, S. 91–113.
Loeb, Paul S. (2005): „Finding the Übermensch in Nietzsche's *Genealogy of Morality*", in: *Journal of Nietzsche Studies* 30, S. 70–101.
Loeb, Paul S. (2010): *The Death of Nietzsche's Zarathustra*, New York.
Loeb, Paul S. (2018): „The Priestly Slave Revolt in Morality", in: *Nietzsche-Studien* 47, S. 100–139.
Lorenz, Martin (2005): *Die Metaphysik-Kritik in Nietzsches Carmen-Rezeption*, Würzburg.
Lossi, Annamaria (2006): *Nietzsche und Platon. Begegnung auf dem Weg der Umdrehung des Platonismus*, Würzburg.
Löwith, Karl ([4]1986): *Nietzsches Philosophie der ewigen Wiederkehr des Gleichen*, Hamburg.
Lukian ([2]1980): *Die Hauptwerke des Lukian*, Griechisch-Deutsch, hrsg. und übers. von Karl Mras, München.

Magnus, Bernd (1979): „‚Eternal Recurrence'", in: *Nietzsche-Studien* 8, S. 362–377.
Magnus, Bernd (1986): „Nietzsche's Philosophy in 1888: The Will to Power and the Übermensch", in: *Journal of the History of Philosophy* 24/1, S. 79–98.
Margreiter, Reinhard (1991): „Die Verwindung der Wahrheit und der Entzug des Göttlichen. Zur Rekonstruktion der Gottesbegriffe Nietzsches", in: *Nietzsche-Studien* 20, S. 48–67.
Marti, Urs (1987): „Ludwig Steins Nietzsche-Kritik", in: *Nietzsche-Studien* 16, S. 353–381.
Marti, Urs (1989): „Der Plebejer in der Revolte – ein Beitrag zur Genealogie des ‚Höheren Menschen'", in: *Nietzsche-Studien* 18, S. 550–572.
Matton, Sylvain (1996): „Cynicism and Christianity from the Middle Ages to the Renaissance", in: Branham, Robert Bracht/Marie-Odile, Goulet-Cazé (Hrsg.): *The Cynics. The Cynic Movement in Antiquity and Its Legacy*, S. 240–265.
Maurer, Reinhardt Klemens (1979): „Das antiplatonische Experiment Nietzsches. Zum Problem einer konsequenten Ideologiekritik", in: *Nietzsche-Studien* 8, S. 104–126.
Mayfield, D. S. (2015): *Artful Immorality – Variants of Cynicism. Machiavelli, Gracián, Diderot, Nietzsche*, Berlin/Boston.
Mcintyre, Alex (1996): „Communion in Joy. Will to Power and Eternal Return in Grand Politics", in: *Nietzsche-Studien* 25, S. 24–41.
Meier, Christian (1980): *Die Entstehung des Politischen bei den Griechen*, Frankfurt am Main.
Meier, Christian (1988): *Die politische Kunst der griechischen Tragödie*, München.
Meier, Christian (1991): „Politik und Tragödie im 5. Jahrhundert", in: *Philologus* 135/1, S. 70–87.
Mohr, Jürgen (1977): „Nietzsches Deutung des Gewissens", in: *Nietzsche-Studien* 6, S. 1–15.
Moles, John L. (1996): „Cynic Cosmopolitanism", in: Branham, Robert Bracht/Marie-Odile, Goulet-Cazé (Hrsg.): *The Cynics. The Cynic Movement in Antiquity and Its Legacy*, S. 105–120.
Montinari, Mazzino (1982): *Nietzsche lesen*, Berlin/New York.
More, Nicholas D. (2014): *Nietzsche's Last Laugh. Ecce Homo as Satire*, Cambridge.
Morillas, Antonio/Morillas, Jordi (2012): „Der ‚Idiot' bei Nietzsche und bei Dostoevskij. Geschichte eines Irrtums?", in: *Nietzsche-Studien* 41, S. 344–354.
Müller-Buck, Renate (1994): „Immer wieder kommt einer zur Gemeine hinzu", in: Borsche, Tilman (Hrsg.): *Centauren-Geburten. Wissenschaft, Kunst und Philosophie beim jungen Nietzsche*, Berlin/New York, S. 418–432.
Müller-Lauter, Wolfgang (1971): *Nietzsche. Seine Philosophie der Gegensätze und die Gegensätze seiner Philosophie*. Berlin/New York.
Müller-Lauter, Wolfgang (1974): „Nietzsches Lehre vom Willen zur Macht", in: *Nietzsche-Studien* 3, S. 1–60.
Müller-Lauter, Wolfgang (1978): „Der Organismus als innerer Kampf. Der Einfluss von Wilhelm Roux auf Friedrich Nietzsche", in: *Nietzsche-Studien* 7, S. 189–235.
Müller-Lauter, Wolfgang (1999a): *Über Freiheit und Chaos. Nietzsche-Interpretation II*, Berlin/New York.
Müller-Lauter, Wolfgang (1999b): *Über Werden und Wille zur Macht. Nietzsche-Interpretation I*, Berlin/New York.
Müller-Lauter, Wolfgang (2000): *Heidegger und Nietzsche. Nietzsche-Interpretation III*, Berlin/New York.
Müller, Armin (1976): „Kynismus, kynisch", in: Ritter, Joachim (Hrsg.): *Historisches Wörterbuch der Philosophie*. Band 4, Basel, Sp. 1470.
Müller, Enrico (2002a): „‚Aesthetische Lust' und ‚Dionysische Weisheit'. Nietzsches Deutung der griechischen Tragödie", in: *Nietzsche-Studien* 31, S. 134–154.
Müller, Enrico (2004): „Politik, Sophistik und Philosophie im Zeitalter der athenischen Demokratie nach Nietzsche", in: *Nietzscheforschung* 11, S. 212–222.
Müller, Enrico (2005): *Die Griechen im Denken Nietzsches*, Berlin/New York.

Müller, Enrico (2019): *Nietzsche-Lexikon*, Paderborn.
Müller, Hans von (2002b): „Nietzsches Vorfahren", in: *Nietzsche-Studien* 31, S. 253–275.
Müller, Jörn (2016): „Theorie und Lebensform der antiken Philosophen im Spiegel Nietzsches", in: Gödde, Günter/Loukidelis, Nikolaos/Zirfas, Jörg (Hrsg.): *Nietzsche und die Lebenskunst. Ein philosophisch-psychologisches Kompendium*, Stuttgart, S. 107–118.
Navia, Luis E. (1996): *Classical Cynicism. A Critical Study*, Westport/Connecticut/London.
Niehues-Pröbsting, Heinrich (1980): „Der ‚kurze Weg': Nietzsches ‚Cynismus'", in: *Archiv für Begriffsgeschichte* 24, S. 103–122.
Niehues-Pröbsting, Heinrich (1983): „Anekdote als Philosophiegeschichtliches Medium", in: *Nietzsche-Studien* 12, S. 255–286.
Niehues-Pröbsting, Heinrich (1987): „Wielands Diogenes und der Rameau Diderots. Zur Differenz von Kyniker und Zyniker in der Sicht der Aufklärung", in: *Peter Sloterdijks „Kritik der zynischen Vernunft"*, Frankfurt am Main, S. 73–109.
Niehues-Pröbsting, Heinrich ([2]1988): *Der Kynismus des Diogenes und der Begriff des Zynismus*, Frankfurt am Main.
Niehues-Pröbsting, Heinrich (1992): „Die Kynismus-Rezeption der Moderne: Diogenes in der Aufklärung", in: *Deutsche Zeitschrift für Philosophie* 40/7, S. 709–734.
Niehues-Pröbsting, Heinrich (2005): „‚Welthistorischer Cynismus'?", in: *Nietzscheforschung* 12, S. 171–182.
Niehues-Pröbsting, Heinrich (2011): „Blumenberg und Nietzsche", in: Moxter, Michael (Hrsg.): *Erinnerung an das Humane. Beiträge zur phänomenologischen Anthropologie Hans Blumenbergs*, Tübingen, S. 191–209.
Niehues-Pröbsting, Heinrich (2013): „‚Lieber aus ganzem Holz eine Feindschaft / als eine geleimte Freundschaft'. Feindschaft bei Nietzsche", in: Moxter, Michael/Firchow, Markus (Hrsg.): *Feindschaft. Theologische und philosophische Perspektiven*, Leipzig, S. 99–120.
Niemeyer, Christian (1997): „Nietzsches rhetorischer Antisemitismus", in: *Nietzsche-Studien* 26, S. 139–162.
Niemeyer, Christian (2007): *Friedrich Nietzsches ‚Also sprach Zarathustra'*, Darmstadt.
Niemeyer, Christian (2012): „Nietzsche und sein Verhältnis zum Antisemitismus. Eine bewusst missverstandene Rezeption?", in: Reschke, Renate/Brusotti, Marco (Hrsg.): *„Einige werden posthum geboren". Friedrich Nietzsches Wirkungen*, Berlin/Boston, S. 501–512.
Nill, Peggy (1988): „Die Versuchung der Psyche. Selbstwerdung als schöpferisches Prinzip bei Nietzsche und C. G. Jung", in: *Nietzsche-Studien* 17, S. 250–279.
Nussbaum, Martha C. (1993): „Mitleid und Gnade: Nietzsches Stoizismus", in: *Deutsche Zeitschrift für Philosophie* 41/5, S. 831–858.
Okochi, Ryogi (1988): „Nietzsches Naturbegriff aus östlicher Sicht", in: *Nietzsche-Studien* 17, S. 108–124.
Olivier, Abraham (2003): „Nietzsche and Neurology", in: *Nietzsche-Studien* 32, S. 124–141.
Ottmann, Henning (1984): „Anti-Lukács. Eine Kritik der Nietzsche-Kritik von Georg Lukács", in: *Nietzsche-Studien* 13, S. 570–586.
Ottmann, Henning (1985): „Nietzsches Stellung zur antiken und modernen Aufklärung", in: Simon, Josef (Hrsg.): *Nietzsche und die philosophische Tradition*, Bd. 2, Würzburg, S. 9–34.
Ottmann, Henning (1987): *Philosophie und Politik bei Nietzsche*, Berlin/New York.
Ottmann, Henning (Hrsg.) (2011): *Nietzsche-Handbuch. Leben – Werk – Wirkung*, Sonderausgabe, Stuttgart/Weimar.
Pearson, James (2016): „On Catharsis, Conflict and the Coherence of Nietzsche's Agonism", in: *Nietzsche-Studien* 45, S. 3–32.
Petersen, Jens (2008): *Nietzsches Genialität der Gerechtigkeit*, Berlin/New York.

Phaedrus (2009): *Liber Fabularum. Fabelbuch*, Lateinisch/Deutsch, übers. von Friedrich Fr. Rückert und Otto Schönberger, hrsg. u. erläutert von Otto Schönberger, Nachdr. Stuttgart.
Piazzesi, Chiara (2010): „Liebe und Gerechtigkeit. Eine Ethik der Erkenntnis", in: *Nietzsche-Studien* 39, S. 352–381.
Pieper, Annemarie (2010): *„Ein Seil geknüpft zwischen Thier und Übermensch". Philosophische Erläuterungen zu Nietzsches Also sprach Zarathustra von 1883*, Basel.
Planckh, Marcus (1998): „Scham als Thema im Denken Friedrich Nietzsches", in: *Nietzsche-Studien* 27, S. 214–237.
Plutarch (1986): *Plutarch's Moralia*, Band 4 (the Loeb classical Library), London.
Pütz, Peter (1974): „Nietzsche im Lichte der kritischen Theorie", in: *Nietzsche-Studien* 3, S. 175–191.
Rahn, Helmut (1960): „Die Frömmigkeit der Kyniker", in: *Paideuma* 7 4/6, S. 280–292.
Reuter, Sören (2010): „‚Dieser Lehre gegenüber ist der Darwinismus eine Philosophie für Fleischerburschen'. Grundzüge einer möglichen Darwin-Rezeption Nietzsches", in: Gerhardt, Volker/Reschke, Renate (Hrsg.): *Nietzsche, Darwin und die Kritik der politischen Theologie*, S. 83–104.
Riccardi, Mattia (2009): *„Der faule Fleck des Kantischen Kriticismus". Erscheinung und Ding an sich bei Nietzsche*, Basel.
Riccardi, Mattia (2010): „Nietzsche's Critique of Kant's Thing in Itself", in: *Nietzsche-Studien* 39, S. 333–351.
Richardson, John (2004): *Nietzsche's New Darwinism*, Oxford/New York.
Riedel, Manfred (2000): „Das Lenzerheide-Fragment über den europäischen Nihilismus", in: *Nietzsche-Studien* 29, S. 70–81.
Riedel, Manfred (2012): *Vorspiele zur ewigen Wiederkunft. Nietzsches Grundlehre*, Wien/Köln/Weimar.
Risse, Mathias (2003): „Origins of Ressentiment and Sources of Normativity", in: *Nietzsche-Studien* 32, S. 142–170.
Roberts, Hugh (2006): *Dogs' Tales: Representations of Ancient Cynicism in French Renaissance Texts*, Amsterdam.
Rohrmoser, Günter (1982): „Nietzsches Kritik der Moral", in: *Nietzsche-Studien* 10, S. 328–366.
Roth, Florian (1993): „Nietzsches Wahrheitsbegriff in seiner Selbstwidersprüchlichen Problematik", in: *Nietzsche-Studien* 22, S. 94–114.
Ruehl, Martin A. (2004): „Politeia 1871: Young Nietzsche on the Greek State", in: Bishop, Paul (Hrsg.): *Nietzsche and Antiquity. His Reaction and Response to the Classical Tradition*, S. 79–97.
Rupschus, Andreas (2013): *Nietzsches Problem mit den Deutschen. Wagners Deutschtum und Nietzsches Philosophie*, Berlin/Boston.
Rutherford, Donald (2018): „Nietzsche as Perfectionist", in: *Inquiry* 61/1, S. 42–61.
Salaquarda, Jörg (1966): „Zarathustra und der Esel", in: *Theologia Viatorum* 11, S. 181–213.
Salaquarda, Jörg (1973): „Der Antichrist", in: *Nietzsche-Studien* 2, S. 91–136.
Salaquarda, Jörg (1974): „Dionysos gegen den Gekreuzigten. Nietzsches Verständnis des Apostels Paulus", in: *Zeitschrift für Religions- und Geistesgeschichte* 26/2, S. 97–124.
Salaquarda, Jörg (1978): „Umwertung aller Werte", in: *Archiv für Begriffsgeschichte* 22, S. 154–174.
Salaquarda, Jörg (1984): „Studien zur zweiten Unzeitgemässen Betrachtung", in: *Nietzsche-Studien* 13, S. 1–45.
Salaquarda, Jörg (1985): „Nietzsches Kritik der Transzendentalphilosophie", in: Lutz-Bachmann, Matthias (Hrsg.): *Über Friedrich Nietzsche. Eine Einführung in seine Philosophie*, Frankfurt am Main, S. 27–62.
Salaquarda, Jörg (1989): „Der ungeheure Augenblick", in: *Nietzsche-Studien* 18, S. 317–337.
Salaquarda, Jörg (1994): „Leib bin ich ganz und gar... – Zum ‚dritten Weg' bei Schopenhauer und Nietzsche", in: *Nietzscheforschung* 1, S. 37–50.

Salaquarda, Jörg (2012): „Die Grundconception des Zarathustra", in: Gerhardt, Volker (Hrsg.): *Friedrich Nietzsche. Also sprach Zarathustra*, S. 51–68.

Schäfer, Rainer (2011): „Die Wandlungen des Dionysischen bei Nietzsche", in: *Nietzsche-Studien* 40, S. 178–202.

Schank, Gerd (2000): *„Rasse" und „Züchtung" bei Nietzsche*, Berlin/New York.

Scheib, Andreas (2008): „Nietzsches Carmen. Anmerkungen zu einer Verirrung", in: *Nietzsche-Studien* 37, S. 249–254.

Schipperges, Heinrich (1975): *Am Leitfaden des Leibes. Zur Anthropologik und Therapeutik Friedrich Nietzsches*, Stuttgart.

Schlechta, Karl (1972): „Nietzsche über den Glauben an die Grammatik", in: *Nietzsche-Studien* 1, S. 353–358.

Schmid, Wilhelm (1992): „Uns selbst gestalten. Zur Philosophie der Lebenskunst bei Nietzsche", in: *Nietzsche-Studien* 21, S. 50–62.

Schmidt, Jochen (2000): „Nietzsches ‚Geburt der Tragödie' aus dem Geist der Décadence", in: Stärk, Ekkehard/Vogt-Spira, Gregor (Hrsg.): *Dramatische Wäldchen. Festschrift für Eckard Lefèvre zum 65. Geburtstag*, Hildesheim/New York/Zürich, S. 699–717.

Schmidt, Jochen (2012): *Kommentar zu Nietzsches Die Geburt der Tragödie*, Berlin/Boston.

Schmidt, Jochen (2016): *Der Mythos „Wille zur Macht". Nietzsches Gesamtwerk und der Nietzsche-Kult. Eine historische Kritik*, Berlin/Boston.

Schmidt, Jochen/Kaufmann, Sebastian (2015): *Kommentar zu Nietzsches „Morgenröthe", „Idyllen von Messina"*, Berlin/Boston.

Schneider, Ursula (1983): *Grundzüge einer Philosophie des Glücks bei Nietzsche*, Berlin/New York.

Schrift, Alan D. (2000): „Nietzsche for Democracy?", in: *Nietzsche-Studien* 29, S. 220–233.

Schubert, Corinna (2011): „Ein gefährliches Hinüber – Von Seiltänzern und Possenreißern", in: *Nietzscheforschung* 18, S. 191–200.

Schuhmann, Maurice (2014): „Nietzsches Übermensch als Ideal für ein postmodernes Individuum", in: *Nietzscheforschung* 21, S. 75–88.

Schulin, Ernst (2005): „Zeitgemäße Historie um 1870. Zu Nietzsche, Burckhardt und zum ‚Historismus'", in: *Historische Zeitschrift* 281, S. 33–58.

Shea, Louisa (2010): *The Cynic Enlightenment. Diogenes in the Salon*, Baltimore.

Siemens, Herman (2009): „Umwertung: Nietzsche's ‚War-Praxis' and the Problem of Yes-Saying and No-Saying in *Ecce homo*", in: *Nietzsche-Studien* 38, S. 182–206.

Siemens, Herman (2013): „Reassessing Radical Democratic Theory in the Light of Nietzsche's Ontology of Conflict", in: Ansell-Pearson, Keith (Hrsg.): *Nietzsche and Political Thought*, London/New Delhi/New York, S. 83–106.

Simon, Josef (1971): „Grammatik und Wahrheit. Über das Verhältnis Nietzsches zur spekulativen Satzgrammatik der metaphysischen Tradition", in: *Nietzsche-Studien* 1, S. 1–26.

Simon, Josef (1984): „Das Problem des Bewußtseins bei Nietzsche und der traditionelle Bewußtseinsbegriff", in: Djurić, Mihailo/Simon Josef (Hrsg.): *Zur Aktualität Nietzsches*, Bd. 2, Würzburg, S. 17–33.

Simon, Josef (1989): „Die Krise des Wahrheitsbegriffs als Krise der Metaphysik. Nietzsches Alethiologie auf dem Hintergrund der Kantischen Kritik", in: *Nietzsche-Studien* 18, S. 242–259.

Simon, Josef (2000): „Moral bei Kant und Nietzsche", in: *Nietzsche-Studien* 29, S. 178–198.

Simon, Josef (2002): „Natur und Leben, Form und Kunst", in: Seubert, Harald (Hrsg.): *Natur und Kunst in Nietzsches Denken*, Köln/Weimar/Wien, S. 75–90.

Skirl, Miguel (2011): „Ewige Wiederkunft", in: Ottmann, Henning (Hrsg.): *Nietzsche-Handbuch. Leben – Werk – Wirkung*, S. 222–225.

Skowron, Michael (2002): „Nietzsches weltliche Religiosität und ihre Paradoxien", in: *Nietzsche-Studien* 31, S. 1–39.

Skowron, Michael (2004): „Zarathustra-Lehren", in: *Nietzsche-Studien* 33, S. 68–89.
Skowron, Michael (2008): „Nietzsches ‚Anti-Darwinismus'", in: *Nietzsche-Studien* 37, S. 160–194.
Skowron, Michael (2010): „Evolution und Wiederkunft. Nietzsche und Darwin zwischen Natur und Kultur", in: Gerhardt, Volker/Reschke, Renate (Hrsg.): *Nietzsche, Darwin und die Kritik der politischen Theologie*, S. 45–64.
Skowron, Michael (2013): „Posthuman oder Übermensch. War Nietzsche ein Transhumanist?", in: *Nietzsche-Studien* 42, S. 256–282.
Sloterdijk, Peter (1986): *Der Denker auf der Bühne. Nietzsches Materialismus*, Frankfurt am Main.
Sloterdijk, Peter (^{17}2007): *Kritik der zynischen Vernunft*, Frankfurt am Main.
Sluiter, Ineke (2005): „Communicating Cynicism: Diogenes' gangsta rap", in: Frede, Dorothea/Inwood, Brad (Hrsg.): *Language and Learning. Philosophy of Language in the Hellenistic Age. Proceedings of the Ninth Symposium Hellenisticum*, Cambrige/New York, S. 139–163.
Sommer, Andreas Urs (2000): *Friedrich Nietzsches „Der Antichrist". Ein philosophisch-historischer Kommentar*, Basel.
Sommer, Andreas Urs (2010a): „Gott – Nihilismus – Skepsis. Aspekte der Religions- und Zeitkritik bei Nietzsche", in: Gentili, Carlo/Nielsen, Cathrin (Hrsg.): *Der Tod Gottes und die Wissenschaft. Zur Wissenschaftskritik Nietzsches*, Berlin/New York, S. 17–29.
Sommer, Andreas Urs (2010b): „Nietzsche mit und gegen Darwin in den Schriften von 1888", in: Gerhardt, Volker/Reschke, Renate (Hrsg.): *Nietzsche, Darwin und die Kritik der politischen Theologie*, S. 31–44.
Sommer, Andreas Urs (2012a): „Friedrich Nietzsche", in: Konersmann, Ralf (Hrsg.): *Handbuch Kulturphilosophie*, Stuttgart, S. 93–100.
Sommer, Andreas Urs (2012b): *Kommentar zu Nietzsches „Der Fall Wagner", „Götzen-Dämmerung"*, Berlin/Boston.
Sommer, Andreas Urs (2015): „The History of Philosophy as Counter-History: Strategies of Philosophico-Historiographical Dissidence", in: Hartung, Gerald/Pluder, Valentin (Hrsg.): *From Hegel to Windelband. Historiography of Philosophy in the 19th Century*, Berlin/Boston, S. 159–179.
Sommer, Andreas Urs (2016a): „‚Moral als Vampyrismus'. Leben und Blutsaugen bei Friedrich Nietzsche", in: Breyer, Thiemo/Müller, Oliver (Hrsg.): *Funktionen des Lebendigen*, Berlin/Boston, S. 193–213.
Sommer, Andreas Urs (2016b): *Kommentar zu Nietzsches Jenseits von Gut und Bose*, Berlin/Boston.
Sommer, Andreas Urs (2019): „Freiheitstänze mit Ketten und Schwertern? Eine metaphorologische Digression zu Nietzsche", in: *Nietzscheforschung* 26, S. 145–154.
Söring, Jürgen (1979): „Incipit Zarathustra – Vom Abgrund der Zukunft", in: *Nietzsche-Studien* 8, S. 334–361.
Spiekermann, Klaus (1988): „Nietzsches Beweise für die ewige Wiederkehr", in: *Nietzsche-Studien* 17, S. 496–538.
Spiekermann, Klaus (1992): *Naturwissenschaft als subjektlose Macht. Nietzsches Kritik physikalischer Grundkonzepte*, Berlin/New York.
Stegmaier, Werner (1985): „Nietzsches Neubestimmung der Wahrheit", in: *Nietzsche-Studien* 14, S. 69–95.
Stegmaier, Werner (1987): „Darwin, Darwinismus und Nietzsche. Zum Problem der Evolution", in: *Nietzsche-Studien* 16, S. 264–287.
Stegmaier, Werner (1990): „Nietzsches Neubestimmung der Philosophie", in: Djurić, Mihailo (Hrsg.): *Nietzsches Begriff der Philosophie*, S. 21–36.
Stegmaier, Werner (1992): „Nietzsches Kritik der Vernunft seines Lebens. Zur Deutung von ‚Der Antichrist' und ‚Ecce homo'", in: *Nietzsche-Studien* 21, S. 163–183.
Stegmaier, Werner (1994): *Nietzsches ‚Genealogie der Moral'*, Darmstadt.
Stegmaier, Werner (2000): „Nietzsches Zeichen", in: *Nietzsche-Studien* 29, S. 41–69.

Stegmaier, Werner (2004): „‚Philosophischer Idealismus' und die ‚Musik des Lebens'. Zu Nietzsches Umgang mit Paradoxien. Eine kontextuelle Interpretation des Aphorismus Nr. 372 der *Fröhlichen Wissenschaft*", in: *Nietzsche-Studien* 33, S. 90–128.

Stegmaier, Werner (2008): „Schicksal Nietzsche? Zu Nietzsches Selbsteinschätzung als Schicksal der Philosophie und der Menschheit (*Ecce homo*, Warum ich ein Schicksal bin 1)", in: *Nietzsche-Studien* 37, S. 62–114.

Stegmaier, Werner (2010): „Der Tod Gottes und das Leben der Wissenschaft. Nietzsches Aphorismus vom tollen Menschen im Kontext seiner *Fröhlichen Wissenschaft*", in: Gentili, Carlo/Nielsen, Cathrin (Hrsg.): *Der Tod Gottes und die Wissenschaft. Zur Wissenschaftskritik Nietzsches*, Berlin/New York, S. 1–16.

Stegmaier, Werner (2012a): „‚Wissenschaft' als Vorurteil. Kontextuelle Interpretation des Aphorismus Nr. 373 der *Fröhlichen Wissenschaft*", in: Heit, Helmut/Abel, Günter/Brusotti, Marco (Hrsg.): *Nietzsches Wissenschaftsphilosophie. Hintergründe, Wirkungen und Aktualität*, S. 25–37.

Stegmaier, Werner (2012b): „Anti-Lehren. Szene und Lehre in Nietzsches *Also sprach Zarathustra*", in: Gerhardt, Volker (Hrsg.): *Friedrich Nietzsche. Also sprach Zarathustra*, S. 143–168.

Stegmaier, Werner (2012c): „Nietzsche: Umwertung (auch) der Affekte", in: Landweer, Hilge/Renz, Ursula (Hrsg.): *Handbuch Klassische Emotionstheorien. Von Platon bis Wittgenstein*, Berlin/Boston, S. 525–546.

Stegmaier, Werner (2012d): *Nietzsches Befreiung der Philosophie. Kontextuelle Interpretation des V. Buchs der Fröhlichen Wissenschaft*, Berlin/Boston.

Stegmaier, Werner (2013): „Auseinandersetzung mit Nietzsche I. Metaphysische Interpretation eines Anti-Metaphysikers", in: Thomä, Dieter (Hrsg.): *Heidegger-Handbuch. Leben – Werk – Wirkung*. 2., überarb. und erw. Aufl. Stuttgart/Weimar, S. 174–181.

Stegmaier, Werner (2019): „‚Sokrates fascinirte', Nietzsche auch. Philosophie im Spielraum von Irritation und Faszination", in: *Nietzscheforschung* 26, S. 101–123.

Stein, Ludwig (1893): *Friedrich Nietzsche's Weltanschauung und ihre Gefahren. Ein kritischer Essay*, Berlin.

Stellino, Paolo (2007): „Jesus als ‚Idiot': Ein Vergleich zwischen Nietzsches *Der Antichrist* und Dostojewskijs *Der Idiot*", in: *Nietzscheforschung* 14, S. 203–210.

Sterling, M. C. (1977): „Recent Discussions of Eternal Recurrence: Some Critical Comments", in: *Nietzsche-Studien* 6, S. 261–291.

Stevens, Jeffrey (1980): „Nietzsche and Heidegger on Justice and Truth", in: *Nietzsche-Studien* 9, S. 224–238.

Strobel, Eva (1998): *Das „Pathos der Distanz". Nietzsches Entscheidung für den Aphorismenstil*, Würzburg.

Taureck, Bernhard (1976): „Macht, und nicht Gewalt. Ein anderer Weg zum Verständnis Nietzsches", in: *Nietzsche-Studien* 5, S. 29–54.

Thelen, Julius (2017): „Das Dasein zwischen Komödie und Tragödie: Zum ersten Abschnitt der *Fröhlichen Wissenschaft*", in: Grätz, Katharina/Kaufmann, Sebastian (Hrsg.): *Nietzsche als Dichter. Lyrik – Poetologie – Rezeption*, unter redaktioneller Mitarbeit von Armin Thomas Müller und Milan Wenner, Berlin/Boston, S. 339–376.

Tongeren, Paul van (2016): „Die ‚Musik des Vergessens' und das ‚Ideal eines Menschlich-übermenschlichen Wohlseins und Wohlwollens'. Über Nihilismus, Transfiguration und Lebenskunst bei Nietzsche", in: *Nietzsche-Studien* 45, S. 143–157.

Tongeren, Paul van/Schrank, Gerd/Siemens, Herman (Hrsg.) (2004): *Nietzsche-Wörterbuch. Band 1: Abbreviatur – einfach*, Berlin/New York.

Trillhaas, Wolfgang (1983): „Nietzsches ‚Priester'", in: *Nietzsche-Studien* 12, S. 32–50.

Türcke, Christoph ([4]2014): *Der tolle Mensch. Nietzsche und der Wahnsinn der Vernunft*, Springe.

Visser, Gerard (1999): „Nietzsches Übermensch. Die Notwendigkeit einer Neubesinnung auf die Frage nach dem Menschen", in: *Nietzsche-Studien* 28, S. 100–124.
Weber, Ralf (1998): *Zynisches Handeln. Prolegomena zu einer Pathologie der Moderne*, Frankfurt am Main u. a.
Whitlock, Grey (2001): „Introduction", in: Nietzsche, Friedrich: *The Pre-platonic Philosophers*, translated from the German and edited, with an Introduction and Commentary, by Grey Whitlock, Urbana/Chicago.
Wilson, Catherine (2013): „Darwin and Nietzsche. Selection, Evolution, and Morality", in: *Journal of Nietzsche Studies* 44/2, S. 354–370.
Winteler, Reto (2014): *Friedrich Nietzsche, der erste tragische Philosoph. Eine Entdeckung*, Basel.
Winteler, Reto (2010): „Nietzsches Ideal eines höchsten Typus Mensch und seine ‚idealistischen' Fehldeutungen", in: *Nietzsche-Studien* 39, S. 455–486.
Wolf, Jean-Claude (2012): „Der unbewusste Gott nach Eduard von Hartmann", in: Georg, Jutta/Claus Zittel (Hrsg.): *Nietzsches Philosophie des Unbewussten*, Berlin/Boston, S. 31–48.
Wollek, Christian (2004): „Nietzsche und das Problem des Sokrates", in: *Nietzscheforschung* 11, S. 241–248.
Zittel, Claus (1995): *Selbstaufhebungsfiguren bei Nietzsche*, Würzburg.

Register

Abel, Günter 101, 113–114, 117, 132, 140, 143, 181, 218–219
Agon 71, 145
Akiyama, Hideo 232
Albrecht, Jörn 113
Alexander der Große 2, 5, 18, 37, 88, 238
amor fati 29, 88, 222
Amoral 5, 8, 17, 20, 42, 99
Anthropomorphismus 64, 101
Antisemitismus 71, 151
Antisthenes 2–3, 22–24, 33–34, 38, 73–75
Aristokratie 26–27, 69, 114, 136, 145–146, 168, 172, 244
Aristoteles 3, 144
Askese 5, 17, 21, 38, 40, 46, 63, 84, 123, 160, 165–166
Atheismus 7
Aufklärung 4, 6, 8–9, 11–12, 15–16, 18, 27, 37, 41, 55, 66, 71, 80–81, 97, 117, 129, 179, 190, 208, 238
Autarkie 5–7, 17, 23, 38, 63
Autonomie 16, 114, 184, 189, 193, 244

Babich, Babette 102
Baier, Horst 205
Barnes, Jonathan 34
Behler, Diana 149
Benne, Christian 20, 236
Bergoffen, Debra 189
Bertino, Andrea 48, 55, 100, 103
Biebuyck, Benjamin 238
Billerbeck, Margarethe 2, 7, 33
Bittner, Rüdiger 121
Bizet 92, 234
Blumenberg, Hans 217
Born, Marcus Andreas 213
Bornedal, Peter 220
Bornmann, Fritz 66
Borsche, Tilman 21, 122
Bourquin, Christophe 62
Brancacci, Aldo 7
Brandes, Georg 12, 16, 40, 93, 146, 236
Branham, R. Bracht 21
Bremer, Dieter 176
Brobjer, Thomas 56, 136
Brock, Eike 211–212, 215
Bröcker, Walter 235

Brömsel, Sven 151
Brose, Karl 150
Brusotti, Marco 100, 112, 122, 161, 163, 195, 227
Bultmann, Rudolf 7
Burckhardt, Jacob 35–36, 55, 69

Campioni, Giuliano 36, 76, 195
Caysa, Volker 118
Cheung, Chiu-Yee 150
Christentum 7, 18, 23, 27, 40, 55, 60, 69, 84, 90–91, 93, 127, 160–161, 164, 166, 168–170, 172–173, 179, 188–189, 198, 208, 226
Christians, Ingo 68
Church, Jeffrey 61
Cicero 36–37
Conant, James 61
Cowan, Michael 131
Crescenzi, Luca 36
Cristi, Renato 146

Därmann, Iris 146
Darwin, Darwinismus 25, 125–129
das asketische Ideal 27, 160–161, 165, 208
das freie Wort *siehe* Parrhesie 8
décadence 13, 15, 18, 26–29, 44, 92–93, 106, 114, 133–134, 149, 153, 167–168, 171–172, 174–176, 178–179, 192–193, 197, 199, 201, 205–206, 215–216, 233, 237–238, 241, 244
Degen, Andreas 175
Dellinger, Jakob 113
Demokratie 69, 146, 152–153
der tolle Mensch 16–18, 24, 28, 80–81, 187–192, 195–196, 199, 203, 206
Descartes 118
Desmond, William 1, 3, 17
Devreese, Daniel 238
Diatribe 7
Diderot 8–9, 13, 16–19, 24, 40–42
die ewige Wiederkunft 29, 88, 124, 148, 192–193, 204–206, 215–224, 231, 235, 243
Diels, Hermann 16
Dier, Oliver 15, 219
Diogenes Laertius 2, 4–6, 23–24, 33–35, 37–38, 73–75, 77–79, 82, 85–89, 97–98, 231

https://doi.org/10.1515/9783110751413-019

Diogenes von Sinope 1–6, 8, 10, 12, 17–24, 28, 33, 35, 37–38, 40–41, 67, 72, 74–75, 78–79, 81–89, 97, 187–190, 202, 231
Djurić, Mihailo 124, 207, 217
Domino, Brian 239
Döring, Klaus 3, 7
Dostojewskij 113, 171
Dudley, Donald Reynolds 3
Dühring, Eugen 59, 77
Düsing, Edith 125

Ebersbach, Volker 65
Emundts, Dina 112
Engelbrecht, Alexander 16
Epiktet 7, 36, 38–39, 41
Epikur, Epikureer 24, 65–66
Esposito, Roberto 15, 130
Eudämonismus 63–64, 112
Experimentalphilosophie 12, 222

Falschmünzerei 4, 24, 40, 78, 88–93, 97–99, 168, 192, 228, 243
Fellmann, Ferdinand 45
Fetscher, Iring 1
Fichte 92
Figal, Günter 182
Figl, Johann 187
Flake, Otto 1
Forster, Michael 122
Forti, Simona 11
Foucault, Michel 9, 11–12, 16, 39, 194

Gabriel, Markus 11, 64, 100, 124, 136, 144, 150, 177–178, 181, 183–184, 207, 221, 231
Gadamer, Hans-Georg 195
Geisenhanslüke, Achim 62
Genügsamkeit 24, 43, 86–88
Georg, Jutta 52, 114, 127
Gerechtigkeit 27, 51, 53, 56, 70, 155–160, 162, 167
Gerhardt, Volker 52–53, 69, 99, 107, 114, 116–117, 130–131, 137, 141, 143, 154–155, 174, 183, 190, 199, 222, 232
Gerratana, Federico 58
Gigante, Marcello 34
Gillespie, Michael Allen 211
Glück 7, 9, 13, 23, 39, 62–64, 66, 73–74, 81, 85, 87, 91, 111–112, 147, 152, 159–160, 162, 164–165, 167, 169, 175, 195, 200, 202, 227, 229

Gödde, Günter 105
Goethe 59, 61, 122
Gorgias 22
Goulet-Cazé, Marie-Odile 3, 7, 17
Gracián 19
Grätzel, Stephan 108
Griffin, Miriam 7

Haase, Marie-Luise 225
Haberkamp, Günter 108
Hamann, Johann Georg 55
Harst, Joachim 220
Hartmann, Eduard von 56–59, 200
Havemann, Daniel 167, 172
Hebammenkunst 4
Hedonismus 16, 112
Hegel 15, 21, 56, 92
Heidegger, Martin 124, 131, 156, 219
Heine, Heinrich 58–60
Heinrich, Klaus 1
Heit, Helmut 34–35, 52, 100, 117–119, 123, 132, 187, 190
Heller, Edmund 173, 236
Henke, Dieter 125
Hennig, Matthias 113
Heraklit 35, 48, 217
Herder 122
Hilpert, Konrad 120
Himmelmann, Beatrix 192, 205
Höffe, Ottfried 9
Hofmann, Johann 109
Holub, Robert 151
homo natura 103
Horn, Anette 127
Horn, Christoph 1, 46, 54, 61, 63, 67, 72, 100, 160
Houlgate, Stephen 119
Hsia, Adrian 150
Huddleston, Andrew 146
Hurka, Thomas 61

Ibáñez-Noé, Javier 184, 213
Idealismus 1, 23, 27, 92–93, 98, 177–179, 181, 231
Immoralismus 14, 19–20, 22, 29, 99, 223, 232
Individualismus 10, 104, 145

Janz, Curt Paul 36, 75
Jensen, Anthony 21, 34, 56, 84, 236

Jesus 7, 20, 27, 170–172, 236
Johnson, Dirk 125

Kaiser Julian 7, 36–40
Kant 58, 64, 83, 92, 116, 119, 179
Kapitalismus 69
Karikatur 9, 24, 40, 47–48, 50
Kaufmann, Sebastian 122, 131
Kaulbach, Friedrich 101, 144, 156, 222
Kerger, Henry 156
Kirchhoff, Jochen 123
Knoll, Manuel 159
Kommunismus 69
Komödie 6, 209
Könnens-Bewusstsein 80
Kornberger, Martin 236
Kosmopolitismus 5, 7
Krates 22–23, 33, 38, 77
Kuhn, Elisabeth 207, 211, 215
Kühneweg, Uwe 171
Kulawik, Bernd 13, 21

Lampert, Laurence 204
Largier, Niklaus 3, 8, 16
Latacz, Joachim 34
Laterne 4, 17, 24, 78–81, 98, 187–190, 192
Lebensform 1–2, 4–5, 16, 38, 43, 46, 50, 58, 82–84, 97, 156, 172, 217
Lebenskunst 11, 16, 20, 63
Legrand, Camille 169
Leibniz 92, 144
Lemm, Vanessa 11, 15, 20, 58, 61–62, 103, 130, 194
Liberalismus 69
Loeb, Paul 162, 205, 226
Lorenz, Martin 234
Lossi, Annamaria 177
Löwith, Karl 223
Lukács, Georg 69
Lukian 7–8, 16, 23, 36–39, 76

Machiavelli 19
Magnus, Bernd 219, 225
Margreiter, Reinhard 222
Marti, Urs 16, 152
Marx 19
Matton, Sylvain 7
Maurer, Reinhardt Klemens 176
Mayfield, Daniel Scott 19

McIntyre, Alex 219
Mechanismus 26, 140, 167
Meier, Christian 45, 80
Menedemus 66
Menippos 22–24, 34, 39, 74–77
Menschenwürde 67, 72
Mill, John S. 150, 158
Mohr, Jürgen 163
Moles, John L. 5
Montinari, Mazzino 190
moralité larmoyante 18
More, Nicholas D. 20–21, 237
Morillas, Antonio 171
Müller, Armin 33
Müller, Enrico 33, 35–36, 43, 49–50, 156, 174
Müller, Hans von 238
Müller, Jörn 48
Müller-Buck, Renate 66
Müller-Lauter, Wolfgang 104, 107, 128, 130–132, 136, 144, 219

Naturalismus 100
Naturzustand 71, 103
Navia, Luis E. 1, 3
Niehues-Pröbsting, Heinrich 1, 3–6, 8–10, 14–19, 22, 33, 35, 37, 39, 42, 48, 65, 78–79, 89, 91, 173, 190, 217, 236
Niemeyer, Christian 71, 151, 205
Nihilismus 8–9, 18–19, 28, 57, 84–85, 93, 113, 153, 162, 165, 184, 190, 192–193, 204–219, 222–225, 231, 233, 235, 243
Nill, Peggy 236
Nomos 4, 12, 19, 23, 25
Nussbaum, Martha 160

Okochi, Ryogi 101
Olivier, Abraham 111
Optimismus 1, 45–46, 69, 174
Ottmann, Henning 22, 66, 68–70, 151

paracharattein to nomisma 4, 24, 40, 88, 97, 192
Parrhesie 6–7, 11, 17, 66, 194
Pathos der Distanz 26, 146, 230
Pearson, James 71
Peregrinos 39–41
Perfektionismus 61–62
Perspektivismus 27–28, 99, 176, 181–184, 187, 189, 193, 207, 213–214, 224, 231

Pessimismus 57, 69, 85–86, 112, 115, 174, 204, 212
Petersen, Jens 157
Phaedrus 78
Physis 4, 19, 23
Piazzesi, Chiara 156
Pieper, Annemarie 198, 200
Pindar, Wilhelm 37
Planckh, Marcus 237
Platon 4–6, 13, 27, 43–46, 48–49, 72–74, 76, 79, 97–98, 159, 174–177, 179, 231
Platonismus 27, 177–178, 231
Plutarch 36–38, 83
Positivismus 179
Provokation 5, 7–8, 10–11, 68, 147, 166, 194, 200, 235, 240
Pütz, Peter 190
Pythagoras 48

Rahn, Helmut 3, 7
Rationalismus 27, 45, 174
Ressentiment 27, 134, 150–151, 157, 161–163, 167, 172, 203, 225, 227, 230, 238, 241
Reuter, Sören 126
Riccardi, Mattia 119
Richardson, John 125
Riedel, Manfred 208, 217
Risse, Mathias 163
Ritschl, Friedrich 33–34
Roberts, Hugh 8, 16–17
Rohrmoser, Günter 173
Roth, Florian 121
Rousseau 8, 16, 61, 100
Ruehl, Martin 71
Rupschus, Andreas 45
Rutherford, Donald 61

Salaquarda, Jörg 57–59, 61, 97, 117, 168, 172, 178, 205–206
satura Menippea 7, 13, 23–24, 75–77
Schäfer, Rainer 45
Schamlosigkeit 5, 7–8, 10–11, 17, 19, 28, 58, 86, 194–195, 243
Schank, Gerd 136
Scheib, Andreas 234
Schelling 92
Schipperges, Heinrich 118
Schlechta, Karl 119
Schleiermacher 48, 92

Schmid, Wilhelm 20
Schmidt, Jochen 43–44, 68, 75, 122
Schmidt, Wilhelm 20
Schneider, Ursula 112
Schopenhauer 13, 50, 56, 59, 65, 68, 71, 74, 91–93, 130, 204
Schrank, Gerd 84
Schrift, Alan 146
Schubert, Corinna 201
Schuhmann, Maurice 224
Schulin, Ernst 55
Selbstbehauptung 1, 5–7, 9, 18
Selbsterhaltung 5, 7, 110, 127–130, 133, 139, 161, 175, 181, 239
Seneca 36
Shea, Louisa 8–9
Siemens, Herman 84, 146, 241
Simmel, Georg 16
Simon, Josef 107, 113, 121, 173
Skeptizismus 19, 176
Skirl, Miguel 217
Sklaverei 24, 68–70, 81, 146, 152
Skowron, Michael 125, 128, 136, 191, 217
Sloterdijk, Peter 9–10, 12, 16, 19–20, 39, 42
Sluiter, Ineke 7
Sokrates 4–6, 11, 13, 15, 17, 22–23, 35, 43–44, 46, 48, 73, 78–79, 174–176, 192, 200, 205
Sokrates mainomenos 4, 48, 73
Sokratismus 23, 27, 43–46, 174–176, 178
Sommer, Andreas Urs 21–22, 35, 68, 97, 125, 171, 177, 188, 196, 221
Sophist 4, 16, 22
Söring, Jürgen 201
Sozialismus 68–69
Spiekermann, Klaus 101, 218
Spinoza 102
spoudogeloion 6
Stegmaier, Werner 15, 20, 108, 121–126, 128, 131, 143, 167, 175, 177, 190, 199, 232, 237, 241
Stein, Ludwig 15–16
Stellino, Paolo 171
Sterling, M. C. 218
Stevens, Jeffrey 156
Stoa, Stoiker 24, 64–65, 160–161, 217
Strauss, David 13–14, 45, 50–51
Strobel, Eva 222

Taureck, Bernhard 131
Thelen, Julius 122
Tier 8, 24, 62, 64–66, 74, 98, 103–105, 107, 111, 113, 127, 135–136, 169, 195, 197–198, 228, 230, 244
Tillich, Paul 1
Tod Gottes 16, 28, 187–192, 206, 210, 212, 224, 233
Tongeren, Paul van 84, 216
Tragödie 13, 43–47, 66, 68–70, 77, 152, 191, 198, 208
Triebgeschehen 108, 110, 117, 119, 129, 132
Trillhaas, Wolfgang 164
Türcke, Christoph 187

Übermensch 16, 28–29, 73, 81, 135–136, 151, 158, 166, 190–191, 197, 200, 206, 216, 219, 221, 223–226, 228, 231–232, 235, 237, 243–244
Umprägung der Münze 4, 19, 89, 91, 97, 243
Umwertung aller Werte 12, 14–15, 17–22, 24–25, 28, 40, 89, 93, 97–99, 106, 108, 192–193, 206–207, 213, 223, 225–226, 231, 237, 239–240, 243
Utilitarismus 112

Varro, Marcus Terentius 76
Vernatürlichung 25, 100–101, 103–104
Visser, Gerard 225
Vornehmheit 24, 29, 73–74, 77, 81, 114, 228–232, 235, 237–238, 243–244

Wagner, Cosima 40, 69
Wagner, Richard 12, 47, 68–69, 92–93, 200, 205, 234
Wahrsprechen *siehe* Parrhesie 11
Weber, Ralf 10
Whitlock, Grey 87
Wille zur Macht 19, 26, 28, 99–100, 102–103, 106, 114, 126, 129–137, 139–141, 143–145, 147, 153, 157, 162, 164, 169–170, 172, 180, 182, 184, 193, 207, 213–214, 218, 221–222, 226, 228, 230–231, 235, 237, 243–244
Wilson, Catherine 129
Winteler, Reto 204, 225
Wolf, Jean-Claude 56
Wollek, Christian 174

Zeller, Eduard 33
Zittel, Claus 208